神秘家・アシュタヴァクラ

エンライトメント

ただひとつの変革

OSHO

THE SONG OF ASHTAVAKRA

市民出版社

Originally published as
"Enlightenment: The Only Revolution"
By Osho
Published by arrangement with Osho International Foundation,
Bahnhofstr. 52, 8001 Zurich, Switzerland

はじめに

この書、*Enlightenment: The Only Revolution* は、究極の挑戦、究極の誘いです。アシュタヴァクラ・ギータについての解説。私たちは、まさに今解き放たれ、この瞬間に光明を得るよう招かれています。

それは純粋で、簡素で、切迫しています。アシュタヴァクラは、その歌にすべてを込めています。容赦はありません。今やそれは私たちの務めです。

OSHOは私たちにアシュタヴァクラを紹介し、十二歳の身障者である彼とジャナク王の出会いについて語ります。その出会いは、超然とあることや、英知、自由をいかに見出すかという問いかけへと導かれていきます。ジャナクはとても受容的で用意のある弟子で、師が語ると同時に変容が起こります。彼はそうした理解と、直ちに目覚める勇気のある聞き手です。

私たちは挑発されています。私たちもまた、これらの言葉を通じて神性を受け取れるでしょうか？これらの声明が私たちのハートを矢の如く貫き、目覚めさせるのを許せるでしょうか？

この即興の講話の中で、OSHOは彼の英知を分かち合います。物語やジョークを語り、詩を朗誦し、探求者たちの質疑に応じながら、彼は私たちを内側に惹きつけようと、アシュタヴァクラ・ギータにその洞察を織り込みます――ある瞬間は純粋な観照、自由、そして超然としていることの涼しさを、次の瞬間には胸を焦がす、神性への渇きの熱さを。

ＯＳＨＯは言います、「私たちは、類いまれな旅に乗り出す。アシュタヴァクラをほんとうに理解したければ、瞑想の深みへ降りてゆくことだ」と。

そしてそれはその通りです。この旅は、雨季の嵐を切り裂く雷光のようです。瞬時にあらゆるものが照らし出され、豪雨に洗われ、再び息を吹き込まれます。このメッセージ、誘いには新鮮さと広大さがあります。メッセージは切迫して挑発的であっても、深い配慮と親身な支えに満ちています。奮闘するのではなく、ただくつろいで、意識の中に安らぎましょう。それは闘いでも、努力でもなく、理解なのです。


「アシュタヴァクラの言葉は、まさに並ぶものがない。それらを聞くうちにそれは何度も起こるだろう。あなたは何度も、この地上ではなく、大空の一部になっているように感じるだろう。これらの言葉は、大空のものだからだ。これらの言葉は、祖国からやってくる。私たちみんながやってきた源泉から、そして私たちが還るべき源泉からやってくる。そこに立ち戻ることなくして、私たちが平安を感じることはない」――ＯＳＨＯ

マ・デヴァ・アリス

エンライトメント　目次

第一章

純粋なる真実

The Pure Truth

ジャナクは尋ねた
おお、師よ
人はどうしたら英知に至るのでしょう?
解放はどうしたら起こるのでしょう?
そして、どうしたら無執着に至るのでしょう?
どうか私にお話しください

アシュタヴァクラは答えた
おお、愛する者よ
解放を望むなら、情念を毒として放棄し
寛容、無垢、慈悲、充足、真実を甘露として飲み干しなさい
あなたは大地ではなく、風でも、火でも、水でも、精気《エーテル》でもない
解放に至るには、自分はこのすべてを観照する意識であると知りなさい

自らを肉体から切り離し、意識のなかにくつろげるなら
まさにこの瞬間、あなたは幸せで、安らぎ、束縛から自由だろう

あなたはバラモンではなく、他のカーストでもない
人生の四住期のいずれにもいないし
目や他の感覚によっても捉えられない
何にも属さず、形もない、あなたは全宇宙の観照者だ
これを知って、幸せでありなさい

おお、広大なる者よ
宗教と無神論、幸せと苦悩――
すべては心《マインド》の産物であり、あなたのものではない
あなたは行為者でも楽しむ者でもない
あなたはつねに解き放たれている

私たちは、類いまれな旅に乗り出す。経典は数多くあるが、アシュタヴァクラ（インド古代の聖者）のギータ（古代の経典）に比べられるものはない。その前ではヴェーダ（聖歌やマントラを集めた書）も青ざめ、ウパニシャッド（古典ヒンドゥー哲学）もほんの囁きにしか聞こえない。バガヴァッド・ギータ（叙事詩マハーバーラタの一部を取り上げた経典）にさえ、アシュタヴァクラ・サムヒータに見られるような威厳はない。それは、まったく比類のないものだ。

もっとも重要なのは、社会や政治、人間の生活における慣習も、アシュタヴァクラの声明に何の影響も及ぼしていないという点だ。これほど純粋で、卓越し、時空を超えた声明は他にない。おそらくそのために、アシュタヴァクラ・ギータ、アシュタヴァクラ・サムヒータは、さほど影響力を持たないのだろう。

クリシュナのバガヴァッド・ギータには、大きな影響力がある。その最大の理由は、クリシュナのギータが統合だからだ。彼は、真実よりも統合に関心がある。統合への欲求があまりに強いため、クリシュナは、必要とあれば多少の真実を犠牲にするのをためらわない。

クリシュナのギータは、あらゆるものが放り込まれたごった煮だ。だからこそ、だれの心にも訴えかける。あらゆる人のために、何かが用意されている。ギータに代弁されていないような伝統を見つけるのは難しい。ギータから慰めを得られない人を見つけるのは難しい。だが、そういう人たちには、アシュタヴァクラのギータはとても難解に見えるだろう。

クリシュナのギータが愛されるのは、そこから自分なりの意味をとても簡単に導き出せるからだ。クリシュナのギータは詩的だ。そのなかでは、2＋2は5にもなるし、2＋2が3にもなりうる。アシュタヴァクラが相手だと、そういうごまかしは通じない。彼にとって、2＋2は正確に4だ。アシュタヴァクラの声明は、純粋に数学的な声明だ。そこには詩的な気ままさなど、みじんもない。彼はまったく妥協せず、物事をありのままに語る。

帰依者はクリシュナのギータを読み、自分の信念にできるものを得る。それは、クリシュナが帰依《バクティ》、献身について語るからだ。クリシュナはカルマ・ヨーガ、行為のヨーガについても語る。だから、カルマ・ヨーギも自分の信念を得る。クリシュナは知識についても語るから、知識の信奉者もまた、自分が求めるものを見出す。クリシュナは、あるときは献身が究極だと言い、あるときは知識が究極だと言い、また別のときはカルマ・ヨーガが究極だと言う。

クリシュナの声明は、とても政治的だ。彼は政治家だった。完璧な政治家だった。政治家だったと言うだけでは正しくない。抜け目のない、正真正銘の外交官だった。その声明のなかで、彼は多くの物事を考慮し、取り入れた。だからこそ、ギータはあらゆる人を満足させるし、何千もの注釈書が存在する。

アシュタヴァクラを相手にする人は、だれもいない。アシュタヴァクラを受け容れるには、無条件に自分を落とさなくてはいけないからだ。あなたは、自分を一緒に連れていけない。自分を置き去りにしないかぎり、彼のそばには行けない。クリシュナとなら、自分を一緒に連れていける。クリシュナとなら、自分を変容する必要はない。クリシュナが相手なら、今のままの自分でやっていける。

だから、さまざまな伝統の創始者たちは、クリシュナのギータの注釈を書いてきた。シャンカラ、ラーマヌジャ、ニームバラカ、ヴァラバなど、だれもが注釈を書いた。そしてそれぞれが、自分なりの解釈を引き出した。クリシュナは、多様な解釈が成り立つようなやり方で物事を語る。だから私は、彼のギータは詩的だと言う。あなたは、詩から自分好みの解釈を引き出せる。

クリシュナの声明は、あなたを取り巻く雨季の雲のようだ。あなたはそのなかに自分の欲するものを見る。ある人は象の鼻を見るかもしれないし、ある人はガネーシャ、象神の全身を見るだろう。また別の人は何も見ないかもしれない。彼は言うだろう。「ばかばかしい！　あれは雲だ、蒸気じゃないか――どうしてそれが何かの形に見えるんだ？」

西洋の精神分析医は、ロールシャッハ・テストというものを用いる。少量のインクを吸取紙に垂らし、それが何に見えるかを被験者に問う。その人は、注意深く眺めて何かを見る。そこには何もない。たんなる吸取紙のインクのしみ、何の意図もなく無造作に瓶から垂らされた、インクのしみにすぎない。だが、見る人はそこにさまざまなものを見出す。彼が見出すのは、自分のマインドのなかにあるものだ。彼はそれを投影している。

壁に残った雨条《あますじ》を見たことがあるだろう。ときには人の顔のように見え、ときには馬の顔に見える。あなたはそれに、自分の見たいものを投影する。闇夜には、物干し綱に吊るされた服が、お化けのように見える。

クリシュナのギータはそのようなものだ。あなたは、そこに自分のマインドにあるものを何でも見ることができる。だから、シャンカラは知識を見出し、ラーマヌジャは献身を、ティラックは行動を見出す。そしておのおのが、クリシュナの言うことは自分の信念にぴったりだと考え、上機嫌で家に帰る。

エマーソンは、隣人がプラトンの著作を借りにきたときのことを書いている。プラトンは、二千年前の、世界でも有数のすばらしい思想家だ。数週間後、エマーソンは彼に催促した。「もう読み終えていたら、あの本を返してくれないか」。彼が本を返しにきたとき、エマーソンは尋ねた。「どうだったかい？」

その男は言った。「このプラトンという男の考えは、僕の考えとまったく同じだ。僕は何度もこう感じた――どうしてこいつは、僕の考えていることを知ったんだろうってね」。プラトンは二千年前の人物なのに、この男ときたら、プラトンが自分の考えを盗んだのではと疑っている！

この種の疑いは、しばしばクリシュナに対しても生じる。数世紀を経ても、クリシュナに関する注釈書は生まれ続ける。それぞれの時代が、そこに独自の意味を見出す。それぞれの人が、そこに独自の意味を見出す。

クリシュナのギータは、インクのしみのようだ。完璧な政治家の声明のようだ。アシュタヴァクラのギータからは、どんな信念も導き出せない。自分を落としてはじめて、あなたはそのなかへ入っていく。そうしてはじめて、アシュタヴァクラのギータは明らかになる。アシュタヴァクラのメッセージは、水晶のように透明だ。わずかなりとも自分の解釈など加えられない。だから人々は、アシュタヴァクラのギータの注釈書を著さなかった。注釈の余地はない。曲解したり、歪めたりするのは不可能だ。マインドで何かを付け加える見込みもない。アシュタヴァクラは、何世紀が過ぎても、何も加えられず、何も取り去れないような表現をする。そのような完璧な表現をするのは、容易ではない。そのような巧みな言い回しをするのは、とても難しい。

私たちは類いまれな旅に乗り出そうとしている、と言ったのはそのためだ。


政治家は、アシュタヴァクラに何の関心も示さない。ティラック、オーロビンド、ガンジー、ヴィノバといった人たちは、何の関心も示していない。アシュタヴァクラを相手にしては、自分たちのゲームが演じられないからだ。ティラックの関心は、民族主義を鼓舞することにあった。彼の興味は国全体が行動を起こすことであり、クリシュナのギータはその助けになった。クリシュナは、だれにでも肩を貸す用意がある。クリシュナの肩を借り、自分を安定させてから弾丸《たま》を撃ちたい者がいたら、だれであれ、そういう者に対してクリシュナは用意がある。あなたには、クリシュナの背後に隠れるチャンスがある。彼の背後から撃つと、その弾丸ですら、何やら意味深く見えてくる。

アシュタヴァクラは、彼の肩に手をかけることすら許さない。だから、ガンジーもティラックも関心を示さず、オーロビンドやヴィノバも彼を相手にしない。それは、何も押しつけられないからだ。そこには政治の入り込む余地はない。アシュタヴァクラは、政治的な人間ではない。

これが、まず心に留めておくべきことだ……まさに水晶のような透明さ、見渡すかぎり雲ひとつない大空のような表現には、いかなる形も見出せない。すべての形を落としてはじめて、あなたは形とのあらゆる同一化から自由になり、無形なるものとつながる。そして、アシュタヴァクラを完全に理解することができる。アシュタヴァクラをほんとうに理解したければ、瞑想の深みへ降りてゆくことだ。どんな解説も説明も、助けにはならない。

そしてアシュタヴァクラは、瞑想するには座りなさいとか、「ラーム、ラーム」と唱えなさいとは言わない。彼に言わせれば、あなたが何をしようと、それは瞑想ではない。そこに行為者がいるとしたら、どうして瞑想がありうるだろう？　行為がある間は、幻影がある。行為者がいる間は、自我《エゴ》がある。アシュタヴァクラによれば、観照者になることが瞑想だ。そのとき行為者は消える。あなたは、ただ見守る者、観察者にほかならない。ただ観察者であるとき、そのときはじめて「ダルシャン」が――「観ること」がある。そのときはじめて、瞑想が、英知がある。


経文《スートラ》に入る前に、アシュタヴァクラについて、いくつか理解しておくといいだろう。彼は社会的でも政治的でもなかったから、あまり多くは知られていない。歴史的な記録も存在しない。ただ、いくつかの出来事が知られているだけだ。そして、それらはじつに不思議で、ほとんど信じ難い。だが深く理解するなら、その意味が明らかになるだろう。

最初の出来事は、アシュタヴァクラが生まれる前に起こった。その後、何があったかは知られていない。これは、彼がまだ子宮にいたときの出来事だ。彼の父親は優れた学者で、毎日ヴェーダを暗誦していた。アシュタヴァクラは、子宮のなかでそれを聞いていた。すると、ある日その子宮から、こう言う声がした。「止めなさい！　これはすべてたわごとだ。英知のかけらもない。ただの言葉――たんなる言葉の寄せ集めにすぎない。

英知が経典のなかにあるだろうか？　英知は自らの内側にある。言葉のなかに真実が見つかるだろうか？　真実は自らの内側にある」

当然、父親は腹を立てた。自分は父親であり、学者としての頂点にいた。なのに、まだ子宮にいる息子がそんなことを言うとは！　まだ生まれてもいないのに！　彼は、激怒の炎に包まれた。父親としての自尊心を突かれたからだ。そして、学者としてのうぬぼれも……彼は優れた学者《パンディット》、優れた論客であり、経典に精通していた。

彼は、怒りにまかせて呪いを吐いた。こんな子供は不具になって生まれるがいい、その手足は八つに曲がってしまえと。それが彼の名の由来だ――アシュタヴァクラとは、八箇所で身体がねじれた者という意味だ。彼は、身体の八箇所を損なわれて生まれてきた。八箇所に障害を持つ、ラクダのような身障者として生まれた。父親は、激怒のままに息子の身体を不具にしてしまった。

これと似たような物語は他にもある。

仏陀は、立って生まれたと言われている。彼の母親は、樹の下に立っていた。彼女は立ったまま出産し、彼は立ったまま生まれた。そして地面に倒れなかったばかりか、歩き出した！　七歩あゆんで、八歩目で立ち止まると、彼は四つの貴い真理を宣言した――生は苦しみだと！　大地を七歩あゆんだだけで、生は苦しみであること、苦しみからの解放は可能であること、苦しみから自由になる道があること、苦しみから自由な境地――涅槃《ニルヴァーナ》の境地があることを宣言した。

老子にまつわる物語によると、彼は年老いて生まれた。彼は、八十歳で生まれたという。つまり、八十年も子宮にいたことになる。彼は何もしたいと思わなかったから、子宮から出たいとも思わなかった。欲することもなく、世界に入っていくことも望まなかった。生まれると、その髪は真っ白で、八十歳の年寄りだった！

ツァラトゥストラは、生まれるやいなや大笑いしたと言われている。

だが、アシュタヴァクラは彼ら全員を打ち負かしている。それらはみな生まれてからの出来事だが、アシュタヴァクラは生まれてもいないのに、完全な声明を発しているからだ。

これらの物語は意味深い。こうした物語には精髄《エッセンス》が、師《マスター》たちの生涯を貫く宝の精髄が含まれている。


仏陀の物語は、彼の生涯にわたる教えの精髄を含んでいる。仏陀は八正道を教えた。だから、七歩あゆんで八歩目で止まった。それは、八つの部分からなる道のりだ。最後の段階は、正三昧《しょうさんまい》、正しい三昧《サマーディ》だ。そのサマーディの境地においてのみ、生の全体的な真理が知られる。だから、彼は四つの貴い真理を宣言した。

老子は年老いて生まれた。人々は、八十年を生きてなお、老子が生まれながらに持っていた理解を手にすることがない。ただ年を重ねるだけで知性的になった人々を、見たことがあるだろうか？　老いと知性的になることは、同じではない。高齢で白くなった髪は、太陽で漂白されただけかもしれない。

老子の物語が言わんとしているのは、人生に切迫感と強烈さがあれば、八十年かかるかもしれないことも、一瞬のうちに起こりうるということだ。理解が強烈なら、それは一瞬のうちにも起こりうる。だが、純粋な知性がないなら、八十年かけても起こらない。


ツァラトゥストラは、生まれたとたんに笑った。ツァラトゥストラの宗教は、笑う宗教と呼べる、世界で唯一の宗教だ……とても素朴な大地の宗教だ。だからこそ、他の宗教の人々は、パルシー教徒を宗教的な存在とは思わない。彼らが踊り、歌い、幸せなのを見て——ツァラトゥストラの宗教は、笑いの宗教、生を肯定する宗教であり、生を否定しない。そこに放棄が入り込む余地はない。パルシーの行者《サドゥー》が、ヒンドゥーの遊行者《サニヤシン》のように、丸裸で、すべてを捨て、熱い太陽の下に立っていたり、炎に面して座っていたりするのを見たことがあるだろうか？　いや、パルシーの宗教は、身体を痛めつけたり、苦しめたりすることには関心がない。ツァラトゥストラの全メッセージはこうだ。笑いを通して神性を悟れるのに、どうして涙のなかで悟るのか？　踊りながら寺院に辿り着けるのに、どうしてわざわざ道に刺を撒くのか？　花々とともに進めるのに、なぜ痛みと苦悩の道をたどるのか？　そう、生まれるやいなやツァラトゥストラは笑ったという、その伝説は正しい。

こうした物語のなかに史実を追い求めないことだ。それらは、こうした形で起こったわけではない――だが、これらの物語にはとても深い意味がある。

あなたは種を持っている。種を見ても、そこから育つであろう花々の兆《きざ》しは、何も見当たらない。何になりうるかの手がかりもない。それは蓮に――水面《みなも》に咲きながら水には触れぬまま、太陽の光に踊る蓮になるのだろうか？　太陽でさえ、その美しさと柔らかさ、比類のない輝きと優雅さを羨むかもしれない。その芳香は大空に舞うだろう。種を見ても、それはわからない。種を見ていたら想像もつかないし、推し量ることもできない。だが、ある日それは起こる。

二通りの見方が可能だ。種に固執してこう言うか――「種のなかに見えないものは、蓮にも起こらない。それは幻影、ごまかし、まやかしだ」。これは、私たちが合理主義者とか、懐疑論者と呼ぶ人たちの見方だ。彼らに言わせると、種のなかに見当たらないものは、花のなかにあるはずがない。何かがおかしい。だから、懐疑的な人は仏陀を信じられず、マハヴィーラを受け容れられず、イエスを認められない。そうした人は、彼らのことならとっくに知っていると言うからだ。

イエスは自分の村を訪れて、とても驚いた。村人が、彼をまったく相手にしなかったからだ。イエスは、預言者が故郷で敬われることはないと言う。なぜだろう？　どうしてその村は、自分たちの預言者を敬わないのだろう？　村人たちは、大工ヨセフの息子として彼を見てきた。彼が木を運んだり、かんなをかけたり、のこぎりをひいたり、汗まみれになって路上で遊んだり、喧嘩したりするのを見てきた。村人たちは、子供の頃から彼を知っているし、種だった頃の彼を見ていた。どうしてその彼が、いきなり神の子になれるのか！　いや、種を見てきた者たちは、その花を受け容れられない。彼らは、ペテンかいかさまがあるはずだ、この男は偽善者だと言う。


仏陀は自分の村に戻ってきた。すると仏陀の父親は……全世界が目にしたものも、父親には見えなかった。世界は啓発され、その知らせはあまねく広がり、遠い国々からも人々が訪れていた。だが、十二年の後に仏陀が家に戻ると、父親は言った。「大目にみてやるとしよう。おまえのしたことは間違っていた。わしらを悩ませ、罪を犯したのはもちろんだが、わしにも親心はある。許してやろう。門はおまえのために開けてある。こんな乞食椀は放り出して、袈裟も脱ぐがいい。ここではこんなものはいらん。さあ、戻ってこい。この王国はおまえのものだ。わしは年老いた。だれが跡目を見る？　子供じみた真似はもうたくさんだ。こんな遊びは今すぐ止めるんだ！」

仏陀は言った。「私をご覧ください。出ていった者は、帰ってきませんでした。やってきたのは別の者です。あなたの家で生まれた者は、帰ってきません。ここにいるのは別人です。種が花として帰ってきたのです。よくご覧ください」

父親は言った。「説教するつもりか？　おまえのことは、生まれたその日から知っている。他の者を騙しに行くがいい。他の連中が相手なら、説法でも、惑わしにでも行けばいい。だが、わしは騙せんぞ。もう一度言うが、おまえのことなら全部わかっている。わしに教えを垂れるな。わしは、おまえを許すと言っているのだ」

仏陀は言った。「私をご存知だとおっしゃるのですか？　かつては、私自身も自分を知りませんでした。ごく最近になって、幾筋かの光が降りそそぎ、自分を知るに至ったのです。失礼ながら、あなたの見た者は私ではないと言わねばなりません。あなたの見たものは、どれも私ではありません。あなたは外側の殻をご覧になった。しかし、私の内側をご覧になったでしょうか？　私はあなたから生まれましたが、あなたが私を創ったのではありません。旅人が道を通ってやってくるように、私はあなたを通ってやってきました。ですが、旅人と道の間に、どんな関係があるでしょうか？　思うに、道は明日にはこう言うでしょう、『私はあなたを知っている。あなたという存在は、私からやってきた』――ちょうど、あなたがおっしゃるように」

「あなたよりも前に、私はいました。幾多の生を通じて、私はこの旅路にありました。確かに、私はあなたを通り過ぎました――ちょうど、他の人々を通り過ぎてきたように。他の人々もまた、私の父であり母でした。しかし、私の実存は完全に分離しています」


それはとても難しい、このうえなく難しい。あなたが種を見ているとしたら、目の前にある花は信じ難い。ひとつの見方は、疑いに満ちた、合理主義的、懐疑的な見方だ。彼らは言う、「われわれは種を知っている。だから、こんな花はありえない。われわれは泥を知っている。どうやって、そこから蓮が生まれるのか？　そんなものはみな偽りだ。夢か幻想だ。彼は、催眠術か何かにかかっているにちがいない。だれかに騙されたのだろう。幻術とか、まじないか何かに……」

これがひとつの見方だ。もうひとつは信頼の見方――愛する人、献身者、共感に満ちたハートの見方だ。彼は花を見て、そこから遡って旅を始める。彼は言う。「この花は、こんなにも芳しく輝いている。こんなにも美しく、まっさらで、無垢に見えるのだから、きっとそれは種のなかにもあるはずだ。種になければ、花のなかにあるはずはない」

これらの物語は、実際に起こったわけではない。アシュタヴァクラのなかに咲いた花々を見た人たちは、今日起こっているものは、昨日も存在していたはずだと結論づけた。それはヴェールに覆われ、さえぎられていた。最後にここにあるものは、最初にもあったはずだ。死の瞬間に見受けられるものは、誕生の瞬間にもあるはずだ。さもなければ、どうやって生じたというのだろう？

だから、ひとつは花から遡る見方、そしてもうひとつは種の先を見る見方だ。注意深く見れば、精髄《エッセンス》は同じだし、土台も同じだ。だが、それは何と違うことだろう――大地と大空ほどにも違う！　種を知る人は言う――「種にないものが、どうして花のなかにありうるだろう？」。これが彼の主張だ。花を知る人も、同じことを言う。彼は言う――「花のなかにあるものは、種のなかにもあるはずだ」。彼らの主張は同じだが、互いの見方は異なっている。

これは大変な妨げとなる。私はよく尋ねられたものだ。「子供の頃には、学校や大学でたくさんの人が君と一緒に勉強していたのに、ここには見当たらないね」。どうして彼らがここにいられるだろう？――彼らにしてみれば、それは大きな妨げとなっている。彼らは、自分の見ているものが信じられない。それは、とてつもなく難しい。

つい昨日のこと、ある人がライプールから新聞を送ってくれた。シュリ・ハリシャンカール・パルサイが、私に反対する論説を書いている。彼は私を知っている、大学の頃の私を知っている。彼はインド風刺作家の旗手だ。彼の書くものに、私はいつも敬意を払っている。その論説のなかで、彼は書いている。「ジャバルプールの空気は、どこかおかしいにちがいない。ここに生まれてくるのは、和尚だの、マヘッシ・ヨーギだの、ムニンドラといった、いかさま師や、ほら吹きばかりだ」

彼は、三人の名前を挙げた。私は感謝しないといけない――少なくとも彼のリストのなかで、私は一番だ！　彼にとって、私は考慮に値するようだ。彼は、私のことを自分の頭から完全に追い出してはいない。私をすっかり忘れたわけではない。だが、彼の困惑は無理もない、ごく当たり前のことだ。私にはその要点がわかる。それは不可能だ――彼が見たのは種だ。その彼に、どうして花が信じられるだろう？　そして、花を見てきた人たちもまた、種を信じるのは難しい。

だから、偉大な人物の伝記はみな、ふたつの角度から記すことができる。彼に反対する人たちは、その旅を幼少期から始める。その人物に賛成する人たちは、終わりから幼少期へと逆向きに旅を始める。両者とも、ある面では正しい。だが、幼少期から終わりへ向かう人たちは、真実を取り逃がすだろう。彼らの取り組み方そのものが、まさに自滅的だ。終わりから旅を始め、逆向きに進む人たちは祝福されている。彼らは、労なくして多くを得るだろう……始まりを気にする、懐疑的な見方によっては得られないものを。

今や、私が悪いというだけではない。ジャバルプールの空気がおかしいのは、私のせいだ！　その環境は、どこかおかしいにちがいないというわけだ。だが、私は彼に言いたい。その環境の善し悪しに関わらず、ジャバルプールは私に何の影響も及ぼしていない。私は、ジャバルプールとほとんど関わっていない。そこには数年滞在しただけだ。マヘッシ・ヨーギも数年いただけで、彼もジャバルプールとは無関係だ。

私たちは、どちらも他の場所と関わりがある。そこの人々はあまりにも眠りこけているから、今日ですら私たちのことを何も知らない。マヘッシ・ヨーギと私の生地は、互いにすぐ近くにある。私たちは、どちらもガダワラの近くで生まれた。彼はチチリで、私はクチワダだ。もし環境が悪いとしたら、そのあたりにちがいない。ガダワラがそのことで被害をこうむるか——あるいは祝福を受ければいい。ジャバルプールをこのことに持ち込むべきではない。

それにしても、人のマインドは何という主張をひねり出すことだろう！

アシュタヴァクラの物語を聞く人はみな、すぐに叫ぶだろう——「嘘だ、ありえないことだ！」。もちろん、この物語を書いた人たちも、子宮から喋る者などいないということはわかっている。彼らはただ、最後に姿を現わしたものは、子宮のなかにもあったはずだと言っているだけだ。後に開花したその声は、子宮の奥深くにもあったはずだ。さもなければ、それはどこから花開き、どこから訪れたのだろう？　ただ虚空から出てきたというのだろうか？

あらゆるものの背後には理由がある。たとえ私たちには見えなくとも、それはあるにちがいない。こうした物語はみな、それを指し示している。


アシュタヴァクラについて知られている二番目の出来事は、彼が十二歳のときに起こった。そして、知られているのは、これらふたつの出来事だけだ。三番目がアシュタヴァクラ・ギータで、ある人はそれをアシュタヴァクラ・サムヒータとも呼ぶ。アシュタヴァクラが十二歳のとき、ジャナクは大規模な討論会を開いた。ジャナク王は、経典をめぐる討論のため、国中の学者《パンディット》を招いた。彼は千頭の牛を宮殿の門に並べ、その角を金箔で覆い、宝石で飾らせた。そして「勝利者にはこれらの牛を与える」と宣言した。

それは大がかりな討論だった。討論には、アシュタヴァクラの父親も参加していた。夜更けに、父親が負けそうだという知らせが、アシュタヴァクラのもとに届いた。父親は他の全員をすでに打ち負かしていたが、ヴァンディンという名の学者に負けそうになっていた。この知らせを受けたアシュタヴァクラは、宮殿へと向かった。

会合は、もうだいぶ進行していた。討論は最終段階を迎え、判定の瞬間が迫っていた。父親の負けは確実で、結論は見えていた。彼は、まさに敗北の淵《ふち》に立っていた。

学者たちは、王宮の邸宅に入ってきたアシュタヴァクラを見た。彼らは全員、学識豊かな人たちだった。アシュタヴァクラの身体は、八箇所でねじ曲がっていた。彼が動いただけで、だれもが失笑した。動き方そのものが、笑いを誘う代物だった。

会衆全員が爆笑した。すると、アシュタヴァクラも大笑いした。ジャナクは尋ねた。「皆が笑っている。彼らが笑うのはわかるが、坊や、君はなぜ笑ったのかな？」

アシュタヴァクラは言った。「この革靴屋《チャマール》たちの会合で、真理が決められようとしています。だから笑っているのです」――この男は型破りだったにちがいない。「この革靴屋たちは、そろってここで何をしているのです？」

会場は静まり返った。チャマール？　革靴屋だって？

王は尋ねた。「それは、どういう意味だ？」

アシュタヴァクラは言った。「じつに単純なことです。彼らは皮だけを見て、私を見ません。私よりも純粋な者はそういないのに、彼らはねじ曲がった身体を見るばかりで、それがわかりません。彼らは皮職人だから、皮で判断するのです。陛下、寺院の曲線は空《そら》の曲線でしょうか？　壺が割れると、空も割れるのでしょうか？　空は変化を超えています。私の身体はねじれていますが、私はねじれていません。内なる者を見てください。それよりまっすぐで、純粋なものは見つからないでしょう」

それはまさに、驚くべき言明だった。針が落ちてもわかるような沈黙があったにちがいない。ジャナクは衝撃を受け、肝をつぶした――「まったく正しい」。なぜ自分は、大勢の皮靴屋たちをここに集めてしまったのだろう？　彼は後悔し、自分も笑ったことに罪悪感を覚えた。

その日、王は何も言い出せなかった。だが翌日、馬に乗って朝の散策をしていると、彼は道でアシュタヴァクラを見かけた。ジャナクは馬から降り、彼の足許に額《ぬか》づいた。前日は、皆の前でそうする勇気を奮い起こせなかった。そのとき彼は、「坊や、なぜ笑う？」と言った。アシュタヴァクラは十二歳の少年にすぎず、ジャナクは年齢のことが頭にあった。今日、彼は歳のことなど気にも留めなかった。彼は馬を降りると、アシュタヴァクラの足許に身を投げ、手足を投げ出してひれ伏した。

彼は言った。「どうか宮殿を訪れ、真理への私の渇望をいやしてください。おお、師よ、我が家を訪れてくださいますよう、どうかご慈悲を。私にはわかりました。一晩中、眠れませんでした。あなたは真実を語りました。肉体しか認めぬ者の理解に、どんな深みがありましょう？　実存について論じながら、いまだに彼らのなかには、肉体への選り好み、愛憎が生じています。不死について語りながら、死を見ています。あなたが訪れ、私をかき乱し、私の眠りを打ち破ってくれたことに感謝いたします。どうか、宮殿にお越しください」

ジャナクには、きらびやかに飾り立てられた宮殿があった。彼はアシュタヴァクラをもてなし、黄金の玉座に座らせた——この十二歳のアシュタヴァクラを。それから彼は質問をした。この最初の経文《スートラ》は、ジャナクの問いかけだ。ジャナクが尋ね、アシュタヴァクラが答えた。このほかには何も、アシュタヴァクラについては知られていない。それ以上、知る必要もない。これで充分だ。ありふれた石ころならいくらでもあるが、ダイヤモンドは多くない。ダイヤモンドはひとつでいい。

これらがふたつの小さな出来事だ。ひとつは、生まれる前に子宮から宣言する声だ。「何と馬鹿なことをしている？　経典に……言葉に惑わされたか？　目を覚ましなさい！　これは、英知ではない。すべて借り物だ。それはすべてマインドの罠であり、体験ではない。そこには、ひとかけらの真実もない。いつまで自分を欺くつもりだ？」

そして二番目の出来事は、宮殿で笑っていたパンディットたち——そして、生には実存を見る見方と、皮を見る見方の二通りがあるという、アシュタヴァクラの言明だ。

革靴屋は皮を見て、賢者は実存を見る。

知っているだろうか？　靴屋は、あなたの顔を見ないで靴だけを見る。実際、靴屋は靴を見ただけで、あなたのすべてがわかる。あなたの経済状況、成功しているか失敗しているか、運の有る無し……靴の状態が語りかける。靴には、あなたの自叙伝が記されている。靴屋はそれを読むことができる。靴がぴかぴかで、きれいな新品だったら、靴屋はいい人に会ったと喜ぶ。彼にしてみれば、あなたの靴は、あなたの存在証明だ。洋服屋は服を見る。あなたの着こなしを見て、あなたの状況を理解する。だれもが、自分なりの狭い了見を持っている。自分の実存に満たされた者だけが、実存に注目する。彼は型にはまった見方をしない。彼には、ただ見る《ダルシャン》ことだけがある。

もうひとつの小さな出来事――それはアシュタヴァクラではなく、ラーマクリシュナとヴィヴェーカナンダにまつわるものだ。しかし、アシュタヴァクラも関わりがある……その後で経文《スートラ》に入ることにしよう。

ヴィヴェーカナンダがラーマクリシュナのもとを訪れたとき、彼はまだナレンドラナートという名前だった。後にラーマクリシュナは、彼にヴィヴェーカナンダという名を授けた。ラーマクリシュナのもとを訪れたころの彼は、とても議論好きな懐疑主義者、合理主義者だった。彼は、あらゆる物事に対して証拠を要求した。

証拠のない物事、というものがある。それはどうしようもない。神性に証拠はない。それはあるが、証拠はない。愛に証拠はない。それはあるが、証拠はない。美にも証拠はない。それはあるが、証拠はない。「見てごらん、あのアイアンウッドの木はなんて美しいんだろう」と私が言うのに対して、あなたが「美しさなんて見えません。木は木じゃないですか。証明してください！」と言ったら、厄介なことになる。どうやって、その美を証明できるだろう？　美を見るには、美的感性が必要だ。他に方法はない。必要なのは見る目であり、他に方法はない。

マジュヌは、「ライラを知るには、マジュヌの目が必要だ」と言ったそうだ。それは正しい。他にライラを見るすべはない。

その地の王はマジュヌを呼び出し、こう尋ねた。「そなたは正気ではない！　私は、そなたのライラを知っておる。どこにでもいる黒髪の娘だ。特別なところなどありはせん。気の毒なことよ。ここにいるのは我が王宮の十二人の娘——国中でもっとも美しい娘たちだ。どれでも好きな者を選ぶがいい。そなたが泣くのを見ると、我が胸も痛む」

マジュヌは、彼女たちを見て言った。「このなかにライラはいません。ライラとは比べものになりません。彼女の足の塵ほどの値打ちもない」

王は言った。「マジュヌよ、気でもふれたか！」

マジュヌは言った。「そうかもしれません。ですが、あなたにひとつ言わねばなりません。ライラを見るには、マジュヌの目が必要なのです」


マジュヌは正しい。樹木の美を見るには、芸術的な目が必要だ。そこに証拠はない。愛を知りたければ、恋する者のハートが必要だ。それにもまた、証拠はない。そして神性とは、美のすべて、愛のすべて、この宇宙のあらゆる真理の総称だ。そのためには、波立っていない意識、観ていることが必要だ……言葉もなく、思いもなく、波ひとつない……マインドの塵もなく、意識の鏡は完全に澄みわたっている。証明の必要などあるだろうか？

ヴィヴェーカナンダはラーマクリシュナに言った。「私は証拠が欲しいのです。神が存在するというなら、証明してください」

ラーマクリシュナはヴィヴェーカナンダを見た。この若者は大変有望で、すばらしい可能性を秘めている。彼の内側では、多くのことが起ころうとしていた。ヴィヴェーカナンダも気づいていない、大いなる宝がそこにあった。ラーマクリシュナは、この若者の過去生をのぞき込み、看破した。ヴィヴェーカナンダは、大いなる宝、偉大な高潔さという宝を携えていたが、それは彼の理屈の下に押し込められていた。それを見て取ったラーマクリシュナの胸は激しく痛み、憐れみの涙がこみあげたにちがいない。彼は言った。「そんなことは忘れておしまい。証拠だのなんだのは、後で話し合おう。私は少々年寄りだから、読むのが不自由なんだ。君は若いし、目も丈夫だ――そこにある本を読んでおくれ」。それが、アシュタヴァクラ・ギータだった。「私のために大きな声で読んでおくれ」

ヴィヴェーカナンダは、別に不都合はないと思ったそうだ。この人は、何か特別なことを要求したわけではなかった。ところが、経文を三、四行読むなり、彼の全細胞は震え出した。彼はあわてて言った。「私には読めません」

ラーマクリシュナは、こう言い張った。「続けて読んでごらん。悪いことなんか書いてないだろ？　どうして、この本が君を傷つけるんだい？　君は若いし、目もまだいいじゃないか。私は年寄りだし、読むのがつらい。私は、この本を聞かなくちゃならない――読んで聞かせておくれ」

ヴィヴェーカナンダは、本を朗読しながら瞑想のなかに消えていったという。ラーマクリシュナは、この若者、ヴィヴェーカナンダのなかに偉大な可能性を見た。きわめて有望な素質、いつの日か覚者《ブッダ》になる運命《さだめ》の、菩薩《ボーディサットヴァ》のような素質を。遅いか早いか、どれだけ迷うかは問題ではない。彼は、覚者の境地《ブッダフッド》に近づきつつある。

なぜラーマクリシュナは、彼にアシュタヴァクラ・ギータを大声で朗読してくれと頼んだのだろう？　それは、これよりも純粋な真理の声明は他にないからだ。

これらの言葉があなたを貫いたら、それはあなたの眠れる魂を目覚めさせ始める。これらの言葉は、あなたを身震いさせるだろう。これらの言葉は、あなたを歓喜で満たすだろう。これらの言葉は、あなたに衝撃を与えるだろう。

これらの言葉によって、変革が起こりうる。

だから私は、これまでアシュタヴァクラ・ギータを取り上げてこなかった。以前は選ぶことができなかった。長い待機と熟慮の後に、私はそれを取り上げた。私を取り巻く群衆のために、クリシュナのギータについて語ったこともある。群衆にとって、アシュタヴァクラ・ギータは無意味だ。大変な努力を費やして、私は群衆から抜け出した。

今、ここには何人かのヴィヴェーカナンダがいる。

今こそ私は、偉大な可能性を秘めた者たちに語りかけたい。

私は、そのワークが実を結びうる、この何人かに働きかけよう。今こそ私は、ダイヤモンドを切り出すつもりだ。この鑿《のみ》は、石ころや岩を砕くためにあるのではない。だからこそ、私はアシュタヴァクラ・ギータを選んだ。あなたに準備ができたから、私はそれを選んだのだ。

最初の経文《スートラ》

ジャナクは尋ねた
おお、師よ
人はどうしたら英知に至るのでしょう?
解放はどうしたら起こるのでしょう?
そして、どうしたら無執着に至るのでしょう?
どうか私にお話しください

「お話しください、師よ。どうか私に説明してください」。十二歳の少年に向かってジャナク王は言う。「師よ、神性なる者《バグワン》よ。どうかご説明ください。何ひとつ知らぬ私のような者に、何か理解をもたらしてください。私のように無知な者の目を覚ましてください」

質問は三つある……。

人はどうしたら英知に至るのでしょう？

当然、あなたは不思議に思うだろう。なぜ、彼はわざわざ尋ねなくてはいけないのだろうと。こういう事柄でいっぱいの書物はたくさんある。それはジャナクも知っている。
書物に詰まっているのは、英知ではない。英知が去った後に残った、埃《ほこり》にすぎない。それは灰だ。英知の炎が燃え上がると、その後に灰が残る。その灰が、積り積って経典となる。数々のヴェーダは灰だ。かつて、それは燃える石炭だった。ヴェーダの聖者たちは、彼らの魂でそれを燃え立たせ、そして後には灰が残った。その灰が集められ、編集され、整然とまとめられていった。
それはちょうど、人の身体を茶毘《だび》に付し、遺灰や遺骨を集める人々のようだ。彼らはそれを「花々」と呼ぶ。人間はじつに奇妙だ。生きている人を花と呼ばなかったのに、その人が茶毘に付せられると、花々を集めると称して骨を集める。そうしてそれを保存し、小箱にしまい込む。生前は、その人を花として敬わなかった。生前は、その人を花として見ることさえなかった。なのに、その人が亡くなると……人間とはおかしなものだ！彼らは、遺骨や遺灰を花々と呼ぶ。
同じように、あなたは生きている覚者《ブッダ》には耳を傾けない。マハヴィーラが自分たちのなかを歩き回ると、あなたは怒りを覚える。この男は、あなたの夢を壊すか、眠りに干渉するように思える。「こんなときに目を覚ませだって？　ちょうど夢が叶ってきたところなのに。俺の人生にも運が向いてきたし、勝ち目が出てきた。的を射抜いたみたいに――なのにこの男がやってきて、すべて無意味だなんて言う！　ちょうど選挙に勝って、権力への道も開けている。それなのに、このすばらしいお方がやってきて、それはみんな夢だとか、やがて死が全部取り上げてしまうとか、何の意味もないとか言ってくる。そんな風に言わないでくれ！　死が来れば、我々だってわかるだろう。でも、今はそんな話をしないでくれ」

ところが、マハヴィーラや仏陀が死ぬと、私たちは彼らの遺灰を残さず集める。そしてそこから法句経《ダンマパダ》やヴェーダをこしらえ、花を供えて礼拝する。

ジャナクも、経典に詰まっているのは、ただの情報でしかないと知っていた。

だが彼は尋ねた……人はどうしたら英知に至るのでしょう？……どれほど知ろうとも、英知には至らないからだ。あなたはどんどん知識を集められるし、経典を暗記して鸚鵡《おうむ》になれる。戒律をどれもこれも覚え込み、ヴェーダを丸ごと記憶に刻み込める――それでもなお、英知はないだろう。


どのようにして英知に至るのでしょう？　解放はどうしたら起こるのでしょう？……彼がこう尋ねるのは、あなたが英知や知識と呼ぶものが、かえってあなたを縛っているからだ。どうして、それが解放でありうるだろう？　英知とは、あなたを解き放つものだ。イエスは「真理は解放する」と言っている。英知とは、あなたを解き放つもの――これが真実の基準だ。学者《パンディット》たちは、とても解放されているようには見えない。彼らはまるで奴隷のようだ。解放について語っているのに、自由には見えない。まるで、無数の足枷《あしかせ》で縛られているかのようだ。

観察したことはないだろうか。いわゆる宗教的な人々は、あなたよりもずっと奴隷じみている。あなたには多少の自由があるかもしれないが、あなたたちの聖者は、もっと身動きがとれない。彼らは、伝統の盲目的な模倣者にすぎない。自由に動けず、自由に座れず、自由に生きられない。

数日前、ジャイナ教の何人かの尼僧《サドゥヴィ》たちからメッセージが届いた。彼女たちは私に会いたいのだが、弟子たちが行かせてくれないと言う。これは何とも奇妙な状況だ！　サドゥヴィとは、もはや社会を気にしない人、未知の荒野への旅を始めた人、「もうあなたたちの敬意や尊敬はいらない」と言う人だ。だが、その尼僧や僧侶たちは、「弟子たちが我々を行かせてくれない」と言う。弟子たちは言う。「そんなところに行こうなどとは、思ってもいけません。そんなところに行くのなら、あなたを閉め出しますよ」。いったい彼らは、どういう探求者なのだろう？　これはたんなる依存であり、隷属だ。これではまるで逆さまだ。サドゥヴィが弟子を変容する代わりに、弟子がサドゥヴィを変容している。

ある友人が言うには、あるジャイナ教の尼僧は、内緒で私の本を読んでいるという。彼女は私の講話テープも聞こうとしているが、それも内緒だ。万が一、だれかが彼女の前で私の名前を口にしても、私のことなど聞いたことがないようなふりをして、彼女は座っている。これが解放なのだろうか？

ジャナクは尋ねた……**解放はどうしたら起こるのでしょう？**

「解放とは何なのでしょう？　解き放つ英知について、どうか説明してください」

自由は、人間のもっとも重要な切望だ。たとえあらゆるものを手にしても、不自由なままだとしたら、それは痛む。すべてを達成しても、自由が達成されなければ、あなたは何も達成していない。

人は、限りなく広がる大空を望む。これは人間の最奥の切望、もっとも秘められた切望だ。無限で、さえぎるもののない空間への切望だ。神になることへの切望、あるいは解放《モクシャ》への切望と呼んでもいい。サンスクリット語で、私たちは正しい言葉、モクシャを選んできた。これほど愛すべき言葉は、他のいかなる言語にも存在しない。天国や楽園といった言葉はあるが、それらの言葉には、モクシャにある旋律がない。モクシャには、独自の音楽がある。それは、究極であるがゆえに何の境界もない自由、あまりの純粋さゆえに限定のない自由を意味する。

ジャナクは尋ねた
……解放はどうしたら起こるのでしょう？　そして、どうしたら無執着に至るのでしょう？
どうか私にお話しください

アシュタヴァクラは、ジャナクを注意深く見つめていたにちがいない——なぜならこれは、だれかが質問したとき、最初に師《マスター》がすることだからだ。彼は子細に観察する。この問いは、どんな源泉から生じたのか？　なぜ質問者は尋ねるのか？　その問いが尋ねられた理由を、師が明確に理解してはじめて、師の答えは意味深いものになる。

覚えておきなさい、真実に到達している人である師は、あなたの問いに答えるのではない。彼は、あなたに答える。彼は、あなたの質問には、たいして注意を払わない。彼は、あなたが尋ねている理由、質問の裏にあるもの、無意識に隠されたコンプレックスの方に関心がある——どんな欲望が質問という衝立《ついたて》の後に隠れているのかに。

世の中には四種類の人間がいる。賢者、探求者、無知な者、白痴だ。だから、問いも四つある。第一の問いは無言の問い——賢者《ギャーニ》、知者の問いだ。じつのところ、賢者の問いは、まったく問いではない。彼はもう知っている——知られるべきものは、何も残されていない。彼は到達した。マインドは澄みわたり、静かになっている。彼は家に辿り着き、くつろぎの境地に達している。

だからギャーニの問いは、まったく問いではない。これは、ギャーニに学ぶ用意がないという意味ではない。

ギャーニは子供のように純真になる。彼はいつでも学ぶ用意がある。学べば学ぶほど、さらに学ぶ用意ができる。純真無垢になればなるほど、あなたは学びに対して開く。訪れる風は、開け放たれたあなたの扉を見出す。訪れる太陽は、あなたの扉を叩くまでもない。訪れる存在は、あなたがいつでも応じられるのを見出す。

ギャーニは知識を集めたりしない。ただ彼には、知るための受容力がある。よく理解しておくといい。それは役に立つだろう。『ギャーニ』の意味は、学ぶことに対して完全に開いている人、先入観を持たず、学びに対する緩衝物が何もない人、知るための方式や体系などをあらかじめ持たない人ということだ。ギャーニとは、瞑想的《ディヤーニ》な人という意味だ。

アシュタヴァクラは、ジャナクを注意深く観察し見つめて、この人物はギャーニではない、瞑想には至っていないと見抜いたにちがいない。さもなければ、彼は沈黙をもって尋ねていただろうし、そこに言葉はなかっただろう。


仏陀の生涯に、こんなことがあった。ある行者《ファキール》――独り苦行を行なう者、遊行者が彼に会いにやってきた。彼はやってくると、仏陀に言った。「私には問う言葉がありません。問いたいことを言葉にするすべがないのです。あなたはもう、私の問いたいことをご存知です。どうかお察しください。そして何であれ、私に適切なことをおっしゃってください」。これが知者の問いだ。

仏陀は静かに座っていた。彼は一言も発さなかった。少しすると、何かが起こったように見えた！　男は仏陀を見つめていた。そして今や、その目には涙があふれてきた。彼は仏陀の足許にひれ伏して言った。「ありがとうございます！　私はほんとうに幸運です――私がここまで求めてきたものを、あなたは授けてくださいました」。彼は、身を起こすと立ち去った。その顔は、すばらしい輝きのオーラを放っていた。彼は、踊りながら去っていった。

仏陀の弟子たちは当惑した。アナンダは尋ねた。「先達《バンテ》よ、バグワンよ。不可解なことです。最初にこの男は言います――『私は、いかに問うかを知りません、問う言葉を知りません、何を問うために来たのかも知りません。ですが、あなたはすべてをご存知です。私をご覧になり、何であれ必要なことをおっしゃってください』。まず不可解なのは、この男です。これはどういう質問の仕方でしょうか？　何を尋ねたらいいかわからないなら、なぜ尋ねるのでしょう？　どうやって尋ねられるのでしょう？　信じられません！」

「ですが、問題はそれだけではありません。あなたはずっと、静かに座っていました。あれほど無言で座るあなたを見たのは、はじめてです。だれかが尋ねれば、あなたはそれに答えていました。ときには、だれも尋ねていなくてもお答えになります。あなたの慈悲は、つねに流れています。なぜ不意に沈黙し、目を閉じたのですか？　いったいどんな錬金術で、あの男は変容を遂げたのでしょう？　私たちも彼が変わっていくのを見ました。彼が完全な転換を経験し、歓喜《エクスタシー》が伝わっていくのを見ました。彼はあふれる涙と歓喜に圧倒され、踊りながら立ち去りました。彼は、あなたの足許に額《ぬか》づきました。その芳香は、私たちにも伝わりました。何が起こったのですか？　あなたは一言も口になさらなかったのに、彼はどうやって聞いたのでしょう？　私たちは、何日も何年もあなたと過ごしてきました。あなたの慈悲は、私たちに対しては少ないのですか？　なぜ私たちは、あなたが彼に与えたような恩寵を受け取っていないのでしょう？」

だが覚えておきなさい――あなたが手にするのは、自分が受け取れる分だけだ。


仏陀は言った、「聞くがいい。馬には……」。アナンダはかつて戦士だったので、仏陀は馬の話をした。アナンダは仏陀の従兄弟《いとこ》で、若い頃から愛馬家だった。彼は有名な騎手であり、優れた騎手だった。

「アナンダよ、聞くがいい」と、仏陀は言った。「馬には四つの種類がある。一番目の種類は、鞭打っても一寸たりとも動かない。あらゆる馬のなかでも、もっとも役立たずだ。打てば打つほど、より頑固に抵抗する。

彼らは立ち尽くす。まるでハタ・ヨーギのように抵抗する。鞭打っても、かたくなになるだけだ」

「それから、二番目の種類の馬がいる。鞭打てば動くし、鞭打たねば動かない。少なくとも、最初のよりはましだ」

「そして、三番目の種類の馬がいる。鞭を振るだけでいい。彼らを叩く必要はない。鞭を振る、その音だけで充分だ。彼らはより貴族的だ。そして二番目よりも優れている」

「さてアナンダよ、おまえは鞭の影を見ただけで駆け出す馬がいるのを知っているはずだ。鞭を振り鳴らす必要さえない。あの男は、そうした種類の馬だった。影で充分だったのだ」


アシュタヴァクラは、注意深く見つめていたにちがいない。

あなたが何かを尋ねにくるときは、あなたが質問だ。それは、あなたが尋ねることよりも重要だ。ときに、あなたは自分がしていない質問に、私が答えているような感じがするかもしれない。あるいは、私があなたの質問を避けて迂回し、何か他のことを答えたとも感じるかもしれない。でも私にしてみれば、あなたの内的必要の方がつねに大切だ。あなたの質問はどうでもいい。というのもあなた自身、自分が何を尋ねているのか、なぜ尋ねるのか、わかっていないからだ。答えは、あなたの必要に応じて与えられる。あなたの質問によって答えが決まることはない。

アシュタヴァクラは、ジャナクがギャーニでないとわかったにちがいない。だとしたら、彼は無知なのだろうか？　いや、彼は無知でもない。無知な人物は尊大だし、ふんぞり返って突っ立っている。無知な人物は、頭の下げ方も知らない。だがこの男は、自分の足許に身を屈《かが》めている。十二歳の少年の足許にひれ伏している。無知な者にはできないことだ。無知な者は、もう自分は知っていると考える。この私に教えを垂れるとは、何様のつもりだ、というわけだ。無知な者が質問するのは、ただあなたが間違っていることを証明するためだ。

無知な者は、自分はもう知っていると思い込んでいるから、あなたが知っているかどうか見てやろうとする。無知な人物が質問するのは、あなたを試すためだ。

アシュタヴァクラはこう考えたはずだ。「いや、ジャナクの眸《ひとみ》は、とても澄んでいる。王の身でありながら、私に問いかけた。名もない見ず知らずの十二歳の少年に対して『おお、師よ、どうか私にご説明ください……』と言っている。いや、彼は謙虚だ、無知ではない。それなら、彼は白痴だろうか？　白痴は、けっしてものを尋ねない。白痴は、生に何か問題があるなんて、思いもつかない」


白痴と光明を得た者には、類似性がある。光明を得た者には、問題は何も残っていない。白痴には、まだどんな問題も生じていない。光明を得た者は、問題を超えていった。白痴は、問題に取り組んでさえいない。それほど白痴は無意識なのに、どうして尋ねることができるだろう？　白痴が「英知とは何でしょう？」とか、「解放とは何でしょう？」、「無執着とは何でしょう？」と尋ねるだろうか？……ありえない！

それに、白痴が尋ねるとしたら、それは自分の情欲を満たす方法だろう。白痴が尋ねるのは、どうすれば数日間さらに寿命を延ばせるか、といったことだろう。解放？　いや、白痴が尋ねるのは、自分の鎖を金ぴかにする方法、その鎖にダイヤモンドを埋め込む方法だ。白痴が尋ねるとすれば、そんなところだろう。英知だって？　白痴には、英知というものがあることさえ想像もつかない。その可能性さえ受け容れられない。「英知？何だい、それは？」と言うだろう。白痴は獣のように生きる。

いや、ジャナクは白痴でもない。彼はムムクシュ、真理の探求者だ。この『ムムクシュ』という言葉を理解しておくといい。ムムクシュとは、解放への渇望、モクシャへの渇望だ。

彼は、まだ解放には達しておらず、ギャーニではない。だが、解放に背を向けてはいないから、白痴ではない。解放をめぐる伝統的な思想に固執してもいないから、無知な者でもない。彼はムムクシュだ。ムムクシュとは、単純かつ率直に質問する者という意味だ。その質問は、愚かさによって腐ってもいないし、無知な偏見で歪んでもいない。彼の問いは純粋だ。彼は、純真なマインドから尋ねる。

アシュタヴァクラは答えた
おお、愛する者よ
解放を望むなら、情念を毒として放棄し
寛容、無垢、慈悲、充足、真実を甘露として飲み干しなさい

……解放を望むなら、情念を毒として放棄し……このヴィシャヤ、情念という言葉は、とても意味深い。それは、毒を意味するヴィシャという言葉に由来している。それを食べた人は死ぬ──それがヴィシャの意味だ。ヴィシャヤとは、「むさぼると何度も死ぬもの」という意味だ。情念ゆえに、私たちは何度も死ぬ。食物のせいで何度も死ぬ。野心、怒り、憎しみ、焦げつく嫉妬──それらをむさぼり、幾度となく死ぬ。私たちは、それらのせいで何度も死んできた。

今まで生きてはきたものの、私たちは、ほんとうには生を知らない。私たちが知っているのは死だけだ。これまでの人生のどこに、燃え上がる生命の松明があっただろう？　あったのは死の煙だけだ。生まれてから死ぬまで、私たちはゆっくり死んでいく。私たちは生きているだろうか？　私たちは日毎に死んでいる。私たちが生と呼ぶものは、継続的な死の過程でしかない。

いまだに生を知らないのに、どうやって生きられるだろう？　肉体は日々衰弱し、体力は日々衰えていく。享楽や情念が、日毎に私たちのエネルギーを吸い取り、老化させていく。情念や欲望は、ちょうど穴のようだ。私たちのエネルギー、私たちの存在は、そこから流れ出てしまう。最終的に、私たちのバケツは空っぽになる。

私たちはそれを死と呼ぶ。

見たことがあるだろうか？　穴だらけのバケツを井戸に投げ込むと、水に沈んでいる間は満杯に見える。それから綱を引き、水から引き揚げると、バケツは空っぽになり始める。それは大変な動揺を引き起こす。あなたが生と呼ぶものは、こんなものなのだろうか？　漏れて流れ出す水――それを、あなたは生と呼ぶのだろうか？　バケツをたぐりよせるにつれ、それはもっと空っぽになる。手が届く頃には空っぽだ。一滴の水もない。これが私たちの生の実状だ。

まだ生まれる前の子供は、満ち足りているように見える。生まれるやいなや、彼は空っぽになり始める。最初の誕生日は、最初の死の日だ。彼は空っぽになり始める。一日死に、二日死に、三日死ぬ。あなたが自分の誕生日と呼ぶものは、命日と呼ぶのがふさわしい。その方が真実に近いだろう。一年間死んできたのに、あなたは誕生日がやってきたと言う。五十年間死んできたのに、五十年生きたと言い、「私の輝かしい記念日を祝ってくれ」と言う。だが、あなたは五十年間を死んだ。死はより近づき、生はより遠のいていく。バケツは空っぽになっていく。あなたの生に関する考えは、遠のいていくものに基づいているのだろうか、それとも近づいてくるものに基づいているのだろうか？　いったいこれは、どういう逆算だろう？　私たちは日毎に死に、死はより近くへ忍び寄ってくる。

情念は有毒だ、とアシュタヴァクラは言う。耽溺すると、あっさり死んでしまうからだ。それらからは、どんな生も得られない。

おお、愛する者よ
解放を望むなら、情念を毒として放棄し
寛容、無垢、慈悲、充足、真実を甘露として飲み干しなさい甘露《ネクター》とは、生を与え不死を与えるもの、すなわち神饌《しんせん》だ。それを見出すとき、人はもはや死ぬことがない。寛容。怒りは毒であり、寛容は神饌だ。

無垢。邪《よこしま》さは毒であり、純真、無垢であることは甘露だ。

慈悲。冷酷さ、無慈悲は毒であり、優しさ、慈悲は甘露だ。

充足。不満という虫は、すべてを食いつくす。不満の虫は、癌のようにハートに居座っている。それはそのなかにしみ込み、毒をまき散らす。

充足。あるもので満足し、ないものをねだらないこと。ありのまま、それでもう充分だ。それがあるということで、もう充分だ。ちょっと目を開けて見てごらん。

生に充足を押しつける必要はない。よく見れば、自分はいつも必要以上に手にしているのがわかるだろう。あなたは、自分の欲するものを受け取り続けている。いつも自分の欲するものを手にしている。不幸を欲したら、不幸を手にする。幸福を欲したら、幸福を手にする。何か間違ったものを欲せば、間違ったものを手にする。あなたの欲望が、あなたの人生を形づくっている。

欲望は種であり、生はその収穫だ。


何生にもわたって、あなたは自分の欲するものを手にしてきた。あなたは何度も、自分が欲しがるものと、手にするものは別だと思う。その誤りは、あなたが欲しいもののなかにはない。あなたは、自分が欲しいものに、間違った言葉を用いているだけだ。たとえば、あなたは成功を求めたのに、手にしたのは失敗だった。成功を求めたおかげで失敗してしまった、とあなたは言う。だが、成功を求めた者は、すでに失敗を受け容れているのだ。彼は、内側で失敗を恐れるようになる。彼は、失敗ゆえに成功を求める。だが成功を願うたびに、失敗という観念もやってくる。その失敗という観念は、ますます強まっていく。ときには成功することもあるが、生涯の旅が失敗の連続に費やされるのは確かだ。挫折感はしだいに深くなる。深まるあまり、いつかそれは表に現われてくる。すると、あなたは「自分は成功を求めたのに」と不平を言う。だが、成功を求める過程で、あなたは失敗を願ってきた。

老子は言う。「成功を望めば失敗するだろう。ほんとうに成功したければ、決してそれを望まぬことだ。すると、だれもあなたを敗者にはできない」
自分は尊敬を求めたのに、侮辱を受けたとあなたは言う。尊敬を求める人は、自分に対する敬意もないのに、他人の尊敬を求める。自分を尊敬しない人は、それを覆い隠し、敬意がないのを隠そうとして他人を求める。この尊敬への渇望は、当人が内側で自分自身を軽蔑しているしるしだ。あなたは、自分がないと感じている。だから、だれかが自分をひとかどの人物にしてくれなくてはと考える。だれかがあなたを玉座につけ、幟《のぼり》を立て、あなたの名のもとに旗を振るべきだ。だれかが何かをしないといけない！　あなたは乞食だ。尊敬を求めたとき、あなたはすでに自分を侮辱している。そしてこの侮辱は、ますます深刻になっていく。
老子は言う、「だれも私を侮辱できないのは、私が尊敬を求めないからだ」。これが、ほんとうの敬意の達成だ。老子は言う、「何者も私を打ち負かせないのは、私が勝利という考えそのものを落としたからだ。どうやって私を打ち負かせるというのかね？　あなたが打ち負かせるのは、勝ちたいと思う者だけだ」。それは奇妙な事実だ。

この世界では、尊敬を求めない人が尊敬される。成功を求めない人が成功する。成功を求めない人は、自分がもう成功していることを受け容れている。これ以上、どんな成功を求めるというのか？　すでにあなたは、自分の内なる実存《ビーイング》から栄誉を与えられている。これ以上、何を求めるのだろう？　存在は誕生を与えることで、すでにあなたへの敬意を表している。他のだれから敬意が欲しいのだろう？　存在は充分な栄誉を授けている。それは、あなたに生を与えた。それは、目を授けてあなたを祝福した。目を開き、この緑の樹々を、花々を、鳥たちを見てごらん。それはあなたに耳を与えた。音楽を、滝の水音を聴いてごらん。存在が気づきを授けたからこそ、あなたは覚者《ブッダ》になれる。これ以上、何を望む？　あなたはすでに尊敬されている。存在があなたを保証しているのに、あなたは乞食のように、だれに証明書をねだっているのだろう？　相手は、あなたに証明書をねだっている人たちではないだろうか？

じつに愉快な状況だ。ふたりの乞食が向かい合って、互いに物乞いしているのだから。何をどうやって手に入れるつもりかね？　どちらも乞食なのに。いったい、だれに尊敬を求めているのか？　あなたはだれの前に立っているのだろう？　あなたは、こんなやり方で自分自身を辱《はずかし》めている。そして、その侮辱は深刻になっていくだろう。

充足とは、自分が持っているものを見てごらん、ということだ。ちょっと目を開けて、すでに持っているものを見てごらん。

アシュタヴァクラが与えるこの鍵は、きわめて価値がある。それは、しだいに明らかになるだろう。アシュタヴァクラの見解は、まさに革命的であり、じつに独特だ。彼の革命は、まさに根底からの革命だ。


……充足、真実を甘露として飲み干しなさい……


偽りのなかに生きる者は、より偽物になっていくからだ。嘘をつき、嘘のなかで生きる者は、自然と嘘に取り囲まれるだろう。生との接点はそこなわれ、彼の根は断たれてしまう。

あなたは存在に根づきたいだろうか？　根づくことは、真実を通してのみ可能となる。真正さと真実を通してのみ、あなたは存在とつながれる。あなたは存在から刈り取られたいだろうか？　それなら嘘という煙幕を張ればいい。自分の回りに嘘の雲をつくればいい。不実になればなるほど、あなたは存在から遠ざかるだろう。

あなたは大地ではなく、風でも、火でも、水でも、精気《エーテル》でもない
解放に至るには、自分はこのすべてを観照する意識であると知りなさい

これらの声明は、とても直接的だ。一言の前置きもない。アシュタヴァクラは、わずか二言ばかり語る。すると瞑想が入ってくる。彼は、サマーディ、深い瞑想について語り始める。知る者は、サマーディ以外に分かち合うものを持たない。まず彼は、二言ばかり口にする——いきなりサマーディについて語り始めたら、あなたはびっくりして理解できないだろう。それにしても、たったの二言だ。すぐに彼は、サマーディについて語り始める。
アシュタヴァクラは、七つの段階を踏むことすらしない。仏陀は七つの段階を踏み、八段目がサマーディだ。アシュタヴァクラは、まさに一段目にサマーディを持ってくる。

あなたは大地ではなく、風でも、火でも、水でも、精気《エーテル》でもない
この真理にくつろぎなさい……
解放に至るには、自分はこのすべてを観照する意識であると知りなさい

観照がその鍵だ。これにまさる鍵はない。
観察者でありなさい。何が起ころうと、起こるがままにしなさい。干渉する必要はない。肉体は、土、空気、火、水、そして精気《エーテル》によって構成されている。あなたは、このすべて――土、空気、火、水、精気を内側から照らす灯りだ。そのなかに深く入りなさい。

……自分はこのすべてを観照する意識であると知りなさい……

これは、存在するなかでも、もっとも重要な経文《スートラ》だ。観照者でありなさい。それを通じて英知が起こるだろう。それを通じて無執着が起こるだろう。それを通じて解放が起こるだろう。質問は三つだったが、答えはひとつだ。

自らを肉体から切り離し、意識のなかにくつろげるなら
まさにこの瞬間、あなたは幸せで、安らぎ、束縛から自由だろう

……まさにこの瞬間！　だから私は、これはまさに根本的な革命だと言う。パタンジャリには、「まさにこの瞬間」と言うほどの度胸はない。パタンジャリは言う。「内側と外側で修行を積みなさい。呼吸を統御し、内面に転じ、ヨーガの姿勢を実践しなさい。純化しなさい。これは無数の生を要する。そしてその後に光明がある……」
マハヴィーラは言う。「偉大な五つの誓いを実践しなさい。すると無数の生が過ぎた後に、条件づけからの解放が、浄化が起こるだろう。そのとき、人はカルマの束縛を断ち切る」

アシュタヴァクラに耳を傾けなさい。
自らを肉体から切り離し、意識のなかにくつろげるなら
まさにこの瞬間、あなたは幸せで、安らぎ、束縛から自由だろう
まさに今ここで、まさにこの瞬間、……自らを肉体から分離して、意識のなかにくつろげるなら……もしその事実を見始めるなら——「私は肉体ではない。私は、行為者でも楽しむ者でもない。自分の内側に隠れている、すべてを見る者だ……それは、幼少期にあっては幼少期を、青春にあっては青春を、老いにあっては老いを見守っていた。幼少期は留まらなかったから、私は幼少期ではありえない。それは訪れ、そして去り、私は留まる。青春は留まらなかったから、私は青春ではありえない。それは訪れ、そして去り、私は留まる。老いは訪れ、それもまた去っていく。だから、私はそれではありえない。訪れては去るものが、どうして私でありえよう？　私はつねに存在する。幼少期が訪れ、青春が訪れ、老いが訪れる者として……幾千もの出来事が去来する者として。私は不変で永遠なる者だ」
ちょうど列車の駅のように、それらは変わり続ける。幼年期、青春、老い、誕生。旅人は動き続ける。自分が列車の駅になったとは思わない。プネーの駅に着いても、あなたは自分がプネーだとは考えない。マンマッドに着いても、自分がマンマッドだとは考えない。プネーは来ては去り、マンマッドも来ては去るのを、あなたは知っている。あなたは旅人だ。あなたはプネーを見ていた観察者だ。プネーは来て、そして去った。あなたはマンマッドを見ていた者だ——マンマッドは来て、そして去った。あなたは見ている者だ。
まず、出来事から観察者を切り離しなさい。

自らを肉体から切り離し、意識のなかにくつろげるなら……

これ以外に、する価値のあることはない。

ちょうど、老子の経文の鍵が明け渡しであるように、アシュタヴァクラの経文の鍵は、休息、くつろぎだ。することは何もない。

人々は私のところにやってきて、どうやって瞑想するのかと尋ねる。まさに、その質問そのものが間違っている。彼らが間違った質問をするから、私は「ただそれをやってごらん」と言う。私にどうしようがある？私は言う——「やってごらん。何かしら、しなくてはいけないことをね」。あなたは何かしたくてむずむずしているから、その必要は満たされるべきだ。痒いときには、どうするだろう？　掻かずにはいられないだろう。だが少しずつ、やることで忙しくさせながら、私は彼らをへとへとに疲れさせる。すると、彼らは言う。「どうか、私たちを解放してください。これはいつまで続くんです？」。そこで私は言う——「私には最初から用意があった。でも、あなたは理解するのに時間がかかったね。さあ、くつろぎなさい！」

瞑想の究極的な意味は休息だ。


……意識のなかにくつろぎ……意識をくつろぎのなかに留める者、実存のなかに、ただ休息する者……することは何もない。あなたはもう、自分が探しているものを手にしている。というのも、その探し物をなくしたことはないからだ。それをなくすのは不可能だ——それは、まさにあなたの本質だ。あなたこそ神性だ。アナル・ハク——あなたが真理だ。あなたはどこを探し、どこへ走っているのだろう？　あなた自身を探しに、どこを走り回っているのだろう？　止まって、くつろいでごらん。走り回っていては、神性に至れない。それは、走る者の内側に隠れている。何をしようと、神性には至れない。それは、行為者のなかに隠れているからだ。

神性を体験するのに、為すべきことは何もない。あなたが、それだ。
だからアシュタヴァクラは言う……意識のなかにくつろぎ……くつろぐがいい、自分自身を解《ほど》くがいい。この緊張を手放すがいい。どこへ行こうというのかね？　どこにも行くべきところはないし、辿り着くべきところはない……意識のなかにくつろぎ……するとまさに今……まさにこの瞬間、あなたは幸せで、やすらぎ、束縛から自由だろう。……これは、比類のない声明だ。他のどんな経典も、これとは比較にならない。

あなたはバラモンではなく、他のカーストでもない
人生の四住期のいずれにもいないし
目や他の感覚によっても捉えられない
何にも属さず、形もない、あなたは全宇宙の観照者だ
これを知って、幸せでありなさい

どうして、バラモンにこの注釈が書けるだろう？……あなたはバラモンではなく、他のカーストでもない……ヒンドゥー教徒が、どうしてこの経典を心から歓迎できるだろう？　彼らの宗教全体は、カーストや人生の四段階に基づいている。そしてアシュタヴァクラは、最初からそうした信念の根を断ち切っている。あなたはバラモンではないし、下層カーストのスードラでも、戦士《クシャトリヤ》でもない。彼は、それらはみな、たわごとだと言う。それらはみな投影だ。どれも政治と社会の芝居だ。あなたは、ただブラフマンであり、神性だ。バラモンでも、クシャトリヤでも、スードラでもない。

あなたはバラモンではなく、他のカーストでもない
人生の四住期のいずれにもいないし……

あなたは、学生期にも、家住期にも、また遊行期以前の段階にもいない。人生の四段階のいずれにもいない。あなたは観察者であり、この状況全体を通り抜けていく、内なる観照者だ。
ヒンドゥー教徒は、アシュタヴァクラ・ギータを自分たちのものだと主張できない。アシュタヴァクラ・ギータは、あらゆる人のものだ。もしアシュタヴァクラの時代に、イスラム教徒や、ヒンドゥー教徒がいたら、彼は言ったはずだ――「あなたは、ヒンドゥー教徒でも、キリスト教徒でも、イスラム教徒でもない」。だれが、アシュタヴァクラのために寺院を建てるだろう？　だれが、彼の経典を擁護するだろう？　だれが、彼のことを気にかけるだろう？……というのも、彼は万人を拒んでいるからだ。それは、真理の率直な宣言だ。

何にも属さず、形もない、あなたは全宇宙の観照者だ
これを知って、幸せでありなさい

アシュタヴァクラは、これを知ってから幸せになると言っているのではない。その声明に、注意深く耳を傾けなさい。アシュタヴァクラは言う。……これを知って、幸せでありなさい。

あなたはバラモンではなく、他のカーストでもない
人生の四住期のいずれにもいないし

目や他の感覚によっても捉えられない
何にも属さず、形もない、あなたは全宇宙の観照者だ
これを知って、幸せでありなさい

幸せでありなさい。まさに今、幸せでありなさい。ジャナクは尋ねる、「人はどうしたら幸福になるのでしょう？　解放はどうしたら起こるのでしょう？　どうしたら英知は生まれるのでしょう？」

アシュタヴァクラは、まさに今、それは起こりうると言う。一刻の猶予もいらない。それを明日にとっておく理由はないし、後回しにする必要もない。それは未来に起こりはしない。それは今、起こる。さもなければ決して起こらない。起こるときは、まさに今起こる。現在より他に時間は存在しないからだ。未来はどこにある？　それがやってくるとき、それは現在としてやってくる。

だから光明を得る人たちは、今、光明を得る。それを他の時に取っておかないようにしなさい。それは、マインドの狡賢《ずるがしこ》さだ。マインドは文句を言う――「そんなに早く起こるはずはない。まず準備が必要だ」


人々は、私に会いに来て言う。「サニヤスを取るつもりです、いつか取るつもりです」。いつか！　彼らは決して取らない。もし延期したら、永遠に先延ばしだ。『いつか』は決して訪れない。取る気があるなら、たった今取りなさい。今をおいて時はない。生は今だし、解放も今だ。無知は今だし、知も今だ。眠りは今、目覚めも今、起こりうる。なぜ、『いつか』なのか？

それはマインドには難しい。マインドは、準備がいるだろうと言う。マインドは主張する。「準備もなしに何が起こりうる？　大学の卒業証書をもらいたければ、何年もかかる。博士号なら、二十年から二十五年はかかる。博士号は、長い年月をかけてやっと手に入る。なのに、どうしてそれは今にも起こりうるのか？」

それはアシュタヴァクラもわかっている。店を開きたければ、今すぐというわけにはいかない。あなたは、あらゆるものを集めなくてはならない。あれこれ手配し、商品を運び、店舗を建て、客を呼び、広告を配らなくてはいけない。何年もかかるだろう。この世界では、何事も今すぐには起こらない。物事は、しかるべき段階を踏んで起こるものだし、それはいいことだ。アシュタヴァクラもそれはわかっているし、私もわかっている。

だが、たった今起こる現象が、この世にひとつだけある。それが神性だ。神性は、あなたの店でもなければ、試験会場でも大学でもない。神性は、段階的には起こらない。それはすでに起こっている。目を開けばいいだけだ。太陽はもう昇っている。太陽は、「あなたが目を開くまでは昇らない」と言って、あなたが目を開くのを待ったりしない。太陽はすでに昇っている。光は一面に広がっている。その調べは、昼も夜も響き渡っている。オームの音色は、あたり一面に響いている。奏でられない音楽が、あらゆる場所にこだましている。耳を傾けてごらん！　目を開けてごらん！

目を開けるのに、どれだけ時間がかかるだろう？　神性に至るには、それよりわずかでいい。瞬きの時間しか要さない。ヒンディー語の「瞬間」にあたる言葉は、瞬きにかかる時間を意味する。だが、神性に至るには、そんな時間すら必要ない。

……あなたは全宇宙の観照者だ
これを知って、幸せでありなさい

たった今、幸せでありなさい。

アシュタヴァクラの宗教は、分割払いではない。それは現金一括払いだ。

おお、広大なる者よ
宗教と無神論、幸せと苦悩――
すべては心《マインド》の産物であり、あなたのものではない
あなたは行為者でも楽しむ者でもない
あなたはつねに解き放たれている

光明は、私たちの生まれながらの本性だ。英知は、人の内なる本性だ。神性は、私たちの実存の在り様だ。それは私たちの中心だ。それは私たちの生、そして実存の芳香だ。

アシュタヴァクラは言う、

おお、広大なる者よ……おお、歓喜をもたらす者よ、おお、豪奢《ごうしゃ》で荘厳な者よ……

宗教と無神論、幸せと苦悩――すべては心《マインド》の産物であり……これらはみな、思考の波だ。あなたが為した善悪、罪を犯したり、善行を積んだり、寺院を建てたり、施しを与えたりしたこと――それらはすべて、マインドの産物だ。

あなたは行為者でも楽しむ者でもない
あなたはつねに解き放たれている

あなたは永遠に自由だ。いつでも自由だった。

解放とは、そのために奮闘しなければならない出来事ではない。

解放は、もう私たちの実存のなかで起こっている。

全存在は、自由からできている。そのあらゆる粒子、あらゆる毛穴は、解放からできている。自由は、存在全体の素材だ。自由は、存在のまさに本質だ。

この宣言を理解するなら、それだけで変容が起こる。必要なのは理解だけだ。それがあなたに伝わり、あなたが注意のすべてを傾けて聴くなら、それで充分だ。

私にも言わせてほしい、「今日はもう充分だ」


アシュタヴァクラを理解しようと、全身全霊で努力してごらん。アシュタヴァクラには、行為の余地はない。だから、実践できるような技法が出てくるとは思わないことだ。アシュタヴァクラは、何をしろとも示唆しない。静かに耳を傾けてごらん。行為によっては何も起こらない。

だから、経文を聞いているときにメモを取ろうとして、手帳やノートを持ち込んだりしないこと。後でやってみようとして、書き留めたりしないこと。ここでは、行為は無用だ。先のことなど考えず、耳を傾けてごらん。ただ聴いてごらん。ただ、私とともに静かに座り、聴きなさい。くつろいで、私に耳を傾けてごらん。ただ聴くこと……聴きながら、あなたは光明を得られる。

だからマハヴィーラは、声聞《シュラヴァカ》とは、ただ聴くことで光明を得られる求道者だと言った。シュラヴァカとは、聴くだけで解放に至る者という意味だ。サドゥーとは、ただ聴くだけでは解放に至らない者のことだ。サドゥーには、少しばかり知性が足りない。だから、何か実践しないといけない。彼には、鞭の影では不充分だ。この馬は少しばかり程度が低い。鞭が振り鳴らされれば、わずかに動く。あるいは、叩けば少しは動く。影で充分だ。

聴いてごらん――鞭の影がはっきりしてくるように。

アシュタヴァクラについて、覚えておくべきことがひとつある。することは何もないということだ。楽しみながら聴いてごらん。後で試してみようと、抜き書きしなくていい。起こることは何であれ、聴くことを通じて起こるだろう。正しく聴くことが、その鍵だ。

まさにこの瞬間、あなたは幸せで、安らぎ、束縛から自由だろう

まさに今、解放されなさい。まさにこの瞬間、光明を得なさい。だれもあなたを止めていないし、何もあなたを妨げていない。一寸刻みに進むことはない。あなたのいる、まさにその場で光明を得なさい——あなたはもう自由なのだから。目を覚まし、光明を得なさい。

何にも属さず、形もない、あなたは全宇宙の観照者だ
これを知って、幸せでありなさい

幸せでありなさい。一瞬たりとも待つ必要はない。それは跳躍、量子的跳躍だ。アシュタヴァクラに段階はない。それは段階的な進化ではなく、突然の出来事だ。それは、まさにこの瞬間に起こりうる。

ハリ・オーム・タット・サット！

第二章　まさに今、ここ

Right Here,Right Now

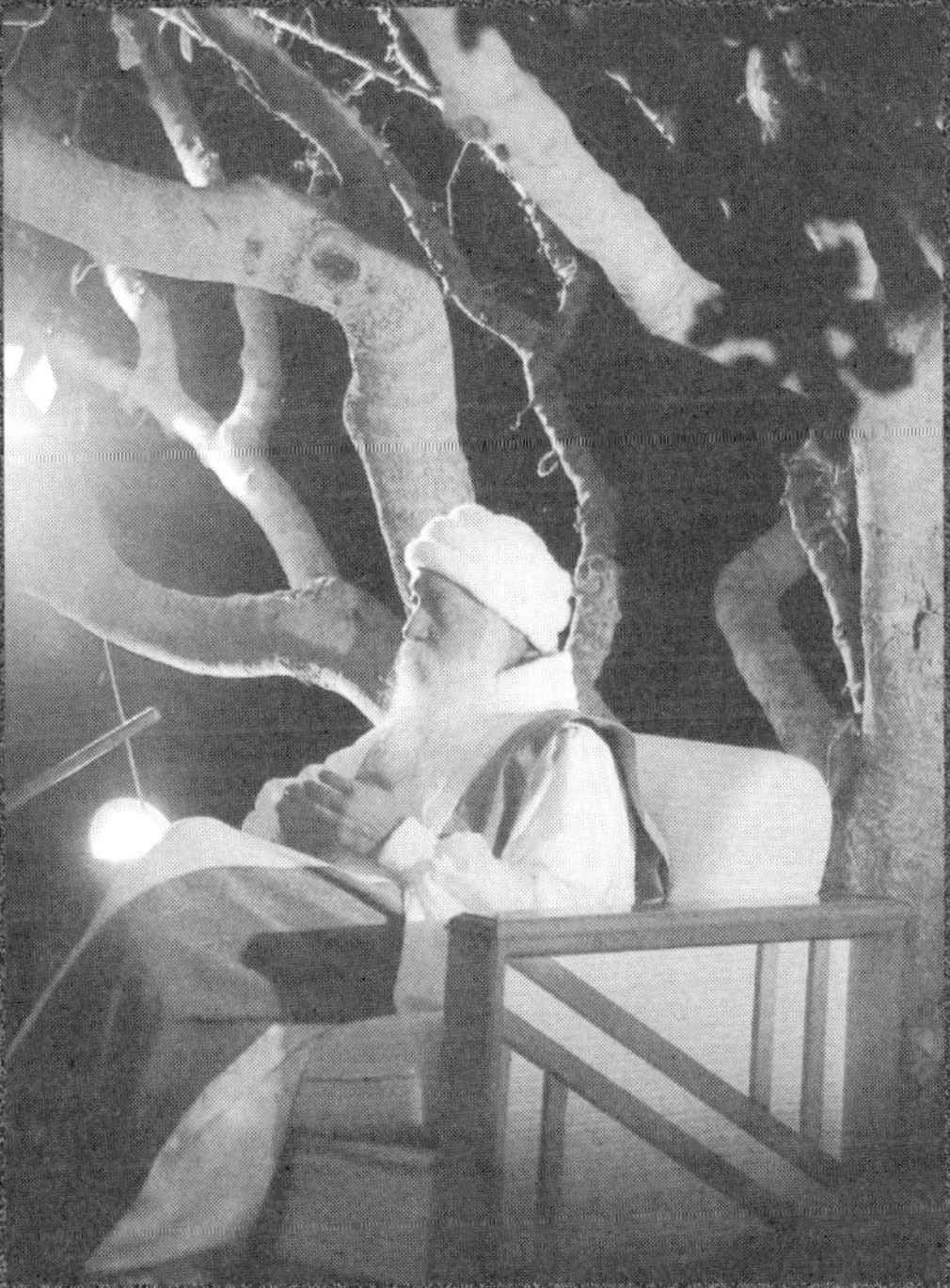

昨日あなたの講話を聞いていると、まるで自分がこの地上にいないような感じがしました。

というよりも、私は無限に広がる大空に浮かぶ、光の微粒子でした。

でもやはり、これは狂気かもしれないとか、自分の自我《エゴ》の策略かもしれない、といった感じがします。

どうか、私の道に光を投げかけてください。

◆

あなたはいつも、それはまさに今ここで起こりうると強調します。

そう繰り返しおっしゃるのは、挑発なのでしょうか?

それとも、私たちのなかの渇きを呼び覚ます技法、あるいは方策なのですか?

◆

あなたやアシュタヴァクラが「観照者でありなさい」と言うとき、それはだれに向けられているのですか?

最初の質問

愛するOSHO《オショー》
昨日、あなたの講話を聞いていると、まるで自分がこの地上にいないような感じがしました。というよりも、私は無限に広がる大空に浮かぶ、光の微粒子でした。講話の後も、その光と空《くう》の体験は続き、この大空を放浪していたいと思いました。知識とは何か、カルマや献身とは何か、私にはわかりません。でも、独り在ることのなかで、この状態に浸っていたいと願っています。でもやはり、これは狂気かもしれないとか、自分の自我《エゴ》の策略かもしれない、といった感じがします。どうか、私の道に光を投げかけてください。

私たちは、この地上にいる。だが実際には、この地上にはいられないし、いないのだ。私たちは、自分がこの地上で異邦人だと感じる。肉体のなかに家を建てたものの、肉体は自分の家ではない。

それはちょうど、外国に移り住んだ人が、祖国を忘れているようなものだ。ある日市場で、自分の家を思い出させる人、母国語を話す人にひょっこり出会う。すると一瞬にして外国は消え、彼の祖国がそこにある。

これが、経典の重要性だ。

これが、師《マスター》たちの言葉の、真の目的だ。

それを耳にすると、一瞬にして私たちはもうここにいない。私たちは自分が属している場所に向かい、その音楽のなかを流れる。私たちを完全に巻き込んでいた状況は消え、彼方にあったものが近づいてくる。

アシュタヴァクラの言葉は、まさに並ぶものがない。それらを聞くうちに、それは何度も起こるだろう。あなたは何度も、この地上ではなく、大空の一部になったように感じるだろう。これらの言葉は、大空のものだからだ。これらの言葉は、祖国からやってくる。私たちみんながやってきた源泉から、そして私たちが還るべき源泉からやってくる。そこに立ち戻ることなくして、私たちが平安を感じることはない。


私たちのいる場所は、家ではなくて宿のようなものだ。いくら自分の家だと主張してみても、宿が宿であることに変わりはない。うまく説明したり、忘れようとしたところで、何の違いもない。その刺は私たちを刺し続け、その記憶は巡り続ける。そしてときおり、磁石のような真理に出会う。それは私たちを引きつけ、別世界を垣間見せてくれる。すると、自分はこの大地の一部ではないと感じる。

「昨日あなたの講話を聞いていると、まるで自分がこの地上にいないような感じがしました」。それはいいことだ。だれひとり、この地上に属する者はいない。私たちはそれに属しているように見えるし、そう感じたりもする。だが本当は、大空に存在している。私たちの本質は、大空に属している。

実存《ビーイング》とは、内なる大空のことだ。

肉体とは、大地のことだ。肉体は大地から作られている。あなたは大空から作られている。

このふたつが、あなたの内側で出会う。

あなたは地平線だ。そこでは空と大地が出会っているように見える。だが、それが出会ったことはあるだろうか？　遠くに地平線が見えるとしよう。大空が大地に触れている。一、二分で着くだろうと期待しながら、その地平線に向かって歩き始める。何生かけて歩き続けても、大空が大地に触れる地点には行き着かないだろう。それは蜃気楼にすぎない。それはいつも、もう少し、あともう少しで手が届くように見える。

地平線は存在しない。ただ、そう見えるだけだ。外側の地平線と同じことが、私たちの内側にも言える。内側においても、出会いが起こったことはない。どうして実存が肉体に触れるだろう？　どうして死を免れぬものが、不死に出会えるだろう？　ミルクは水に混ざる——それは、両方とも大地からできているからだ。だが、どうして実存が肉体に溶け込めるだろう？　基本的な性質が異なっている。どんなに近づいても、それらは触れ合えない。永遠に間近にあるかもしれないが、それでも触れることも、出会うこともできない。それは私たちの仮定、概念でしかない。地平線は、私たちの観念としてだけ存在する。

もし、自分のハートにアシュタヴァクラの声明を矢のように貫かせたら、それはあなたを目覚めさせ、思い出させる。ずっと忘れていた記憶を、よみがえらせる。一瞬、大空が広がり、雲は散り、あなたの生は陽光で満たされる。

それは難しいかもしれない。その体験は、私たちの生き方すべてに逆行するものだ。それは不安の原因になるだろう。それに、内側の雲を追い払ったのは、あなたではなかった。その雲を追い払ったのは、師の言葉だった。雲はまた集まってくるだろう。家に着く前に、雲は再びあなたを取り巻くだろう。あなたは、そんなにすぐには自分の習慣を落とさない。雲はまた集まってきて、あなたはもっと落ち着かなくなる。あなたは疑うだろう——自分が見たのは、夢ではなかったのか？　ある種の投影ではなかったか？　自我や、マインドの罠ではなかったか？　ことによると、狂気に陥ったのではないか？

当然ながら、あなたの習慣の荷は重く、とても古い。闇は古くからある。それは存在しないが、やはり古くからある。太陽の光が射し込むとき、それはいつもすがすがしい。じつに新鮮で、爽やかに注がれる。あなたはそれをわずかに垣間見て、再び闇をさまよう。あなたの闇には、じつに長い歴史がある。そのふたつを秤にかけたら、闇ではなく光の方に疑問が湧いてくる。疑うべきは闇の方だ。なのに光が疑われるのは、陽射しは新しく、闇はとても古いからだ。闇はまるで、幾世紀も経た伝統のようだ。陽射しは生まれたばかりだ——生き生きとして新しい。そんなに新しいのに、どうして信頼できるだろう？

「まるで、自分がこの地上にいないような感じがしました」。だれひとり、大地のものである人はいない。私たちは、この大地のものではありえない。そう思うのは、思い込みであり投影だ。そう見えるとしても、それは真実ではない。

「というよりも、私は無限に広がる大空に浮かぶ、光の微粒子のような感じでした」。これは始まりだ。「……無限の大空に浮かぶ、光の微粒子」。すぐに、あなたは「私は無限の大空だ」と感じるだろう。これは、その始まりだ。


今の私たちには、無限の大空に、完全に吸収される用意はない。たとえ高揚の訪れを感じ、嵐の到来や自分を連れ去る風を感じても、私たちは距離をおいて自分を保っている。「……光の微粒子……」。あなたはもはや暗闇ではなく、光の微粒子になっている。だがやはり、大空との違いはある。境界線は残るし、隔たりはそのままだ。究極なるものは、あなたが大空になる日に起こる。光の微粒子もまた、分離している。統合され、ひとつになるその日——その日、あなたは「私は広大なる虚空だ」と感じるだろう。

それを言葉で表すと、「私は虚空だ」となる。だが、『私』がそこにあるかぎり、どうしてそれが可能だろう？　もし『私』があれば、大空からは離れたままだ。虚空の感覚が生じるとき、『私』は去り、虚空だけが残る。

「アハム・ブラフマスミ——私は神だ、私はブラフマンだ」と人々は言う。だが、ブラフマンがあるとき、どうして『私』が残るだろう？　残るのは私ではなく、ブラフマンだけだ。しかし、他にそれを表わす術はない。

言語は、眠っている人々のものだ。言語は、外国に移住したのに、そこが祖国だと思い込んでいる人々のものだ。

沈黙は、知っている人のためにある。

言語は、無知な人のためにある。

だから、あなたが何か口にしたとたん、まさに語ることによって、真実は真実でなくなってしまう。「アハム・ブラフマスミ」――私はブラフマンだ、私は大空だ。そう言うと、それは偽りになる。あるのは大空だけだ。だが、「大空だけがある」と言うのは、完全な真実ではない。『だけ』は、必ず他に何かがあることを暗示するからだ。さもなければ、どうして『だけ』を強調するのだろう？　それなら、「大空がある」はどうか？

……『ある』は『ない』にもなれるから、そうも言いにくい。

私たちは「家がある」と言う。ある日、それはなくなるだろう。崩れ落ち、廃虚になるかもしれない。私たちは「人がいる」と言う。人はいつか死ぬ。ときによって、あったりなかったりするようなものは、大空ではない。大空はつねにあるから、「大空がある」と言うのは繰り返しだ。大空の本性は、まさにあることだ。だとしたら、どうして『ある』をくり返すのか？　いつかは存在しなくなる物事について、『ある』と言うのは正しい。人がいるとする。ある日、彼はいなかった。今日、彼はいる。明日にはまた、いなくなるだろう。私たちの『いる』は、ふたつの『いない』の間に存在する。

大空があること《イズネス》は、昨日もそうだし、今日もそうだし、明日もそうだ。ふたつの『ある』の間の『ある』に、何の意味があるだろう？　『ある』は、ふたつの『ない』の間でなら意味がある。だから「大空がある」と言うのも反復だ。「大空」と言えばいい。だが、大空と言って言葉にすると、それもまた間違っている。ただ大空と言うことは、何かそれとは違うもの、それとは別の何かがあるという意味になる。さもなければ、どうして言葉にする必要がある？　一しかないなら、わざわざ一と言うまでもない。一は、二や三や四といった数があってはじめて意味がある。なぜわざわざ、大空と言うのだろう？

だから、英知は沈黙だ。究極の英知を言葉に持ち込むのは不可能だ。

だが幸いなことに、アシュタヴァクラのような稀有な個人たちが、信じ難い不屈の努力をしてきている。彼らは、言葉のなかにできるかぎり真実の芳香を込めようと、努力してきている。そして注目すべきは、アシュタヴァクラほどその試みに成功したのは、数えるほどしかいないという点だ。多くの人々が、真実を言葉に込めようと試みた。そして全員が挫折した。負けは確実だ。だが、そうした挫折のなかでも、一番負けの少ないのがアシュタヴァクラだ。彼は、もっとも成功している。正しく聴けば、あなたは我が家を思い出すだろう。

自分を光の微粒子だと感じたのは、幸先がいい。失われる用意を調えなさい。ある日、あなたは光の微粒子もまた失われると感じるだろう。そして、大空だけが残る。酔いがあなたを完全に圧倒する。あなたは真理のワインに溺れ、踊る。甘露の味わいを余さず体験する。

「講話の後も、その光と空《くう》の経験は続き、この大空を放浪していたいと思いました」。ここで私たちは、ささいな間違いを犯す。ちょっと楽しい経験をすると、私たちはそれをくり返し求める。人のマインドは、何と弱いものだろう。欲望や貪欲でいっぱいだ。誘惑は生まれ続ける。それは、楽しいことを何度もくり返したがる。だが、ひとつ覚えておきなさい。くり返すことが、すでに間違いだ。「もう一度起こらないかな」と願うやいなや、それは起こらなくなる。最初にそれが起こったのは、あなたの欲望からではなかったからだ。それは、おのずと起こった。あなたの行為ではなかった。

アシュタヴァクラは、そのことを全面的に強調する。真理は起こる。それは行為ではなく、出来事《ハプニング》だ。あなたが聴いていると、それは起こった。あなたは何をしていたのだろう？　聴くということは、何もしていなかったということだ。あなたは虚空を感じながら座っていた。静かで、注意深く、目覚めていた——眠ってはいなかった。いいことだ！　では、何をしていたのだろう？　あなたは、たんなる受信機だった。あなたのマインドは、鏡のようだった。何が前にやってきても映し出し、言われたことを聴いた。何もそれに付け加えなかった。何かを加えていたら、それは決して起こらなかっただろう。あなたは解説していなかった――「うん、これは正しい。それは間違っている。これには賛成だが、それには反対だ。経典によれば……」とか、「そうではない」と頭のなかで言わなかった。それについて理屈をこねていなかった。もし、論理のなかでさまよっていたら、これは起こらなかっただろう。


質問してきたのは、スワミ・オーム・プラカッシュ・サラスワティだ。私は彼を知っている。彼のマインドは、論理や懐疑、議論からはほど遠い。そういう時期は過ぎ去った。昔は彼も理屈をこね、疑いが湧いたかもしれない。だが今はもう、人生の経験を経て成熟している。もう、そういう幼稚なマインドはない。だからこそ、それは起こりえた。彼はただ聴きながら、何をするでもなく座っていた。ただただ座っていたら、それは起こった。

それは最初、何の行為もなく起こった。もし、二度目が起こるのを欲したら、それが妨げになる。それは、欲したから起こったわけではなかった。だから、こういうまれな出来事が起こるときは、欲張らないことだ。起こるときは、楽しく受け容れればいい。起こらないときは、不平を言わず、せがまないこと。求めれば逃すだろう。求めることのなかには、要求や主張がある――「それは起こるべきだ。一度は起こったのに、どうして今は起こらないんだろう？」

これは毎日起こっていることだ。人々は、ここに瞑想をしにやってくる。始めのうち、彼らはみずみずしく、新鮮だ。何の経験も持ち合わせていないから、それは起こる。これは、じつに驚くべきことだ。よく理解しておかないといけない。それは、アシュタヴァクラの理解を、より助けてくれる。それは、私の日常的な経験だ。訪れる人々が、初々しく新鮮で、瞑想の経験がないと、それは起こる。それが起こると、彼らは喜びでいっぱいになる。だが、まさにその体験が面倒を引き起こす。そうすると、期待が始まるのだ――今日起こったことは、明日も起こるべきだし、しかもただ起こるのではなく、もっと強烈に起こるべきだ。だが、もう起こらないので、彼らは涙ながらに私にすがりつく。「どうしたのでしょう？　何か間違ったのでしょうか？　一度は起こったのに、今は起こりません」

「これはあなたの過ちだ」。私は彼らに言う。「はじめてそれが起こったとき、あなたは何も期待していなかった。今は期待している。もはやマインドは無垢ではない。期待がそれを汚してしまっている。あなたはもう純粋ではないし、開いていない。求めることが、それらの扉を閉じてしまった。期待が生まれ、その期待がすべてを台なしにしている。今では欲望が目覚め、貪欲さが入り込んでいる」


それは毎日起こっている。長いこと瞑想してきた人たちは、多くの技法に挑み続ける。しかし、ただ瞑想のなかに落ちていくのは、とても難しい。彼らの経験が、障壁《バリアー》となってしまうからだ。ときおり、ちょっと訪れた人が、その雰囲気とともに流れる……彼は瞑想のことなど、考えたこともなかった。友人が来ていたから、「どんなものか見に行ってみよう」と思ったのだ。彼は、好奇心からやってきた。欲望も、精神的な探求も、瞑想への努力もなく、ただやってきた。そして、他の人たちが瞑想しているのを目にし、何かが内側で誘発されて参加してみた。すると、それは起こった！　彼は驚いた。「瞑想しにきたわけでもないのに、瞑想が起こった」。すると、問題が始まる。今、彼は再びやってくるが、そこには期待がある。マインドは、また起こるはずだと期待している。そこには、貪欲と繰り返しへの欲望がある。マインドが入り込み、その過程《プロセス》全体がかき乱される。

それは、マインドがないときにだけ起こる。

覚えておきなさい——マインドというものは、繰り返しを求める。

楽しいことは再び起こらせ、いやなことは二度と繰り返させない——それがマインドだ。これはあるほうがいい、それはないほうがいい、とマインドは選ぶ。こんな風なら何度あってもいいが、こんな風なら絶対だめだ——マインドはそういうものだ。

あなたが、生とともに流れ始めるとき、何であれ起こるのはいいことだし、起こらないのもいいことだ……苦しみは訪れ、受け容れられる。苦しみが訪れても、そこに抵抗はない。幸せは訪れ、受け容れられる。幸せが訪れても、そこに興奮はない。幸せと苦しみの両方に穏やかさがあるとき、ある落ち着きが生まれてくる。するとと、幸せと苦しみは、まさに同じように見えてくる。何の選り好みも残っていないからだ。それはもう、私たちの手を離れている。起こることは起こる。

私たちは見守り続ける。アシュタヴァクラは、これをサクシ・バヴ、観照と呼ぶ。そして、もし観照が達成されたら、すべては達成されると言う。サクシ・バヴは、内側では観照者を目覚めさせ、外側では平静さをもたらす。

平静さは、観照の影だ。

あるいは、平静さを達成すれば観照が生まれる。このふたつは、ともに進む。それらは同じ現象の両足、あるいは両翼だ。

「この大空を放浪していたいと思いました」。気をつけなさい。マインドに、瞑想の瞬間を破壊する機会を与えないようにしなさい。他ならぬこのマインドが、すでにあなたの人生を破壊し、あなたのあらゆる関わりを台なしにしてきた。このマインドは、あなたの人生全体を砂漠のように乾いたものにしてきた。多くの花々が咲いたはずの場所には刺しかない。このマインドを、あなたの内なる旅路に一緒に持ち込まないこと。さよならと言って、別れを告げなさい。親愛を込めて、別れの挨拶をしなさい。「もう充分だ。私はもう何も要求しない。何が起ころうと、私は目覚め、見守っているだろう」と告げなさい。

要求するやいなや、もはやあなたは観照者ではいられない。楽しみ苦しむ者として、自己同化してしまう。

すると、瞑想は消え失せる。自己同化とは、「私は、これを楽しんでいる。それは、私を楽しませてくれる」と言うことだ。

「知識とは何か、カルマや献身とは何か、私にはわかりません。でも、独り在ることのなかで、この状態に浸っていたいと願っています」。この望みを投げ捨てれば、同じ状態にすべり込むだろう。独り在ることのなかだけでなく、群衆のなかにいても、すべり込むだろう。たとえ市場にいても、あなたは浸ったままでいるだろう。この状態は、独りや群衆、市場や寺院、集団や孤立とは関わりがない。この状態は、あなたのマインドが静まり、実存が安定していることに関わっている。この出来事は、安らぎや落ち着きがあれば、どこでも起こる。でも、要求しないこと。さもないと、まさにその要求が焦りとなり、緊張をもたらす。


「まさに今ここ」とアシュタヴァクラは言う。要求は、いつも明日に向けられる。それは今ここにはいられない。要求の本性は、現在にいないということだ。それは飛び跳ねる。要求とは、「それを起こらせよう。明日にでも、一時間後にでも、すぐにでも起こらせよう」という意味だ。要求は、今ここには存在できない。時間が必要だ。ほんのちょっとかもしれないが、時間はかかる。そして、未来は存在しない。未来とは、ないものという意味だ。現在とは、あるものという意味だ。現在と要求は無関係だ。

現在にいると、要求がないことに気づくだろう。すると、事は起こる。それをまったく願わないとき、それはとどまることを知らないほど起こるだろう。

この板挟みをよく理解してごらん。そのあらゆる側面を知りなさい。何も要求しない日こそ、あらゆる物事が起こる日だ。狂ったように神性の後を追いかけていない日に、それはあなたの背後にやってくる。瞑想への切望を見せず、内側に何の緊張もない日、その日あなたは瞑想で満たされ、あふれているだろう。

瞑想は、外からやってこない。あなたが緊張していないとき、内側に残っているものが瞑想と呼ばれる。内側に何の欲望もないときに留まるものが、瞑想と呼ばれる。

それはちょうど、湖のようなものだ。波が立ち、不意に一陣の風が吹く。湖の水面《みなも》は嵐や風で覆われ、すべてがばらばらになる。空に満月が浮かんでいても、揺らめく水面のせいで何も映らない。どうして、それが鏡でありえるだろう？　湖面に広がる銀のように、月影は千々に砕け、どんな姿も映らない。

そして、湖は静かになる。波はどこへ行ってしまったのだろう？　波はどこからやってきたのだろう？　それは湖からやってきた。今ではもう寝静まり、湖に戻っている。湖は、その静けさを取り戻している。湖面に散った銀のようだった月は、今はひとつにまとまり、くっきりとした姿になっている。

あなたのマインドの湖に、波がなくなるやいなや――欲望の波、要求の波、「これはこうあるべきだし、それはそうあるべきではない」といった波がなく、マインドの湖に波ひとつないとき――真理は、あるがままに映し出される。そのとき、あなたの内なる月の美しさを、どう表現したらいいだろう？　その歓喜《エクスタシー》を、どう言い表せるだろう？　歓喜の川が流れ、人は内なる最愛の人に出会う。そのとき――そしてそのときはじめて、そこには蜜月《ハネムーン》がある。

だが、それを欲したら逃す。

この欲求がまったく自然に見えるのは、私もわかっている。だが、これは大変な障害物だ。そうした瞬間には、じつに大きな喜びが訪れる。どうして欲望を避けられるだろう？　それは人の常だ。私は、あなたが人にあるまじき大きな過ちを犯したと言うつもりはない。それはまったく人間らしい過ちだ。しばし窓が開き、広大な空《そら》があなたへと流れてくる瞬間――暗闇が消え、陽光が降りそそぐ瞬間、『もっと』と思わないのは不可能だ。ほとんど不可能だ。だが、その不可能を学ぶ必要がある。今日、それを学んでごらん。あるいは明日学ぶか、明後日にでも学んでごらん。だが、学ばなくてはならない。だとしたら、早く学んだ方がいい。今すぐ用意をすれば、それは即座に起こる。一瞬たりとも待つ必要はない。

「この状態に浸っていたいと願っています」。この状態はやってくるだろう。それは、あなたのマインドとは無関係だ。だから、マインドを捨て去りなさい。それが忍び込むときは、いつもこうくり返せばいい。「すまないが、君はおせっかいを焼きすぎだよ！　君は世界を台なしにしてきた。もう、神性は台なしにしないでくれ。君は人生の幸せをすべてぶち壊してきた。今、内なる深みから幸せが生まれているんだ。少なくとも、これは台なしにしないでくれ」

注意を怠らず、マインドに別れを告げなさい。

少しずつ、次第に、そうした瞬間がやってくるだろう。

それらは、あなたの経験を通じてやってくる。マインドがなければ、いつでも窓は、またすぐ開く。再び神々しい喜びの川が流れ、光が降りそそぐ。あなたは再び輝き、酩酊する。あなたは再び甘露に溺れる。

これが何度も起これば、はっきりしてくるだろう。あなたは、自分からマインドを巧みに遠ざけておくようになる。それが起こるときには、起こらせなさい。起こらないときは、静かに待ちなさい。それはやってくる。ひとたび訪れたものは、何度も訪れるだろう。だから、それを願わないように。いっさい間に入ってはいけない。どんな妨げも創り出さないようにしなさい。


「でもやはり、これは狂気かもしれないといった感じが……」。そんな感じが頭に浮かんでくる。それは、至福が可能であることが信じられないからだ。理性は、不幸とならくつろいでいる。全面的に不幸を受け容れている。それを生んだのは理性だからだ。自分の子孫を受け容れない者が、どこにいるだろう？　だから理性は言う。「不幸があるのは、まったく正しい。でも、究極の幸福だって？　きっと何かの間違いだろう。今までに、そんなことがあったかい？　それは想像だね。君は夢を見たのさ。白昼夢のなかをさまよい、催眠にかかったんだ。きっと君は、おかしくなってしまったんだよ」。しばしば、理性はそんなことを言う。それに耳を傾けてはいけない。どんな注意も払わないこと。注意を払ったら、その体験は止まってしまう。そうした扉や窓が開くことは、二度とないだろう。


ひとつ覚えておきなさい。至福が、真理の定義だ。

どこであれ、あなたが喜びを見出すなら、それは真実だと知りなさい。だから私たちは、神性をサット・チット・アナンド――真理、意識、至福と呼ぶ。アナンドは、その究極の定義だ。至福は、真理よりも、意識よりも上だ。真理《サット》、意識《チット》、至福《アナンド》――真理、意識の方が段階は低く、至福が究極だ。どこであれ、至福が流れ、喜びが見出されるなら、まったく心配はいらない。あなたは真理の近くにいる。

それはちょうど、庭園に近づくようなものだ。そよ風は涼しくなり、鳥の歌声を耳にし、涼しさを感じ始める。庭園はまだ見えない。でもその気配が、自分が正しい道にいること、庭園に近づいていることを教えてくれる。同じように、真理に近づき始めると、至福の泉が湧き出す。マインドは静まってきて平静になり、辛抱強くなり、幸せが広がってくる。理由のない歓喜があなたを圧倒する。そこには、どんな理由も見当たらない。宝くじに当たったわけでも、商売で大儲けしたわけでも、名誉ある仕事をもらえたわけでもない。あるいは、失職したり、手にしたものを失ったり、会社が倒産したのかもしれない。だが、内側では理由のない歓喜が踊り続け、止まらない。理性は言うだろう――「気は確かかい？　それは狂気の徴候だよ！」

ここは、ほんとうに奇妙な世界だ。ここで幸せに見えるのは、狂気だけだ。だから理性は、あなたのことを狂ってしまったと言う。狂った人以外に、ご機嫌で幸せな人をここで見かけたことがあるだろうか？　幸せな理由はたくさんあるのに、人は幸せではない。大きな宮殿や財産や、あらゆる類いの安楽さがあるかもしれないが、それでも幸せではない。この世界は悩める人々の世界であり、ほとんどの人たちは苦悩している。だから、もしここで理由《わけ》もなく笑い出したりしたら、人々はあなたのことを狂っていると言うだろう。「この笑いは、何の理由もなくやってくるんだ。波が内側で生まれて、ただ広がるんだ」などと言おうものなら、人々は「もういい！　あいつは精神障害だ」と言うだろう。

でも浮かない顔をして、その顔を見たら幽霊も怖がるくらい落ち込んでいるのは、ここでは申し分ない。大丈夫、問題ない、すべて順調だ。あなたは、他の人と同じように人間だ。あなたは、まっとうな人間だ。しかし、微笑み、笑い、歌を口ずさみ、道端で踊り始めるなら――あなたは間違いなく、いかれてしまっている。

そんな風にして、私たちは神を拒んできた。もし彼がここにやってきたら、私たちは彼を精神病院に押し込むだろう。だから、たぶん彼は来るのを怖がって来ないのだろう。

考えてもごらん。もし道でクリシュナに出会ったら――フルートを吹き、孔雀の羽の王冠をかぶり、黄色い絹をまとったクリシュナに、そしてそのまわりで踊る彼の恋人たちに――あなたはどうするだろう？　すぐさま警察に駆け込んで言うだろう。「路上で騒ぎが起こっています、どうなってるんです？　あんなことが起こるなんて、とんでもない！」。あなたは、彼を牢屋に放り込むだろう。

至福は、排斥されてきた。

私たちは、自分の人生から喜びを追放してきた。私たちは、不幸をしっかり抱えて座り込んでいる。ここでは、厭世的な人が知的に見え、陽気な人は狂って見える。私たちの判断基準は、すべて逆さまだ。もし、生涯にわたって知性だと思っていたものが突然消え去り、滑り落ち始めるとしたら、それは自然なことだ。あなたのいわゆる知性の土台が揺らぎ、突然あたり一面に喜びを見出し始めるとしたら、それは無理もない。そして、いいかね、「理由《わけ》もなく」……それはまさに、狂気を意味している。理由のない幸せ――まったく何の理由もない。あなたは、独り座って微笑み始める。それだけで充分だ。あなたは狂ってしまった――というのも私たちは、そんな風に座っているのは、狂った人たちだけなのを見てきたからだ。

理解してごらん。狂人とパラマハンサ——光明を得た人には、どこか似たところがある。狂人は笑い、幸せだ。彼らは知性を失ってしまった。パラマハンサもまた笑い、幸せだ。彼らは理性を超えていった。どちらも笑う——狂人は下に落ちたからで、パラマハンサは理性を超えていったからだ。両者の間には、こんな類似が少しだけある。狂人とパラマハンサには、ひとつ共通点がある。それは、両者とも理性を失っているという点だ。一方はそれを意識的に捨て去り、他方は無意識のなかにいる。だから、その違いは天と地ほどにも広大だ。それでも、そうした類似もある。だから、ときにはパラマハンサが狂人のように見え、ときには狂人がパラマハンサに見えたりする。そして勘違いは続いていく。

西洋では、狂っていない人々が、何人も精神病院に入れられている。そこでは最近、大いなる革命が起こりつつある。心理学者たち、特にR・D・レインと彼の共働者たちが、ひとつの運動を起こしている。彼らは、精神病院にいる人たちの多くは狂っていないと主張している。もしこの人たちが東洋に生まれていたら、パラマハンサとして尊敬されていただろう。それと反対のことが東洋で起きているのを、R・D・レインは知らない。東洋では、多くの狂人がパラマハンサだと思われている。だが、間違いは人の常だ。ここ東洋では、多くの狂人がパラマハンサとみなされている。こうした誤解は、両者の境界が触れ合っているために起こる。この混乱は自然なものだ。

喜びが強まっているかどうかに注目しなさい。怖がることはない。だが、喜びは狂気によっても強まりかねない。だとしたら、何がその確かな基準なのだろう？　その基準はこうだ。もしあなたの喜びが強まり、同時にだれの不幸をも強めていなければ、悩むことなく続ければいい。あなたの喜びは、他者への暴力、侵害、不幸を作り出すことに依存すべきではない。そのときには、狂気を恐れる理由はない。たとえ狂うにしても、それは良い徴候であり、正しいことだ。ためらうことなく、そのなかに入っていきなさい。

唯一、気をつけなくてはいけないのは、自分が他人を傷つけ始めたときだ。だれも、あなたの踊りなどに興味はない。だが、眠っている人の枕元で、太鼓を叩いて踊り出したら……？　踊るのはいい、それは何の問題もない。祈りを唱えればいい、すばらしいことだ。献神歌《けんしんか》を歌っていると、インドではだれも、あなたのことを狂っているとは言わない――しかし、深夜にマイクを据えつけ、ずっと絶え間なくキルタンを歌い始めたら、あなたはほんとうに気が狂っている。大勢の狂人がそうしている。彼らは言う――「私たちは、無休でキルタンを上演します。二十四時間、絶え間なく。寝るか寝ないかは、あなたの問題です。私たちの公演が嫌だとしたら、あなたは不信心者だということです」
あなたの喜びが、暴力的でないことを確かめなさい。それで充分だ。喜びは、あなた自身のものであるべきだ。それによって、だれの生活も妨げてはいけない。あなたの花を咲かせなさい。だが花開くときは、その刺でだれかが刺されないようにしなさい。これをつねに心がければ、正しい方向に向かっている。自分の振る舞いによって、だれかが妨げられていると感じたら、気をつけなさい。あなたは光明に向かっているのではなく、狂気への途上にいる。
誰もオーム・プラカッシュにかき乱されてはいない。ためらうことなく、大胆に前進すればいい。

昨日、私は詩を読んでいた。

美しく　愛らしく　好ましいすべて
すばらしく　上品で　みずみずしく　本物で　真実なもの
それを摘みとり　持ち去って捧げ物とした
でも　何が起こっただろう？

置かれたところで　全部しおれてしまった
乾き　しなび果ててしまった
彼が　ひとつも手にせぬうちに
彼は受け取るだろうと　どこかに書かれていたけれど……
でも　わたしが与え　受けとったもの
酔い　落としたもの
注ぎ　こぼしたもの
蒸留し　濾過《ろか》したもの
酩酊や　そのうつろい
かき集め　落とし　放棄したもの——
このすべての終《つい》の勘定もまた
同じように　犠牲の炎へと落ちてゆくのを　わたしは見た
その瞬間《とき》　わたしは感じた
ああ！　わたしは解き放たれた　渡ったのだと！
いいだろう　けっこうだ　わたしは狂ったのだと……

そう、その人は渡っている。マインドとは狂気だ。あなたは念入りに選んだ品、極上の品を、神に捧げ続けるかもしれない。だが、自分の頭を捧げるまでは、何もやってこない。
もう一度、聴きなさい。

美しく　愛らしく　好ましいすべて
すばらしく　上品で　みずみずしく　本物で　真実なもの
それを摘みとり　持ち去って捧げ物とした
でも　何が起こっただろう？
置かれたところで　全部しおれてしまった
乾き　しなび果ててしまった
彼が　ひとつも手にせぬうちに

もっとも美しいものを見つけて、持ってきなさい。もっとも価値あるものを見出し、コイヌールのダイヤを捧げなさい。みんな、つまらないものに様変わりしてしまうだろう。花々を、蓮華を、薔薇を摘んで、捧げてごらん。みんな、しおれてしまうだろう。ここで受け容れられるのは、ただひとつ――あなたの頭、あなたの自我《エゴ》、あなたの理性、あなたのマインドだ。これらは、まさに同じものに対する、異なった呼び名だ。ここでは、自分自身を捧げなくてはならない。

その瞬間《とき》　わたしは感じた
ああ！　わたしは解き放たれた　渡ったのだと！
いいだろう　けっこうだ　わたしは狂ったのだと……

オーム・プラカッシュ、人々は、同じことをあなたに言うだろう――あなたは狂ってしまったと。言わせておきなさい！　彼らが言うことを気に病むことはない。人々があなたを狂人と呼ぶとき、彼らは他でもない自分の頭を保とうとしている。あなたのことを狂っていると言うとき、彼らはこう言っている――「俺たちから離れろ、近寄るな！　この歌を俺たちに向かって歌うな、こんな笑いを俺たちの戸口に持ち込むな、おまえの酔いしれた目をこっちに向けるな、こんな報《し》らせを持ってくるんじゃない」。彼らは脅かされていると感じる。

　彼らは、この同じ音楽を内側に携えている。彼らは内側にヴィーナを携えている。それは何生もの間、その弦を愛撫してくれる者を待っている。だが、彼らは恐れていて不安だ。彼らは多くを築き上げ、このまやかしの世界に安住している。今、彼らは根こそぎになるのを恐れている。


　アラハバードにいたとき、ひとりの友人が私の真正面に座り、私に聴き入っていた。とても大勢の人たちが私の前に座って耳を傾けていたが、彼のように耳を傾けていた人は、とても少なかった。滂沱《ぼうだ》の涙が、彼の頬をつたっていた。

　突然、彼は講話の途中で立ち上がり、ホールを去った。私は少し驚いて、主催者にどうしたのかと尋ねた。後で、その男性は大変な著名人だったことがわかった。私はそれを知らなかった。彼は文学者であり、詩人であり、作家だった。

　主催者は、彼の家に行って聞いてみた。その男性は彼に言った。「許してくれ。私はかき乱されてしまった。二十分もしたら、ここから逃げ出した方がいいと思ったんだ。もう少し長くいたら、何かしら起こっていただろう。この男は、すでにいかれ《クックー》ている。彼は私を狂わせるだろう。私は行くつもりだが、今ではない。きっとまた行くから、もう少し時間をくれないか。私は二晩も眠れなかった。彼の言ったことが頭のなかで反響している。だめだ、今は、やることがたくさんある。子供たちは幼いし、家もある。面倒を見るべき家庭もある。だが、私は必ず行く。行って、彼に伝えてくれ――私は必ず行くと。でも、今ではない」

　だれかがあなたを狂人《クックー》と呼ぶとき、彼は自分を守ろうとしているだけだ。あなたを狂っていると決めつけるのは、彼が自分の関心を押し殺しているということだ。彼もまた、抑えがたい憧れを内側に抱いている。究極の真実を求めない人がいるだろうか？　至福への渇きを持たない人がいるだろうか？　真理を切望しない人がいるだろうか？　そんな人は、いたためしがない。あなたが無神論者と呼ぶ人たちは、怖がり始めた人たちだ。「いや、神などいない」と彼らは言う。神を否定しなければ、神を探求しなくてはいけないからだ。

私自身の経験では、有神論者よりも無神論者のなかに、真理への深い欲求がある。彼は寺院に行くのを恐れるが、あなたは恐れたりしない。内なる欲求は、あなたを狂わせるほど強くはないから、あなたは恐れたりしない。あたかも、自分の店に行くかのように寺院へ行く。寺院に出入りしても、まったく影響されない。

無神論者というのは、寺院に入ったら、自分は戻ってこられないと知っている人だ。入るとしたら、入ったときと同じようには戻ってこないだろう。だから、逃げ道はひとつしかない。彼は言う——「神など存在しない。宗教はみな偽善だ」。そうやって彼は自分を保ち、自分を納得させる、「神などいないのに、どうして寺院に行くことがある？　神などいないのに、どうしてこんなごたごたにつきあう？　なぜ瞑想をするのか？　なぜ祈ったりするのか？」

私が見るに、無神論者は、内側で自分を保とうとしている。私はいまだかつて、本物の、真正な無神論者にはお目にかかったことがない。どうして、人は無神論者でいられよう？　無神論者とは、「ノー」のなかに生きようとする者のことだ。だれが「ノー」のなかで生きられるだろう？　だれが無神論のなかで生きられるだろう？

生きるには、「イエス」が必要だ。「ノー」のなかに花々が咲くだろうか？「イエス」が必要だ。受容性が必要だ。生を受け容れれば受け容れるほど、生にはより多くの花々が咲く。だがあなたは、自分の許容量を越えて花々が咲くのを恐れている。花々はあふれんばかりになって、抱えきれないだろうと。

昨夜、ひとりの青年が私に語った。「助けてください！　この体験は、手におえなくなってきています。とても高揚して、爆発しそうなんです。もの凄い歓喜で、抑えられません。僕のハートの器は、とても小さいのです。助けてください！　僕は連れ去られそうです。節度は、すっかり粉々になってしまいました。もし、それと一緒に流れたら、戻れないでしょう。それが怖いんです」

抑制を失うこと――それが恐れだ。自我は、不幸と一緒なら楽に生きられる。不幸のなかなら、抑制が失われることはない。どれほど苦悩に涙しようと問題ではない。あなたは主人のままだ。喜びのなかでは抑制は失われ、節度は粉々になる。苦悩のなかでは、節度は決して壊れない。地獄のなかでさえ、節度は決して壊れない。たとえ地獄に堕ちても、それは強固なままだ。天国では、節度は壊れる。そこでは、抑制は失われる。そして、抑制が失われる地点では、自我が失われる。抑制が失われる地点では、理性による支配は失われ、理由づけの力は失われる。

それが起こっていることだ。恐れなくていい。解放され、向こうに渡る瞬間は近い。だが、マインドが自らの狂気を受け容れるまで、それは決して起こらない。

わたしは　歌を求めている
口ずさむことはないけれど
血潮のなかで震え
溶岩のように　光輝き――
溶け去るために

わたしは　炎を求めている
細胞のひとつひとつが　溶け去るように
わたしは　飾らない糸に変えられて
細かい網へと織りこまれ
透き通るように

わたしは　芳香を求めている
重みを失い
わたしは　空に浮かぶ
光の雨の　やわらかなシャワーに揺れる

夕暮れに染まる　灰青色の空に
わたしは　しばし輝きたい
わたしは　あざやかな色を求めている……

オーム・プラカッシュ――私はあなたに、このあざやかな色を与えた。このオレンジの衣服は、躍動の色だ。そのまま流れて、限界を超えていきなさい。理性を超えて浮かびなさい。抑制を手放しなさい。抑制とは、行為者を意味している。抑制を脇にどけなさい。たとえ行為者がいるとしても、それは存在でしかない。存在と競わないように、その敵対者にならないように。闘ってはいけない。明け渡し、流れとともに進みなさい。あなたは浮かぶだろう。

溺れる者は、浮いて運ばれ——泳ごうとする者は、溺れてしまう。

第二の質問

愛するＯＳＨＯ
いつの時代も探求者たちは、神性の実現はとても骨の折れる現象だと言ってきました。けれども、あなたのような光明を得た人々はいつも、それはまさに今ここで起こりうると強調します。そう繰り返しおっしゃるのは、挑発なのですか？　それとも、私たちのなかの渇きを呼び覚ます技法、あるいは方策なのですか？

それは真実だ。
それは、技法でも方策でもない。
あなたがこう尋ねることが、自分を救おうとする技法であり、方策だ。マインドには、神性が今ここで達成できることを受け容れる用意がない。なぜ受け容れられないのだろう？　それが受け容れられないのは、こういうことだ。神性が今ここで手に入るのに、私たちがそれを達成していないとしたら、それはいったいどういうことか？　どう説明したらいい？　今ここで達成できるのに、なぜ私たちは達成していないのだろう？　とても居心地が悪くなる。今ここで達成できるのに、私たちは達成していない。どう説明したらいい？　それは大変な欲求不満になる。その欲求不満をやわらげようとして、神性は達成できるが、まず自分がそれに値しなくてはいけない、などとあなたは言う。

理性は、どうにか道を見つけようとする。何であれ、複雑な状況が生じると、マインドは解決策を見つける。それは言う。「方法を探さないといけない。価値を求めなくてはならない。あなたは、清められなくてはならない。そうすれば達成するだろう。今ここで達成できるとアシュタヴァクラが言うからには、確かな理由があるはずだ。私たちが熱心に努力し始めるように、彼はそう言うのだ。だが、私たちは努力しなくてはならない」。マインドはとても巧妙だ。


アシュタヴァクラの声明は、まったく明確だ。神性は、今ここで達成できる。それは達成ではなく、あなたの本質だからだ。彼の強調全体は単純だ。あなたは神性だ。その達成という考え自体が間違っている。神性は今ここで達成できると言うとき、それはもう達成されているということだ。ただ目を開けて、見てごらん!

その、達成という言葉自体がおかしい。達成というと、あなたと存在が分かれているように思える。あなたは探求者で、存在は探求されるべき目標だ。あなたは旅人で、存在は目的地だ。いや、今ここで達成できるという意味は、あなたこそ、まさにあなたが探している当のものだということだ。

あなた自身を知りなさい。

目を開いて見てごらん――あるいは、目を閉じて見てごらん。だが、見ることだ!

それは洞察の問題であり、価値の問題ではない。

価値というのは、神でさえ、ひとつの商取引だという意味だ。市場に行くと、あるものは千ルピー、あるものは十万ルピー、またあるものは百万ルピーで売られている。あらゆるものに値段がついている。価値とは、神にも値段がついているという意味だ。だれであれ、自分の価値を証明して、その値段を支払う者がそれを手にする。あなたは神でさえ、市場の商品のひとつにしたい。「放棄しなさい、禁欲しなさい。そうすれば、あなたは達成する。代金を支払えば、あなたはそれを手にする。いったいどこで、ただで手に入るというのかね？」。あなたは神を店のなかに引きずり込み、箱詰めし、値札を張り、棚に並べる。あなたは言う。「断食をこのくらい、瞑想をこのくらい、禁欲をこのくらいしなさい。暑いさなかに立ちつくし、寒さや熱に耐えなさい。そうすれば達成するだろう」

自分が何を言っているのか、考えたことはあるだろうか？　あなたは、自分の行為と神性の実現には、何か関係があると言っている。あなたが何をしようと、それはあなたの行為だ。その行為は、あなたより偉大であるはずがない。あなたの禁欲は、あなたのものだ。あなたと同じくらい低俗で、同じくらい汚れている。あなたの禁欲は、あなたより偉大ではありえない。禁欲を通じて何を達成しようと、それは限られ、限定されている。限られたものを通しては、限られたもの、有限なものしか得られないのだから。禁欲を通して見出すのは、神性ではなく、自分のマインドの投影だ。
アシュタヴァクラは、神性はすでに在ると言う。それは、あなたの内側で脈打っている者、あなたの内側で呼吸している者だ。生まれるとき、あなたとしてやってくるのは彼だ。死ぬとき、あなたとして去っていくのは彼だ。それは無数の形をとって、永遠に自らを顕わしている――ここでは樹として、あそこでは鳥として、そしてどこかでは人として。神性は在る！　それ以外には何もない。
この真実の認識、この真実の想起。

昔、ある皇帝が息子にとても腹を立て、彼を国外に追放したという。皇帝の息子だったので、その少年は何もできなかった。彼は何もしたことがなかったから、物乞いしかできなかった。皇帝はもはや皇帝ではなく、彼にできたのはただ物乞いだけだった。

彼は乞食を始めた。二十年が経ち、彼はすっかり忘れてしまった。いったい、だれが二十年もの間、自分は皇帝だと思いながら物乞いができるだろう？——不可能だ。それは難しい。物乞いを厄介にしかねない。忘れてしまった方がいい。だから彼は忘れた。さもなければ、どうして物乞いができるだろう？　皇帝なのに、物を乞うなんて！　戸口から戸口へ、乞食椀を手に、宿や食堂の前に立って、残り物をねだるだって？　皇帝が！　彼は、皇帝ということを忘れなくてはいけなかった。記憶から拭い去る必要があった。それは終わった、その章は閉じられた。まるで夢のようだった。遠い昔に読んだ物語、一目見た映画のようだった。それが彼と何の関係があっただろう？

二十年の後、父親である皇帝も年老いた。彼は動揺した。彼にはひとりしか息子がおらず、その息子が支配者になるはずだったからだ。皇帝は、大臣たちに言った。「行って奴を見つけてこい。そして、どこにいようと連れ戻せ。父は、おまえを許したと伝えるのだ。許すも許さないもない。私は死にかけている。だれが王国の後を見る？　だれかの手に渡るよりは、自分の血筋の手にある方がいい。奴がどうなっていようとかまわん。善かろうと、悪かろうと、連れ戻すのだ」

大臣たちは、その王子が壊れたお椀を手に、食堂の前でお金を乞うているのを見つけた。彼は裸で、靴も履いていなかった。夏の暑い昼下がりで、熱風が吹いていた。足の裏が焼けてしまい、靴を買うためのわずかなお金を乞うていたのだ。お椀のなかには、なけなしの小銭しかなかった。

馬車がやってきて止まった。大臣は降りるなり、彼の足に額《ぬか》づいた。彼は未来の皇帝だった。大臣が彼の足に触れたとき、それは一瞬にして起こった。すべてが戻ってきた。二十年間、彼は自分が皇帝だったと思い出すことはなかった。だが今は、座ったり、考えたり、黙考したり、禁欲したり、瞑想したりして、思い出す必要はなかった。一秒のうちに、いや、一秒もかからずに——一瞬で変容は起こった。

男は別人になった。彼は乞食のままだったし、貧乏なままだった。裸で、まだ靴も履いていなかった。彼は乞食椀を放り投げると、大臣に風呂の用意と、きちんとした服の手配を命じた。彼は馬車へと歩み寄り、乗り込んだ。彼の堂々とした様子は、ちょっとした見物《みもの》だった。彼は同じままだったが、その顔は威厳にあふれ、目は輝き、あたり一面が光輝いていた。彼は皇帝だった。その記憶が戻ってきた。父親が招いていた。


それはちょうど、そのようなものだ。

アシュタヴァクラが今ここと言うとき、彼は同じことを言っている。どれほど長く旅しようと——二十年、二十生だろうと……あなたは追放され、長いこと乞食をしてきたので、すっかり忘れている。その記憶は、ぐっすり眠っている。それは、眠らせなくてはならなかった。その記憶が眠っていなかったら、乞食はできなかったろう。乞食椀を手に、あなたは扉から扉へとさまよってきた。アシュタヴァクラは言う——「誘《いざな》いは届いた。目覚めなさい！　あなたは乞食ではない！　皇帝の息子だ！」

正しく聴くなら、ただ聴くだけで事は起こる。これが、アシュタヴァクラ・ギータの偉大さであり、すばらしさだ。何かをしなさいなどと、いっさい強いることがない。ただ耳を傾け、あなたのハートに真実を届かせなさい。でしゃばらず、ただ受容的でいなさい。ただ耳を傾け、あなたのハートにその矢を届かせなさい。その衝撃で充分だ。無数の生にわたる忘却は破られ、記憶が戻ってくるだろう。あなたは神性だ。だからこそ彼は言う、まさに今ここでと……。

言い訳を見つけないように。あなたは言う——「たぶんこれは、人々のなかに切迫感を増し、強烈さを増すための、ひとつの技法であり方策だ」

この質問は、スワミ・ヨーガ・チンマヤからだ。チンマヤ……チンマヤの頭《インテレクト》は、努力と奮闘と苦行でいっぱいだ。彼の理解は、凡庸なヨーギのようだ。アシュタヴァクラの声明は、普通のヨーギのためのものではない。それは非凡な人、知性ある人、聴くだけで目覚められる人たちのためにある。チンマヤは、ちょっとばかりハタ・ヨーギのようだ――徹底的に叩かれないと動かない。彼は鞭を見ただけでは、鞭の影を見ただけでは動けない。
笑ってはいけない――ほとんどの人は、まさしくチンマヤのようなのだから。自分は笑っているからチンマヤとは違う、と思ってはいけない。少なくとも、チンマヤは尋ねる勇気を奮い起こした。だが、あなたは尋ねてさえいない。違いはそれだけだ。あなたはまさしく彼のようだ。アシュタヴァクラ・ギータの講話が終わったとき、神性になっていないとしたら、そこには何の違いもないと、自分はまさしく彼のようなのだと知りなさい。しかし、あなたが聴きながら目覚め、神性になるとしたら、鞭の影は功を奏したことになる。

「いつの時代も探求者たちは、神の実現はとても骨の折れる現象だと言ってきました」。探求者は、まさにその始まりから的を外している。「探求者」が意味するのは、神性を探さなくてはならない、自分はどこかでそれを見失った、と思い込んでいるということだ。探求者は、自分がどこかで神性を見失ったと信じている。何と奇妙な考えだろう。神を見失う？　どうしたら神を見失えるのだろう？

人々は私のところに来て、神を探し求めたいと言う。私は言う。「いいだろう、探しなさい！　でもあなたは、どこで彼を見失ったのだろう？　それは、いつのことかね？」。すると、彼らは「それはわかりません」と言う。まず、それを確かめなさい。あなたは、彼を失っていないかもしれない。ときどきあなたは、自分で眼鏡をかけたまま、その眼鏡を探し回ったりする。神性は自分の鼻先にいるのに、探し回ってはいないだろうか？　それが事の次第だ。探求者は、根本的に間違っている。探求者は、神性を見失ったと信じている。あるいは、まだ彼を見出しておらず、神はどこか彼方にいて、見出される必要があると信じている。

探し求めることでは、神は決して見つからない。探しに探し求めるうちに、人は探求のなかには何もないことを学んでいく。探求のなかで、ある日、まさにその探求が落ちる。

探求が落ちるやいなや、神は見出される。


仏陀は六年間探求し、全身全霊で追求した。彼ほど偉大な探求者を、どこで見出せるだろう？　だれかが知識を得ていると耳にすると、彼はどこにでも出かけていった。仏陀は、彼らの足下に頭を垂れた。導師《グル》や教師が話すことは、どんなことでも実行した。教師たちでさえ、彼には降参した。教師は、自分の教えに従わない生徒には降参しない。彼らが降参しないのは、いつでもこう言えるからだ――「おまえは指示に従っていない。何も起こらないのはそのせいだ。私たちにどうしようがある？」。あなたが従っていなければ、教師は気楽だ。彼はいつでも、「おまえは従っていない、従っていれば起こっていたはずだ」と言える。

だが、仏陀を相手にして教師たちは困ってしまった。グルたちがやれと言ったことは、仏陀は何でもやった。そしていつも、彼らが言う以上をやり遂げた。しまいにグルたちはひどく苛立って、こう言うのだった。「さあ、どこにでも行くがいい。何であれ、言うべきことは言った」。仏陀は言った。「しかしそれによっては、何も起こっていません」。彼らは言った。「私たちにも、何も起こっていないのだ。君には隠せない。だから、どこかよそに行くがいい」

これほど真正な人の前では、さしものグルたちも欺くことはできなかった。あらゆる方向からの強烈な探求の後、とうとう仏陀は理解した。探求は徒労であり、それは探求によっては見出せないと。彼にとって、世間はすでに無意味だった。そして精神性《スピリチュアリティ》もまた、無意味になった。世俗的な享楽には意味がなかった。彼が宮殿を去った日、もうそれらに意味はなくなっていた。だからこそ彼は去った。そしてヨーガもまた、無意味になった。享楽には何もなく、ヨーガにも何もなかった。さて、どうしたらいい？　もう、なすべきことは何も残っていなかった。もはや行為者ではいられなかった。

この状況を正しく理解してごらん。世俗的な享楽も、ヨーガも、現世も、天国も残っていない。行為者の居場所は残っていない。何かすることがあれば、行為者は留まれる。することが何もなくなった、まさにその晩、それは起こった。

その夜、菩提樹の下に座りながら、何もすることはなかった。仏陀は狼狽した。世界を落としたとき、彼はヨーガにしがみついた。耽溺を落としたとき、彼は精神性に飛び込んだ。そこにはなすべきことがあったから、マインドは忙しくしていられた。今、マインドには場所がなかった。そのマインド鳥は、場所がないよ！と、そわそわし始めた。マインドには空間が必要だ。自我には行為という栄養が必要だし、務めが必要だ。することがあれば、自我は生き延びられる。することは何も残っていなかった。ちょっと想像してごらん。彼の内側には、アシュタヴァクラが無執着と呼ぶ、深い無関心が生まれた。

ヨーギは、超然としてはいない。ヨーギは、新しい享楽を求めているからだ。ヨーギは、精神的な享楽を求めている。無関心ではなく、楽しみへの欲望を持ち続けたままだ。それを世間に見つけられなかったから、神を求めている。だが、その探求は続いている。ここで見当たらないから、そこを見る。外側には見当たらないから、内側を見る。しかし、探求は続いている。快楽主義者もヨーギも、享楽に無関心ではない。そう、彼らが求めているのは、異なった享楽だ。一方は外側に向かい、もう一方は内側に向かう。だが彼らは、両方ともどこかへ向かう。

その夜、仏陀には、内側にも外側にも行くところがなかった。ただ、その夜を想像し、生活に持ち込むといい。それはどんな夜だったのだろうと、感じてごらん。はじめて彼は休息した——アシュタヴァクラの言う通りに、意識にくつろいで。そこから、人は真理に到達する。その日、くつろぎが起こった。

することがあるうちは努力が続く。することがあるうちは緊張が続く。もうそこには、緊張という問題はなかった。身体はすっかり疲れ果て、マインドもすっかり疲れ果てていた。仏陀は樹の下に崩れ落ち、眠り込んだ。明け方、目が開いたとき、その目はあらゆる人の目がそうやって開くべきように開いた。明け方に目が開いたとき、その目ははじめて開いた。何世紀も閉ざされていた目が、開いた。

夜明けに彼が目を開くと、ちょうど暁《あかつき》の明星が消えゆくところだった。彼は、その最後の星が外側で消えていくのを見守っていた。外側では、暁の明星が消え薄れていった。内側では、マインドの最後の轍《わだち》も消え失せた。内側には何もなく、だれもいなかった。絶対なる沈黙が、虚空が、大いなる空《くう》が、空間があった。


仏陀は、そうやって七日間そこに座っていたと言われる――彫像のように、微動だにせず。神々は心配して、天国から降りてきたという。ブラフマ、宇宙の創造者が降りてきて、彼の足に触れて言った。「どうかお話ください！　このような現象は、数世紀に一度しか起こりません。それも、大変な困難を伴ってのことです。どうか、何かおっしゃってください。私たちは、何が起きたのか聴きたくて、うずうずしているのですから！」

ヒンドゥー教徒たちは、仏教徒の物語のなかで、ブラフマが仏陀の足許にひれ伏していることに、ひどく腹を立てている。だが、その物語は完璧に正しい……神々は天国で暮らしているかもしれないが、天を超えて生きてはいない。しかし今日、ひとりの個人が、欲望を超えるという現象が起こった。今や、仏陀に優る者はいない。覚者《ブッダ》の境地は究極だ。神々ですら劣る。彼らはまだ天国と、その妙《たえ》なる享楽を欲している。

競争者がやってくるとか、ある聖者が瞑想に深く没入していると耳にして、インドラ神の玉座が揺れ出したという物語があるのはそのためだ。インドラはそわそわし始め、彼の玉座は震え出した。デリーにも、玉座にまつわる同じ物語がある。インドラとか、インディラといった呼び名はあっても、それは同じものだ。たいした違いはない。挑戦者が現われると、競争や不安や恐れが……。

仏陀は、無為によって到達した。仏陀の人生に起こったことが、アシュタヴァクラの人生にも起こったにちがいない。それにまつわる言い伝えはないし、だれも書き残してはいない。しかし、それは確かに起こったはずだ。というのも、アシュタヴァクラが何を言うにせよ、それはひとえにこういうことだからだ。「あなたはたくさん走ってきた――さあ、止まりなさい。走ることでは神性に至れない。それは、止まることで到達される。あなたは充分、探求してきた。さあ、その探求を落としなさい。探求によっては、真理は見出せない。真理は、探している者のなかに隠れているからだ。なぜ、あちこち走り回る?」

カビールも言う。「ジャコウ鹿の麝香《ジャコウ》は、臍《へそ》にある――その香りは、おまえ自身のもの」。だが、ジャコウ鹿の臍の香りが広がると、鹿はおかしくなる。彼はあちこちを走り回り、探し始める。この香気は、どこからくるのだろう? この芳香は、だれが創っているのだろう? どこからやってくるのだろう?……なぜなら、鹿が知っている香りは、どれも外からやってくるからだ。ときには花から、ときには他から――だが、いつも外からだ。今日、その香りは内側からやってきた。でも彼はまだ、それは外から来たにちがいないと思っている。彼は走り出す――その麝香《ジャコウ》は自分の臍にあるのに、その芳香は自分自身のものなのに!

神性は、あなたのなかに住んでいる。あなたが外側を探している間は――ヨーガだろうと、快楽主義だろうと――それは徒労だ。


凡庸なヨーギは、あなたを耽溺の外に連れ出す。アシュタヴァクラは、耽溺とヨーガの両方からあなたを連れ出す。ヨーガを超え、快楽主義を超えて連れ出す。あなたは、世俗的な人が自我《エゴ》を持っているのを見るだろう――だが、ヨーギの自我を見たことはないだろうか? 世俗的な人は、怒りを抱いている――だが、呪いを吐いた聖者の話を聞いたことはないだろうか? 世俗的な人は、自慢げに旗をなびかせ、ふんぞり返って歩く――だが、ヨーギたちの行列や、その旗や、象たちを見たことはないだろうか? 世俗的な人は、自分の財産を喧伝し、業績を誇示する――だがヨーギたちが、自分にはこんな力がある、こんな能力があると自慢するのを、聞いたことはないだろうか? それらはみな、まったく同じことだ。何の違いもない。

ヨーガが超越されるまで、「自分は行為者だ」という思いから完璧に自由になるまでは、何事も起こらない。あなたは、色を変えているにすぎない。あなたは一匹のカメレオンだ――ちょっと色を変えてみただけだ。だが変わったのは色だけで、あなたは変わっていない。

「いつの時代も探究者たちは、神性の実現はとても骨の折れる現象だと言ってきました」。ある意味では真実だ。あなたが、猛烈に走れば悟れると言い張るとしたら、だれにもどうしようもない。頭のまわりに手を伸ばして、自分の鼻に触りたいというのなら、遠慮なくやればいい。確かに、遠くから自分の鼻に触ると、鼻に触るのはとても骨の折れる現象だと感じるだろう。それはあなたのせいであって、鼻のせいではない。
もし、逆立ちして歩き始めたら、五歩、十歩と歩くことさえ難しい。だとしたら、歩くのは骨の折れる現象だと言っても、嘘はついていないことになる。あなたの言っていることは正しい。だが、あなたは逆立ちをしている。自分の足で立つ人々にしてみれば、歩くのは難しくない。
あなたは断食したり、炎の前に自分をさらしたり、いたずらに身体を苦しめたり、痛めつけたり、無数の白痴的なことをする。そうしておいて、神を悟るのはとても骨の折れる現象だと言う。あなたの言っていることは正しい。楽々と自然に到達できるものを、不自然になって到達しようとするのだから、難しく感じる。おかしいのは、あなたの到達の仕方だ。だが、なぜ人は不可能を選ぶのだろう？　これは理解しておかなくてはいけない。足があるのに、どうして逆立ちして歩くのが楽しいのか？　逆立ちして歩くことには享楽がある。それは自我の享楽だ。

ムラ・ナスルディンが、湖で釣りをしていた。私は、しばらく眺めていた。ずっと眺めていたが、彼には一度も手応えがなかった。その湖には魚がいないようだった。そこで私は、彼に聞いてみた。「ナスルディン、この湖には魚がいないようだよ。いつまでここに座っているつもりだい？　他の湖はすぐそこじゃないか——どうして向こうに行って釣らないんだ？　ここには釣り人は見当たらないよ。みんな向こうにいるじゃないか」

ナスルディンは言った——「あっちで魚を捕まえて何になる？　そりゃあ、あっちには魚がたくさんいるし、連中にゃ泳ぐ場所さえありゃしない。あっちで魚を捕まえたって、それが何だっていうのさ？　もし、ここで魚を捕まえたら、そいつはたいしたことなのさ！」

不可能なものは、魅力的だ。不可能であればあるほど、それをすることで、自我はより強まる。ここで魚を捕ったらたいしたことだ。だれもがやっていることをして、いったい何になる？　だれだって自分の足で歩いている。同じようにして何が楽しい？——逆立ちして歩こう。

私の見るかぎり、苦心と神性は無関係だ。苦心は自我とつながっている。自我は、難しいことをするのを楽しむ。だれもが、物事を楽なやり方でしている。その要点は何だろう？　自分の足で歩いていると言っても、人々は言うだろう。「気は確かかい？　だれだってそうしてるじゃないか」。だが、逆立ちして歩くと言ったら、あなたの名前は新聞に載る。あなたのもとには人々が訪れ始め、あなたの足許に頭を垂れるだろう。あなたは何かを達成している。逆立ちして歩いている！

何か不可能なことをしていると、自我は崇拝される——ちょうど、エドモンド・ヒラリーがエヴェレストに登ったときのように。それは全世界に知れ渡った。もし、あなたがプネー近郊の小さな丘に登り、自分の旗を立ててこう言うとしたら……「レポーターも、カメラマンも来ないぞ、どうしたっていうんだ？　この差別待遇は、いったいどうしたことだ？　ヒラリーのことはあんなに騒ぎたてて、今じゃ歴史に名前が刻まれてる。それなのに、俺には何も起こってない。奴は旗を立てた——俺だって同じことをしてるのに！」。だが、エヴェレストに登るのは難しい。四十年から六十年にわたって、人々は登頂を試みてきた。そしてようやく、やっとひとりの男が成功した。それが、この差別待遇の根拠だ。

結局は、道路が作られるだろう。遅かれ早かれ、バスがそこに向かうようになるだろう。もはやエヴェレストは、人間からその身を長くは守れない。ひとりがその頂きに到達したら、あらゆる連鎖が始まる。最近になって、女性もひとり登頂した。女性でさえ到達している。そこに到達することに、何が残っている？　結局は、だれもが向かうだろう。あっという間に、ホテルに、バスに、ありとあらゆるものができるだろう。そしてバスが走っているにも関わらず、あなたが旗を立てに行って、こう言うとしたら――「ここは、ヒラリーが旗を立てた地点です。なのに私は、反対に冷たくあしらわれてます。差別待遇を受けているんです」

自我は困難を楽しむ。人は、自我が満たされるように、多くの物事を耐え難いものにする。私たちは、多くの物事を難しくしている。難しくすればするほど、それはいっそう甘くなる。神性を悟ることに苦心はない。苦心は、自我にとっての甘露だ。

あなたの言うことは正しい。「いつの時代も探究者たちは、神性の実現はとても骨の折れる現象だと言ってきました」。こうした探求者たちはみな、自己中心的《エゴイスティック》だ。だが探求者たちは、どんなときに神を悟ってきたのだろう？　それは、探求が落ちたときに起こってきた。探求が落ち、どこへ行くこともなく、ただ休息のなか、究極の休息のなかに座っているとき――そのときはじめて、あなたは神を悟る。巡礼が虚空へと消え去るとき、それは起こる。

たいていの人たちは、神性を悟れば巡礼は終わると考える。だが、それはまったく逆だ。その旅を落とせば、即座に神性は悟られるだろう。「目的地に着いたらくつろごう」と人々は思う。状況はそうではない。もしくつろいだら、あなたは目的地に着いている。

くつろぎこそ、瞑想とサマーディの鍵だ。努力は自我の鍵だ。

だから努力志向の宗教ほど、その宗教の僧侶たちは、より自己中心的に見える。ジャイナ教徒は、ヒンドゥー教徒よりもっと自己中心的だ。ジャイナ教徒は言う。「ヒンドゥー教の僧侶？ それがどうした？ そんなものなら、だれだってなれる。ジャイナ教の僧侶？ それは難しい。日に一度の食事、数え切れないほどの断食、あらゆる種類の困難な修行……」

さらに、ジャイナ教のなかには、ディガムバラ派と、スヴェタムバラ派の僧侶たちがいる。ディガムバラ派の僧たちは言う。「スヴェタムバラの僧侶どもに何がある？ 連中は服を着ているじゃないか。真の僧侶とは、ディガムバラ派の者だ」。ディガムバラ派の僧侶以上にきわだった自我は、どこにも見当たらないだろう。彼の身体は、まるで骸骨のように乾き切っている。あまりにも長く断食し、裸で生活し、太陽や炎に身をさらすからだ。だが、彼の自我は燃え盛っている。彼の自負心は、ヒラリーに匹敵するだろう。

インドには、ほぼ二十人のディガムバラ派の僧侶たちがいる。それから五、六千人のスヴェタムバラ派の僧侶たちがいて、五百万のヒンドゥー教の僧侶たちがいる。そして、できることなら私は、全世界をサニヤシンにするつもりだ。そうすれば、私のサニヤシンになることは、自負心にはならない……私は、こうしなさいとかああしなさいと言わないからだ。じつに簡単だ。オレンジの服を着れば、あなたはひとりのサニヤシンだ！

もしサニヤスが簡単になったら、自我の甘露はどこにあるだろう？

人々は、私のところにやってくる。「サニヤスを授けるために、あなたは特別な儀式を設けるべきです」と彼らは言う。サニヤスのための、特別の儀式！ ある意味で、彼らは正しい。ジャイナ教徒が入信する際は、そうしたことが起こるからだ。騒々しい音楽が奏でられ、馬が連れてこられ、お祭り騒ぎでいっぱいだ。あたかも、何かすごいことが起こっているかのように、だれかが王位につくかのように見える。サニヤスは、帝王の玉座のようになっている。人々はこの偉大な出来事を賛美し、称賛する。私は、とても静かにサニヤスを与えるから、知る人はだれもいない。私は手紙で授けたりもする。私はそれがだれなのか知らないし、その相手もだれが与えているのかを知らない。いいことだ。

私の見るかぎり、サニヤスは簡素であるべきだ。

私の見るかぎり、神はくつろぎのなかで悟られる。自我によってではない。それは行為ではないし、探求ではない。

神は、もう達成されている。

少しばかり、軽やかにいてごらん。もうちょっと安らいでごらん。ただ、止まってごらん。不意にあなたは、それがずっとここにあったことに気づくだろう。

最後の質問

愛するOSHO
私たちの肉体には二百億もの細胞があり、絶えず化学反応が続いています。あなたやアシュタヴァクラが「観照者でありなさい」と言うとき、それはだれに向けられているのですか？　脳細胞に呼びかけているのなら、マインドは儚《はかな》いものですから、意味がありません。魂を目覚めさせようとしているのなら、すでに魂は目覚めているのですから、それにも意味がありません。それを目覚めさせたり、「汝自身を知れ」と言ったりするのは馬鹿げています。
あなたは、人々を幻想へと投げ込んではいないでしょうか？　楽しみや、苦しみに反応するのを止めたら、動植物のようになってしまいませんか？

肉体には二百億もの細胞があると言っているのは、だれなのだろう？　それが細胞たちでないのは確かだ。ひとつの細胞が、他の細胞すべての状態を把握することはできない。肉体には何十億もの細胞がある。

そう言っているのはだれだろう？　だれが尋ねているのだろう？　だれが、このことを発見したのだろう？確かに、あなたの内側には細胞からまったく分離した者がいて、二百億の細胞があると数え上げて言っている。

「私たちの肉体には二百億もの細胞があり、絶えず化学反応が続いています。あなたやアシュタヴァクラが『観照者でありなさい』と言うとき、それはだれに向けられているのですか？」。その、二百億の細胞がある、と言っている人に対してだ。

「脳細胞に呼びかけているのなら、マインドは儚《はかな》いものですから、意味がありません」。いや、私たちは脳細胞に呼びかけてはいない。私たちは、あなたに話しかけている。アシュタヴァクラは、あなたに向けて話している。あなたの脳細胞に呼びかけるほど、愚かではない。彼はあなたに語りかけている。あなたの細胞を超えている。実のところ、細胞を利用しているのはあなただ。それはちょうど、車の車輪に腰掛けている運転手のようなものだ。その車は走っている。高速で、時速百マイルで動いている。しかし、なかにいる運転手は車ではない。警察官に車を止められた運転手は、警察官に尋ねる。「だれに声をかけているんです？　モーターにですか？　モーターは車を駆動しています。どなたをお呼びですか、ガソリンでしょうか？ガソリンは車を走らせます。車輪ですか？　そいつは素早く回転していますがね」

警察官は何と言うだろう？　私が言ったことと同じだ。「私は君に話したいのだ。停車してもらった君にね」

「魂を目覚めさせようとしているのなら、すでに魂は目覚めているのですから、それにも意味がありません。それを目覚めさせたり、『汝自身を知れ』と言ったりするのは馬鹿げています」

あなたはまったく正しい。魂はもう目覚めている。それを目覚めさせるすべはない。また私たちも、そうしようとはしていない。

状況はこんなところだ。あなたは横になり、承知の上で寝たふりをしている。目を閉じて、目覚めたまま横になっている。その眠りを覚ますのは、いとも簡単だ。ちょっと揺さぶるとか、顔に水をかけてやれば起きるだろう。だが、目を閉じて狸寝入りをしている人を、どうやって起こすだろう？　水をかけても効果はない。揺さぶり動かしても、寝返りを打って眠り続ける。名前を呼んでみても、聞こえてはいるが、答えない。これがあなたの状況だ。

目覚めている人を起こすのは無意味だが、その目覚めている人は寝たふりをしている。だから目覚めが必要なのだ。

私たちは、眠っている人を起こそうとしてはいない。魂は眠ることができないのだから。眠っているのは身体だ。身体は目覚めさせることができる。すでに目覚めている魂を起こすのは無意味だ。あなたはまったく正しいし、すばらしい英知とともに話している。だが、それは借り物にちがいない。もし、それがあなた自身の理解から生まれていたら、尋ねることはなかっただろう。

アシュタヴァクラや私は、起きているのに目覚めを忘れている人、起きたまま寝たふりをしている人、狸寝入りをしている人を起こしている。だからこそ、起こすのはとても難しく、困難なのだ。

「あなたは、人々を幻想へと投げ込んではいないでしょうか？」。人々は、すでに幻想のなかにいるとは思わないかね？　そうでないなら、確かに私は彼らを幻想へと投げ込んでいることになる。だが、幻想のなかにいないのなら、どうやって彼らを投げ入れられるだろう？　この覚者《ブッダ》たち全員を、幻想へと投げ込めるだろうか？　もし、人々が幻想のなかにいるのなら、私のしていることは、彼らを連れ出す努力だ。あなたがどうであろうと、私はそれを変える。

もし、自分が幻想のなかにいると思うなら、これはあなたを起こそうとする試みだ。そして、あなたがもう目覚めていると思うなら、これはあなたを幻想へと投げ入れる試みだ。

だが、あなたがもう目覚めているとしたら、だれがあなたを幻想へと投げ込めるだろう？　覚えておきなさい。あなた以外に、あなたを幻想へと投げ込める人はいないし、あなた以外に、あなたを起こせる人もいない。他人があなたを起こそうとしても、あなたが協力しなければあなたは目覚めない。なぜなら、これは破ることのできる眠りではないからだ。あなたは装っている。必要なのは、あなたの協力だ。協力が意味するのは、弟子としてあることだ。協力とは、自分を起こせる人のもとに行くということだ。あなたは彼に言う。「自分自身を騙すことが、古い習慣になってしまいました。どうか、この習慣から抜け出すのを助けていただけないでしょうか」


ひとりの若い女性が、私のところにやってきた。彼女は、薬物中毒に陥っていると言った。彼女は止めたかった。薬物からのがれたいと強く望んでいた。だから、どうにかして縁を切りたかった。だが、薬物依存は彼女の肉体の細胞の奥深くまで入り込んでいた。薬物を摂《と》らなくなると、激しい痛みや不快さが体中に出てくるのだった。彼女は眠ることも、起き上ることも、座ることもできなかった。だから、薬物を摂らずにはいられなかった。しかし、摂ってしまうと、どうしようもない状況に落ち込んでしまう。彼女は薬物から抜け出せるよう、私の助けを求めてやってきた。これが状況であり、あなたの状態だ。

何生も眠ったまま過ごす習慣は、深い影響を及ぼしている。あなたは、自分は眠っているという幻想を抱いている目覚めたる者だ。あなたは、自分のことを乞食だと思っている王様だ。何生もそう信じてきたので、今や習慣になっている……。

聞くだけでは何も起こらない。私に耳を傾けることはできても、それを通じては何も起こらない。それを自分自身のものにし、受け容れるまでは、何も起こらない。あなた以外に、あなたを起こせる人はいない。さもなければ、光明を得た人はひとりで充分だったろう。彼は大声で叫んで、皆を起こせたはずだ。自分の太鼓を叩いて、皆を起こせたはずだ。

ここに百人が眠っていても、彼らを起こすにはひとりで充分だ。正確には、ひとりもいらない。目覚まし時計ひとつで起こせる。ひとりがやってきて太鼓を叩けば、みんな目を覚ますだろう。あるいは鐘を打ち鳴らせば、皆起きるだろう。では、なぜ仏陀が、マハヴィーラが、アシュタヴァクラが、クリシュナが、ツァラトゥストラが、老子がここにいたとき、それが起こらなかったのだろう？　なぜ彼らは鐘を大きく鳴らして、全地球を起こせなかったのだろう？　彼らは大きな音で、長いこと鐘を鳴らしていた。だれであれ、ほんとうに眠っていたなら、目覚めていただろう。だが、ここの人たちは眠ったふりをしている。目を閉じて横たわっている。鐘の音を聞いて、彼らは考える。「鳴らせておけばいいさ。どこのどいつが俺たちを起こすつもりなのか、見物してやろう！」

起きようと思ったら、あなたは起きるだろう。

私は、あなたを幻想に投げ込むことはできない。あなたは、すでに幻想のなかにいる。このうえ、どんな幻想に投げ込まれるというのだろう？　さらに道に迷いかねないと思うかね？　まだ、どこかに誤って導かれると思うのかね？　これよりまだ落ちられるとでも？　転落する場所などあるのかね？　あなたの貪欲さは、一インチでも増えるかね？　あなたの怒りは、一グラムでも増えるかね？　あなたを圧倒する欲望が、もっと強まるというのかね？　あなたは線路の終点に立っている。始まりにいるべき者が、終わりに立っている。王である者が、乞食のように立っている。あなたは、ここより低くは行けない。これ以上、落ちる術はない。

これ以上、あなたが惑わされる可能性はない。たとえ惑わしたくても、惑わすことはできない。そう、ほとんどの人がやるのは、あなたの幻想を切り換えることだ。あなたがひとつの幻想に飽きると、彼は別の幻想を与える。それが、サドゥーたちのやり続けていることだ。

あなたは世俗的な幻想にいらいらし始め、退屈する。あなたは、あまりにも長くそのなかで生きてきた。もはや、本物は何もない。あなたはそのすべてを見てきた。そこで彼らは、精神的な幻想をでっちあげる。彼らは言う。「来て、天国を楽しみなさい。善行を為し、放棄し、禁欲を行ない、天の処女たちを楽しむがいい。おまえはいたずらに多くを楽しみ、苦しんできた。この世で飲むワインはわずかで、ほんのひとすくいだけだ。あちらの壁に囲まれた天国の庭園には、ワインの泉があふれている。おまえはワインのなかで溺れられる。この世にいったい何がある？　天国には黄金の宮殿がある。ダイヤモンドや、宝石の樹々がある。願いを叶える樹の下に座り、何でも欲しいものを求めればいい。おまえはこの世で、あまりにも苦しんできた」だが、これは新しい幻想だ。


私は、どんな新しい幻想も与えるつもりはない。ただ提案しているだけだ――充分に幻想は見てきたのだから、さあ少し目を覚ましなさいと。

どうして、観照することが幻想になるだろう？　考えてみるといい。

私はあなたに、観照者であってほしいと言っているだけだ。私は、何があろうとそれを見守ってほしいと言っている。何かをするよう求めていたら、幻想が生まれるだろう。これを諦め、あれをしなさいと言っていたら、幻想が生まれるだろう。あなたが何をしていようと――ヨーギでも、ゾルバでも、だれであろうと――ヒンドゥー教徒でも、イスラム教徒でも、何であろうと――寺院でも、モスクでも、どこであろうと――ただ目を覚まし、油断なく見守るようにと提案しているだけだ。目覚めた存在のなかに、どうして幻想がありえるだろう？　目覚めている人は、幻想のなかにいられない。夢は、眠りのなかで生まれるものだ。どうしてそれが、完全に目覚めているときに生じるだろう？


「楽しみや苦しみに反応するのを止めたら、動植物のようになってしまいませんか？」

そもそもだれが、草や動物たちはあなたよりも劣ると言ったのだろう？　あなたは、それを当然だと思っている。木々や草花に尋ねてみるといい。動物たちによく聞いてみるといい……動物たちの目に見入ってごらん。これも人間のうぬぼれ《エゴ》だ。自分は動物たちより上だと考えている。そして奇妙なことに、動物たちに異議申し立てを伺ったこともない。あなたは一方的に判決を下して、自分勝手に決めつけている。もし、動物たちが経典のような書物を書いていたら、それには、人間とは癒し難い獣だと記されていただろう。

聞いた話だが、猿たちの間では、人間は落ちた猿と言われているそうだ。人は猿から進化した、とダーウィンは言う。だが、そう決めつけるダーウィンは、いったい何様だろう？　猿たちにも聞いてみるべきだ。両陣営に耳を傾けなくてはいけない。猿たちは、人間は落ちたと言う。そして、彼らの言い分は理解できる。猿たちは上の方、木々の上にいて、あなたは下の地面にいる。あなたは落ちたわけだ……猿たちは上にいて、あなたは下にいるのだから。どんな猿でもいいから、闘いを挑んでごらん。そして、考えてみるといい。力は強くなっただろうか、弱くなっただろうか？　樹から樹へ飛び移れるか、ちょっと確かめてみるといい。骨が折れてしまうだろう。能力は発達しているのだろうか、それとも衰退しているのだろうか？　だれが、あなたのことをすぐれていると言ったのだろう？　それとも、あなたはそれが当然と思っていたのだろうか？

それは滑稽でしかない。人の持つ数多くの病のひとつが、自分は優秀だと信じる病だ。男性に聞いてごらん——自分たちは女性より勝っていると思っている。女性に聞いてもいないのに。女性の抗議は、まったく取り上げられてこなかった。それに関するいかなる投票もなかった。男性は経典を書き、自分たちのマインドにあるものを書き記した。女性は読むことを禁じられたから、抗議できなかった。もし彼女が読み方を知っていたら、学者《パンディット》の妻は夫の著作について、彼を攻撃していただろう。だから、女性は読むことを禁じられた。女性はヴェーダを読むべきではない、これをすべきでない、あれをすべきでない……こうした男性の狂信的排他主義《ショーヴィニズム》は、行き着くところまで行った。彼らは、女性は解放されないとまで言う。まず、彼女たちは男として生まれ、男性の肉体に生を受けなくてはならない。そうしたら光明を得られる。

また、男性に聞いてみなさい。白人は、自分たちは黒人より優秀だと思っている。でも、黒人にも聞いてごらん。


あるイギリス人が、黒人のガイドと一緒にアフリカのジャングルへ狩りに出かけた。彼らは密林で迷ってしまった。すると、百人近くもの未開の部族が、槍を手にやってくるのが見えた。イギリス人は動転した！　彼は黒人ガイドに言った。「我々の命が危ない！」

その黒人は言った。「我々の命ですって？　僕は除いてください！　自分のことだけ心配すればいいでしょう。どうして、僕の命が危ないんです？」


白人は自分が勝っていると思い、黒人は自分が勝っていると思っている。中国人に聞いてごらん。中国の書物には、イギリス人は猿だと書いてある。中国人は彼らを人間と見なしていない。

この病は、世界中に蔓延している。それは人の奥深くまで進行している。彼は他のグループに相談もせず、物事を決めつけ続ける。これはすべて、自我の遊びだ。ちょっと自我を脇にやって見てみれば、すべては神性の顕われだとわかるだろう。動物たち、鳥たち、植物、人間――すべてがそうだ。

ときには神性は緑でいたいから、緑としてある。ときには鳥たちの歌のなかに顕われたいから、顕われる。ときには人になってみたいから、人になる。ここには階層もないし、序列もない。だれも、上でも下でもない。すべては同時に存在している、神性の数限りない波だ。小さな波も神性、大きな波も神性だ。白い波、黒い波も神性だ。草は神性だ。樹々のなかで天空に触れているのも神性だ。

宗教的な見方では、何であれ、まさにこの瞬間にあるものが神性だ。神性のなかで、どうして何かが優ったり、劣ったりするだろう？　これはなかなか難しい。何かを低くしたり、高くしたりしているうちは、なかなか難しい。実のところ、存在するのはただひとつだ。あなたが観照者として見るなら、すべてはひとつだとわかるだろう。


だからまず、「楽しみや苦しみに反応するのを止めたら、動植物のようになってしまいませんか？」などと尋ねないことだ。そうなるとしても、損失ではない。ヒトラーが動物や植物になったとしても、何の損失があるだろう？　そう、何百万もの人々が死から救われただろう。その他には、何の害もなかっただろう。たとえナディールシャーが虎になったとしても、何の危険があるだろう？　五人か十人を殺せば満足しただろう。ただ食べるために殺すだけだ。人間である彼は、何の理由もなく、地上を死体で埋め尽くした。

今に至るまで、動物たちは原子爆弾の類いを発明していない——それだけは確かだ。動物たちは、殺すのに自分の爪を用いる。とても古くからのやり方だ。しかも彼らは、食べるためにだけ殺す。人間は、食べるつもりもないのに殺す唯一の動物だ。人は密林に出かけては鳥たちや動物たちを狩り、それを気晴らし、スポーツだと言う。だが、もしライオンが彼を襲ったら、それは気晴らしではない。「ライオンはちょっと遊んでいるだけさ。ほっておけばいい。気晴らしなんだから」とは言わない。スポーツのために殺す？　動物は、スポーツのために殺したりはしない。

もうひとつ大事なのは、自分の同類を殺す動物は、他にいないという点だ。他のライオンを殺すライオンはいない。他の猿たちを殺害する猿はいない。人間は、自分の同類を殺す唯一の動物だ。蟻は蟻を殺さない。象は象を殺さない。犬は犬を殺さない。彼らは争い、闘うが、殺しはしない、殺害はしない。人間は、他者を殺す唯一の動物だ。

あなたがそんなに失うのを心配しているようなものが、人間にあるだろうか？　何がなくなるというのだろう？　樹々や植物は美しい。動物たちはとても無垢だ。だが私は、木々や、植物や、動物たちのようであれと言っているわけではない。私はただ、「自我を落としなさい」と言っているだけだ。


そして第二に、私は、快楽や苦痛に反応するのを止めろとは言っていない。アシュタヴァクラも、そうは言っていない。楽しみと苦しみのなかで平静を保つことは、楽しさや痛みに反応するのを止めるという意味ではない。楽しみと痛みのなかで平静を保つとは、ただこういうことだ。「私は観照者として留まる。苦しみがやってきたら、それを観察する。幸せがやってきたら、それを観察する」

これは、仏陀を刺《とげ》で刺しても、彼は痛みを感じないということではない。仏陀を刺で刺したら、彼はあなたよりも痛みを感じる。彼はあなたよりも鋭敏だからだ。あなたは石のようになっているが、仏陀は繊細な蓮のようだ。仏陀を刺で刺したら、あなたよりも痛みを感じる。だが、その痛みは肉体のなかにある。そう知りつつ、仏陀は距離を置いて立っている。彼は見守る。痛みは起こっている。彼は、痛みが起こっていると知っている。それでも、痛みと自分を同一視することがない。彼にはわかっている――「私は知る者だ。内なる本性においては知る者だ」

アシュタヴァクラは、反応を止めなさいと言っているのではない。彼は、あなたの家が火事になっても逃げ出すなとか、座り続けていれば覚者《ブッダ》になるとは言っていない。彼は言う。逃げ出すときは、家が燃えていても、あなたは燃えていないことを知りなさいと。また、たとえあなたの身体が燃えているとしても、燃えているのは肉体であり、あなたではないと知ることだ。彼は、あなたの身体が燃えるに任せるべきだとは言っていない。身体は、炎から運び出しなさい。彼は、身体を苛むようなことは、何も説いていない。

鈍い感受性とは、石のように生命を失うという意味だ。仏陀は石ではない。仏陀よりも慈悲深い者に会ったことがあるだろうか？　アシュタヴァクラは、石ではなかったはずだ。愛の川が、彼を通して流れていたはずだ。愛の泉が流れている人々の感受性は、増しこそすれ、減りはしない。大いなる慈悲が、彼を通じて降りてくる……だが、あなたは誤解しかねない。

また、だれがこの質問をしたにせよ、どこか字面《じづら》の理解があるように見える。ちょっとばかり、頭《インテレクト》にがらくたが多すぎるようだ。彼は読みかじり、聞きかじり、ちょっと情報を集めた。今、それは彼のなかで沸きたっていて、見聞きするのを許さない。それは物事をねじ曲げ続ける。

詩人は言う――

巡礼たちは　みな立ち止まった
内側の水は半ば溶け
外側は固く凍りついている
かたわらには　渡りきれぬ首までの沼
他方には　大海のごとき洪水
風は激しく吹きすさび
密林は吹き散らされ
巡礼たちは　みな立ち止まった

扉を閉ざし　半ば開いた窓ごしに
目は外を見つめる
無数の薄闇の黒杖が
太陽の面《おもて》を　矢のようにつらぬく
沈黙し　彼らの仮面の裏に隠れて
おののき　ためらい
巡礼たちはみな　立ち止まった

このあらゆる仮面、知性、机上の知識による見せかけ、そして学者であること——いつまで、その後ろに隠れているつもりかね？　いつまで、こうした折り重なる思考の背後に隠れているのかね？　それらを脇にどけ、あなたの内側の純粋な意識に目覚めなさい。考える者としてではなく、見る者として見守りなさい。考える者とは、マインドの作用が始まっているということなのだから。

アシュタヴァクラを理解したいなら、彼は純粋なる意識としてのみ理解できる。考えごとや思案にはまったら、アシュタヴァクラは理解できない。あなたは彼を見逃すだろう。

アシュタヴァクラは哲学者ではない。アシュタヴァクラは思想家ではない。

アシュタヴァクラは使者だ。意識の使者、観照の使者だ。純粋な観照、ただ見守っていることの使者だ。不幸があれば、それを観察する。幸福があれば、それを観察する。不幸のなかで不幸に同一化しない。幸福のなかで幸福と同一化しない。どちらも来させ、去らせなさい。夜が訪れるなら観察しなさい。昼が訪れるなら観察しなさい。夜には、自分が夜になったと思わないように。昼には、自分が昼になったと思わないように。

とらわれず、超え、超越し、上方に、遠くに留まりなさい。
ただひとつのことと一体化しなさい。
あなたは観察者であり、観照者だ。

ハリ・オーム・タット・サット！

第三章

覆い《ヴェール》をめくる

The Lifting of the Veil

アシュタヴァクラは言った
あなたはすべてを観察する者
本来は、つねに自由だ
自分でなく、他のものを観察者とみなすこと
それがあなたの束縛だ

「自分は行為者だ」
そうやって、自我《エゴ》の黒い大蛇は、あなたを咬む
「自分は行為者ではない」
信頼という、この神性の甘露を飲み干して、幸せでありなさい

「自分は純粋な気づきだ」
この確信の炎で、あなたの無知の森を焼き払い
憂いを超え、幸せでありなさい

あなたは至福、究極の至福だ
この幻の世界は、縄に投影された蛇のようなもの

これを知り、そして幸せにさすらいなさい
自分は自由だと思う者は自由であり
自分は縛られていると思う者は縛られる
この世界では、この諺はほんとうだ
「あなたは自分の思う通りのものになる」

魂は観照者であり、普遍で、完璧だ
ひとつであり、自由だ
意識であり、行為から自由だ
完全に独りで、無執着だ
無欲で、平安だ
錯覚ゆえに、それは世界のように見える

「自分は個として投影された生命だ」
この幻想、内と外の感覚を落として
自分は不変であり、意識であり、不二の魂だという思いのなかに目覚めなさい

最初の経文《スートラ》

アシュタヴァクラは言った
あなたはすべてを観察する者
本来は、つねに自由だ
自分でなく、他のものを観察者とみなすこと
それがあなたの束縛だ

この経文は、きわめて重要だ。どの言葉も正しく理解しなさい。
あなたはすべてを観察する者。本来は、つねに自由だ

普通、私たちは他者の目を通して自分の生命を知覚する。私たちは、他者の目を鏡のように使う。私たちは観察者を忘れ、観察されるものとなる。そして、それは自然なことだ。子供が産まれる——彼は、自分について何も知らない。ただ、他者の目を覗き込むことで、自分が何者かを知る。あなたは、自分の顔を見ることはできない。鏡を見る必要がある。鏡のなかに自分自身を見るとき、あなたは観察されるものとなる。もはや、あなたは観察者ではない。あなたは自分自身について、どれだけ知っているだろう？　鏡が明らかにするのと同じだけだ。

母親は「うちの子供は美しい」と言う。するとその子は、自分のことを美しいと思う。学校の先生が「君は利口だ」と言えば、あなたは、自分は利口だと信じ始める。だれかに侮辱されたり非難されたりすると、その非難はあなたを深く貫く。だから、自分自身に関する理解は、ずいぶん混乱しているように見えるのだ。というのも、それは多くの声、多くの矛盾する声で成り立っているからだ。ある人は「あなたは美しい」と言う。またある人は「君が？　美しいだって？　自分の顔を鏡で見なよ！」と言う。両方の声が受け容れられ、二元性が生まれる。ある人は「君はとても利口だ」と言い、また別の人は「こんな間抜けは見たこともない！」と言う。両方の声が受け容れられ、両方が集められる。心はひどく乱れ、深い分裂が生まれる。

それは、自分はだれかということが不確かだからだ。あなたは、とても多くの意見をかき集めている。あなたは、とても多くの鏡を覗き込んできた。そして、そのひとつひとつが、異なったメッセージを与えてきた。鏡には、あなたへのメッセージなどない。それらのメッセージは、鏡自身についてのものだ。

あなたは、背が高くなったり、太ったり、とても美しくなったり、じつに醜くなったりする鏡を見たことがあるにちがいない……あなたは、アシュタヴァクラになってしまう。鏡に映っているのは、あなたではない。映っているものは、鏡の特質なのだ。

相反する意見がたまっていく。あなたは、この矛盾する意見の蓄積を自分だと信じ始める。だから、あなたはいつも震え、怖がっているのだ。この、皆の意見という恐れは、どれほど深いことか！　「皆に悪く思われたらどうしよう？　馬鹿だと思われたらどうしよう？　不道徳だと思われたらどうしよう？」。私たちが怖がるのは、他人に従って自分の実存を形づくっているからだ。

グルジェフは彼の弟子たちに、よくこう語っていた――「自らの魂を知りたければ、他者を置き去りにしなければならない」。彼は正しかった。幾世紀にもわたって、師《マスター》たちはそう語ってきている。自分自身を知りたければ、他者の目のなかに自分の姿を探すのをやめることだ。

私の見るところ、多くの求道者たち、真理の探求者たちが社会を後にしたのは、社会に留まっていると真理がわからないからではない。社会に生きながら、自分の顔を正しく知るのは、とても難しいからだ。ここの人々は、あなたが何者かという意見を言い続ける。頼もうと頼むまいと、あらゆる方面から、あなたは何者かという概念が注がれ続ける。そして次第に、私たちはこうした概念によって生き始める。


こんな話を聞いたことがある。ある政治家が死んだ。すると間もなく、彼の妻が――二年ばかり先に亡くなっていたのだが――あの世の門まで迎えにきた。だが、政治家は言った。「俺はまだ入らんぞ。俺の棺と一緒に、国立火葬場に行かせてくれ」

「今さらどうするの？　身体はそこに横たわっているのに――ただの土くれじゃない」と妻は言った。

「土くれなんかじゃない。どれくらいの連中が、俺に別れを告げにきているか、見させてくれ」と彼は答えた。

政治家とその妻は行列と一緒に歩き出した。だれも彼らを見ることはできなかったが、彼らには見えた……大群衆がそこにいた。ニュースリポーターやカメラマンたちがいた。多くの旗が降ろされていた。軍用トラックで運ばれてきた棺には、花々が供えられ、大変な敬意が表されていた。棺の前後には、幾丁もの銃と兵士たちが行列に随行していた。政治家はいたく感動した。

「なぜそんなに嬉しいの？」と妻が聞いた。

彼は言った。「死んだら、こんなに大勢やってくると知っていたら、もっと早くに死んでたさ。もっと早く死ぬべきだったな。なぜ何年も待っていたんだろう？　でも、生きていたからこそ、こんな大群衆が俺の死に際してやってきたんだろう」


人々は群衆のために生き、群衆のために死ぬ。

他人の言うことが大切になりすぎて、あなたは自分がだれかと問うこともない。あなたは他人が言うことの切れ端を収集し、自分自身の像を作る。この像は、じつにもろいものだ。というのも、人々の考えは変わり続けるからだ。しかも、変わり続けるのは人々の考えだけではない。その理由もまた、変わり続ける。

だれかがあなたのもとに来て、「あなたはじつに高潔な人物だ」と言う。これは、お世辞以外の何ものでもない。だれが、あなたのことを高潔だと思うかね？　自分以外のだれかを高潔だと思っている人など、ここにはひとりもいない。自分自身を振り返ってごらん。あなたは、だれかを高潔だと思っているだろうか？　ときに、あなたはそう言う必要があるが、それはまた別の話だ。必要上、あるいは生活上の問題から、あなたは嘘を真実であるかのように肯定する。悪人を善人と呼び、醜い人を美しいとほめ上げる。あなたは、お世辞に頼らなくてはならない。お世辞が尊重されるのは、まさにこのためだ。

なぜ人々は、お世辞の罠にはまるのだろう？　もっとも愚かな人物でも、あなたは天才ですねと言われたら否定しない。それは、彼が自分のことをまったくわかっていないからだ。彼はあなたが何を言っても耳を傾け、何であれ、あなたの言うものになる。

だから、理由は変わり続ける。ある人は美しいと言い、ある人は醜いと言う。ある人は善いと言い、別の人は悪いと言う――これが積み重なっていく。そして、こうした対立する意見を基に、あなたは自分の実存を形づくる。あなたは、雄牛たちが四方八方に引っぱる牛車に乗っている。牛車は、一度にあらゆる方向へ行こうとしている。あなたは骨の髄まで疲れてしまう。引きずり回されるばかりで、どこにも辿り着かず、動けもしない。

今日の最初の経文は言う、

あなたはすべてを観察する者
本来は、つねに自由だ

個人とは観察者であって、観察されるものではない。

三種類の人たちがいる。見られる対象になってしまう人たち――演技者たちだ。彼らは、もっとも深い闇のなかにいる。二番目は、傍観者になる人たち。最初のよりは少しましだが、たいした違いはない。三番目は、観察者になる人たちだ。この三つを、はっきり理解しておくといい。

見られるものになるとき、あなたは一個の物となる。あなたは、自分の魂を失ってしまう。政治指導者のなかに魂を見つけるのは難しい。役者のなかに魂を見つけるのは難しい。彼は見られる対象になり、見られる対象として生きる。彼の努力はすべて、人々を印象づけることにある。どうすれば良く見えるか、どうすれば美しく見えるか、どうすればもっとも良く見えるか。それは最善であろうとする努力ではなく、最善を装う努力にすぎない。対象物になる人は、偽善者となる。彼は自分の顔を仮面で覆う。外見は善良に見せかけていても、内側は腐っている。


二番目は、傍観者になる人たちだ。彼らは膨大な群衆だ。当然ながら、最初のタイプの人々は、二番目のタイプを必要とする。さもなければ、どうして演技者になれるだろう？　ある人は政治家になり、彼のために拍手をする群衆を得る。彼らの間には、大いなる調和が存在する。指導者には追従者が必要だ。踊っているなら、観客が必要だ。歌うなら、聴衆が必要だ。だから、ある人は演技者としていそしみ、ある人は傍観者にとどまる。傍観者たちは、膨大な群衆だ。

西洋の心理学者たちは、人々がただの傍観者と化していることを、とても心配している。彼らは映画に行き、ラジオをかけ、何時間もテレビの前に座る。アメリカでは、平均的な人で一日六時間テレビを見る。もしフットボールの試合があれば、それを見る。レスリングの試合があればそれを見るし、野球の試合やオリンピックがあればそれを見る。今や、彼らはまったくの傍観者、道端に立つ傍観者と化している。人生という行列は過ぎてゆき、あなたは眺め続ける。

ある者は、その行列に加わっている。それはもっと大変だ。そこにはたくさんの競争がある。行列に加わるのは容易ではない。数々の争いと攻撃が必要だ。だが、その行列を眺めるために、傍観者たちも必要とされる。彼らは脇に立って眺める。もし彼らがそこにいなければ、行列も消え去るだろう。

想像してごらん、もし追従者たちが来なかったら、指導者たちはどうなるだろう？　「我らの旗印を高く掲げよ」と、ひとりで叫んでいる。彼らはまったくの愚か者に見え、気違いじみて見えるだろう。だから、傍観者たちが必要であり、群衆が必要だ。すると狂気でさえも、まともに見える。クリケットの試合が続いているのに、だれひとり見にきていないと想像してごらん。その試合は、気が抜けていることだろう。試合の醍醐味は、試合そのものにではなく、それを見に集まった何千もの人々のなかにある。

人間とは奇妙なものだ！　競馬を見に行ったりもする。このコレガオン・パーク地域全体は、熱狂的な競馬ファンでいっぱいだ。じつに奇妙だ――人間たちが走っているのを見に行く馬などいない。馬たちが走り、人間たちはそれを見ている。人間は、馬より下に落ちてしまっている。

生は、見ることに、ただの見物に費やされている。傍観者たち……あなたは愛することなく、映画のなかの求愛を眺める。あなたは踊らず、他の人が踊るのを眺める。あなたは歌わず、他の人が歌うのを聞く。あなたの生が脆弱になり、生命エネルギーのすべてが失われたとして、何の不思議がある？　あなたの牛には、何の動きも、エネルギーの流れもない。あなたは死体のように座っている。あなたのたったひとつの機能は、眺め続けることだ。だれかは見せ続け、あなたは眺め続ける。この二つのタイプは世界中にあふれていて、一方は他方に縛られている。心理学者たちは、それぞれの病気には両極があると言う。心理学者が、嗜虐性愛《マゾヒズム》と呼ぶ人たちがいる。彼らは自分自身を責め苛《さいな》む。そして、心理学者たちが加虐性愛《サディズム》と呼ぶ、別のタイプの人たちがいる。彼らは他者を苛むことを楽しむ。両者が必要だ。だからこの二つのタイプが一緒になると、それは大変なドラマが繰り広げられる。心理学者たちは、夫がサディストで、妻がマゾヒストであるところより、円満な夫婦は見つからないと言う。女性は自分を傷つけるのを楽しみ、夫は人を傷つけるのを楽しむ――その結婚は、極楽仕立てだ！　ひとりは盲目で、もうひとりは業病持ち――じつにお似合いだ、申し分なくぴったりだ。あらゆる病気には両極がある。演技者と傍観者は、同じ病のふたつの極だ。普通、女性は見られるのを好み、男性は観客であるのを好む。心理学用語で言うと、女性たちは露出症だ。彼女たちの関心のすべては、これみよがしに誇示することだ。

あるとき、ムラ・ナスルディンが蝿を叩いていた。あたりが蝿だらけだったので、妻が彼に追い払うよう頼んだのだ。彼は鏡の脇に立って、蝿を叩いていた。「ここにとまってる、二匹のメス蝿を見な」と彼は言った。
妻は言った、「それはあんまりじゃない――どうしてオスかメスか、あんたにわかるの？」
ムラは答えた、「そいつらは、一時間近くも鏡の上にとまってる――そりゃもうメスにちがいないね。オスが鏡の上で何するっていうのさ？」

女性たちは、鏡なしでは生きられない。鏡を見るとき、それは彼女たちを磁石のように引きつける。彼女たちの生涯は、鏡の前で費やされる――洋服やドレスを着てみたり、宝石をつけてみたり。そうして、自分を飾りたてている。そして驚くことに、すっかりお洒落をして外出するときに、だれかが急《せ》かそうものなら怒り出す！　彼女を困らせる人がなくても、やはり彼女は面白くない――そんなに準備したのも、挑発するため、ちょっかいをそそのかすためなのだから。さもなければ何の必要がある？　女性は、夫の前ではお洒落など気にも留めない。夫の前では、すっかり老婆のままだ。旦那相手の追いかけっこや誘惑など、とうの昔に終わっている。だが、外出する必要があると、準備にとても時間をかける。観客がいて、彼女は舞台の上にいる。

心理学者たちによると、男性は窃視症《せっししょう》だと言う。彼の興味のすべては眺めることだ。その興味のすべては、見ることにある。女性は見ることに興味がない。自分を誇示することに興味がある。一組の男女が互いにしっくり合うのはそのためだ。そこには、病気の両面が同時に存在している。そして両方の状態とも不健全だ。

アシュタヴァクラは、人の本性は観る者、観察者であることだと言う。それは演技者でもなければ、傍観者でもない。またしても、このふたつを混同しないように。私は何度も、人々がこの誤りを犯すのを見てきた──彼らは傍観者となったときに、観察者になったと思い込んでしまう。このふたつの言葉の間には、まさに根本的な相違がある。辞書はその違いを示していないかもしれない。そこでは、傍観者と観察者は同じ意味かもしれない。だが生《せい》の辞書においては、大きな違いがある。

傍観者とは、その目が他者を向いている者だ。

そして観察者とは、その目が自分自身を向いている者のことだ。

目が対象の上にあれば、あなたは傍観者だ。目が観る者の上にあれば、あなたは観察者だ。それは革命的な相違であり、まさに根本的なことだ。目が対象にとまり、自分を忘れているとき、あなたはただの傍観者だ。視界からすべての対象が去り、あなたが、あなただけがいる──気づきだけが残り、油断のなさだけが残る──そのとき、あなたは観察者だ。

傍観者であるとき、あなたはまったく忘れ去ってしまう。自分自身を完全に忘れ、あなたの注意はそこに貼りついてしまう。あなたは映画に出かけ、三時間ほど自分自身を忘れる。自分がだれだったかさえ、覚えていない。悩みも心配事も、すべて忘れる。だから群衆はそこに殺到するのだ。あまりにも多くの悩み事、心配、生きる上でのいざこざ——忘却の技法が必要だ。人々はそろって一方向を向く。彼らの注意は、すべて映画の上にのみ注がれる。彼らは見る……ほんとうは、銀幕《スクリーン》の上には何もない。ただ影が明滅しているだけだ。だが、人々はすべての注意を向ける。彼らは、自分の病気や心配事、老いを忘れる。死が訪れたとしても、忘れるだろう。

だが、覚えておきなさい。あなたは、映画館のなかでは観察者になっていない。あなたは傍観者になっている。自分自身を忘れ、自分がだれなのかという記憶を持たない。あなたは内側にある、観るエネルギーに関する記憶をすべて失ってしまう。目の前の対象のところで立ち止まり、すっかりそれに溺れてしまう。

傍観者であることは、一種の自己忘却だ。そして観察者であることは、今や観察の対象はすべて消え去っているという意味だ。スクリーンは空っぽで、もう何も上映されていない。思考もなく、言葉もない。スクリーンはすっかり空っぽになり、空白になって白く輝いている。観るべきものは何もない。ただ観る者だけが残る。そして今、あなたは思い切って観る者のなかに飛び込む。あなたは観察者となる。

演技者たちと傍観者たち、人類はこのふたつに分けられている。観察者が生まれるのはごくまれだ——アシュタヴァクラのような人、クリシュナのような人、マハヴィーラ、仏陀……ごくまれにだれかが目覚めて、観察者となる。

あなたはすべてを観察する者

そしてこの経文のすばらしさは、あなたが観察者になるやいなや、観察者は複数ではなく、ひとりだと知ることにある。対象はたくさんあるし、傍観者たちは大勢いる。多いということが、対象や傍観者の特質だ。それは迷妄の網だ。観察者はひとりしかいない。たとえば、月が出ているとしよう、満月だ。川や水たまりに、プールや池に、海に、せせらぎに——それは、あらゆるところに映っている。もしその反映をすべて数えながら地上をさまよえば、幾兆にものぼるだろう。月はひとつであり、反映は数え切れない。観察者はひとりであり、演技者は大勢だ、傍観者は大勢だ。彼らはたんなる反映であり、影だ。

演技者や傍観者であることから自由になり、表現し見られたいという欲望も、眺めようという欲望もないとき——眺めたり見せたりといった罠は偽物だと知り、もはや興味もないとき——彼は無執着を、欲望からの自由を達成する。もはや、君は美しいとか、善良だとか、高潔だと言われたいとは思わない。高潔だと思われたいと密かに願うことすら、同じ古い罠にかかっている。このことを理解しなさい。自分が宗教的であることを人々に知ってほしいと内心願っているなら、あなたはまだ同じ罠に捕らえられたままだ。世間は、いまだにあなたとともにある。それは別の形を装い、新しい現われ方をしている。しかし、その同じ古くさい罠は続き、同じ古い様式は続く。

眺めることで何を得るだろう？　あなたはじつに多くを眺めてきた。あなたは何を得ただろう？　見せびらかすことで、いったい何を得るだろう？　見せびらかしたからといって、だれがあなたに本物をくれるだろう？

このふたつを、この二元性を脇に置いて、観察者のなかへと飛び込むと、あるのはひとつだけだと知る。満月はただひとつだ。プールや水たまり、池や湖のなかで、それは無数に見える。それはばらばらの鏡だったから、月がたくさん見えただけだ……。

王宮全体を、鏡で建てた王のことを聞いたことがある。彼は内側に次々と鏡を置いたので、それは姿見の御殿となった。あるとき、一匹の犬が——王様の飼い犬だった——夜中に閉じ込められた。手違いで内側に取り残されてしまったのだ。その犬の状況がわかるだろう。人間の状況と同じだ。四方を見回すと、見えるのは犬ばかりだった。あらゆる鏡のなかに犬がいる。彼は吠えた——正気を失った！　怖がっていると、人は他人のことも怖がらせようとする。他人も怖がれば、たぶん自分の恐れが減るだろうと考える。

その犬は吠えたが、そこは鏡だらけだから、当然鏡のなかの犬たちは吠え返してきた。その音は彼に返ってきた——それは自分自身のこだまだった。彼は一晩中吠え、走り、鏡に突撃して、自分の血で血だらけになってしまった。そこにはだれもいなかった、彼だけだった。朝になり、彼は死体で発見された。王宮中が血で染まっていた。彼の物語は、人間の物語だ。


ここに他者はいない。他者は存在しない。

愛だけがある。ここにあるのはひとつだけだ。だが、自分の内なるひとつを把握するまで、これは理解されないだろう。

あなたはすべてを観察する者
本来は、つねに自由だ

アシュタヴァクラは言う、「本来は自由」と。これをただの夢想とは思わないように。人間とはじつに奇妙だ。彼は世界こそ現実であり、これらの真理の声明はただの空想なのだと思う。彼は不幸が現実だと考え、一条の幸福の光が降りそそいでも、それは夢やごまかしだと考える。

人々は私のところに来て言う、「私たちは大いなる喜びを感じます。でも、たぶんそれは幻影ではないか、という疑いが湧くのです」。彼らは、おびただしい生を苦悩のなかで過ごしてきた。だから、喜びもありうるという確信をなくしてしまった。喜びは不可能に見えてくる。また、彼らはあまりにも涙にくれ、不幸で、いばらの人生に慣れ親んでいるから、花々を目にしても信じられない。「これは夢にちがいない――実在しない天上の花だ。そんなものはありえない、あるべきじゃない」と彼らは思う。

だから、「本来は自由」とアシュタヴァクラは言う。人は縛られていない。束縛は不可能だ。あるのは神だけ、ひとつだけなのだから。縛るものはないし、何ひとつ縛られてもいない。「本来は、つねに自由だ」。だからアシュタヴァクラのような人は、こう語る。「もしあなたが願うなら、まさにこの瞬間に自由でいられる――あなたはすでに自由なのだから。何ものも自由を妨げていないし、どんな束縛もなかった。ただあなたが、自分は束縛されたと信じていただけだ」

自分でなく、他のものを観察者とみなすこと
それがあなたの束縛だ

ひとつだけ束縛がある。自分自身ではなく、他のものを観察者とみなすことだ。そして、解放はひとつだけ。観察者である自分を知ることだ。

この実験を始めてごらん。あなたは見ている……樹のそばに腰を下ろして、その樹を見つめている。それから徐々に、樹を見つめながら、その樹を見つめている者を観始める――ほんのちょっとした調節だ。普通、意識の矢は樹に向かう。この矢を両方向に向けなさい。それを両方向へ動かす――樹を見ながら、同時にその樹を見ている者を観るようにする。観る者を忘れてはならない。

もっともっと、その観ている者を捉えなさい。あなたは何度も見逃すだろう。それは幾多の生での古い習慣だ。あなたは逃すだろう。けれども、何度でもその観ている者を捉えようとしなさい。そして観ている者を捉えるようになると、それがほんの一瞬でしかなくとも――その瞬間、あなたは未知なる安らぎが生まれるのを感じるだろう。至福が降りそそぐ。祝福の光が降りそそぐ。一瞬でもそのように起こるなら、その瞬間、あなたは解放の歓喜《エクスタシー》を享受するだろう。そしてこの歓喜は、あなたの生の香りを変容し、あなたの人生の流れを変える。言葉では、あなたの生の流れは変えられない。経典では変容しない。

経験は変容させる、味わいは変容させる。

あなたはここで私に耳を傾けている……ふたつの聴き方ができる。聴いている間、私の言うことだけに注意し、自分自身を忘れるなら、あなたは観察者ではない。あなたは聴く者ではない、聞いていることを観照していない。あなたの注意は私に引っかかり、あなたは傍観者となる。目だけでなく、耳によっても傍観者となりうるのだ。注意が対象に引っかかるときはつねに、あなたは傍観者となる。

聴いている間、私に耳を傾け、同時に耳を傾けている者を見続ける。彼をつかまえ、彼に触れ続ける――聴いている者に。

確かにあなたは聴いているし、私は話している。だが話し手だけに気を留めてはならない、聴いている者の後も追いなさい。絶えず何度も、彼を思い出しなさい。次第にあなたは、聴く者に接触していた瞬間こそ、私を聴いていた瞬間なのだと感じるだろう――他は無用だ。聴いている者と接触しながら耳を傾けるとき、あなたは私の言っていることを正確に聴くだろう。それに、聴く者に接触せずに耳を傾けるとき、あなたが何を聴くか、だれにわかる？　それは、アシュタヴァクラも私も言っていないことだろう。そのときあなたのマインドは、あらゆる類いのクモの巣を編み出す。あなたは無意識だ。無意識のなかで、どうやって意識の言葉を理解できる？

これらは意識の声明だ。これらは別世界の言葉だ。眠りのなかで聞くとき、あなたはこれらの言葉のまわりに夢を編むだろう。これらの声明の色合いを、台なしにするだろう。あなたは、それらを彩色するだろう。自分のやり方でその意味合いをねじ曲げるだろう。あなたは論評するだろう。そしてまさにその論評によって、これらの比類なき言葉は抜け殻になってしまう。あなたの手は、アシュタヴァクラの抜け殻に触れるだけ——あなたは生きたアシュタヴァクラを逃す。生きたアシュタヴァクラに触れるには、自らの観察者に触れる必要があるからだ。生きたアシュタヴァクラは、そこにいる。

考えてごらん。あなたは私に耳を傾けている。聴き続けながら、聴いている者にも耳を傾けなさい。二本の矢をふたつの方向に向けなさい。私の方向、そしてあなたの方向に。私のことは忘れても何も害はないが、自分のことを忘れてはいけない。すると、あなたも残らず、私も残らない瞬間がやってくる……かくも深い安らぎの瞬間、ふたつは残らず、ただひとつが残る。あなたは話している者であり、聴いている者だ。あなたは観ている者であり、観られている者だ。これこそ、「あなたはすべてを観察する者。本来は、つねに自由だ」とアシュタヴァクラが示している瞬間だ。
束縛とは白昼夢だ。今夜あなたはプネーで眠るだろうが、眠っている間カルカッタにいるかもしれないし、デリーやカトマンズにいるかもしれない——どこにだっているだろう。朝になって目を覚ますと、自分がまたプネーにいるのに気づくだろう。夢のなかでカトマンズに行ったとしても、帰ってくるには空の旅も、列車をつかまえることも、歩いて帰ることも必要ない。旅をする必要はまったくない。朝になり、あなたは目を開けて、自分がプネーにいることに気づく。朝になって、自分がどこにも行っていなかったことに気づく。夢のなかではどこかに行ったが、それは本当に行くということだろうか？

自分でなく、他のものを観察者とみなすこと
それがあなたの束縛だ

ひとつだけ束縛がある。自分自身を意識していないこと、自分のなかの観察者を意識していないことだ。
これが経文のひとつの意味だ。ふたつ目の意味も考慮に値する。アシュタヴァクラについて書いてきた者はみな、普通はこちらの意味を与えてきた。もう一方の意味も理解する必要がある。ふたつ目の意味もまた正しい。両方ともに正しい。

自分でなく、他のものを観察者とみなすこと
それがあなたの束縛だ

あなたは私に耳を傾けている。あなたは、耳が聴いているのだと思う。私を見つめて、目が見ていると思う。どうやって目が見るというのだろう？　目が観察者だと思うなら、勘違いをしている。見ている者は、目の背後にいる。聴いている者は、耳の背後にいる。私の手に触れるなら、あなたは自分の手が私の手に触れたと思うだろう。それは違う。触れている者が、その手のなかに潜んでいる。その手がどうやって触れるというのかね？もしあなたが明日死ぬとしたら、遺体はそこに横たわっているだろう。人々はその手をとって座るだろうが、その身体のなかには、触れられる者はいない。遺体は横たわり、その目は開いたままだろう。それはすべてを見ているように見えるが、何も見てはいない。遺体はそこに横たわっている……音楽が流れているかもしれない。演奏家が音楽を奏で、その音の波が耳を打ち、振動があなたに届く。だが、何も聴かれることはない。いつも聴いていた人、見て、触れて、味わっていた人——その人は行ってしまった。

経験者は感覚器官ではない。正確には、その感覚器官の背後に潜んでいる者だ……。

経文《スートラ》のもうひとつの意味は、肉体としてではなく、目や耳や感覚器官としてではなく、観察者として自分自身を知るということだ。内なる意識を、ただ観察者として知りなさい。

「自分は行為者だ」
そうやって、自我《エゴ》の黒い大蛇は、あなたを咬む
「自分は行為者ではない」
信頼という、この神性の甘露を飲み干し、幸せでありなさい

「自分は行為者だ」——そうやって、自我《エゴ》の黒い大蛇は、あなたを咬む……私たちの思い込みこそがすべてだ。私たちは思い込みという夢に陥っている。何であれ、私たちは自分が思い込んだものになる。この考えはとても示唆に富んでいる。これはまさに東洋の経験の精髄だ。私たちは、何であれ自分について思い込んだものになる。

催眠術師の実演を見たら、驚くだろう。彼が男性を催眠にかけ、催眠下の男性に「あなたは女性です——立って歩きなさい」と言うと、その男性は女性のように歩き始める。男性にとって、女性のように歩くのはとても難しい。そのためには、一定の身体構造が必要だ。女性のように歩くには、お腹に子宮のための空っぽのスペースが必要だ。さもなければ、女性のようには歩けない。あるいは、長いこと練習してはじめて可能になる。だが、催眠術師が男性を眠らせて、催眠下の男性に「立ちなさい！　あなたは女性です、男性ではありません——歩きなさい！」と言うと、彼は女性のように歩く。

あるいは、男性に玉ねぎを手渡して「ほら、りんごですよ——前に行って食べてみなさい」と言ったりもす

る。男性はその玉ねぎを食べる。そして、どんな味ですかと聞くと、彼は「とてもおいしい」と言う！　彼はそれが玉ねぎだとは疑いもしない——彼は臭いに気づかない。

催眠術師はこうした実験をしてきている。今やそれは科学的な事実だ。そうしたことについて、多くの実験が行なわれてきている。意識のない催眠下の人物の手をとって、ありふれた石ころを乗せる。それは熱い石炭だと言えば、彼は「熱い！」と叫んで放り出す。それだけならまだしも、その手には火傷のあとがあるのだ！

火の上を歩く人々のことを聞いたことがあるだろう。これも深い催眠状態だ。自分は焼かれないと信じるなら、その火はあなたを焼かない。それは信念の問題だ。わずかでも疑いがあれば、厄介なことになる——あなたは焼けてしまうだろう。勇気の湧いてきた人々が、火の上をあっさりと歩くケースはたくさんある。「こんなに多くの人たちが歩いているなら、私たちにだってできる」というわけだ。しかし内側に疑いの虫がいると、その人は焼かれてしまう。


これに関して、ひとつの実験がオックスフォード大学で行なわれた。スリランカから、仏教僧たちが火渡りのために招待された。彼らは毎年『仏陀の満月』に、仏陀を想起しながら火の上を渡る。これは完全に正しい。仏陀を想起しながら火の上を歩くことは正しい。なぜなら、仏陀の大切な教えは、『あなたは身体ではない』ということだからだ。

もし私たちが身体でないとしたら、どうして火が私たちを焼けるだろう？　ギータのなかでクリシュナは「汝、火に焼かれることなく、武器に貫かれることもなし」と言っている。だから、スリランカの『仏陀の満月』には、多くの僧侶たちが火の上を渡る。

彼らのうち数名がオックスフォードに招かれ、そこでも彼らは火の上を歩いた。オックスフォードで火渡りをしているときに、ひとりの僧が火傷を負った。約二十名の僧侶が歩いたが、ひとりだけが火傷を負ったのだ。

なぜそんなことが起こったのか、調査が行なわれた。その僧侶は、ただイギリス見物のためにやってきただけで、自分が火の上を歩けるという信頼を抱いていなかった。彼の目的は他にあった。彼は旅行者として訪れていた。ただイギリスを見たかっただけだったのだ。彼は思った、「この十九人が火傷を負っていないとしたら──どうして自分が焼かれるだろう？」。だが内側には疑いの虫がいて、彼は火傷を負ってしまった。

同じ夜に、別の出来事があった。ある教授が、オックスフォード大学の教授が、座って眺めていた。彼は火渡りを見たこともなかったし、聞いたこともなかった。見学していて、とても深い信頼を感じたので、彼は立ち上がって火の上を歩き始めた。彼は仏教徒ではなかったし、宗教的でもなかった──何も知らなかった。彼はただ、とても多くの人々が歩いているのを見て感じた。その感じは非常な深みから生まれ、信頼は非常に強まった。そこで、彼は深い法悦《エクスタシー》のなかで立ち上がると、石炭の上で踊り始めた。

僧侶たちは、仏陀が自分たちを守っているのだと思っていたため、衝撃を受けた。この男性は、仏教徒ではなかった。彼はイギリス人で、宗教的ですらなかった。教会にも行っていなかったから、キリストも彼のことなど気にかけなかっただろう。彼は仏陀と無縁だったし、師《マスター》もまったく持たなかった。ただ信頼だけだ。

深い信頼においては、信頼はそれ自身を満たす。

「自分は行為者だ」
そうやって、自我《エゴ》の黒い大蛇は、あなたを咬む
「自分は行為者ではない」
信頼という、この神性の甘露を飲み干して、幸せでありなさい

この声明に耳を傾けなさい。くり返しアシュタヴァクラは言う、「幸せであれ」と。それは、まさにこの瞬

間に起こりうると彼は言っている！

「私は行為者だ」。これは私たちの投影であり、この投影に従って、私たちは自らの自我《エゴ》をつくり出す。行為者とは自我のことだ。「私が行為者だ」――私たちはこれから自我をつくる。だから、行為者が成功すればするほど、自我もさらに傲慢になる。何も特別なことをしていなかったら、どうして偉そうな自我を持てるだろう？　大きな家を建てたら、あなたの自我はその家と同じくらいに大きくなる。偉大な帝国をつくると、自我の境目はその国境まで拡がる。このために、何人かの狂人たちが世界征服を企ててきた。世界を征服するだって？　今まで征服した者がいただろうか？　人々は来ては去っていく――だれが世界を征服できただろう？

だが、人々は征服しようと試みる。自分たちの自我はじつに広大で、全世界よりも大きいと主張する――「俺はそいつを包囲する。境界線を引き、全宇宙を定義してやる」。アレキサンダーやナポレオン、チムールにナディール・シャーは、世界征服を企てた。みな狂人たちだ。この全世界の征服という野望は、自我の欲望だ。見たことがあるかもしれない……だれかが大臣や総理大臣になって、大股で歩く姿を、あなたは見ただろうか？　今度は、彼が失職するときを見てごらん。失職すると、とてもひどい有り様になる。同じ男性なのに、力がなくなってしまう。機敏さや高揚感、軽やかな足どり、そびやかした頭と伸ばした背筋を彼に与えていたのは、自我という毒だった。このすべてが失われてしまう。何が起こったのか？　ちょっと前まで、彼はとても力強く見えたのに、次の瞬間にはじつに弱々しくなってしまう。ひとたび失職すると、政治家たちは長生きしない。選挙に勝っている間は強いが、負けたとたんに力をなくしてしまう。

心理学者によると、人々は退職すると、退職しない場合よりも早く死ぬという。だいたい十年位の差がある。八十年は生きていたはずの男性が六十才で退職すると、七十才で亡くなってしまう。早死の唯一の理由は、もう彼には権力がないからだ。もはや収税官でも行政官でも警部でもなく、巡査や教師でさえもない。教師にもその傲慢さはある。彼は自分の王国を持ち、三、四十人の少年たちを支配している。彼らを服従させて——彼は教室の帝王だ。

オーランゼブが彼の父親を投獄したとき、父親はこう言ったと伝えられている。「ここでは落ち着かん。ちょっと頼まれてくれんか？——三、四十人の少年たちを送ってくれれば、わしは学校を開けるというものだ」

オーランゼブはこう評したという。「我が父上には牢中におられても、皇帝の古ぼけたプライドが残っておられるご様子。さては、たかだか二、四十人の男子を支配なさるおつもりか」

もっともしがない教師であっても、三、四十人の子供たちの世界では王様だ。最強の王たちでさえ、それほどの権力を臣民に振るえはしない。教師が「起立！」と言えば彼らは立ち上がり、「着席！」と言えば座る。すべて彼の思いのままだ。

ただの教師も、収税官、副収税官、閣僚も、だれであれ何であれ、引退したとたんに弱々しくなる。もうだれも路上で挨拶してくれない。どこに行っても用なしにしか見えない。まるでがらくたの山に投げ捨てられたか、ゴミ捨て場に捨て置かれたように不要に見える。彼はもう、どこでも必要とされない。人々は、彼がどこへ行こうとその存在を我慢する。しかし彼は、人々の表情からこう言っているのを察してしまう。「ほら、どいてどいて。だいたい、なぜここに来たんです？　さあ申し訳ありませんが、仕事に戻らせてもらいますよ」

いつも彼におもねっていた、その当人たちが彼を避ける。いつも彼の足をマッサージしていた人々は、どこかへ行ってしまった。彼の自負心という風船は、突然しぼんでいく。その風船は、まるで破裂したように空気が抜け、穴があく。彼は萎縮し始める。生きる意味は、何も見当たらないようだ。死の願望が彼に忍び寄り始める。もう生きる意味はないから、彼は死ぬことを考え始める。

人々は退職するとすぐに死ぬ。人生における逞しさと活力はみな、仕事の領域にあったからだ。ある人は書記長だったので、いつも五人か十人の書記をこき使っていた。あなたがだれであるかは問題ではない——たとえ平巡査だったとしても、あなたにはあなたの誇りがある。オフィスに入るとき、そこに腰かけている警官を見てごらん。彼は廊下で椅子に座っている、だが「止まれ！　待たんか！」と言うときの、彼の横柄さを見てごらん。

ムラ・ナスルディンは警察官として働いていて、ある女性をスピード違反で取り押さえた。彼は素早く調書を取り出すと、書き始めた。

「ねえ、そんなの書いたって時間の無駄よ——市長さんはあたしを知ってるの」と女性は言った。けれども彼は書き続けた。女性は言った、「聞こえなかった？　総理大臣だってあたしを知ってるのよ」。それでも彼は書き続けた。

しまいに、彼女は最後の切り札を出した。「聞こえないの？　インディラ・ガンジーだってあたしを知ってるのよ！」

ムラは言った、「ばかなおしゃべりはやめなさい。君はムラ・ナスルディンを知っているのかね？」

「ムラ・ナスルディンってだれ？　どういうこと？」と女性。

「本官の名前がムラ・ナスルディンだ。本官が君を知っておるなら、何かしらできる。しかし、君が他にだれのことを知っていようと……たとえ神様自らが君をご存じだって、この報告書は書かれていくし、君は起訴されるのだ」

だれもが自分の誇りを持っている。警官にも彼なりの尊大さがある。彼は自分自身の世界を、自分の領分を持っている。もしあなたがそのなかで捕まったら、彼はあなたを困らせるだろう。

その自尊心《エゴ》は、自分に可能なことの範囲で生存している。自己中心的な人物は、「イエス」と言うときに強い無力感を感じる。あなたにはそれが見て取れるだろう。

自分自身を注意深く吟味しなさい。私はあなたに、他人を測るための物差しを与えているのではない。それを自己分析のために使いなさい。「ノー」と言うのが心地よいのは、人は「ノー」と言うことで力強さを感じるからだ。

子供が外に遊びに行ってもいいかと聞くと、母親は「ノー」と言う。「いけません！」と。外で遊ぶことに悪いことなどありはしない。子供が外で遊べなかったら、いったいどこで遊べる？　そして母親も、彼が行くつもりなのを承知している――彼は騒動を引き起こすだろうし、自分の力を見せつけるだろう。意志の衝突があり、駆け引きが行なわれる。彼は泣きわめいたり叫んだり、物を投げつけたりするだろう。すると彼女は言う、「外へ行って遊んでなさい！」。しかし、彼女が「表で遊んでおいで」と言う人であれば、問題はないのだ。そうすれば、彼女の命令に従って子供は出ていく。

ムラ・ナスルディンの息子が大騒ぎしていたので、ムラは何度も「座って静かにせんか！　言うことを聞きなさい。座って黙るんだ」とくり返した。しかし、その子は聞く耳を持たなかった。男の子が耳なんか貸すものかね？　とうとう頭にきてムラは言った、「好きなだけいたずらしてなさい。さあ、命令に逆らうかみてやるぞ。いいかよく聞け、悪さするんだ！　どうだ、命令に逆らうか！」

「ノー」は、するっと出てくる。あなたは、それを舌の上に待機させている。よく見てみなさい。百回のうち九十回は、「ノー」と言う必要などない。しかしあなたは、何であれその機会を逃さない。「ノー」と言う機会があると、すぐそれに飛びつく。「イエス」と言う必要があると、心細く感じる。「イエス」と言う必要があると、無意味な気がする。「イエス」と言うことは、あなたに力がないということだ。

だから、とても自己中心的な人は無神論者になる。無神論者であるとは、最終的な「ノー」を言っているということだ。彼らは、神すらいないと言っている。他の者のことは、忘れてしまっても構わない。無神論者は最終的な、究極の否定をしている。有神論者は絶対を受け容れ、「イエス」と言い、神はいると言っている。神はいると言う意味は、「私はいない」ということだ。そして神に「ノー」と言う意味は、こういうことだ。「存在するのは私だけだ。私の上にはだれひとりいない。だれひとり私を超えてはいない。だれも私を制限できない」

行為は私たちの自我に力を与える。このアシュタヴァクラの経文《スートラ》を心に留めておきなさい。


「自分は行為者だ」——そうやって、自我《エゴ》の黒い大蛇は、あなたを咬む

あなたは無用にかき乱され、苦しんでいる。この苦悩は、どこか外からやってくるわけではない——私たち自身が、自分たちが苦しんでいる不幸をつくり出しているのだ。自我が大きいほど、苦悩も大きい。自我とは傷だ。ちょっとした風の一吹きにも痛みを覚える。

無自我《エゴレス》な人を苦しませるのは不可能だ。そして自己中心的《エゴイスト》な人を幸せにすることも不可能だ。自己中心的な人は、幸せでいまいと決意している。幸せは、「イエス」という気分から、受容の雰囲気から生まれるものだ。「私は何ものでもない。私は海のなかのひとしずく、海原のひとしずく。あるのはただ大洋だけ。私の存在が何だというのだろう」という認識から、幸せは生まれる。

非存在《ノンビーイング》の経験が深まるのと同じだけ幸せが降りそそぎ、あなたを圧倒し始める。空《から》になる者は満たされ、高慢にも立ち向かう者は空っぽにされる。

「自分は行為者ではない」――信頼という、この神性の甘露を飲み干して、幸せでありなさい
「自分は行為者ではない」――アシュタヴァクラはこの感じを、神性の甘露と呼ぶ。
「自分は行為者ではない」――これこそ神の食物《アムブロシア》だ。

もうひとつの意味も理解しておくといい。死ぬのは自我だけで、あなたは決して死なない。だから自我とは死であり、毒なのだ。自我というものはない、内側には神性しかないと知るその日――あなたはそれとひとつだ、あなたはその光線のひとつであり、そのうちのひとしずくだ。そのとき、あなたに死はない。そのとき、あなたは不滅だ。
神とともにあれば、あなたは死なない。自分自身とともにあるなら、あなたは死に向かう。自分自身とともにあれば、あなたは独りきりだ――世界に逆らい、存在に逆らっている。敗北が確実で、勝ち日のない闘いに従事している。神とともにあれば、すべてがあなたとともにある。そのなかでは、敗北はありえない。勝利は確実だ。旅を始めるときは、すべてを持っていきなさい。協力すればそれは起こるのに、なぜ苦闘する？　頭を垂れれば達成できるのに、なぜ闘って手にしようとするのか？　素朴さや無垢によって達成できるのに、どうして無用な面倒を引き起こすのか？

「自分は行為者ではない」――信頼という、この神性の甘露を飲み干して、幸せでありなさい

ジャナクは尋ねている。「どうしたら幸せでいられるのでしょう？　どうしたら幸せは起こるのでしょう？　どうしたら解放は達成できるのでしょう？」。アシュタヴァクラはどんな技法も与えない。彼は、ああしろこうしろと言わない。こんな風に見てごらん、こんな見方をしてごらんと言っている。それはすべて見方の問題

だ。あなたが不幸せなら、それは誤った見方に原因がある。幸せでいたければ、正しく見ることだ。

信頼という、この神性の甘露を飲み干して、幸せでありなさい

この信頼の定義を理解すること。不信とは、自分が全体とひとつであることを受け容れていないということだ。このことから疑いが生じる。自分が全体とひとつであることを受け容れていたら、どうして不信が存在できるだろう？　存在があなたをどこへ連れていこうと、それはいいことだ。私たちは、自分で希望してここに来たわけではなかった。自分から望んでどこかへ行くわけでもない。私たちは、なぜ生まれたのかも知らないし、なぜ死ぬのかも知らない。生まれる前に、私たちに生まれたいかどうかと尋ねた者などいなかった。死ぬ前に、私たちに死にたいかどうかと尋ねる者もいないだろう。

ここでは、すべてが自ずと起こっている。だれが私たちに頼んでいるだろう？　なぜ用もないのに、自分を送り込む必要があるのだろう？　私たちは、生命が現われたもとへ、再び消えてゆく。そして、生命を与えているのは神だ。どうしてその神を疑えるだろう？　この美しい生命が現われた源泉を、どうして疑えるだろう？　それは、この開いた花々、蓮華たちのなかにいる。この月と星々、この人間、動物、鳥たちの背後にいる。ここにはこれほどにも歌があり、これほどにも音楽が、愛がある――どうしてそれを疑えよう？

信頼とは、自分が分離していると思わないこと、よそ者だと思わないことだ。私たちは、この存在と自分がひとつであると知っている。まさにこの一体性の宣言とともに、生に幸せが降りそそぐ。

信頼という、この神性の甘露を飲み干して、幸せでありなさい――まさに今、幸せでありなさい。

信頼という、この神性の甘露を飲み干して、幸せでありなさい――まさにこの瞬間に、幸せでありなさい。

「自分は純粋な気づきだ」
この確信の炎で、あなたの無知の森を焼き払い
憂いを超え、幸せでありなさい

今すぐ、苦悩を越えてゆきなさい。「私は純粋な気づきだ、私は観照者に他ならない、観察者に他ならない」

——そう認めたとき、すべての不幸は消え失せる。

自我《エゴ》という病こそ、唯一の病だ。


聞いた話だ。あるときムラ・ナスルディンが、デリーで詩人たちの祭典に参加したという。祭典も終わりになり、祭典の座長が各々の詩に賞を授与した。ムラはおもしろくなかった——彼は、自分がもらったものよりも、高い賞を期待していたのだ。彼は、カンカンになって言った、「あたしがだれだかご存じですか？ あたしゃプネーのカリダス（伝説のインド詩人）ですぞ！」

祭典の座長は、とても切れ者だったにちがいない。彼は言った。「それはすばらしい。それでは、あなたがプネーのどの地区のカリダスなのか、お教え願えますかな？」。地域ごとにカリダスがいるし、通りの一本一本にタゴールがいる。それぞれが、我こそは類いまれだと、比類なき輝きだと思っている。


アラビアにはこんな格言がある。神が人を創造するとき、彼はその者の耳にこう囁く、「かつて、おまえよりすばらしい人間はいなかった」。そして彼は、全員にそう言うのだ。この冗談はとても奥が深い。そして、だれもがこの考えを頭に携えて生きる。「自分より優れた者は、ひとりとしていなかった。私は、かつて創られたなかの至高の存在だ。私のことを信じる人がいるかどうかなど、だれが構う？——それは彼らの問題だ。だ

が、私は創造の頂点だ」

このうぬぼれに生きる者は、自らを苦しめる。この誤った認識から、決して満たされない期待が生まれる。彼の期待には果てがない――だが、人生とはじつにちっぽけなものだ。期待を生きる者は、不幸になっていく。

この人生を、まったく違ったやり方で生きる術《アート》がある――期待なく、要求もなく、何を手にしてもありがたく感謝する。これが信頼の人のテクニックだ。

あなたはとても多くを手にしている……ただし、あなたがそれを見る場合にかぎる。


聞いた話だ。ある男が人生を終わらせようと、川に向かったそうだ。ひとりのスーフィーの行者が土手に座っていて、「何をしてるんだね？」と彼に尋ねた。

その男は、まさに飛び込もうとしていた。「止めないでくれ。もうたくさんだ！　こんな人生なんかどうでもいい。何もかも無意味だ。自分が欲しいものを得たことなんてなかった。手にしたのは避けたかったものばかりだ。神は俺に背を向けている。どうしてこんな人生を続けなきゃならない？」

行者は言った、「お待ちよ、もう一日だけ。そうしたら死んでいい。慌てなさんな。おまえさんは、自分が何も持っていないと言うんだね？」

「何ひとつね。もし何か持っていたら、どうしてわざわざ自殺しにくるのさ？」と男。

行者は言った、「一緒においで。この地方の王様はわしの友人だから」。行者は彼を王の許に連れていくと、王の耳に何やら囁いた。王はこう言った、「我は、そなたに百万ルピーを支払ってもよいぞ」。その男が耳にしたのはこれだけで、行者が何と囁いたかは聞こえなかった。王は言った、「我は、そなたに百万ルピーを与えてもよいぞ」

行者はその男の許に行くと、耳に囁いた。「王様は、おまえさんの両目を百万ルピーで買う用意があるとさ。

おまえさん、売るかね？」

「何だって？　俺の？　目を売るだって！　百万ルピーだって！　一千万ルピーと言ったって、手放すつもりはないぞ」

行者は再び王と相談すると、こう言った。「いいだろう、彼は一千百万ルピー出せるとさ」

「その思いつきは、全部やめてくれ。俺はこんな取り引きなんかしない。何だって自分の日玉を売らなきゃならないんだ？」と男。行者は尋ねた、「耳なら売るかね？　鼻なんかどうだ？　王は、おまえの身体のどの部分でも購入する用意がある。しかもおまえさんの言い値でね」

「いいか、俺はこの取り引きには加わらないからな。どうして売らなきゃならないんだ？」と男。

すると行者は言った、「ごらん、一千百万ルピーだって自分の目玉を売るつもりはないのに、昨晩おまえさんは自分を殺すつもりだった。自分は何ひとつ持ってないと言ってね」


自分が何を持っているのか、私たちにはわからない。この目のことをちょっと考えてごらん。何という奇跡だろう！　目は皮からできている。それは皮の一部なのに、目は見ることができる。なんと水晶のように透き通っていることか！　不可能が可能になっている。耳は音楽を聴くことができる……鳥たちの甘い歌を、そよ風のさざめきを、海原の轟きを。この耳は、皮と骨からできている。この奇跡を見てごらん。

あなたは存在している！　これは、それほどにも偉大な奇跡だ。これ以上の偉大な奇跡を考えられるかね？　この死すべき身体のなかに、意識の灯火《じもしび》が燃えているのだ。この意識の灯火の価値を、評価してごらん。いや、あなたには見る目がない。あなたは百ルピーもらえる仕事が必要だと言うが、九十ルピーの仕事を得ようものなら自殺しかねない。大臣になりたかったのに、副大臣にしかなれなかったから、死んでしまいたくなる。大邸宅が欲しかったのに、小さな家を持ったから、人生が無意味に見えてくる。破産して銀行預金がなくなり、「なぜ生き続けるのか？」と言う。ある女性を愛したのに得られなかった、ある男性を愛したのに得られなかった——もうあなたは死んでしまいたい。

欲求すればするほど、あなたはさらに不幸になる。欲望を抱かず、自分がどれほど受け取っているかを見るほどに、言葉に尽くせぬ贈り物が降りそそぐ——何の理由もなく。あなたは値するだろうか？　自分に与えられた生命に値することをしただろうか？　しばしの間、陽射しのなかで踊ったり、月や星々と語らったりできるようなことを、あなたはしただろうか？　何を根拠に？　何が要求できるというのだろう？

あなたは何を根拠に、やさしいそよ風に触れ、甘やかに歌い、喜びにはしゃぎ、瞑想できる権利を要求するのだろう？　こうした贈り物に対して、あなたは何かしただろうか？　このすべてはあなたに訪れた——純粋な恩寵として。なのに、あなたは苦悩し続けている。まだ不平を言って、まだ悲しんでいる。この自我という病は、確かに私たちをやつれさせる。だれもがその病にかかっている。


映画に携わっていた一家の話を聞いたことがある。あるとき、父親は一家のかかりつけの医者に行って言った。「先生、うちの息子が伝染病で苦しんでいます。熱で真っ赤なんです。息子は、女中とキスしたからだと思っています」

「心配には及びません」と医者はアドバイスした。「若者は血気盛んなものですよ」

「先生は、わかっておられませんな」。父親はそう言って、もっと落ち着かなくなった。「じつは、私も後からその娘に口づけしたのです」

「なるほど、確かに事はややこしくなってきますね」と医者はうなずいた。

「しかしですな、事態はもっと複雑なのです、先生。その後で私は、妻とも二回ほど口づけをしたのです」

こう聞くと、医者は自分の椅子から跳び上がるなり叫んだ、「それじゃ我々は全滅だ！　私もかかっているにちがいない」——彼は、その男の妻とキスしていたからだ。こういう病気が広まり続けている。

自我《エゴ》とは伝染病だ。生まれたとき、子どもは自我を持っていない。彼はまったくの無自我《エゴレス》、無垢だ。彼は何も書かれていない、一冊の開かれた本——白紙の本だ。それから徐々に字が記され、徐々に自我が形づくられる。両親、家族、社会、学校、大学……すべてがその自我を強めていく。私たちの教育の仕方、私たちの文化や社会、そして文明のすべてが、このひとつの病を生み、自我を生む。そしてこの自我は、私たちに幽霊のように生涯つきまとう。

宗教の真の意味を知りたければ、それはこうだ。宗教とは、社会や教養、文明によって与えられた病に対する薬に他ならない。

宗教とは反社会、反教養、反文明だ。宗教とは反逆だ。宗教とは革命だ。

宗教的革命の意味はすべて、他者から与えられてきたもの、他者によって教え込まれてきたものを落とすことにある。しがみついてはならない。それはあなたの苦悩、あなたの地獄だ。あなたの牛には、自我の他に重荷などない。自我より他に足かせはなく、鎖はない。

「自分は純粋な気づきだ」
この確信の炎で、あなたの無知の森を焼き払い
憂いを超え、幸せでありなさい

自我とは、自分の意識と他の何かを混ぜるという意味だ。ある人が「私は知的だ」と言う。さあ、彼は自分の知性に自我を付け加えている。彼の意識は汚されてしまう。

気づいたことがあるだろうか？　だれかが牛乳に水をつぎ足すと、私たちは牛乳が汚れてしまったと言う。いや、自分はいちばん純粋な水を足しただけだと彼が言っても、あなたはやはり汚されたと言うだろう。その水が純粋だろうと不純だろうと、それは問題ではない。水がつぎ足されたのだ。加えたのが純粋な水でも、何の違いも生まれない。牛乳はやはり汚されている。もう少し近寄れば、汚されたのは牛乳だけではない、水もまた不純になったのだとわかるだろう。別々だと、水と牛乳は純粋だった。混ざると、どちらも汚される。相容れぬものを混ぜること、異なった種類を混ぜることから混乱が生じる。

意識に違うものが加わったとたん、問題が始まる。あなたは、自分のことを知的だと言う……知性はひとつの機械だ。それを利用しなさい。知的になってはいけない。知的にならないこと――これこそ真の知性だ。自分は知的だと言うと、問題が始まる。牛乳のなかの水だ。すると、あなたの知性がどれほど純粋であっても関係はない。自分は特徴的な人物だと言うとき、牛乳には水が加えられている。あなたの特徴がどれほど純粋であっても、まったく関係ない。悪い特徴に良い特徴、どちらにも自我がある。


古い物語を聞いたことがある。帝政時代のロシアで、三人の罪人がシベリアに収監されていた。その三人はいつも、だれが一番すごい罪人かを仲間内で言い争っていた。また、だれが一番長く投獄されるかについても、言い争いをしていた。これは牢屋ではよくあることだ――人々は自分の罪を得意気に話す。自分の銀行預金を実際よりも多く言うのは、あなただけではない。

客が来るとなると、近所から家具や床に敷く絨毯を借りてくる。あなただけが人を欺いているのではない。他人を横目に「ハリ・ラーム、ハリ・ラーム」と唱え始めるのは、あなただけではない。だれかが来ると、あなたは祈りに長い時間を割き、礼拝の鈴を派手に鳴らす。しかしだれも来ないと、手早くすべてを済ましてしまう。そうしているのは、あなたひとりではない。家に客がいると、自分が宗教的だと印象づけるため、あなたは寺院に行く。牢屋では、受刑者たちが同じことをやっている。

その三人の罪人たちは、いつも仲間内で言い争っていた。ある日、最初の受刑者が言った、「俺様がシベリアの刑務所に送られたとき、この牢屋に着いたら、自動車なんかなかったもんよ」

「それがどうしたってんだ、俺がぶち込まれたときなんざ、荷車だってありゃしなかったぞ」と二人目の受刑者が言った。すると三人目は言った、「荷車？　何だその荷車ってのは？」

彼らは、だれが一番長く囚われているかを証明しようとしていた。自尊心《エゴ》は、そこにも存在している。新しい罪人が、その監獄に着いたそうだ。彼が送られた独房には、すでに古株のならず者がいた。そのならず者は彼に尋ねた、「おめえ、どんぐらいいるんだ？」。「二十年の刑だ」と男は答えた。そのならず者は言った、「ならドアのそばにいろよ。おめえはすぐ出るんだからな。ベッドはドアのすぐそばに置くんだぜ」


犯罪者たちにも自尊心《エゴ》がある。人は、悪いことをしても自尊心をふくらませるし、善いことをしてもふくらませる。だがどちらの状態においても、意識は汚される。

アシュタヴァクラは言う、「私は純粋な知だ。私は知的ではないし、際立って特徴的なわけでも、特徴がないわけでもない。私は美しくも醜くもない。私は老いてもいないし、若くもない。白でも黒でもない。ヒンドゥー教徒でもイスラム教徒でもない。バラモンでもスードラでもない。私にはどんな自己同一化もない――私は、これらすべてを観ている者だ」

家でランプを灯せば、その明かりはテーブルに、椅子に、壁に、掛けられた時計に、家具に、棚に、絨毯に、床に、天井に――すべてに降りそそぐ。もしあなたがいたら、それはあなたにも降りそそぐ。だが、その輝きは壁でもないし屋根でもない、床でもないしテーブルや椅子でもない。あらゆるものがその光で照らされるが、その光は分かたれている。

純粋な意識こそがあなたの光であり、あなたの気づきだ。その気づきの光が、あなたの知性に、あなたの身体に、あなたの行為に降りそそぐ――だが、あなたはそれらのいずれでもない。何かに自己同一化するかぎり、自我が生じる。自我とは、他の物事に自己同一化した意識のことだ。自己同一化をすべて落としたとたん――自分はただ純粋なる知、純粋なる気づき、清らかなひとりの覚者《ブッダ》だとあなたは言う。そのとき、あなたは我が家へと戻り始める。解放の瞬間は近づきつつある。

アシュタヴァクラは言う、

「自分は純粋な気づきだ」

この確信の炎で、あなたの無知の森を焼き払い……


この確信とは、この信頼とは何だろう？

この信頼は、聞くことを通じては起こらない。

この確信は、知的な理解を通じては決して生じない――あなたは何度もそれを理解してきた。なのに、何度も何度も忘れている。

この確信は、体験から生まれるものだ。

ほんの少し実験してみれば、信頼が生まれるだろう。体験が生じると、信頼が生まれる。そして信頼が生まれるとき、革命が起こる。

この確信の炎で、あなたの無知の森を焼き払い
憂いを超え、幸せでありなさい

あなたは至福、究極の至福だ
この幻の世界は、縄に投影された蛇のようなもの
これを知り、そして幸せにさすらいなさい

ここには不幸の原因などない。あなたは不要に悪夢のなかで生き、かき乱され続けている。悪夢のなかで気づいたことはないかね？　ある人が、手を自分の胸の上に乗せて眠っている。しかし彼は、眠りながら自分の上に幽霊が座っていると思っている。彼は自分の手を胸に乗せている。それは自分自身の重みだ。しかし眠りのなかで、その重みは錯覚を生む。あるいは自分の枕を胸に乗せながら、山がのしかかっているように思う。彼は叫び、悲鳴をあげようとするが、その悲鳴さえ出てこない。手足を動かそうとするが、手足は動かない。彼はパニックに陥る。そして目を覚ますと、汗びっしょりなのに気づく。眠りが破れ、目が覚めると、敵などいなかったこと、自分にのしかかる山などなかったことがわかる。自分は胸の上に枕を乗せていた。自分の手を胸に乗せていたのだった。心臓はまだ激しく鼓動している、まるで何マイルも走ってきたかのように。夢は醒めても、その影響はまだ続いている。私たちがこの世の苦しみと呼ぶ苦しみとは、たんに認識の誤りにすぎない。

この幻の世界は、縄に投影された蛇のようなもの

ときどき、暗闇の路上に縄の切れ端が落ちているのを、見たことがあるだろう。すると、すぐに蛇だと思う。その思いが生まれると、その縄に一匹の蛇が投影される。あなたは走り、叫び、悲鳴をあげる。走っているうちに転んで、手足すら折りかねない。後になって、それはただの縄だったとわかるだろう。でも、今それが何の役に立つ？　手足は折れている。だが、もし気づきの小さなランプ、ちょっとした光を携えていれば、もっとも深い闇夜のなかでも、縄は縄であり、蛇ではないことがわかる。

まさにこの気づきにおいて、至福が、究極の至福が生じる。……そして幸せにさすらいなさい……あなたは鍵を手にしている。明かりを携えている。あなたは、その明かりを無駄に覆い続けてきた。覆いを取り払いなさい！

カビールは言っている、「その覆い布《ヴェール》をあげるがいい」。思考、情念、期待、空想、そして夢のカーテンを、わきに押しやりなさい。それらは覆いだ。それをわきに押しやりなさい。覆いのない目で見るのだ。

人々は、頭から足元まで覆われたままだ。そしてその覆いのせいで、何も見えない。あちらこちらへ押しやられ、溝にはまってしまう。

あなたは至福、究極の至福だ
この幻の世界は、縄に投影された蛇のようなもの
これを知り、そして幸せにさすらいなさい

この知を手にしなさい。それを理解し、熟知しなさい。そして幸せに進むがいい。この存在は究極の至福だ。この存在は不幸など知らない。不幸はあなたの創作だ。

こう理解するのは難しい。私たちはこんなに苦しんで生きている。どうして苦悩は存在しないなどと信じられるだろう？　縄の切れ端を見て走っている者は、蛇などいないとは信じられない。胸に枕を乗せ、山が自分にのしかかっていると思っている者は、その瞬間、自分に山などのしかかっていないことが信じられない。これが私たちの状況だ。どうすればいいだろう？

ほんの少し、観察されるものから観察者へと向かいなさい。

何でも見なさい。ただし、見ている者を忘れてはいけない。

何でも聞きなさい。ただし、聞いている者を忘れてはいけない。

何でもしなさい。ただし、自分は行為者ではないと覚えておくこと。


仏陀はいつも言っていた、「道を進むがいい。そして内側ではだれも進んでいないことを覚えていなさい。内側では、すべてが不動だ」。それはこういうことだ。走っている車の車輪を見たことはあるだろうか？　車輪が回っている間も、車軸は動かない。同じように、生の車輪は進んでも、車軸は静止している。その車軸こそ、あなただ。

自分は自由だと思う者は自由であり
自分は縛られていると思う者は縛られる
この世界では、この諺はほんとうだ
「あなたは自分の思う通りのものになる」

これは意味深い経文《スートラ》だ。

自分は自由だと思う者は自由であり……
自分は自由だと知っている者は自由だ。自由のためには、他に何もしなくていい。自由だと知るだけで充分だ。自由は、あなたの行為から生まれるものではない。自由はあなたの認識から生まれる。自由は行動の結果ではなく、認識の果実だ。

自分は自由だと思う者は自由であり
自分は縛られていると思う者は縛られる

「自分は束縛されている」と考える者は、束縛されている。「自分は解放されている」と思う者は、解放されている。それを試してごらん。一日こう決断しなさい。この二十四時間、自分はほんとうに自由だと。二十四時間、自由なままでいてごらん。あなたは驚くだろう、自分でも信じられないだろう。自分は自由だと思うなら、あなたを奴隷にする者はひとりもいない。あなたは自由だ。自分は奴隷だと思えば、そのときあらゆるものがあなたを縛る。

私にひとりの友人がいた。彼は私と同僚の教授だった。ホーリー祭の間、彼は大麻をやっていた――アヘンの飲み物だ。そして路上で騒動を引き起こし、大騒ぎになった。彼はじつに紳士的で、素朴な男だった。紳士的な人物のなかには、危うさがあるものだ。そういう人は、内側に多くの抑圧を抱えている。彼は、問題を起こすような人ではなかった。おまけに彼の名前はボロラム、「素朴」だった。彼は正直で素朴だった。そういういい人は危なっかしい。大麻の類いは避けるべきだ。大麻は、彼の表面的な気立ての良さを洗い流してしまった。そして、そのすぐ下に横たわる抑圧が、彼の生涯で表現されてこなかったものが、すべて表に出てきた。彼は通りに出かけて大騒ぎをし、問題を起こした。彼は女性に手を出して捕まり、警察署に拘留された。しかも、彼は英語の教授だった！

早朝の二時頃、だれかが私の友人の逮捕を伝えにきた。彼は朝になる前に、私に自分の身柄を引き取ってほしいと望んでいた。さもないと、じつに厄介な羽目になると言う。困難ではあったが、私たちは夜が明ける直前に、彼を釈放してもらった。だが、彼はすっかり動転していた。あんなにいい人なのに、あまりに取り乱していたので、何もかもが不可能になってしまった。三ヶ月もの間、彼はとても苦しんだ。路上で警官を見かけるたびに、彼は隠れながら思った、「私を捕まえにやってくる」。私たちは、同じひとつの部屋に住んでいた。夜中に警官の警笛を聞こうものなら、彼はベッドの下に飛び込んだ。何をしているのかと尋ねると、警官たちが自分を追いかけていると答えたものだ。

結局、状態が悪化するあまり、彼は眠ることができなかった。そればかりか、彼は私を眠らせてもくれなかった。彼はこう言うのだ、「起きてください！　聞こえますか？　あの人たちですよ、声がします。あの人たちは、ラジオにメッセージを流してるんです。ボロラムはどこだと嗅ぎまわって！」。私は言った、「ボロラム、眠りなさい」

「いったいどうしたら眠れるんだ？　私の命が危ないというのに！　彼らは私を逮捕するよ。彼らは、私に不利な書類を保管しているんだ」

しまいに、私はとても困り果て、打開策も見出せなかった……彼は大学に行くのをやめ、休暇をもらって実家に帰った。二十四時間絶え間なく、彼はこのひとつの強迫観念を抱え、心理学者たちが言うところの偏執症になっていった。彼はその恐怖と偏執から、ありとあらゆることをつくり出した。

彼はいい人だったし、私もこんなことが起ころうとは思ってもみなかった。しかし今や私は、人はどんな妄想を抱けるものかを体験した。「その壁……」と彼は言う。「耳がある。あらゆるところで、みんなが聞き耳を立てている！」。家の近くをだれかが歩いているのを見ると、彼はその人が自分を探しているにちがいないと思った。だれかが笑って立っていたら、ボロラムのことを笑っているにちがいない。人々が内緒話をしていれば、その人たちは彼を陥れようとしている。世界全体が彼に反対していた。

他に方法はなく、可能性はひとつしかないことが、私にはわかった。私には警察の警部をしている友人がいた。私はすべてを彼に説明し、ボロラムの書類を持って、一日来てくれと頼んだ。

彼は言った、「彼に関する書類があったら持ってくるさ。でも、書類なんてないんだ。記録だってないんだよ。この男は何もしちゃいない。一度だけ大麻をやって、ちょっと騒ぎを起こしただけさ。その件は片づいてる。今さら、もめ事なんてごめんだよ」

私は言った、「どんな書類でもいいから、持ってきてくれないか。白紙ばっかりだっていいんだ。でも、それは分厚くないといけない。彼は、それが大きくて厚い書類だと言っているからね。それから忘れないでくれよ、そこにはボロラムの名前が書いてないとだめだ。なに、心配はいらない。ちょっと彼を二、三発ひっぱたいて、手錠もかけるんだ。私が一万ルピーの賄賂を君に渡すまでは、彼を釈放するのを拒否してくれ。そのときもただ、たぶん君は解放されるかもしれない、という感じでね」

警官は、準備万端でやってきた。警官たちは彼を二、三回ひっぱたいた。ひっぱたかれて、ボロラムはじつに嬉しそうだった。彼は私に言った、「ほら！　私が起こると言ったような事が起こったじゃないか？　ここにその書類がある。『ボロラム』と大きな字で書かれているよ。さあ教えてくれ、君の偉そうなご説明は、どこに行ってしまったのか？　とうとうこれだ……私は手錠をかけられている！　ボロラムはおしまいさ！」

だが、ある面で彼は嬉しかった。そして同時にみじめだった。彼は泣いていたが、自分の投影の正しさが証明されたのを見て喜んでいた。人はそれほどにも狂っている！　自分の苦しみの投影が正しいと判明したら、あなたの自我は満足だ。あなたは正しいと証明されたのだ。他の人はみな間違っていた、自分に助言しようとした人たちは全員正しくなかった、と彼は感じた。ついに、彼ひとりが正しいと証明されたのだ。
じつに難しかったが、私はその警部に弁解し、説得した。彼にはあらかじめ、私が何と言おうと、易々と同意しないように言ってあった。さもなければ、ボロラムは私たちが共謀していると勘づくだろう。
警部は言った、「それは不可能だ。彼は終身刑に処すべきだね」。こんな具合にしゃべり続けながら、彼は自分がうまくやっているかどうかと、私に目くばせをしていた。四苦八苦の末、私は彼を説得した。そして手をとりつつ、袖の下として、札束を受け取ってくれるよう懇願した。すると、彼はその書類を私たちの目の前で焼き捨てた。その日から、ボロラムは恐怖から解放された。もう大丈夫だった。物語はすべて、そこで終わった。多かれ少なかれ、これがあなたの状況だ。

自分は自由だと思う者は自由であり
自分は縛られていると思う者は縛られる
この世界では、この諺はほんとうだ
「あなたは自分の思う通りのものになる」

あなたに起こることは、あなたが思ってきたことだ。あなたの思いが、あなたの世界をつくっている。あなたの思いを変えることだ。目覚めなさい！　新しい見方をしてごらん。すべてはあるがままにあるだろう。ただ、あなたの見方が、考え方が、認識が変わる——すると、すべてが変わるだろう。

自分は自由だと思う者は自由であり
自分は縛られていると思う者は縛られる
この世界では、この諺はほんとうだ
「あなたは自分の思う通りのものになる」

魂は観照者であり、普遍で、完璧だ
ひとつであり、自由だ
意識であり、行為から自由だ
完全に独りで、無執着だ
無欲で、平安だ
錯覚ゆえに、それは世界のように見える

……観照者であり、普遍で、完璧だ……これらの言葉に耳を傾けなさい。

あなたは完璧だ、とアシュタヴァクラは言う。完璧になる必要などない。あなたに加えられるものは、何ひとつない。どうあろうと、あなたは完全だ。改良は必要ない。梯子にも登らなくていい——あなたの上には何もないのだ。あなたは完璧だ。あなたは神であり、すべてに浸透している。観照者であり、ひとつであり、自由だ。あなたは意識であり、行為から自由で、無執着だ……だれもあなたを縛っていない。あなたに連れはいない、あなたは独りだ。あなたはこの上なく独りだ。あなたは無欲だ。

あなたは、このすべてになる必要はない。これが、アシュタヴァクラのメッセージの違いだ。マハヴィーラに耳を傾ければ、彼はあなたに、こうしたものになれと言う。アシュタヴァクラは、あなたはすでにそれだと言う。これは大きな違いだ。小さな違いではない。マハヴィーラは、無執着でありなさい、無欲になりなさい、完璧になりなさい、普遍的になりなさい、観照者になりなさいと言う。アシュタヴァクラは、あなたはこれらすべてだと言う。目覚めればいいだけだと言う。あなたはただ、目を開けて見ればいい。

アシュタヴァクラのヨーガは、とても自然なヨーガだ。カビールが「おおサドゥーよ、自然なサマーディこそ最良なり」と言うように。

「自分は個として投影された生命だ」
この幻想、内と外の感覚を落として
自分は不変であり、意識であり、不二の魂だという思いのなかに目覚めなさい

今まであなたが信じてきたものは、投影の反映に他ならない。それはたんなる思い込みであり、あなたの意見だ。そのうえ、あなたのまわりの人々は、同じ思い込みを共有している。こうして、あなたの意見は強められる。結局、人は自分の意見を借りてくるものだ。あなたは他人から学ぶ。人は真似をする。ここではみんなが不幸せだから、あなたも不幸せになる。

日本には希有な覚者がひとりいた。布袋《ほてい》だ。彼は光明を得た瞬間、目覚めた瞬間に笑い始めた。そして、村から村へと旅をしながら、一生涯笑い続けた。日本では、彼のことを『笑う覚者《ブッダ》』と呼んでいる。市場の真ん中に立ち、彼は笑った。そして、彼の名前はあまねく広まった。人々は布袋の到着を心待ちにしていた。彼は、市場の真ん中に立って笑うより他に、どんなメッセージも持っていなかった。群集が押し寄せ、彼らもまた笑い始めた。

人々はいつも「何かもっと話してください」と彼に頼んだ。

彼はこう答えたものだ、「他に何を言う必要がある？　あなたは用もなく泣いている。あなたには、笑わせてくれる道化が必要だ。私のメッセージはただひとつ、笑いだ！　何も失われてはいない。ただお腹の底から大笑いしなさい。存在全体は笑っているのに、あなたは用もなく泣いている。あなたが泣いているのは、まったく個人的なことだ――存在全体は笑っている、月や星々、花々や鳥たち皆が笑っている。なのに、あなたは泣いてばかりだ。目を開けて、笑いなさい！　他にはメッセージなどないよ」

彼は笑い、村から村へと放浪し続けた。彼は、日本全体を笑わせたと言われている。人々は、次第に笑いから一瞥を得始め、彼と一緒になって笑った。それが彼の瞑想であり、まさに彼のサマーディだった。人々は、自分たちが笑えること、幸せでいられることを体験し始めた。彼らは幸せでいられた――何の理由もなく。

理由を求めること自体が間違いだ。笑う前に理由を探しているうちは、あなたは決して笑わないだろう。理由があってこそ自分は幸せなのだと思ったら、決して幸せにならない。理由を探すと、人はさらに不幸になる。理由は苦しみに属している。幸せがあなたの本性だ。理由はつくり出される必要があるし、苦しみもつくり出される必要がある。幸せはある。幸せはもうここにある。ただ、その幸せを明らかにすればいい。これこそ、アシュタヴァクラが何度も言っていることだ。


これを知り、そして幸せにさすらいなさい――

憂いを超え、幸せでありなさい――信頼という、この神性の甘露を飲み干し、幸せでありなさい

人は完璧だ。人はひとつであり、自由だ。投影のみが、唯一の障壁なのだ。

「自分は個として投影された生命だ」
この幻想、内と外の感覚を落として
自分は不変であり、意識であり、不二の魂だという思いのなかに目覚めなさい
外と内の感覚から自由になって……あなたの実存は、外側でもなければ内側でもない。外側と内側は、マインドによる区別でしかない。実存は外側であり、実存は内側だ——外側と内側のすべてが、実存のなかにある。ただ実存のみがある。
この幻想、そして内と外の感覚も落として
自分は不変であり、意識であり、不二の魂だという思いのなかに目覚めなさい
この翻訳は正しくない。もともとの経文《スートラ》はこうだ。
内と外の感覚も落として、自分は不変であり、意識であり
不二の魂《アートマ》だという感覚《フィーリング》のなかに目覚めなさい
ここの『思い』は正しい翻訳ではない。
自分は不変の魂だという感覚《フィーリング》のなかに目覚めなさい

ありのままのあなたを知り、ありのままのあなたを感じなさい。そうした感覚《フィーリング》に目覚めなさい。『思い』だと、また知的になってしまう。思いはそれを浅薄にするだけだ。それは頭からではなく、ハートからのみ生まれる。この体験は愛に似ていて、数学のようではない。それは論理ではなく、歌のようだ。その人の歌がより深みへと沈んでいき、最奥の生命エネルギーに触れると、それは脈打つ。

自分は不変の魂だという感覚のなかに目覚めなさい

あなたは、この回転する生の車輪ではなく、あなたはその真ん中の車軸だ。その軸は不動だ。

自分が地上にあると思っているかぎり、あなたは地上にいる。しかし、準備ができた瞬間、空へ飛び立つ勇気を持つ瞬間、まさにその瞬間こそ、あなたが飛翔を始められるときだ。


目覚めなさい！

あなたはもう充分すぎるほど夢を見てきた――さあ、目覚めなさい。

目覚めこそ鍵だ。

他になすべきことはない――修行《サダナ》も、ヨーガも、ヨーガの姿勢もいらない。ただ、目覚めるのだ。


ハリ・オーム・タット・サット！

第四章

瞑想——唯一の薬

Meditation:The Only Medicine

瞑想と観照は、どんな関係があるのですか？

それによって、マインドと自我《エゴ》はどのように溶け去るのでしょう？

明け渡しは、完璧な無自我《エゴレスネス》なしに達成できますか？

また、観ていること、目覚めていること、そして正しい想起の違いを説明していただけますか？

◆

アシュタヴァクラについての最初の講話中に、大勢の人たちが涙を流して泣いていました。

これはどういうことでしょう？　この泣いていた人たちは、心が弱いのでしょうか？

それとも、それがあなたの声の力なのですか？

◆

あなたは、宗教はあらゆることに反するとおっしゃいました。

もし宗教があらゆることに反しているなら、無秩序や混沌が生まれはしないでしょうか？

どうかご説明ください。

最初の質問

愛するＯＳＨＯ《オショー》
瞑想と観照は、どんな関係があるのですか？　それによって、マインドと自我《エゴ》はどのように溶け去るのでしょう？　明け渡しは、完璧な無自我《エゴレスネス》なしに達成できますか？　オレンジの衣服やマラは、瞑想や観照にどのくらい役立ちますか？　また、観ていること、目覚めていること、そして正しい想起の違いを説明していただけますか？

人間の生活は、四つの円に分割できる。

最初の円は活動のそれ、行為の世界だ。それはもっとも外側にある。ちょっと内側に進むと、私たちは思考の世界へとやってくる。もう少し内側に進むと、感情、献身、愛の世界へとやってくる。さらに内側に進むと、中心に到達する――観照の世界だ。

観照は私たちの本性だ。なぜなら、それを超えていくすべはないからだ。かつてそうした者はいないし、できる者もだれひとりいない。観照者の観照者になるのは不可能だ。観照者はたんに観照者だ。それより深くは行けない。それは私たちの土台だ。私たちの家は、観照という土台の上に建てられていて――感情や思考や活動からできている。

これが三つのヨーガが存在する理由だ。カルマ・ヨーガ、ギャン・ヨーガ、バクティ・ヨーガ――行動、知識、献身のヨーガだ。瞑想には三つの技法がある。それら三つを通して観照に至る努力を行なうことができる。

行動のヨーガとは、行動プラス瞑想という意味だ。カルマ・ヨーガとは、行為から直接、観照へと進むための努力だ。

瞑想はその過程《プロセス》であり、観照がゴールだ。


あなたは尋ねている、「瞑想と観照の関係とは何ですか？」。瞑想とは道であり、観照は到着地だ。

観照は瞑想の頂点だ。

そして、瞑想は観照の始まりだ。

カルマ・ヨーギとは、行為に瞑想を加える者、活動の世界に瞑想を結びつける者のこと——つまり、活動プラス瞑想だ。

そしてギャン・ヨーギとは、思考に瞑想を加える者だ。彼は、思考の世界と瞑想を結びつける。彼は瞑想的に考え始める。新しい実践がひとつ加わる——何をするにせよ、気づきをもって行なうということだ。思考プラス瞑想の状態が整うとき、観照へと向かう旅は始まる。

瞑想とは方向転換だ。

瞑想が加わったものは何であれ、観照へ向かう乗り物となる。


そして三つ目の道はバクティ・ヨーガ——感情に瞑想を加えること、瞑想と感情の深い結合、瞑想と感情の融合だ。だから感じるときは、瞑想的になりなさい。

これら三つの道を通して、人は観照に近づくことができる。ただし、あなたを連れていく技法は瞑想であり、瞑想が基本だ。それはちょうど医者が薬を与えるときに、はちみつと一緒に摂りなさいと言うのに似ている。するとあなたは、自分ははちみつを食べない、自分はジャイナ教だからと言う。彼は、それなら牛乳と一緒に摂りなさいと言う。だがあなたは、牛乳は血の一種だから飲めない、自分は厳格なクエーカー信徒だからと言う──あなたは牛乳を飲まない、それは肉を食べるようなものだ。すると医者は、水と一緒に摂りなさいと言う。しかし薬は同じだ──はちみつか、牛乳か、水かは重要でない。それらは薬を飲み込むのを助け、喉を通すためだけのものだ。薬だけでは飲み下せない。

瞑想は薬だ。


世界には三種類の人々がいる。ある人たちは、行為なしには生きられない。彼らの人生の流れはすべて、働くことのなかにある。静かに座ろうとしても、彼らにはできない。何かしらすることが必要だ。そこにはエネルギーが、あふれんばかりのエネルギーがある。害は何もない。だが師《マスター》は言う、瞑想という薬を、活動とともに飲み込みなさいと。行為はやめられないが、行為に瞑想を加えることならできる。あなたは言う、「何かせずには、一瞬たりともじっとしていられません。ただもう、できないんです。じっとしているなんて無理です。自分の本性ではないんですから」

心理学者たちは、彼らを外向型の人と呼ぶ。彼らはいつも多忙で、何かしらすることを必要としている。疲れ果てて倒れ、眠るまで、彼らにとって働くのをやめるのは不自然なことだ。活動こそ彼らの本性だ。

師《マスター》は言う、「よろしい。行動に乗って行なうがいい。これをあなたの馬としなさい。あなたの薬をこれに混ぜ、飲み込みなさい。肝心なのは薬だ。瞑想的に働き始めなさい。何をするにせよ、無意識にしてはいけない。気づきをもってやりなさい。行為をしている間に、目覚め始めなさい」

そして、行為には何の魅力も感じないが、波のように思考が殺到してくると言う人たちがいる。彼らは思索家たちだ──行為に必要な活力は持ち合わせていない。彼らは外界に何の関心も持たないが、内側には大変な波が、大嵐が生じている。そして、考えずには一瞬たりとも内側にいることができない。「静かに座っていると、もっと思いが生じます。静かに座っていると、普段よりもさらに思考がやってきます。ちょっと献身や祈り、瞑想に触れただけで、思考の大洪水です —— 大群が次から次へと押し寄せてきて、私たちを溺れさせます。どうしたらいいのでしょう？」と彼らは言う。

師《マスター》は言う、「あなたの思考と一緒に、瞑想を混ぜて飲みなさい。考えを止めることはない。ただし思考がやってきたら、それを観察しなさい。それらのなかで迷わずに、ちょっと離れ、距離を置きなさい。おだやかに思考を見守れば、次第に観照を達成するだろう。あなたの思考に瞑想を加えなさい」

さらに、こう言う人たちがいる。「考えや、行為に関しては問題ありません。私たちは感情過多なのです。涙があふれ、ハートが圧倒され、溺れてしまいます —— 愛のなかに、情愛、信頼、献身のなかに」

師《マスター》は言う、「これをあなたの薬にしなさい。それに瞑想を加えるのだ。涙を流れさせなさい —— 瞑想で満たして流れさせなさい。ときめきを、ときめくままにしておきなさい。だが、瞑想で満たすのだ。瞑想こそがその核心だ」


これらバクティ、カルマ、そしてギャンの間にある違いは、薬の違いではない。薬はひとつだ。あなたはこれを、アシュタヴァクラのなかに見て取れる。直接跳べ、とアシュタヴァクラは言う。割らずに薬を飲みなさいと言う。こうした実践が、いったい何の役に立つ、と彼は言う。

アシュタヴァクラが、ギャン・ヨーギでも、バクティ・ヨーギでも、カルマ・ヨーギでもないのはそのためだ。観照へまっすぐ落ちていきなさい、と彼は言う。こうした松葉杖は無用だ、この薬は直接飲み込めるのだと。これらの松葉杖を落とし、これらの乗り物を落とすがいい——あなたは、すぐにでも走れる。すぐにでも観照者になれる。

アシュタヴァクラに関するかぎり、観照と瞑想に違いはない。しかし他の技法に関するかぎり、観照と瞑想には違いがある。こうした他の道では、瞑想は過程であり、観照が終着地だ。

アシュタヴァクラにとって、道と終着地はひとつだ。だから彼は、まさに今、至福に満ちていなさいと言うことができる。道と終点が異なる者は、『まさに今』とは言えない。アシュタヴァクラは言う、「目を開くがいい――あなたは山に座っている！　どこへ行くのかね？　どうしたら、どこかに行けるのかね？」

アシュタヴァクラの経文《スートラ》は、きわめて革命的だ。

ギャンでもなければ、バクティでも、カルマでもない。これらのどれひとつとして、彼の高みには達していない。それは純粋な観照だ。こんな風に見るといい――その薬は飲み込むまでもないのだと。理解で充分、気づきで充分だ。助けなどいらない。あなたはもうそこにいる。だが人々には、それを理解する力がない。

スーフィーの物語だ。ある男が真理の探求に赴いた。彼が出会った最初の宗教的な人は、彼の村はずれの、樹の下に座っていた。彼は尋ねた、「私は真の師《マスター》を探しています。どうか真の師の特徴を教えてくれませんか？」。行者《ファキール》は、彼にその特徴を教えた。彼の説明は、とても単純だった。「おまえは、彼がこれこれの樹の下で座っているのを見つけるだろう。彼は、これこれの姿勢で座っている。手は、しかじかなしぐさをしている――彼が真の師だと知るには、それで充分だ」と彼は言った。

その探求者は探し始めた。地上をくまなく放浪するうちに、三十年が過ぎたという。多くの土地を訪れたが、彼はその師に出会わなかった。彼は多くの師たちに出会ったが、真の師はひとりもいなかった。すっかり疲れ果て、彼は自分の村に帰ってきた。帰ってくるなり、彼は驚いた、信じられなかった。あの老人が、同じ樹の下に座っていた。今や彼には、これが老人の話していた樹であることがわかった――「……彼は、これこれの樹の下に座っているだろう」。また彼の姿勢は、まさしく彼が説明していたものだった。「これは、彼が三十年前に座っていたのと同じ姿勢だ。私には目がなかったのか？　言っていた通りの表情、言っていた通りのしぐさじゃないか！」

彼はその足許にひれ伏すと言った、「なぜ、最初から言ってくださらなかったのですか？　なぜ三十年もの間、私に誤った教えをなさっていたのです？　どうして自分が真の師だと言ってくれなかったのですか？」

その老人は言った、「わしはおまえさんに言ったさ。だが、おまえさんには聞く用意がなかったんだよ。おまえさんは、遠くへさまよわずには家に戻ってこられなかった。自分の家にやってくるのに、幾千もの家の扉を叩かなくてはならなかった。そうしてはじめて、戻ってこれたんだ。わしは言ったさ、全部言ったよ——これこれしかじかの、樹の下でとな。わしはまさにこの樹を、わしの座っているこの姿勢を説明したんだが、おまえさんはあまりにも忙《せわ》しなくて、ちゃんと聞くことができなかった。あわてていたからの。おまえさんは、どこかへ探しに行こうとしていた。とても大切なのは探すことで、真実はさほど大事ではなかったんだな」

「だが、おまえさんはやってきた！　わしはもう疲れたよ。おまえさんのために、この姿勢でずっと座っているのだから。おまえさんは三十年間ほっつき歩いていたが、この樹の下で座っていた、わしのことも考えておくれ！　いつの日か、おまえさんがやってくるのはわかっていたよ。だが、そうやってわしが過ごしたとして、それが何だろう？　わしはおまえさんを待っていた——そして、おまえさんはやってきた！　三十年間さまよわねばならなかったが、それはおまえさんの落度だ。師は、いつもここにいたんだよ」

近くにあるものが見えず、遠くにあるものに惹かれるのは、私たちの人生ではよくあることだ。遠くの太鼓の音色は、より楽しげだ。私たちは、彼方の夢に引き寄せられる。

アシュタヴァクラは言う、あなたが探しているものは、あなただと。

まさに今、まさにここで、あなたはそれだ。

クリシュナムルティが人々に言っていることは、まさしくアシュタヴァクラのメッセージだ。アシュタヴァクラを理解した者は、ひとりもいなかった。クリシュナムルティを理解している者も、だれひとりいない。いわゆる聖者やサニヤシンたちがとても腹を立てているのは、クリシュナムルティが瞑想の必要などないと言うからだ。彼はまったく正しい——献身の必要などない、活動も必要ない、知識も必要ない。凡庸な行者《サドゥー》や聖者たちは、とてもいらいらしている。「何も必要ないだって？　彼は人々を惑わせている！」。惑わせているのは、こうした行者《サドゥー》たちの方だ。

クリシュナムルティは、率直にアシュタヴァクラのメッセージを与えている。必要というものは、何かを失ってこそあるものだから、必要というものなどないと彼は言う。さあ、起き上がって、埃を払い落としなさい！　冷たい水で目を洗いなさい。これ以上、何が必要なのか？

アシュタヴァクラの見方《ヴィジョン》では、観照と瞑想はひとつだ。なぜなら、終着地と道はひとつだからだ。だが、他のすべての道や宗教の流派にとって、瞑想とはひとつの技法であり、観照はその最終的な結果だ。

「それによって、マインドと自我《エゴ》はどのように溶け去るのでしょうか？」。マインドと自我《エゴ》は、観照によって溶け去るのではない。あなたは観照のなかで、それらが一度も存在しなかったことを知る。それらは、存在してこそ溶け去ることができる。

それはこういうことだ。暗い部屋に座って、あなたはそこに幽霊がいると思っている。そこにはあなたの服がかかっているだけだが、あなたは怯える。そして恐怖から、想像でそれに手足を付けてしまう。あなたをおどかそうと、彼はそこに立っている！　だれかがランプをつけろと言うと、どうしてランプをつけて幽霊を追い払えるものか、とあなたは聞き返す。だが、ランプのあかりは幽霊を追い払う。そこにはだれもいなかったのだから！　もしいたとしたら、ランプを灯してもそれを追い払うことはなかったろう。どうしてランプが幽霊を怖がらせるものか？　もし幽霊がいたとしても、ランプは彼を追い払いはしなかったろう。しかし彼はいなかった、彼は錯覚だ——だから立ち去るのだ。

あなたは無数の、ありもしない病に苦しんでいる。だから、行者《サドゥー》のくれる灰はあなたを癒す。灰が病気を追い払うわけではない。気は確かかね？　灰が病を癒したことなど、あっただろうか？　もしそうだとしたら、薬に関する科学はすべて無用となる。灰に病気は直せない。それは、自分は病気だったという思い込みを取り除くだけだ。


医者の話を聞いたことがある——彼自身が私に話してくれたのだ。彼は、バスター部族の地域の近辺に住んでいた。部族の男がひとり、バスターの奥地からやってきた。医者は村を、部族の村を訪問していた。この男は病気だったが、医者は書くものを持ってきておらず、その村にはペンも紙もなかった。彼は布切れを見つけると、それに岩のかけらで薬の名前を書き記し、男に言った、「それを牛乳と一緒に一ヶ月間摂りなさい。そうすればよくなるだろう」。男は一ヶ月後に戻ってきた。彼はすっかりよくなっていた——元気で、ぴんぴんしていた。「薬は効いたかね」と医者は尋ねた。

「すごく効きました。またもう一枚、布に書いてください」と彼。

「なんだって？」と医者は尋ねた。

彼は言った、「布が終わってしまったんです。みんな飲んでしまいましたから！　何てすごい薬でしょう！」

彼は、すっかり治ってやってきていた！　医者にしてみれば、もはやすべてを説明するのは具合が悪かっただろうし、不適切だったろう。彼は私に語った、「彼が治ってこのかた、私は何も言っていません。あなたを健康にするのが薬というものです。なぜこう言って、彼を混乱させなくてはいけないのでしょう、『この大馬鹿者、私はただ薬の名前を書いたんだ。なのにおまえは、全然買ってないじゃないか！』とね。彼は処方箋を飲んでしまいましたが、効いたってわけです」。その病気は偽りの、想像上のものだったにちがいない。

心理学者たちは、九割以上の病気は想像上のものだと言う。そして理解が進むにつれ、九十九％が想像上のものだとみなされることもありうる。いつか、おそらく百％の病気が想像上のものと認められることだろう。世界中に、じつに多くの有効な医療体系があるのはこのためだ。逆症療法の薬で、患者は健康になる。アーユルヴェーダに同種療法、ギリシャ・イスラム方式に自然療法——それで患者は治る。まじないや、お守りだって効くだろう。

これは驚きだ。もしほんとうに病気だったら、特定の方式ひとつだけがその病気の治療に役立ち、他の方法はどれも有効ではないはずだ。病など存在しない。それはたんにあなたが何を信じるかということだ。ある人は逆症療法の薬を信じるから、それは効く……そして医者の名前は、薬よりもずっと大切だ。

気づいたことはあるだろうか？　すばらしい医者に診てもらったその帰り、大枚をはたいてポケットは空っぽだが、もう半分は治っていることに。同じ医者がただで処方箋を書いたとしたら、何の効き目もなかっただろう。あなたの払った代金は、彼の薬よりも効く。ひとたび彼のことをすばらしい医者だと——最高の医者だと思い込んだら、それで充分だ。

「それによって、マインドと自我《エゴ》はどのように溶け去るのでしょうか？」とあなたは尋ねている。それらは溶け去ったりしない。もし存在していたら、溶け去りもしただろう。観照のなかで、あなたは理解する、「馬鹿者、おまえは無用にさまよっている！　おまえ自身の想像が蜃気楼を映し出している——みんな想像の産物だったのだ」と。それらが溶け去ることはない。観照のなかで、あなたは注意深くなり、それらは存在しなかったのだと理解する。

「明け渡しは、完璧な無自我《エゴレスネス》なしに達成できますか？」」。これは意味深い質問だ。質問者は言う、「明け渡しは、完璧な無自我《エゴレスネス》なしに達成できますか？」」。だが、質問者のマインドはずる賢い――たぶん無意識だ。彼は「完璧な」を「明け渡し」にではなく、「無自我《エゴレスネス》」に付け加えている。完璧な無自我《エゴレスネス》なしに、完璧な明け渡しはありえない。自我《エゴ》を落とす分だけ、明け渡しは可能となる。自我の五十％を落としたら、五十％の明け渡しが可能だ。自我を落とすことと明け渡しは、ふたつの異なる事柄だろうか？　それらは同じ事柄の、ふた通りの言い方だ。

自我を完璧に落とさずに明け渡しはありえない、完璧な明け渡しはありえない、とあなたは言う。「自我が完璧に落とされないなら、なぜ明け渡しの必要があるのか？」などと考えて、自分を欺いてはいけない。それに、いつどうやって自我が落ちるかなど、だれにわかる？


明け渡しは、自我が落ちた分だけ可能だ。完璧さを待ってはいけない。できるかぎりのことをしなさい。すると、次のステップが可能となる。

それはちょうど、ひとりの男が闇夜を旅しているようなものだ。彼は四歩先までしか照らせない小さな蝋燭《ろうそく》を手にしている。もし男が「どうして、こいつで十マイルも旅ができるだろう？　四歩の明かりに十マイルの闇――俺は迷ってしまう」と言ったら、私たちはこう言うだろう、「心配しないで四歩進んでごらん。君が四歩進んだら、明かりはもう四歩先を照らしてくれるさ。歩くのに十マイルの明かりなんていらないよ。四歩分で充分じゃないか」

どれだけエゴがあろうと……ひとしずくを手放しなさい、そしてもうひとしずく手放しなさい。ひとしずくを手放していくなかで、次のしずくを手放す機会がやってくる。四歩進みなさい、すると明かりは四歩先に向かう。自我が完璧に落とされたときにのみ明け渡そう、などと言い訳をしてはいけない。あなたは決して、そうしないだろう。あなたはじつに慎重に、自分の守りを固めている。自我を落とした分だけ、あなたは明け渡す――それが真実だ。できるかぎり落としなさい。できるかぎり精一杯、明け渡しなさい。おそらくその味わいは、あなたをさらに準備させるだろう。その至福、その歓喜が、あなたにもっと勇気を与えるだろう。勇気は、味わうことで生まれてくる。


「自分は泳ぎを完璧に覚えるまで、水に入らない」と言うこともできる。彼は正しい。その計算は正しいし、理屈はもっともだ。「泳ぎを習わないで水に入って、溺れたらどうする？　なぜそんな厄介な羽目にはまり込む？　まず泳ぎを完璧に覚えよう」。しかし、どこで完璧に習うのか？　ベッドの上だろうか？　どこで完璧な泳ぎを習うつもりだろう？　あなたは水に入る必要がある。

だが、だれも海に飛び込めとは言っていない――波打ち際まで、首が出るくらいまで、あなたの勇気が命じるだけ進みなさい。そこで泳ぎを覚えれば、だんだん度胸もついてくる。あなたは、一度に一歩ずつ深みへ行くことができる――海の一番深いところでも泳げるようになるまで。ひとたび泳ぎを知ったら……そしてそれを知るには、なかに入らなくてはならない。岸辺にいなさい。私は、山から深い川に直接飛び込めと言っているわけではない。岸の近くにいて、水に親しみなさい。水と知り合いになって、あなたの手足を動かしなさい。

泳ぎとは何だろう？　巧みに手足をばたばたさせることだ。どうやって手足をばたつかせるかは、だれでも知っている。仮に、今まで泳いだことのない人を水に放り込んだとしても、彼は手足をばたつかせ始めるだろう。この人と泳ぐ人の違いは、ちょっとした巧みさだけだ。彼らのしていることには、何の違いもない。泳いだことのない人も、手足をばたつかせる。しかし水を信頼せず、自分自身を信頼していない。彼は溺れることを怖がっている。その恐れが、彼を溺れさせる――水はだれも溺れさせたことはない。

あなたは、死体が水面に浮かんでいるのを見たことがあるかもしれない。死体は水に浮くものだ。その死体に聞いてごらん、「どんなコツを習ったんだい？　生きていたとき、君は溺れて死んだのに。君は浮かんでいるよ！」と。死体は怖がっていない。どうやって川がそれを溺れさせられるだろう？　何かを溺れさせるのは、水の性質ではない。水は物を持ち上げる。水中で重さが減るのはこのためだ。水中では、自分より重たい人を抱え上げて運べる。水中では、巨大な岩を持ち上げられる。物の重さは水中では少なくなる。ちょうど大地には引力があって、地面が引き下げるように、水は上に持ち上げる。水には物を持ち上げる性質がある。あなたが溺れているとしたら、それはあなたに原因がある。水はだれも溺れさせたことがない。知りもしないで、水を非難してはいけない。水はだれも溺れさせたことはない。

科学者に聞いてごらん。彼もまた、水は持ち上げるものなのに、人が溺れるのは奇跡だと言うだろう。もがき暴れることで、あなたは溺れてしまう。叫び、悲鳴をあげ、口を開けるから、水を飲んでもっと重くなる。そして溺れてしまう。あなたこそ、自分の死の原因なのだ。水は持ち上げてくれる！——泳ぐ人は、このことを学んだだけだ　彼は、水に対する信頼を強める。水中では重さが減ることを、彼は理解している。水中での私たちの重さは、陸上でのそれよりも小さい。

井戸に水桶を投げ入れ、その桶が水中で満たされているときは、重みがないことに気づいたことがあるだろう。引き揚げようとすると、それは重くなる。水はあなたを支える——どうしてあなたを溺れさせたりするだろう？　初心者はゆっくり、ゆっくりと、この事実を知るようになる。信頼が生まれる。水は敵ではなく、友だちだという信頼が生まれる。それは、あなたを溺れさせようとはしない。

巧みに泳ぐ人は、腕をばたつかせない。腕を動かさず、水面に浮かんでいられる——ちょうど蓮の花のように。彼はあなたと同じような人間だ。彼の内側に信頼が生まれていること以外は、何の違いもない。彼は自らを信頼し、水を信頼する——互いの間には、友情が生まれている。

明け渡しにおいても、それは同じように起こる。明け渡しには、溺れるかもしれないという恐怖がある。だから、あなたは陸に這い上がりたくなる。私は、百℃の明け渡しを語っているわけではない――一℃でいい。徐々にそうしていけば、わかってくる。その味わいは増し、活力が湧き、エネルギーが開花するだろう。

どれほどの時間が自我《エゴ》のために費やされたことか、そしてほんのわずかな明け渡しがどれほどのものを生むかに、あなたは驚くことだろう。新たな扉が開く――光の扉が。瑞々しいそよ風が、あなたの実存に吹き込む……はじめてのときめき、新たな魂が。すべてが新鮮だ。生まれてはじめて、あなたは生《せい》を見る。はじめて、あなたは自分の目から煙幕を取り払う。神の臨在が、自ずと顕われる。明け渡しなさい、すると神は近づいている。あなたが消え始めれば、神が顕われ始めるのだから。

存在は、彼方にあるのだろうか？　自分の重たい自我《エゴ》のせいで、あなたにはそれがわからない。自我でいっぱいの目のせいで、それが見えない。ありのままの瞳で、それを見られるようになりなさい。だんだん勇気や――信頼や自信が増してくるだろう。あなたは、ますます明け渡すだろう。ある日、あなたは完全な跳躍を遂げる。ある日、あなたは「大丈夫！」と言うだろう。今まで、あなたは自分を救うことに無駄な努力をしてきた。ある日、あなたは理解して手放す。そして自らを溺れるにまかせ、救われる。

溺れる用意のある者たちは幸いだ。彼らを溺れさせられる者は、だれひとりいないのだから。救われた者たちはあいにくだ。彼らはすでに溺れているのだから――今日でなければ明日にでも、彼らの舟は砕け散り、ばらばらになるだろう。

そしてもうひとつ、自我《エゴ》と明け渡しについて考慮すべきことがある。マインドはとても巧妙だ――それは言い訳を見つける。マインドは言う、「じゃあ、だれが一番手なんだ？　自我を落とすのが先か、明け渡しが先か？　自我が落ちるよう明け渡すべきなのか、それとも明け渡しが起こるよう自我を落とすべきなのか？」

あなたは市場へ卵を買いに行くとき、「鶏が先かい、それとも卵が先かい？」と尋ねはしない。こう尋ねるなら、あなたが卵を持って帰宅することはないだろう。鶏が先か、卵が先か――それを最初にはっきりさせたりせず、あなたはただ卵を買ってくる。

多くの人々が論争してきた。鶏か卵かの問いは、とても古くからある。どちらが先に生まれたのか？　その答を見出すのはじつに難しい。卵が先だと言ったとたん、厄介なことになる。卵は鶏から生まれたにちがいないからだ――だから鶏が先になる。鶏が先だと言ったとたん、またもや問題が生じる。卵もなしに、どうやって鶏が生まれるのか？　それはひとつの輪だ。その問いは惑わせる。その問いが惑わせるのは、鶏と卵がふたつのものではないからだ。

鶏と卵は、同じ物事のふたつの段階だ。あなたは一方を他方より先に見なし、それらをふたつに分けて、疑問を持ち出す。鶏とは卵の一形態――すっかり明らかになった姿だ。卵は鶏の一形態――まだ明らかでない姿だ。ちょうど、種と樹のように。無自我《エゴレス》と明け渡し《サレンダー》は、そのようなものだ。

どちらが先か？――議論で時間を浪費してはいけない。鶏を育てるとしたら、卵を育てることになる。卵を育てるとしたら、鶏を育てることになる。一方が生まれると、もう一方もそれと一緒に生まれる――あなたがどこから始めるとしても。自我を落とせるなら、自我を落とすことから始めなさい。自我を落とせないなら、明け渡すことから始めなさい。もし明け渡したら、自我は落ちる。私は、完璧に落ちるとは言っていない。それは、あなたが明け渡した分だけ落ちるだろう。明け渡しが難しく思えるなら、自我を落としなさい。自我を落とす分だけ、明け渡しがやってくるだろう。

二種類の宗教がある。ひとつは無自我《エゴレス》の宗教、もうひとつは明け渡しの宗教だ。一方の宗教は鶏に強調点があり、もう一方は卵にある。一方があれば他方はおのずと生じるわけだから、どちらも正しい。

たとえば、マハヴィーラの宗教と仏陀の宗教では、明け渡しが受け入れられない。彼らはただ、自我を落とせと言う。どこで明け渡すというのか？　その前で、あなたが明け渡せるような神は存在しない。「庇護はない、神の御足などない。あなたが明け渡しに行ける場所などない。だれの足許に行けるというのか？　明け渡し抜きで進むがいい。ただ自我を落とすのだ」とマハヴィーラは言う。

ヒンドゥー教徒、イスラム教徒、キリスト教徒――これらは明け渡しの宗教だ。彼らは自我を落とすことにあまり言及しない。「神に明け渡しなさい。どこかに庇護を求めなさい、あなたが頭を垂れることのできる御足を見つけなさい――自我は自ずと去るだろう」と彼らは言う。


どちらも正しい、それらは同じコインのふたつの面なのだから。小銭を表向きで家に持っていこうと、裏向きで持っていこうと、何の違いがある？――コインは家にくるだろう。それらは、ひとつのコインの両面だ。

だが、あなたはどこかから始めなくてはならない。それを解こうとして立ち止まったりしないように。

「オレンジの衣服やマラは、瞑想や観照にどのくらい役立ちますか？」。もしあなたに用意があるなら、あらゆることが助けになる。もしあなたに用意があるなら、その道はとてもささやかな物からでもつくられる。

ラーマがスリランカに続く海を渡る橋を造っていたとき、栗鼠《りす》たちが砂利や土砂を運んだと言われている。彼らもまたそれに協力し、橋を渡すのを手伝った。巨大な岩を運んだ者たちもいたし、小さな栗鼠たちは彼らにできることをした。

衣服の色を変えることに、過大な期待をしないように。ちょっと着ている服を変えればすべてが変わるなら、それはまったく簡単だろう。マラを首にかけただけで多くのことが起こる、変容が起こるなどと期待してはいけない。変容は、それほど安っぽくはない。だが、それは栗鼠の働きにすぎないとか、いったい何ができるのか、とも思わないように。ラーマはその栗鼠たちにも感謝したのだ。

こうしたちょっとした方便も助けになる。それは、こんな風に役に立つ。あなたがオレンジの服を着て、不意に自分の村に帰る。村全体が、驚きとともにあなたを見つめるだろう。あなたは、いつもそうだったようには村にいられない。いつものように、村のなかに隠れたままではいられない。あなたはその村に、ある個性を持ち込む。だれもが、どうしたのかと聞くだろう。だれもが、あなたに思い起こさせるだろう――何かが起こっているということを。それぞれがあなたに尋ねるだろう。それぞれがあなたの想起を促すだろう。みんながあなたに、観照者になることを何度も思い起こさせる機会を与えるだろう。

ある友人がサニヤスを取ったとき、彼は泣き出した――素朴な人だった。そして彼は言った、「ひとつだけ問題があります。私は酒飲みなんです。あなたはきっと、それを落とせとおっしゃるでしょう」

私は言った、「私はだれに対しても、何かを落とせなんて言わない。飲めばいい、でも瞑想的に飲みなさい」

「どういう意味ですか？　たとえサニヤシンであっても酒が飲めるんですか？」と彼は言った。

私は言った、「それはあなた次第だ。私はあなたにサニヤスを授けたんだから、今度はあなたがそれを探る番だ」

彼は一月後に戻ってきて言った、「私をひっかけましたね！　私が居酒屋にいると、男性がやってきて私の足に触れ、『こんなところでどうなさったのです、行者様？』と言うんです。私はそこから逃げ出すんですよ、『居酒屋に行者様だって？』と自分に言いながらね」

彼は私に言った、「あなたは私をひっかけました。もう、おっかなくて居酒屋にも行けません。だれかが私の足に触れたり、ひれ伏しでもしたらどうしましょう？　最後にそこに行ってから、もう十五日にもなりますよ」。想起が起こった。注意が呼び覚まされた！　こうしたオレンジの服を着ていると、あなたは昨日までと同じやり方では怒れないだろう。何かがあなたを引っ張る。何かがあなたに、そんなことはすぐ忘れてしまいなさい、と言う。こうしたオレンジの服を着ていると、じつにぎこちなく感じられる。

私はオレンジの服を、他でもない、ちょっとした困惑を引き起こすために与えた。もしあなたが泥棒だったら、そう簡単に泥棒のままではいられないだろう。もしあなたが金の亡者で貪欲なら、あなたの貪欲さは同じ強さを持たないだろう。もしあなたが政治の渦中にいて、行政官庁での名声を追いかけているなら、突然それには意味がないと気づくだろう。このちょっとした服が、とても象徴的なものになる。それ自体には何の意味もない。だが自分で着てみると、とても小さかったものが――種とはとても小さいものだ――だんだん大きくなり始め、しだいにあらゆる物事を変えていくのがわかる。それはあなたの活動を変え、あなたの習慣や振る舞い、身のこなしを変えるだろう。あなたの生には、新しい優雅さがあるだろう。人々のあなたに対する考えは変わる。人々の目は、あなたを違ったように見つめるだろう。

名前を変えることで、あなたは白分の古い名前から分離し始める。服を変えることで、あなたは自分の古い習慣《パターン》から自由になり始める。あなたの首にかけられたこのマラは、私を思い起こさせるだろう。それはあなたと私のかけ橋になる――あなたはそう簡単には私のことを忘れられないだろう。人々はあなたから離れ始める。そして彼らがあなたから離れていくことは、あなたが観照者でいる大きな助けとなるだろう。

だが私は、こうするだけですべてが起こるとは言っていない。名前を変え、マラをかけるだけでおしまいと思っていいとか、旅が終わるとは言っていない。すべてはあなたにかかっている。これらは標識のようなものだ。『十二マイル』とか『五十マイル』とか『デリーまで百マイル』などと書かれた、道端に立つ里程標《マイルストーン》のようなものだ。その石に、さほど深い意味はない。里程標があろうとなかろうと、デリーまで百マイルなら百マイルなのだから。だが、これらの石に刻まれた線は励みになる。その矢印は、旅人を気楽にさせる。「よし、あと百マイル行けばいいんだ、二十五マイル、五十マイル行けばいいんだ」と彼は言う。

スイスでは、里程標の代わりに『時程標』を設置している。もしどこかの山あいで車を停め、最後の停留所までどれだけあるかを標識で見たら、あなたは驚くだろう――あと三十分、とある。次の停留所は――あと十五分。それは意味深い表示だ。スイス人が時計を作るのが上手だとしても、さほど不思議ではない。彼らの時間に対する気づきは、じつに深い。彼らはマイルと書かず、時間を記す――『十五分の距離』だ！　それは、この人たちの時間に対する気づきの深さを物語っている。

あなたがオレンジの服を着るなら、それはあなたの何かを物語る。あらゆるものがメッセージを運んでいる。どう座り、どう動き、どう見るか――あらゆる物事が、あなたの何かを物語っている。

私たちは、兵士たちにゆったりした服を着せない。世界中のだれも、そんなことはしない。もしゆったりした服を着ていたら、彼らは負かさるだろう。そんな風に兵士たちを身支度させるのは、危険だといっていい。私たちは、兵士たちにきつい服を着せる。窮屈だから、彼らはいつも不愉快で、それから飛び出したいと思っている。きつい服は闘争本能を刺激する。

きつい服で仕事する人は、いつでも闘う用意ができている。ゆったりした服を着ている人は、ちょっとくつろいでいる。ゆったりした服を着るのは皇帝だけだ。あるいはサニヤシンや行者《ファキール》だけだ。気づいたことはないだろうか。ゆったりした服を着ていると、階段を登るのは一度に一段ずつだ。しかし、きつい服だと一段飛ばしになる。きつい服を着ていると、あなたは怒りでいっぱいだ。だれかに些細なことを言われただけで、いらいらする。ゆったりした服を着ていたら、くつろいでいる。

ちょっとしたことが違いを生む。生は小さなことからできている。生の橋は、栗鼠《りす》たちの運ぶ、小さな小石で掛けられている。あなたが食べるもの、着るもの、立ち居振るまい――つまるところ、これらすべてが影響する。これらすべての組み合わせが、あなただ。ほら、けばけばしくて派手な色合いの服を着た男性が歩いている――それはメッセージを伝えている。ある女性は、悪趣味でわいせつな、体の線を見せびらかす服を着て歩いている――それはメッセージを伝えている。ある男性は、質素で気取らない、ゆったりとして心地よい服を着ている――彼に関するメッセージが伝わる。

心理学者によると、人を半時間ほど静かに観察したら――服の着こなしや、立ち上がる様子、座り方、目の配り方――あなたは自分でも信じられないくらいたくさん、その人に関することを学ぶ。私たちのあらゆる動き方、あらゆる仕草こそが、私たちなのだ。私たちは、仕草を変えることによって変わる。仕草は、自分の変化によって変わる。だから、これらはただのしるしだ。これらは、あなたとともにあるだろう。あなたを導きつづけ、注意を保つちょっとした助けを与えてくれるだろう。

「また、観ていること、目覚めていること、そして正しい想起の違いを説明していただけますか?」。違いなどない。これらはみな同義語だ。さまざまな伝統によって用いられてきた。クリシュナムルティは『目覚めていること』を用い、仏陀は『正しい想起』、『留意』を用いた。アシュタヴァクラ、ウパニシャッド、ギータはみな、『観ていること』を用いる。その違いはたんに伝統の違いだが、みな同じ方向を指し示している。

二番目の質問

愛するOSHO
アシュタヴァクラについての最初の講話中に、大勢の人たちが涙を流して泣いていました。これはどういうことでしょう? この泣いていた人たちは、心が弱いのでしょうか? それとも、それがあなたの声の力なのですか? このことに、少し光を投げかけていただけませんか?

確かなことがひとつある。この質問者は、無情な心の持ち主だということだ。彼は、涙のなかに弱さしか見ない。明らかに、質問者の目は涙が枯れ果てていて、その瞳は砂漠のように不毛になってしまっている。そこから花々がひらくことはない――涙は、瞳の花々だ。

この質問者の感情は、死んでしまっている。質問者のハートは、ふさがっている。質問者は、理性だけで生きている。彼は自分の死んだ感情に、最後の儀式を捧げている。彼は、考え事のなかで生きているにちがいない。愛や慈悲、生への敬意、恋愛、至福――こうした可能性を拒絶してきたにちがいない。何の流れも流れていないように見受けられる。彼のハートは、砂漠のように乾いているにちがいない。だから最初に浮かんだのは、ここで泣いている人たちは心が弱いということだった。

だれがあなたに、泣くことは弱さのしるしだなどと言ったのかね？　ミーラは遠慮なく泣いた。チャイタニヤの瞳からは、涙の滝があふれた。いや、それらは弱さのしるしなどではない。それらは感情の表われ、強い感情の表われだ。覚えておきなさい。感情は、思考よりも深い。以前話したように、最初は活動のレベル、そして思考のレベル、そして感情、そして中心は観照だ。

感情は、観照にもっとも近い。

献身はもっとも神に近い――活動は、はるか彼方だ。旅は、そこからではとても長い。思考もまた、はるか彼方だ。それもまた長い旅だ。献身はとても近い。

覚えておきなさい。涙は、不幸が原因である必要はない。しかし人々は、たった一種類の涙――不幸の涙しか知らない。涙は慈悲からも流れ、喜びからもあふれる。涙は、ありがとうという気持ち、感謝からもあふれる。涙は、抑え難いこと――不幸や喜びが内側で起こっているしるしにほかならない。豊かすぎてあふれ出す何かが、内側で起こっている。そしてもし、それが悲しみなら――その悲しみはあまりにも深くて、内側に抑えておくのは難しい。それは涙となってあふれる。涙は荷を降ろすことだ。あるいは、喜びでいっぱいになっても、喜びの涙があふれる。涙は、ひとつのはけ口だ。

涙は、悲しみや喜びと結びつく必要はない――それは、あふれんばかりに豊かなものと結びついている。何であれ度を越すと、涙はそれを吸い取り、洗い流す。だから、泣いている人たちの内側では、あふれんばかりに豊かなことが起こっているにちがいない。ある甘い痛みが、彼らのハートを貫いているに相違ない。彼らは、知られざるもののさざめきを耳にしているにちがいない。はるかなる未知の光が、ハートに触れているにちがいない。何かが、彼らの暗闇へと降りてきているにちがいない。一本の矢が、苦悶と歓喜で彼らのハートを満たしているにちがいない――彼らは涙を止められなかった。

これと私の言葉の力は無関係だ。あなたも聞いていたわけだからね。もしそれがたんに私の話の力だけだったなら、あなただって泣いていただろうし、だれもが泣いていただろう。いや、それは私の話よりも、聞き手のこころの深さ《ハートフルネス》に関わっている。泣くことのできた人たちが、泣いたのだ。そして、泣くことは偉大な力だ。


人類は、とてもかけがえのない能力をなくしてしまった――特に男性は、なくしてしまった。女性は、わずかにそれを救い出している。女性は幸運だ。人の目にある涙腺は、男も女も同じだ。自然は、等しく涙腺を創っている。自然の意向は明らかだ――どちらの目も、泣くために創られている。だが男性の自我《エゴ》は、ゆっくりゆっくりと、あらゆる物事を支配してきた。だんだん男たちは、泣くことは女々《めめ》しい、泣くのは女だけだと考え始めた。このため、男性は多くを失ってしまっている――彼らは献身を失なった。感情、喜び、感謝を失なった。このため、彼らは苦しみのすばらしさを失なった。苦しみもまた浄化し、洗い浄めるものだからだ。

このため、男性の生き方には大変な災難が入り込んだ。驚くだろうが、世界的にみて、気が狂う男性は女性の二倍もいる。そしてこの数字は、もし戦争がなかったら大いに増えていただろう。男性は、彼らの狂気を戦争のなかで、じつに大量に解放するからだ。もし、百年の間に戦争がまったくなかったら、全男性の九十%は気が狂っていた恐れがある。

男性は女性よりも自殺する――その数は二倍だ。常識的にはそうではない。あなたは、女性の方がもっと自殺すると思う。彼女たちはそう口にするが、実行することはない。薬や何かを飲んで眠りはするが、計算のうえで薬を摂る。だから、女性の方が自殺を企てるけれども失敗する。彼女たちの企てには抜け目がない。ほんとうは自殺などしたくないのだ――自殺は、不満を表現するひとつの手段にすぎない。彼女たちは、この人生は生きるに値しない、よりよい生き方が必要だと言っている。自殺を企てる女性は、あなたにこう言っている――あなたはあまりに石のような心になってしまって、私が自殺の用意をしないと、何の注意も払ってくれない、と。彼女は、あなたの注意をひいているだけだ。

これはじつに不当なことだ――彼女は、死ぬことをあなたの注意をひく手段として用いている。男性は確かに非常にこわばり、石のようになってしまっている。

女性は死にたくない、彼女たちは生きたい。人生の途上で、あまりに多くの問題が起こり――耳を傾けてくれる人も、関心を示してくれる人もいないと――彼女たちは、あなたの注意をひく手段として自殺を利用する。しかし男性が自殺すると、彼らは成功する。男性は狂気のなかで自殺する。

男性の方が精神的に病んでいる。なぜだろう？　たくさんの理由がある、そのうちのひとつが涙だ。心理学者たちは、男性は泣き方をもう一度学ばねばならないと言う。泣かないことが強さなのではない。あなたが強さと呼ぶものは、冷淡さだ。強さはそんなに堅くない、強さは柔和だ。あなたは山々を下り、分かれて落ち、滝となる流れを見たことがあるだろう——柔和な水だ。岩はとても堅固だ。岩は確かに、自分は頑丈で流れる水は弱いと思っている。だが最後には流れる水が勝ち、岩は砂へと還元され、運び去られる。

神は柔和さとともにある。

『神性は力なき力なり』

一輪の花が咲くそばに、一個の岩がある。当然、その岩は強固に、花はか弱く見える。だがあなたは、その花の強さを見たことはないだろうか？——生命の力を。だれが岩にひれ伏すだろう？　あなたは神の御足に捧げるために、岩を手にすることはない。岩はとても頑丈だから、愛する者に捧げようなどと思うだろうか？いや、そんなことはしないだろう。あなたは花々を摘み、それを捧げる。一輪の花には力がある。一輪の花には威厳がある。柔らかさがその力だ。その開花こそがその力だ。その音楽、芳香こそがその力だ。その弱さもまたその力だ。それは朝に開き、夜にはしぼむ——これこそがその力だ。だが、それは花開く。岩が花開くことはない。それは、ただあるだけだ。岩は死んでいる。花は生きている——生きているから死にもする。岩が死ぬことはない。それはもう死んでいるのだから。

柔らかくなりなさい。涙を呼び戻しなさい。歌や詩とともに、あなたの目を涙でいっぱいにしなさい。さもなければ、あなたは多くの事を剥奪されたままだ。あなたの神はハートの体験ではなく、理性的なままだろう。それはただの理屈であって、味わいや、真理の体験ではない。

涙を流す者たちは幸いだ——彼らは強い。彼らは、あなたの言うことなど気にしない。他の人たちがどう言うかなど思い悩まない。心底泣くときには、評判など気にしないものだ。人のことを気にして、「人は何と言うだろう？」などと言わずに泣くには、強さが必要だ。彼らには言わせておきなさい！　悪い噂？——放っておきなさい。「心ゆくまで泣かせてくれ」と。

ひとりの男性が泣いている。赤ん坊のようにむせんでいる。そのときは、彼の力を思いなさい。彼は、あなた方みんなのことなど気にしていない。彼は他の人たちのように、人々が何と言うかを恐れていない。「大学教授のこの私が泣いているだって？　生徒に見られでもしたら……！」とか、「こんな大物実業家が泣いているだって？　取引先に見られでもしたら……！」とか、「こんなに強い夫が泣いているだって？　妻がそばにいるし、家に帰れば彼女も私に倣《なら》うだろう」とか、「私は父親なのに泣いている、もし息子が見たり、赤ん坊が見たりしたら……自分を抑えるんだ！」
あなたの自尊心《エゴ》が引き止め、自制する。自尊心がなければ、あなたは泣いただろう。自我《エゴ》は、いつも自らを支配のもとにおく。自我がなければ、あなたは流れる。あなたのなかには、ひとすじの流れがある。ある詩人が語っている。

何であれ　燃え尽きたものは消え
ひとたび消えたら　二度と燃え上がらない
愛のうちに燃え尽きし者たち　ああラヒム
あなたはいくたびも　いくたびにも燃え尽きる

石炭は燃える——「あなたは自らを燃やして去る」。しかし最後に消えてしまえば、二度と燃やせないだろう。灰を再び燃えさかる石炭にできた者など、いただろうか？

何であれ　燃え尽きたものは消え
ひとたび消えたなら　二度と燃え上がらない

ひとたび消えれば、それは決して燃えないだろう。

愛のうちに燃え尽きし者たち　ああラヒム

だが、愛の矢でハートに痛手を負った者たち、ラヒムは何と言っている？　「愛のうちに燃え尽きし者たちああラヒム　あなたはいくたびも　いくたびにも燃え尽きる」。彼らはいくたびも燃え上がり、いくたびも消え去り、そしていくたびも火をともす。その愛の炎は、永遠で不滅だ。

愛をもって私に耳を傾ける人々は、泣くことができるだろう。ただ知的に耳を傾ける人々は、いくらかの結論、何らかの知識を私から得るだろう。彼らは灰を手にする――赤々と燃える愛の石炭ではなく。彼らは、二度と火のともらない灰を手にするだろう。いいかね、その炎は消えてしまった。私が言葉を語るそばから、それらは消えていく。知的に受け取るなら、それは灰だ。ハートを通して受け取るなら、それは燃えさかる石炭だ。

愛の石炭が生まれている者たちの内側で、炎は燃え上がり、そして消え去り、再び燃え上がる。そのせいで、あなたは深く苦悶するだろう。それはあなたを洗い浄める。あなたの生に、完全な変容をもたらすだろう。

もしハートを開いて泣けるとしたら、燃え上がる愛の石炭があなたに届いているということだ。もし泣けないとしたら、それは理性までしか届いていないのだ。ちょっとした灰なら集められる。あなたは多少もの知りになり、かなり巧みに他人に説明するようになり、討論や議論に熟練するだろう。だが、要点は外してしまう。赤々と燃える石炭を手にできたところから、あなたはただ灰を手にして戻ってきた。たとえそれを聖なる灰と呼んだとしても、何の違いもありはしない――灰は灰だ。

火がともり
わたしのハートから　苦しみの調べが生まれる
あなたの愛の悲しみに　わたしは火のような舌となる
理性のせいで　道をさまよいながら
わたしは過ぎゆく隊商の　塵あくたになる
火がともり　わたしのハートから　苦しみの調べが生まれる……

この涙は、火をとらえたハートの涙だった。
だれかが泣いているのを見たら、行って彼のそばに座ってごらん。それは神性なサットサングの瞬間だ――それを逃すことはない。たとえ自分は泣けなくとも、少なくとも泣いている人のかたわらに行って座ることはできる。彼の手を取ることもできる。そして、たぶんあなたも、その影響にあずかれるだろう。

火がともり　わたしのハートから　苦しみの調べが生まれる……

その火をともしなさい！　このオレンジの服は、火の象徴だ。それは愛の炎の象徴なのだ。

あなたの愛の悲しみに　わたしは火のような舌となって

そして、あなたのハートのなかに苦悶が生まれるとき、ヴィラーの感覚が――　神性な切望が生まれるとき、息にことごとく火が宿り、火の舌があるとき……「あなたの愛の悲しみに　わたしは火のような舌となって」

理性のせいで　道をさまよいながら
理性のせいで、私は道に迷ってしまっている。
理性のせいで　道をさまよいながら
わたしは過ぎゆく隊商の　塵あくたになる

そして理性のせいで、私の状況は、隊商が過ぎ去った後に残る塵あくたのようになっている。私は塵になってしまった。理性の影響をまぬがれないのは、塵しかない。

理性のせいで　道をさまよいながら
わたしは過ぎゆく隊商の　塵あくたになる
ハートが輝いたとき　ああクリシュナモハン
境界は消え　わたしは無限になる
ハートが輝いたとき　ああクリシュナモハン……

もしも愛が圧倒するなら、愛の矢がハートを貫き、燃えさしが燃え立つなら……
ハートが輝いたとき　ああクリシュナモハン
境界は消え　わたしは無限になる

その瞬間、境界は破られ――あなたは無限になる。涙は、無限へと向かう最初の一歩だ。その涙は、あなたが溶け、堅固な境界が少し溶けていることを示している。あなたは柔らかくなり、暖かくなって、自分の冷たい理性を少しだけ降ろしている。火がともり、ハートがよみがえっている。この涙は冷たくない、この涙はとても熱い。そしてこの涙は、あなたが溶けゆくことの知らせを運んでいる。ちょうど雪が溶けるときのように、自我《エゴ》が内側で溶け始めると、涙が流れ出す。

切望にあふれていたころ　息のことごとくが雄弁な炎だった
いま　愛が降りてきて　わたしは言葉を失う

あなたが知識《インテレクト》でいっぱいだったころ、欲望や無数の考えでいっぱいだったころ、その舌は鋭く、とめどがなかった。

切望にあふれていたころ　息のことごとくが雄弁な炎だった
いま　愛が降りてきて　わたしは言葉を失う

この涙は、言葉を超えた状態を示している。何かが起こり、しかもそれを表わす術がないとき、泣かないとしたら何をするというのだろう？
言葉を失うとき、目は涙で語る。理性が言葉を失うとき、人は踊ることでそれを語る。
ミーラは踊った。表現する言葉が見つからないような何かが、彼女に起こった。

足鈴をまき　ミーラは舞い入る

彼女は泣いた、泣き続けた。言葉では表わせない何かが起こった。言葉には限界があるように思われた。ただ涙だけが、それを語れた——彼女は涙でそれを語った。

いや、こうした人たちは弱いという考えを抱いてはいけない。この人たちは強い。その力は優しさの力だ。それは争いや暴力の力ではなく、ハートの力だ。もしこの人たちを弱いと見なしたら、あなたは決して泣かないだろう。私は何度もくり返し強調しよう、この人たちを弱いと思わないように。彼らをうらやみなさい。もう一度内側を見つめ、「私が泣けないのはどうしたことか？」と問い直しなさい。

感情豊かな人は、自分自身の中心《センター》にもっとも近づいている。そして自分自身へ近づくほどに、苦悶の体験は増す。家から遠ざかるほどに、家を忘れるのはたやすくなる。家が近づけば、たちまち想い出は強まる。

あなたは座っている。神のことなど、すっかり忘れて。『神』という言葉があなたの耳に届くが、それは何も揺り動かさない。あなたは耳にするが、それはただの言葉でしかない。神はただの言葉ではない。ただ聴くだけの事柄ではない。『神』は、生命の炎をわずかでも内側にもつ者たちを、激しく揺さぶる——まさにその言葉が、衝撃を与える。

あなたが心から　わたしを愛しているなら
なぜ　わたしを泣かせるのでしょう？

バクタ、すなわち献身の人は、いつも神に不平を言っている、

あなたが心から　わたしを愛しているなら
なぜ　わたしを泣かせるのでしょう？
あなたの光の　この深い闇のなかで
なぜ　その一瞥を　わたしから隠してしまうのでしょう？
そばまで来ても　ちっとも近寄ってくださらない
ちっともわたしを　そばに呼んでくださらない
何のために　あなたはわたしのまわりで　生きているのでしょう？
何のために　あなたはわたしのまわりに　やってくるのでしょう？

もしあなたが私を正しく聴いたなら、あなたは幾度となく、神がすぐそばにいると感じるだろう。

何のために　あなたはわたしのまわりで　生きているのでしょう？
何のために　あなたはわたしのまわりに　やってくるのでしょう？
そばまで来ても　ちっとも近寄ってくださらない
ちっともわたしを　そばに呼んでくださらない
あなたが心から　わたしを愛しているなら
なぜ　わたしを泣かせるのでしょう？
あなたの光の　この深い闇のなかで

なぜ　その一瞥を　わたしから隠してしまうのでしょう?

感情に深く入っていく者は、神へ近づいていくため、神の炎の熱さを体験し始める。目と目が出逢い始める。境界が互いに交差し始める。彼らは、お互いの境界を越え始める。

ここで語られていることはたんなる談話ではなく、あなたを変容するものだ。たんなる話のための話ではない。それは、あなたをまさにその根底から――完全に変えるものだ。

三番目の質問

愛するOSHO
文化はダルマとダラナ、宗教と概念――あるいは概念と宗教の産物です。そして社会とその伝統は、この文化から創られています。あなたは、宗教はあらゆることに反するとおっしゃいました。もし宗教があらゆることに反しているなら、無秩序や混沌が生まれはしないでしょうか?　どうかご説明ください。
あなたはダラナがダルマに由来すると思っているが、その意味は正しくない。『ダラナ』は宗教ではない。『ダルマ』、宗教という言葉の語源は、『あらゆる物事を支えているもの、すべてを維持するもの』だ。それは概念などではなく、すべてを支えるものだ。この広漠とした広がりを支えるもの、この月や星々、太陽、樹々や鳥たち、人、そして存在の終わりなき広がり――このすべてを支えるものが、ダルマだ。

宗教は概念と無関係だ。あなたの概念はヒンドゥー教かもしれないし、ある人はイスラム教で、ある人はキリスト教かもしれない。だが、それは宗教とは関係ない。これらは概念であり、知的な思想だ。宗教とは、それなしにはすべてが消散していたであろう、すべてを支える本質的な真理の呼び名だ。すべてをつなぎ、すべてを総括するもの、すべてに橋をかけているものだ。

それは花輪を作るのと似ている。こちらには山積みになった花々があり、向こうにはひとつの花輪がある。その違いは何だろう？　その山は混沌としている。どの花も、他の花とつながっていない。花々は全部ばらばらだ。花輪は一本の糸でつながれている。糸は目に見えず、花々のなかに隠れているが、それはひとつの花を別の花につないでいる。

この全存在は、ダルマ、宗教と呼ばれる一本の糸で結ばれている。この、私たちを樹々や月や星々とつなぎ、岩や小石を太陽とつなぐもの、あらゆるものを結び、すべてを結合しているもの——これが宗教だ。

文化は、宗教から創られてはいない。文化は、文化的な条件づけでできている。すべての条件づけが放棄されてこそ、宗教は知られる。サニヤスとは、条件づけの放棄という意味だ。


ヒンドゥー教徒の文化は違う。イスラム教徒の文化、仏教徒の文化、ジャイナ教徒の文化——どれもみな違っていて、ばらばらだ。世界に無数の文化があるのは、条件づけが無数にあるからだ。ある者は祈るときに東を向き、ある者は西を向きながら祈る——これが条件づけだ。ある者はあんな服を着て、ある者はこんな服を着る。ある人はこういう食物を摂り、ある人はああいう食物を摂る——これはみな条件づけだ。

文化は世界に存続するだろうし、存続すべきだ。多様であればあるほど、地球はより美しいものとなるのだから。私は、たったひとつの文化しか持たない世界など望まない——それは愚かしく、とても単調で、退屈だろう。世界にはヒンドゥー教徒の文化が必要だ。イスラム教徒、キリスト教徒、仏教徒、ジャイナ教徒、中国、ロシア――多様性が生を美しくする。だから、多くの文化が必要だ。庭園にはたくさんの種類の花々が必要だ。たった一種類の花では、庭園は単調になってしまうだろう。

文化は多数あるべきだ――それらは多数からなり、またそのように存続していくべきだ。だが、宗教はひとつでないといけない。なぜなら、宗教とはひとつだからだ。他の可能性はない。

だから私は、ヒンドゥー教をひとつの文化と呼び、イスラム教をひとつの文化と呼ぶ――ひとつの宗教とは呼ばない。それはいいものだ、文化は美しい。モスクはその独特な様式で建てればいい。寺院は別の建築様式で建てればいい。寺院は美しいし、モスクも美しい。私は、世界に寺院だけがあり、モスクは消えるべきだとは望まない――美しさは大きく減ってしまうだろう。サンスクリット語だけが残り、アラビヤ語が消えることなど、私は望まない――美しさはますます減ってしまうだろう。私たちのもとにコーランだけが残り、ヴェーダやギータ、ウパニシャッドの数々が消え去ることなど、私は望まない――世界はとても貧しくなるだろう。コーランは美しい。それは類いまれな文学的な名作であり、偉大なる詩の高みだ――だが、それは宗教と何の関係もない。ヴェーダはすばらしい、空に届かんとする大地の熱望のまれなる声明だ。ウパニシャッドは、じつに甘美だ。これより甘美な表現は、かつて与えられたことがない。それらが失われることがあってはならない。どれも存続すべきだ――ただし文化として。

宗教はひとつだ。宗教は、私たちすべてをつなぐ――ヒンドゥー教徒、イスラム教徒、そしてキリスト教徒も。宗教とは、動物や人間や植物――あらゆるものをつなぐものだ。それは植物のなかを緑として流れ、人間のなかを血潮として流れる。それは呼吸としてあなたの内側を動き、観照者としてあなたの内側にある。宗教は、すべてをつないでいる。

宗教を、文化と同じ意味にとらないように。宗教と文化は、何の関わりもない。宗教が存在しないロシアでも、文化は存在しうる。もはや宗教が存在しない中国にも、文化はある。有神論の文化もありうるし、無神論の文化もありうる。宗教と文化は無関係だ。宗教は、あなたの日々の生き方と何の関わりもない。宗教は、あなたの実存に関わっている。宗教とはあなたの純粋な存在、あなたの本質だ。文化はあなたの外側の殻、あなたの礼儀作法であり、立ち居振るまいや、喋り方、何を言い何を言わないか――これらすべてに関わる、あなたの態度だ。


伝統が宗教となることは決してない。宗教は伝統ではない。宗教は、時間に縛られない永遠の真理だ。人は伝統を創る――宗教はすでにある。伝統とは人の創作であり、人によって創案されてきた。宗教は人より先にあり、人は宗教によってつくられた。この違いを理解しなさい。

伝統が宗教となりうると、誤った推測をしてはいけない。そして宗教的な人は、決して伝統的にはなれない。キリストは磔《はりつけ》にされ、マンスールは殺され、ソクラテスは毒を盛られなければならなかった――なぜなら、宗教的な人は決して正統派になりえないからだ。宗教的な人は、大いなる革命だ。彼は、永遠なるもの、時を超えたものの、途切れることなき宣言だ。だれかが永遠なるもの、時を超えたものを宣言するたびに、正統派や、堅物《かたぶつ》の体制順応派たちは激怒する。彼らはとても不安になる。あいつは混沌や無秩序をもたらすだろう、と彼らは言う。

現に、混沌は存在している。あなたが秩序と呼び、統治と呼ぶもの――この馬鹿げた秩序とは、いったい何だろう？　この人生は、どこもかしこも争いでいっぱい、無数の犯罪でいっぱいだ。この人生全体が苦しみに満ちている――それでもなお、あなたは混沌を恐れている！　あなたの人生に、地獄以外の何があるだろう？　どんな幸せの香りがある？　どんな至福の花が咲いている？　あなたの人生に、どんな笛の音が奏でられているというのか？　それは、たんなる灰の山でしかない。なのにあなたは、混沌が生まれるなどと言う。

だから、宗教的な人は革命的でありうる。しかし、無秩序主義者ではありえない。このことを理解しなさい。

宗教的な人は、真に秩序正しい人だ。それは、彼が無限なるものとつながっているからだ。彼は、生のもっとも深い根と結ばれている。どうして彼が、混沌としていられるだろう？　そう、彼はあなたとのつながりを失うこともあるし、あなたの既定の行動様式、あなたの秩序からちょっと外れてはいるだろう。彼は、絶対なるものと関わっている。偽りとの関係を断ち、ありのままの真実とつながっている。腐ったものとは別れ、真新しく、つねに古びることのないものと、つながっている。

あなたの文化や社会は、プラスティックの造花のようだ。宗教的な人の生は、生花のようだ。プラスティックの花は、花のようではあるが、じつは違う。それらはそう見える。離れたところではそう見えても、まがいものだ。


真理を語るよう強いられてきた条件づけゆえに、真理を語るとしたら、あなたの真理には一文の値打ちもない。ジャイナ教徒の家庭に生まれ、肉食は罪だという条件づけを強いられたから、肉を食べないとしたら――あなたはじつに深く条件づけられているので、肉を見ただけでも落ち着かなくなる――それなら、自分のことを宗教的だなどと思わないように。それはたんなる条件づけだ。

ジャイナ教徒の家族に生まれた者は肉を恐れ、それを見ると吐き気を催すようになる――ただ見るのみならず、まさにその「肉」という言葉を恐れる。肉を連想させるものなら、どんなものにも吐き気を催す。真っ赤なトマト一個でさえ、彼を怯えさせるだろう――これは条件づけにすぎない。この人が肉を食べる家庭に生まれていたら、喜んで肉を食べていただろう。そこでは、肉食が条件づけだからだ。ここでは、肉食は条件づけではない。

条件づけとは束縛だ。私は、肉を食べ始めろと言っているのではない。私は、マハヴィーラの内側に生まれたような意識の顕現が、あなたの内側にも生まれるのを許しなさいと言っているのだ。それは条件づけではなかった。それは彼自身の体験——だれかを苦しめることは、煎《せん》じつめれば自らを苦しめることだ、という体験だった。私たちはみなひとつであり、互いに結ばれているのだから。それはちょうど、自分のほおを平手打ちにするようなものだ。私たちが他人にしたことは、やがて自分の許に返ってくることになる。マハヴィーラにとって、この体験は非常に深まり、この気づきは非常に明白になったから、彼は他者を苦しめることをやめた。彼は肉食が罪だと思ったから、肉を食べるのをやめたわけではない。観照を通じて肉食をやめたのだ。これこそが宗教だ。

ジャイナ教徒の家庭に生まれたら肉を食べない——それはただの条件づけだ。これはプラスティックの花であり、本物の花ではない。このジャイナ教徒をアメリカに行かせたら、二年か四年そこそこで、肉を食べ始めるだろう。いたるところで肉を目にし、最初は彼もかき乱されるだろうし、はじめのうちは顔をそむけるだろう。だが、徐々に慣れてくる。そして他の人たちが同じ食卓で肉を食べるのを見て、彼の鼻、彼の鼻孔は、しだいに肉の臭いを受け容れるだろう。

すると、別の条件づけが影響し始める。そこではだれもが言う、「もし肉を食べなかったら、弱くなってしまうぞ。いいかい！　肉も食べずに、どうやってオリンピックで成功するんだ？　たった一個の金メダルも取れないだろうな。金メダル？——銅メダルだって取れないさ。自分の状態を見てごらん。君は何千年も奴隷のままだ。いったい、どんな力を持ってるのさ？　君たちの平均寿命は幾つだね？　そのせいで、いったいどれだけ病気を患ってきた？」

確かに、肉食の国々の平均寿命は、いまや八十年以上に達している。平均して八十から八十五だ。すぐに百になるだろう。この地では、私たちは三十から三十五あたりで止まっている。

「君は、ノーベル賞を幾つ獲得したかね？　仮に菜食主義が知性を純化するとしたら、君はノーベル賞を総なめにしているはずだ。知性が高度に発達しているようには見えないな。それにいいかね、ノーベル賞に輝いたフビンドラナート・タゴールは、菜食家じゃなかったよ。ノーベル賞に輝いたジャイナ教徒が、ひとりでもいるかい？　いったいどういうことさ？――二千年にわたって菜食家なのに、その二千年で、まだ君らの知性は純化されていないのかい？」

だから、肉食家たちには論拠がある。彼らは言う、「君の知性が弱まっているのは、正しいタンパク質や正しいビタミン、充分なエネルギーを摂取していないせいだ。君の身体は弱りつつある――長くは生きられないだろう。君の力は衰えつつある」

アメリカで毎日のように聞いたり、新聞で目にしたりするのは、九十歳の老人が結婚したといった話だ。あなたはびっくりする。「これは正気の沙汰だろうか？」とあなたは言う。だが、その九十歳の老人は、まだ精力があるから結婚した。それは力の証明だ。九十歳の老人が息子を持つわけだ。それは力の証明だ。

西洋に行って暮らせば、すぐにこうした主張を耳にし、こうした証明を目にし、その文化の巨大な繁栄を目の当たりにする。だんだん彼は忘れていく……。

もし、マハヴィーラが西洋に行ったとしたら、肉は食べなかっただろう。彼は、ひとつの自然な開花だ。彼は言っただろう、「わかった。私は三年か四年、短く生きることにしよう――何か悪いことでもあるかね？　長生きが、いったい何の役に立つ？　長生きして何をするのかね？　あなたはさらに何頭か、余計に動物たちをたいらげるだろう――その他に何を？」。もしマハヴィーラに尋ねたら、彼はこう言っただろう、「ちょっとあなたの背後を見てごらん。あなたが百年生きるとしたら、振り返って、あなたが食べてきた鳥や獣たちの長い列を見つめなさい。あなたは、ひとつの火葬場をまるごと食べてきた！　群れ全体を食べてきた。うず高い骨の山が、あなたのまわりにできている。ひとりの人間は、生涯にじつに多くの獣たちを食べる――無数の鳥たちゃ獣たちが積み重なることだろう。どれだけ多くの生命を破壊してきたか、ちょっと考えてごらん。何のために？　ただ生きるためだけに？　なぜ、さらに長生きするのだろう？――もっと獣たちを殺すためかね？」

　もしマハヴィーラに、あなたは弱くなってしまうと言ったとしたら、彼はこう言っただろう、「力によって、私が何をするというのだろう？　だれかを傷つけるべきだろうか？　だれかを殺すべきだろうか？　戦争に行くべきだろうか？」

　もしマハヴィーラに向かって、「ごらん、あなたは千年にわたって奴隷のままじゃないか」と指摘したら、彼は言っただろう、「ふたつの立場がある。だれかの主人《マスター》になるか、奴隷になるかだ」。マハヴィーラは言っただろう、「主人になるよりは、奴隷になる方がましだ――少なくとも、だれかを痛めつけることにはならない。痛めつけられるのは、あなただろう。騙すよりは、騙される方がいい――少なくとも、あなたはだれのことも騙さなかった。泥棒でいるよりは、被害者でいる方がいい」

　もしだれかがマハヴィーラに、「ごらん、君はノーベル賞を取っていないじゃないか」と言ったとしたら、彼は言っただろう、「ノーベル賞を取ってどうしようというのか？　それはおもちゃだ……子供がまわりを跳ね回ったり、いじって遊ぶにはいい。それで私にどうしろというのか？　私は、ある別の賞を受けるためにやってきた。その賞は、神性だけが授けられる。他の何者も、授けることはできない。それは観照の至福という賞だ。それはサット・チット・アーナンド、真理‐意識‐至福というものだ。あなたは自分のノーベル賞をとっておきなさい。それは子供におもちゃとして与えなさい。それはおもちゃなのだから」

　この世に、内なる至福という賞に比べられる賞はない。たとえ身体が死に、若さが失なわれ、お金がなくなり、すべてが去りゆこうとも、内なる甘露が無事なら、すべては救われる。内側を失う者は、すべてを失う。

内側を救う者は、すべてを救う。

だが、ジャイナ教徒が西洋に行くと、たいてい堕落して戻ってくる。なぜだろう？　彼はすでに腐っていた――それは造花であり、まがい物だった。条件づけからできていたのだ。

文化と宗教の間の違いを理解しなさい。宗教とはあなたの内なる本性であり、文化とは他者があなたに教え込んできたものだ。たとえどれほど注意深く教えられようと、他者から学んだことは、あなたを解き放ちはしない。それはあなたを奴隷にするだろう。だから、私が宗教は反乱や反抗だと言うとき、それは伝統に対する反乱、条件づけに対する反乱、霊《スピリチュアル》的な隷属に対する反乱という意味だ。

だが、宗教的な人は無政府主義者ではありえない。もし宗教的な人が無秩序主義だとしたら、ここのだれが規律正しいというのだろう？　宗教的な人は、とても規律正しくなる。だが、彼の規律には異なる香りがある。それは、内面から外に向かって流れる。だれからも押しつけられていない。それは自発的だ。ちょうど、一気に開いた内なるエネルギーの泉のようだ。ちょうど、水のエネルギーとともに流れゆく川のようだ。だれもそれを強いていない。

しかしあなたはまるで、首にコードを巻きつけられ、引きずり回されながら、動き続けろと背後から鞭打たれているかのようだ。

文化のなかで生きる者は、力ずくで引き回される。意志に反して、引きずり回される。宗教的な人は踊っている。死に近づくときですら、踊ってゆく。あなたは生においてさえ、引きずられている。あなたはいつも強制される羽目になる。他の人たちが楽しみ、他のみんなが満喫しているものを、いつも逃す羽目になる。

人々は私のところに来て言う、「私たちは、素朴で道徳的で正直者です。世の中にはたくさんの不正があります。嘘つきどもがあらゆることを満喫し、盗人や犯罪者たちがすべてを握っているのです」

私は彼らに言う、「あなたのなかで生まれた、彼らは楽しんでいるという考えこそ、あなたが素朴でも、道徳的でも、正直でもないというしるしだ。あなたは、まさに彼らのようだ。ただ、ちょっとばかり度胸がないだけのことだ。あなたも彼らのように楽しみたがっているが、それには代価を支払わなくてはならない。でも、あなたは恐くて払えない。あなたも盗人だが、盗もうと思えば度胸がいる。あなたにその度胸はない。あなたも嘘をついて大金をせしめたいが、詐欺でつかまり、逮捕されかねないから差し控える。もしつかまらず、逮捕される心配もないと保証されたら――あなたは、すぐにでも盗人になるだろう」

宗教的な人が、嘘をつく人たちに対して慈悲を感じるのは、彼がこう感じるからだ――「この哀れな人たちは、究極の至福を取り逃がしている。彼らは私の体験を逃しているのだ」。宗教的な人は、宗教心のない人を妬んだりしない。彼は慈悲を感じる。彼は胸のうちで涙する――この哀れな人たちは、わずかばかりの金銀の切れはしをかき集めることで、すべてを逸するだろうと。彼らは、自分たちの泥の家や砂の城を造るうちに、終わってしまうだろう。永遠なるものの体験が可能だというときに、彼らは些細な物事のなかをさまよっている。彼はあわれみ深い。そこには嫉妬という問題は存在しない。彼はより広大なものを手にしているのだから。

そしてこの広大さゆえに、彼の生には規律がある。この規律に優る規律は存在しない。

宗教的な人は反逆的だが、無規律ではない。彼の規律は彼自身のものであり、それは内側にある。彼の規律は自己規律だ。

それにしても、あなたが組織化や秩序と呼んでいるもの――それがいったい何を与えてきただろう？　戦争、暴力、悪徳、憎悪、敵意……それは何を与えてきただろうか？

詩人は語る。

大地は暗雲によって焦げ
痛みにもだえるために　愛は生まれる
俺の命を友が請うなら　それもいい
こんな命　敵にだってくれてやる
俺を救ってくれるのは　いつだって悪いやつら
いいやつらのせいで　俺は罪を重ねてきた
疑いが湧けばいつだって　ありったけの仮面をかぶっていた
人生は　俺に与えられた一個のパズルみたいなもの
いつだって俺は　たくさんの夢を育ててきた
不毛の都市　荒れ果てた広場のために
何て強盗どもの国に　やってきちまったのか？
ここじゃ　腕輪のために腕が落とされる
人生が俺を　ぎゅうぎゅう絞りあげる
眼玉を売り払ったおかげで　俺には見えるのさ

ここは何というところだろう？　目玉さえも売られている――いつの日か、愛しい人を見られるだろうという望みのために。魂が売られている――いつの日か、神に会えるだろうという望みのために。ここであなたは何を手にしただろう？　ここのどこに秩序があるというのだろう？　これ以上、どんな無秩序が可能だろう？　いたるところに憎しみや、敵意や、息の詰まる競争や、妬みや、嫉妬がある。だれも友人ではなく、全員が敵同士だ。ここでは何も手に入らない――何を称して、あなたは秩序と言うのだろう？

生に喜びがあるときにのみ、秩序は可能だ。喜びは秩序をもたらす。秩序は喜びの影として訪れる。覚えておきなさい、不幸な人は、無秩序主義になりうる。幸福な人は無秩序にはなれない。不幸な人は無政府主義者だろう。彼は何を得ただろう？　彼は、壊したり破壊したがるようになる。人生から何も得ていない彼は、欲求不満のあまり、壊したり滅ぼしたりし始めるだろう。人生から受け取っている人、幸運な人——どうして彼がそれを破壊するだろう？
この秩序、この見せかけの秩序——それを秩序と思わないように。それは政治家たちの共謀だ。そして、あなたが指導者だと思っている人たち、案内人《ガイド》だと思っている人たち、その人たちは山賊だ。あなたから盗んでいるのは、まさにこの人たちなのだ。

さあ　何か他の支えで歩もう
自分の利益に奉仕することも　堤防となってしまう

もはや、川堤に支えてもらうことさえ、正しいとは感じられない。

さあ　何か他の支えで歩もう
自分の利益に奉仕することも　堤防となってしまう
避難場所だと思って　あなたが下にたたずむその壁は
いつ何時《なんどき》にも崩れよう
確かに　今日は何か奇跡が起きている
妙なる響きが　廃虚から流れる

希望のかぎりが　くだかれたって不思議はない
剣《つるぎ》がさやから抜き放たれる
舟のゆくえは　だれが知ろう
帆は嵐と謀《はか》っている
舟のゆくえは　だれが知ろう
帆は嵐と謀《はか》っている
無数の　押さえられない嘆息が　ここに葬られる
この墓石たちは　ただの石の山ではない

ここでは、帆は嵐と結託している。ここでは、あなたが救助者だと思っている者が、あなたを搾取している。そして、あなたが指導者だと思っている者が、あなたの胸にまたがっている。気づいているかね？　議会に当選すると、彼は法と秩序について語り出す。そして権力の外にいると、政治家は革命を語り出す。彼が権力の外にあることが、反乱という問題を生む。そのとき、すべては間違っていて、すべてが変えられなくてはいけない。そして権力を握ったとたん、法と秩序の問題が生まれる……すべては健全で、変化は危険だ。今や統制が必要となる。

世界のいたるところで、物事はつねにこんな調子だ。政治家たちには権力への渇望しかなく、彼らは秩序にも反乱にも関心はない。そう、統制を保てず、権力が手の内にないとき、彼らはすべてが間違っていると言う。すると革命が必要となる。そして彼らが権力を握るやいなや、革命はもはや必要なくなる。革命の役目は終わったからだ。彼に権力をもたらすこと――これが革命の役目だった。仕事は終わった。すると、革命について言及する者は、みな敵となる。

そして革命を語る者たちもまた、革命とは何の関係もない。それは、注目に値する驚くべきことだ——それは毎日起こっているのに、人は気づかない。革命家たちはみな、権力を握ると反革命家になる。そして追い出された政治家たちは、議会を辞任するが早いか、革命家になる。行政府にはすごい魔法がある！　議席につくと——秩序だ。今は秩序があなたに有利だからだ。辞めれば——革命だ。今は革命があなたに有利だからだ。

宗教的な人は秩序と無関係だし、革命とも無関係だ。宗教的な人は自己修養に関わっている。宗教的な人は、目覚めることを望む。外側の物事を助けとして、あなたは長いこと探してきた。だが、何の秩序も何の調和も生み出されていない。さあ、目覚めなさい！　自分自身で探すのだ。自らの光となりなさい。外側のランプを頼って、あなたは遠くまで旅をし、道に迷っている。ただ迷うばかりで、溝や廃墟に落ち込み、傷ついている。

自分自身のランプに明かりをともし、自分自身で歩みなさい。

外側の何者も、あなたに秩序を授けることはできない。自分自身の秩序を創造しなさい。あなたの生を、内側からやってくる規律で満たしなさい。


ハリ・オーム・タット・サット！

第五章

内なる空《そら》

The Inner Sky

アシュタヴァクラは言った
ああ、息子よ
あなたが長くとらわれてきたのは
自分は身体だという認識の束縛だ
『自分は気づきだ』という知の剣《つるぎ》で
この束縛を断ち、幸せでありなさい

生まれ、留まり、成長し、変わり
老い朽ち、死にゆくもの
あなたはそれではない

あなたは独りであり、行為なく
自らの明かりであり、潔白だ
三昧《サマーディ》の修練——それがあなたの束縛だ

あなたはこの宇宙に浸透している
あなたはその中のより糸

あなたは生まれながらに純粋な意識
だから狭量になってはいけない
あなたは期待を持たず、不変で、自足し
落ち着きと、限りない知性の住まいであり
かき乱されることがない
だから、意識だけを信頼しなさい

形あるものは偽りだと知り
そして、形なきものは永久不変だと知りなさい
この真の理解により、人は二度と世に生まれることはない
ちょうど鏡が、そこに映し出された姿の中にあって
しかもその反映とは別であるように
神はこの身体の内と外にいる
ちょうど、すべてに浸透している一なる空《そら》が
壺《つぼ》の内と外で同じであるように
永久不変のブラフマンは、すべてにおいて同じだ

最初の経文《スートラ》

アシュタヴァクラは言った
ああ、息子よ
あなたが長くとらわれてきたのは
自分は身体だという認識の束縛だ
『自分は気づきだ』という知の剣《つるぎ》で
この束縛を断ち、幸せでありなさい

アシュタヴァクラの洞察《ヴィジョン》では――そして、これはもっとも純粋な洞察、究極の洞察だが――束縛とは、たんなる思い込みにすぎない。束縛は現実ではない。

ラーマクリシュナの生涯に、ひとつの逸話がある。その生涯にわたって、彼は母なるカーリーに献身してきた。しかし、人生の終末に至って彼は感じ始めた、「これは二元性だ。一なる体験は、まだ起こっていない。これはすばらしく、じつに魅力的だが、二は依然として二のままだ」。ある者は女性を愛し、ある者はお金を愛し、ある者は政治を、そして、彼はカーリーを愛した。だが依然として、愛はふたつに分かたれていた。まだ、絶対なる非二元性は起こっておらず、彼は苦悩していた。彼は非二元論者、ヴェーダンタの者を探し始めた――彼に道を示せる人がやってくるのを。

トータプリという名の、ひとりのパラマハンサが通りかかった。ラーマクリシュナは彼を招いて、自分のところに留まってくれと頼んだ、「私が神とひとつになれるよう、どうか助けてください」

トータプリは言った、「どこが難しいのだ？　あなたがふたつを信じるから、二がある。その信念を捨てるがいい！」

ラーマクリシュナは答えた、「でも、この信念を落とすのはとても難しいのです――私はそれと生涯をともにしてきました。目を閉じれば、カーリーの姿がそこにあります。その甘露に私は溺れてしまう。ひとつになるためにそこにいるのに、すっかり忘れてしまうんです。目を閉ざすが早いか、そこには二があります。瞑想しようと試みると、それは二になってしまうのです。これから私を救い出してください！」

するとトータプリは言った、「こうするがいい、あなたの前にカーリーの姿があるとき、剣《つるぎ》を手にして、彼女を一刀両断にするのだ」

ラーマクリシュナは言った、「どこからその剣を見つけるのですか？」

トータプリの言ったことは、アシュタヴァクラの経文《スートラ》に言われているのと同じだ。

トータプリは言った、「あなたは、このカーリーの姿をどこから招いたのか？――その同じところから剣を持ってくるがいい！　彼女もまた想像上の存在、あなたが想像で潤色した存在だ。それは、あなたが生涯にわたって育て、生涯にわたって投影し、結晶化したもの。ただの心像にすぎない」。目を閉ざせば、だれでもカーリーを見るわけではない。

何年もの努力の末に、キリスト教徒が目を閉じると、キリストが彼を訪れる。クリシュナの信者が目を閉じると、クリシュナが訪れる。仏陀を愛する人が目を閉じれば、仏陀が訪れる。マハヴィーラを愛する人が目を閉じれば、マハヴィーラが訪れる。キリストはジャイナ教徒を訪れないし、マハヴィーラはキリスト教徒を訪れない。あなたの投影した姿だけが訪れる。ラーマクリシュナはカーリーに努力を傾け、その姿はほとんど実体を帯びていた。不断の反復と絶え間ない想起によって、それはあまりにも現実的になり、まるでカーリーが彼の前に立っているかのようだった。そこには、だれも立っていなかったのだが。

意識は単独だ。二は存在しないし、他は存在しない。


「ただ目を閉じなさい」とトータプリは言った、「剣《つるぎ》をかざし、打ち下ろすのだ」

ラーマクリシュナは目を閉じたが、閉ざしたとたん、勇気は消え失せた。剣を振り上げてカーリーを斬る？　信者が剣を振り上げて、神を斬るなんて！――それはじつに辛かった。

世を捨てるのはとても簡単だ。この世にしがみつく価値などあるだろうか？　だが、ひとつの姿を深く心に刻み、心に詩情を育み、心の夢想が顕われてくると、それを放棄するのはじつに難しい。この世は悪夢のようなものだ。しかし、献身における夢、情念の夢は悪夢ではない。それはじつに甘美な夢だ。どうやってそれを落とすか？　いかにそれを打ち破るか？

彼の目からは涙があふれ、忘我の状態になった――彼の身体は震え始めた。けれども彼は剣を振り上げなかった――そのことはすっかり忘れてしまった。

とうとうトータプリは言った、「私はこの地で幾日も費やした。これは良くない。あなたが実行するか、私が立ち去るかだ。私の時間を浪費しないでおくれ。こんな戯《ざ》れ言はもう無用だ、さあ！」。その日、トータプリはガラスの破片を手にして言った、「あなたが喜びに心を奪われ始めたら、私はこのガラスの破片で、あなたの額を切り裂こう。私があなたの額を切ったら、内側で勇気を奮い起こし、剣《つるぎ》をかかげてカーリーを両断するがいい。これが最後の賭けだ――これ以上、私は留まらない」

立ち去るぞ、というトータプリの威《おど》し――このような師《マスター》を見つけるのはとても難しい。トータプリは、アシユタヴァクラのような男だったにちがいない。ラーマクリシュナが目を閉じると、カーリーの姿が現われた。彼は、今にも恍惚となろうとしていた――目から涙があふれんばかりになり、圧倒され、歓喜が訪れていた。トータプリが彼の額をつかまえ、第三の眼のチャクラがある場所を、ガラスの破片で上から下まで切り裂いたとき、彼は今にも忘我の境地に入らんばかりだった。鮮血が切り口から流れ出し、このときラーマクリシュナは勇気を奮い起こした。彼は剣《つるぎ》を振り上げ、カーリーをまっぷたつに斬った。カーリーが四散したとき、彼は不二となった。さざ波は大海に溶け去り、川は大海になった。
彼は六日の間、この絶対の静寂に没入したままだったと言われている。彼は空腹でもなければ、喉も渇かなかった――外界への意識や、気づきはまったくなかった。すべてが忘れ去られた。そして六日後に目を開いた彼は、最初にこう言った、「最後の障壁が落ちた！」

この最初の経文《スートラ》は言う。

ああ、息子よ、あなたが長くとらわれてきたのは、自分は身体だという認識の束縛だ

あなたは、この束縛が自分の実存なのだと信じ始めている。「私は身体だ、私は身体だ、私は身体だ！」――あなたは生に次ぐ生で、こうくり返してきた。この反復によって、私たちは身体になってきた。だが私たちは身体ではない。これは私たちの誤認であり、私たちの癖だ。これは私たちの自己暗示だ。あまりに深く信じてきたので、私たちはそれになってしまっている。
ラーマクリシュナの生涯には、別の逸話がある。彼はすべての宗教のサダナ、霊的な修行をした。彼は人類の歴史において、すべての宗教の道を経て真理に到ろうとした唯一の人だ。普通、ひとりの人間は一本の道を経て到達する。山の頂きに到達したとき、だれが他の道のことなど構うだろう？　そのとき、他の小道も歩こうとするだろうか？　知ったことではない——あなたは到達したのだ。あなたの歩んだ道は、あなたが歩んだのだ。その他のすべてを歩むことが、いったい何の役に立つだろう？　だがラーマクリシュナは、山の頂きに幾度となく到達し、そこから降りてくる。彼は二番目の道を、そして三番目の道を登った。彼はあらゆる宗教のサダナを修め、そのすべてを通じて同じ頂きに到った最初の人間だ。
統合については、多くが語られてきた——ラーマクリシュナは、統合の科学を創造した最初の人だ。多くの人々が、あらゆる宗教は真実だと言ってきたが、それはたんに話の上でしかなかった。ラーマクリシュナは、それを現実のものにした。彼はそれに体験からくる力を与え、自らの人生でそれを証明した。イスラム教のサダナをしていたときは、本物のイスラム教の行者《ファキール》になった。彼はラーマを忘れ去り、「アラーフゥ、アラーフゥ、アラーフゥ、アラーフゥ」と唱え始めた。彼はコーランの諸節を聴き始め、モスクの階段の上で生活した。寺院のそばに来ても目を上げようともせず、ただ頭を下げて挨拶するだけだった。カーリーのことは、忘れてしまった。

ベンガルに、サキ派という宗派がある。ラーマクリシュナが、サキ派のサダナを実践していたときのことだ。サキ派は、神だけが男性であり、他は全員女性だと信じている——クリシュナは神であり、他はみな彼のサキ、彼の愛人だ。だからサキ派の伝統では、男性も自分のことを女性とみなしている。だが、ラーマクリシュナの生涯に起こったことは、どんなサキ派の信徒の生涯にも起こらなかったことだった。男性は、表面的には自分のことを女性だと思える。しかし、彼は男性のままであり、内側では自分が男性だとわかっている。サキ派の信徒たちは、クリシュナの像を抱いて眠る——これは彼らの夫だ。でも、それがどんな違いを生むというのだろう？　しかし、ラーマクリシュナがこのサダナを行なったとき、前代未聞のことが起こった——科学者たちも、そんなことが起こったことに驚くだろう。彼はサキ派のサダナを六ヶ月間行なったが、三ヶ月後に胸がふくらみ始め、声が変わり、女性のように歩き出した。その声は、女性の声のように可愛らしくなった。胸は大きくなり、女性の胸になっていった。彼の肉体の、男性としての構造が変化し始めた。

この位ならありうることだ。未発達だが、男性にも胸はあるのだから。女性の胸は発達している。だから、未発達な胸も発達する可能性がある――その種は存在している。この地点までは、驚異的なことは何も起こっていない。胸が大きくなる男性はたくさんいる――さほど驚くべきことではない。だが、六ヶ月が終わろうとする頃、彼に月経が訪れたのだ。これは奇跡だった！　その月経は、肉体の科学に完璧に反している。こんなことは、どの男性にも起こった試しがなかった。

その六ヶ月間に何が起こったのだろう？　「私は女だ」という信念――この思いが非常に強まり、この感覚が実存にとても深く響きわたった。それは毛穴のすみずみまで、肉体の全細胞にこだました――「私は女だ」と。抵抗する気持ちはどこにも残っておらず、彼は男性であることをすっかり忘れ去った――そしてそれは起こった。

アシュタヴァクラは、私たちは身体でないと言っている。私たちは自分が身体だと信じたから、身体になっただけだ。何であれ、私たちは自分が信じたものになる。世界とは私たちの思い込みだ。思い込みを落とした瞬間、すぐにでも私たちは変容しうる。そしてそれを落とすために、現実を変える必要はまったくない。ひとつの考えを落とせばいいだけだ。

もし私たちがほんとうに身体だったら、変容はとても困難だろう。ほんとうは、私たちは身体ではない。現実には、私たちは意識として――観照者、観察者として、身体の内側に隠れている。

ああ、息子よ
あなたが長くとらわれてきたのは
自分は身体だという認識の束縛だ
『自分は気づきだ』という知の剣《つるぎ》で
この束縛を断ち、幸せでありなさい

気づきの剣《つるぎ》をかかげなさい。「私は気づきだ」――この理解の剣をもって、「私は身体だ」という考えを切り払いなさい。あなたは幸せなのだ。

苦しみは、すべて身体のものだ。誕生、病気、老い、死――いずれも身体のものだ。そして身体との同一化があると、身体のあらゆる痛みとの同一化がある。私たちは、身体が疲れ果てると「私は疲れてしまった」と思う。身体が病気になると「私は病気になってしまった」と思う。身体が死に近づけば、自分は死ぬといって怖がる。それは思い込み、ただの思い込みでしかない。


聞いた話だが、ある晩、ムラ・ナスルディンと妻がベッドに横になっていた。彼らには子供がなく、妻はとても子供を欲しがっていた。そろそろ眠りに落ちようというところで妻が言った、「聞いてよ、もしあたしたちに子供がいたら、その子をどこに寝かせようかしら？――だって、ベッドはひとつしかないんですもの」

そこでムラは、ちょっとばかり横に身体をずらしながら言った、「ちょうど真ん中の、ここにしようじゃないか」

すると妻が言った、「じゃあ二人目ができたら？」

ムラは、もう少しずれながら言った、「ここにも寝かせられるよ」――気の毒なナスルディン！

「三人目が生まれたら？」と妻。

もっと遠くにずれながら、「ほら、ここにすれば」とムラが言おうとしたまさにそのとき、彼はベッドからすごい音をたてて落っこちた。彼は足を折ってしまった。物音を聞きつけて、近所から集まってきた人たちが――彼が大声で泣きわめいていたからだが――「どうしたんだ？」と尋ねた。

彼は言った、「この子が――まだ生まれてもいないってのに、おれの足を折ったんだ。いもしない子供だってこんな面倒の種になる。本物の子供なんて、何をか言わんやだ！　すまんが、おれは子供なんか欲しくないね。この経験でもうたくさん！」


ときどき、いや、ときどきではなく、私たちは普通こんな風に生きる――思い込みで。私たちは自分の思い込みに従う。そして自分の思い込みに従うとき、その思い込みが間違っていたとしても、現実の結果が生じる。子供などいなかったのに、現実の足が折れたのだ。偽りのものの影響も、現実になりうる。その偽りをとても深く信じていたら、その結果は実際に起こるだろう。

心理学者たちは、私たちの世界での様々な経験の多くは、現実というよりも思い込みなのだと言っている。


ある心理学者が、ハーバード大学で実験を行なっていた。ひとつの試みとして、彼は大きな瓶に封をし、念入りに包んでから教室に持っていった。そこには五十人の生徒たちがいた。彼はその瓶を机上に置いて生徒たちに言った、「この瓶にはアンモニアのガスが入っている。私はひとつ実験をしてみたい。封をはがしてから、このガスの匂いが広がるのに、どれだけ時間がかかるかを知るためだ。そこで、匂いが届いたら手を上げてほしい。匂いを感じたら、すぐに手を上げてくれ。最後の列まで何秒かかるかを知りたいのだ」

生徒たちはじっと集中した。彼は瓶を開けた。それを開けるとすぐに、自分の鼻をハンカチで押さえた――

アンモニアのガスだ！　彼は脇に退いた。二秒もしないうちに、最前列の一人が手を上げ、二人目、三人目と続いた。すると二列目で手が上がり、今度は三列目でも上がった。十五秒以内に、アンモニアのガスはクラス全体に行き渡っていた――そして、その瓶のなかにはアンモニアなど入っていなかったのだ！　瓶は空っぽだった。
ある考え――そして結果が生じた。彼らが信じたから、それは起こった。アンモニアのガスなどなかったと彼が告げたとき、生徒たちは言った、「あろうとなかろうと、それを嗅いだんです」。その匂いは投影されていた。その匂いは、あたかも内側から来たかのようだった――外側には何もなかった。彼らが考えたから、それは生じた。

聞いた話だ。ある男が病気で入院していた。看護婦が彼にジュースを、オレンジジュースを持ってきたそうだ。彼女がそのジュースを持ってくるちょっと前に、別の看護婦が、尿を採取するための瓶を彼に渡してあった――検査用に。いたずら好きだった彼は、オレンジジュースをその瓶に注ぐと、脇に置いておいた。

看護婦が瓶を取りにやってきて、そのとても奇妙な色合いにぎょっとした。男は言った、「君も驚いたろう――相当おかしな色だよね。よし、そいつを僕の身体にもう一度再利用《リサイクル》させてくれ、そうすりゃ色も良くなるさ」――そして彼は瓶を口に持っていくと、中身を飲んでしまった。

その看護婦は、気を失って卒倒したそうだ。男が尿を飲んでしまったと思ったのだ。それに彼の言い草ときたら、「僕の身体にもう一度そいつを通せば、色がよくなるよ。きっとうまくいくさ」だ。まったく何という男だろう？　でも、それはただのオレンジジュースだった。オレンジジュースと知っていたら、彼女は失神しなかっただろう。それは思い込みによるものだったが、彼女はほんとうに卒倒した。

人生では、思い込みが何かを為したり、思い込みが実現したりといった出来事を、身の回りで無数に見出すだろう。

「私は身体だ」——私たちは幾生にもわたってこう信じてきた。そして、そう信じることで、私たちは身体になってしまっている。そう信じることで、私たちは小さくなってしまっている。そう信じることで、私たちは限られてしまっている。アシュタヴァクラの基本的な前提は、これは自己暗示、自己催眠だということだ。あなたは身体になっていない、あなたは身体にはなれない。そんな術はない——あなたでないものに、どうやってなれるだろう？　あなたであるものは、今まさに、あなたとしてある。偽りの思い込みを切り捨てればいいだけだ。

『自分は気づきだ』という知の剣《つるぎ》で
この束縛を断ち、幸せでありなさい

まさに今、喜びのなかに目覚めなさい。私たちの苦悩はみな、思い込みという寄生虫なのだから——自分は身体だという思い込みの。仏陀も死ぬが、死に苦しむことはない。ラーマクリシュナも死ぬが、死に苦しむことはない。ラナマ・マハリシも死ぬが、死に苦しむことはない。

ラマナが死んだとき、彼は癌だった。医者はとても驚いた。それは大変な難病で、とても痛みを伴うものだったからだ。だが、ラマナはいつもと変わらぬまま、まるでその病気は何の違いももたらさないかのようだった。まったく何も変わらなかった。医者はとまどった。そんなことは不可能だった。いったいどうして、そんなことが起こりうるのか？　死の瀬戸際だというのに、その男はくつろいで、動揺していなかった。医者の当惑も察しがつくだろう。大変な痛みだというのに、その男は安らかで、動揺していなかったのだから。私たちには、彼らの当惑や、その論拠がわかる。私たちにとって、身体はすべてであるように見えるからだ。「私は身体ではない。死はやってくるが、それは身体にとっての死だ。痛みはやってくるが、それもまた身体に対してだ」と知る者には、背後に立って見守る新たな意識が芽生えている。そして、この身体と意識の間の距離は、天と地の間の距離だ。これより大きな距離は存在しない。あなたの内なる世界で、存在においてもっとも隔たった物事が出会っている。あなたは、天と地が出会う地平線だ。

生まれ、留まり、成長し、変わり
老い朽ち、死にゆくもの
あなたはそれではない

このすべてを観察するもの——あなたは自分の幼い頃を見た、そして幼い頃が去っていくのも見た。もしあなたが自分の幼かった頃そのものだとしたら、今、その幼かった頃を思い出せるのはいったいだれなのか？　あなたは幼い頃と一緒に消えていたはずだ。あなたは自分の青年時代を見ていた。それが訪れるのを見て、去ってゆくのを見た。もしあなたがあなたの青年時代だとしたら、今それを思い出しているのは、いったいだれなのか？　あなたは、自分の青年時代と一緒に去っていったはずだ。あなたは自分の青年時代が訪れるのを見守り、去ってゆくのを見守っていた——明らかにあなたは、この青年時代以外の何かだ。それはとても単純で、まったく明白なことだ。あなたは苦しみを見ていた、痛みが生まれるのを見ていた、自分の周りに痛みという雲が集まるのを見ていた——そして、苦しみが去るのを見ていた。あなたは不幸を見ていた、幸福を見ていた。一本の刺があなたの肌に穴を開け、あなたは痛みを観察していた。その刺は抜かれ、もう痛みはない。それをあなたは見た——あなたは見る者だ。あなたは超えて立っている。あなたに触れることはできない。どんな出来事も、あなたに触れることはできない。あなたは水面《みなも》に浮かぶ蓮の花だ。

あなたは独りであり、行為なく
自らの明かりであり、潔白だ
三昧《サマーディ》の修練——
それがあなたの束縛だ

これはひとつの驚きだ、革命的な声明だ。これほどまでに革命的な声明は、世界中のどの聖典のなかにも見つからない。それを完全に理解するとき、深い感謝が湧き起こる。

パタンジャリは言っている、「ヨーガとはチッタ・ヴリッティ——マインドの投影が止むことだ」。マインドが投影を止めるまで、自分自身を知ることができないという考えは、ヨーガでは一般的に受け入れられている。心的投影《メンタルプロジェクション》のすべてが静まったとき、人は自分自身を知ることができる。

アシュタヴァクラは、パタンジャリの経文《スートラ》に反して語っている。アシュタヴァクラは言う、

あなたは独りであり、行為なく
自らの明かりであり、潔白だ
三昧《サマーディ》の修練——
それがあなたの束縛だ

サマーディは修練できない、サマーディのために準備することはできない。なぜなら、サマーディとはあなたの本性だからだ。心的投影は、より低い境地だ。それらを止めようと試みるのは、ちょうど暗い家に入って暗闇と闘おうとするようなものだ。

これを理解しなさい。刀や槍や棒を手にして、暗闇と闘ってごらん。兵隊や強者《つわもの》たちを呼んで、暗闇を押し出し始めてごらん。あなたに勝ち目はあるだろうか？　暗闇の不在が光――定義としてなら、それは的確だ。だが、この定義を理解するように。暗闇の不在が光であるのは真実だ。心的投影が静まることがヨーガであるのは真実だ。だが、さかさまに受け取ってはいけない。

暗闇の不在は光だが、暗闇を追い払おうとし始めないように。正しい状況はその逆だ。光の存在こそが、暗闇の不在なのだ。ランプに明かりを灯せば、暗闇は自ずと消え去る。暗闇は存在しない――暗闇とはひとつの不在にすぎない。

マインドの投影を静めることで、あなたは自分の実存を知るだろう、とパタンジャリは言う。アシュタヴァクラは、あなたの実存を知ることで、マインドの投影は静かになると言う。あなたの実存を知ることなしに、投影は止められない。心的投影が生まれるのは、実存を知らないからだ。もしあなたが自分は身体だと思うなら、身体の欲望が生じる。自分はマインドだと思うなら、マインドの欲望が生じる。何であれ、自己同一視しているものの欲望は、あなたに影を落とし、あなたを映し出す。何であれあなたに近いものは、あなたに影響を及ぼす。

それはちょうど、水晶の隣に色つきの石を置くようなものだ。その石の色合いは、水晶に照らし出されるだろう。赤い石と一緒に置けば、水晶は赤く見える。青い石と一緒に置けば、水晶は青く見える。そうなるのは、接近しているからだ。水晶が青くなるわけではない。ただ、そう見えるだけだ。

暗闇はあるように見えるだけで、存在しない。光の不在が暗闇と呼ばれる。暗闇それ自体には実体もないし、それ自体は存在しない。暗闇と闘い始めてはいけない。

ヨーガとアシュタヴァクラの洞察《ヴィジョン》は正反対だ。だから私は言おう、もしあなたがアシュタヴァクラを理解したければ、クリシュナムルティを理解しようと試みるべきだと——クリシュナムルティは、アシュタヴァクラの現代版だ。クリシュナムルティが現代風の言い回しで、今日《こんにち》の言語で語っていることは、アシュタヴァクラのメッセージの精髄だ。クリシュノムルティの信奉者たちは、彼が新しいことを語っていると思っている。新しいことは何も語られていない。語られうることはすべて、すでに語られてきている。牛の持ちうる諸相はすべて、みなどこかで探究されてきている。太古の昔から、人は探求してきた。新たに語られるべきことは、何ひとつない。言葉が変わり、包みが変わり、衣服が変わるだけだ。新しい考えはその時代によって変わるが、クリシュナムルティの言っていることは、まさしくこれだ。

アシュタヴァクラの言語はとても古典的で、クリシュナムルティの言語はとても現代的だ。だが、わずかでも理解できる者たちは、彼らが同じことを言っているのがわかるだろう。

クリシュナムルティは、ヨーガは不要だと言う。瞑想は不要だ、真言《マントラ》や苦行は不要だと言う。これらはみな修行だ。修行は、私たちの非本質的なもののために必要とされる。私たちの内なる本性を見出すために、どんな修行ができるというのだろう？　修行をすべて落とし、自分自身に見入る。すると、あなたの本性が明らかになるだろう。

あなたは独りであり、行為なく
自らの明かりであり、潔白だ

この定義をごらん。アシュタヴァクラは、あなたは潔白だと言う。自分を罪人などとは、思ってもいけない。サドゥーたちや僧侶たちには、いくらでも言わせておけばいい――あなたは罪人だ、罪を浄め、自分の犯してきた悪業を悔い改めよ、そうすれば解放されると。アシュタヴァクラの経文《スートラ》を覚えておきなさい、あなたは行為から自由だ。どうして何かを行なえるというのか?

人生には六つの波がある、とアシュタヴァクラは言う。これら六つの波とは、飢えと渇き、悲しみと幸せ、誕生と死のことだ。飢えと渇きは肉体における波だ。もしも肉体がなかったら、飢えも渇きもない。これらは肉体の欲求だ。身体が健康だと、飢えは増す。身体が病んでいると、飢えは減る。身体が太陽にさらされていたら、汗が蒸発するから渇きは増す。暑い天気だと、涼しいときよりも喉が渇く。これらは肉体の欲求であり、肉体における波だ。

飢えと渇きは肉体のものだ。悲しみと幸せはマインドのものだ。だれかがあなたのもとを去るとき、そこには不幸がある。なぜなら、マインドはしがみつき、執着を生み出すからだ。愛する人と会うとき、そこには幸せがある。その愛する人が去るときは不幸だ。気に食わない人と会うときは不幸で、その気に食わない人が去ると幸せだ。これはマインドのたわむれであり、好意と嫌悪というたわむれ、魅惑と反発というたわむれだ。

マインドが存在しなくなった人の内側には、悲しみも幸せもない。これらはマインドにおける波だ。

そして誕生と死――誕生と死は生命エネルギーにおける波だ。誕生の瞬間に呼吸は始まり、死の瞬間に呼吸は止まる。赤ん坊が生まれるとすぐ、医者はその子が呼吸を始め、泣き始めるように気づかう――泣くように。泣くには呼吸をしなくてはならないからだ。産声の痙攣《けいれん》によって、呼吸経路が開かれる。産声の痙攣によって、閉じていた肺が機能し始める。もし子供が数秒以内に呼吸し始めなかったら、医者はその子が呼吸し始めるよう、逆さに持ち上げ、お尻を叩いて促す。

呼吸とは誕生だ。呼吸とは生命の過程《プロセス》を意味している。人が死ぬと、呼吸は止まり、生命の過程が停止する。これは瞬間ごとに続いている。息が入ってくると、生命は入ってくる。息が出ていくと、生命は出ていく。誕生と死は毎瞬の出来事だ。あらゆる入息は生命だ。あらゆる出息は死だ。だから、生と死は毎瞬の出来事だ。これらは生命エネルギーにおける波だ。

アシュタヴァクラは言う、これらは六つの波であり、あなたはこれら六つの波を超えている――あなたはこれらの観察者なのだと。


仏陀の瞑想の全体系は、呼吸に基づいている。入息と出息を見守り続ける、そのひとつの技法で充分だと仏陀は言った。息が出ては入るのを見守ることで、何が起こるのだろう？　吐く息が出ていき、まだ吸う息が入ってきていないとき、あなたはゆっくりと短い切れ目を見つける。それは、呼吸が止まり、息が出ても入ってもいない地点だ。それぞれの息の間には、束の間の間隙《ギャップ》がある――息が流れても、動いても、そよいでもいない地点だ。それは出ていき、少しだけ停止し、そして入ってくる。それは入ってきて、少しだけ停止し、そして出ていく。あなたは間隙を見始めるだろう。まさにこの間隙において、あなたはあなたであるものを見出す。この、息が入っては出ていくことは、生命力《ライフフォース》の戯れだ。そして息が出ては入っていくのを見守れるようになったら、見る者は呼吸から分離している。それは呼吸以外の何かだ。

私たちの身体はもっとも外部の円周で、マインドは内側の円、そして生命はもっと内側の円だ。身体的に損なわれたり、怪我をしたり、壊れていたりしても、生き続けるのは可能だ。マインドが分裂していたり、錯乱していたり、機能していなくても、それでも人は生き続ける。だが、呼吸なしには生きられない。頭脳が全体的に傷ついていても、彼は生き続ける――昏睡したままであっても生き続ける。手も足も切断され、残るのは呼吸だけ――それでも人は生き続ける。もし呼吸が止まったら、他のすべてが問題なくても、人は死んでしまう。

これらは六つの波であり、観察者はこれら六つを超えている。

あなたは独りであり……

あなたに道連れはいない。身体はあなたの道連れではない、呼吸はあなたの道連れではない、思考はあなたの道連れではない。

あなたは独りであり……

内側に道連れはいない——外側は言うまでもない！　夫、妻、家族、友人、恋人——道連れはいない。親しい人はいない、関係のある人もいない。親しくあることは、外側のひとつの現象でしかない。内側からは、どの人との結びつきも生まれえない。

あなたは独りであり、行為なく
自分の業《カルマ》だとか、自分の行為といった疑問を抱くことすらいけない。もしアシュタヴァクラに、「人はまさに今解き放たれるとおっしゃいますが、私たちの過去の行為の結果に対しては、何が起こるのですか？　積年の罪業はどうなるのです？　それからどうやって解放されるというのですか？」と尋ねたら、アシュタヴァクラは言うだろう、「あなたがそれらを行なったことはない。飢えから身体は何かをしたかもしれない。活力から生命は何かをしたかもしれない。自らの欲求から、マインドは何かをしたかもしれない。あなたは、何もしたことがない。あなたはつねに分離していて、無為の内にある。あなたを通じて行為が起こったことはない。あなたは、すべての活動を観察する者だ。解放は、今まさに可能だ」

考えてもごらん、もし私たちが過去の行為という網全体を壊さなくてはならないとしたら、解放されることはないだろう。それは不可能だ。私たちは、あまりにも多くの行為を、果てしなく行なってきた——それがどれほどのものか、ちょっと見積もってごらん。こうした行為のすべてから解き放たれねばならないとしたら、その解放には果てしない時間がかかるだろう。そしてこの果てしない時間の間に、あなたは怠けて座り込んではいないだろうし、やはり何かをしているだろうから、またカルマがたまる。この連鎖には終わりがない。この連鎖は決して終わらないだろう、どんな終結もやってこないだろう。

アシュタヴァクラは言う、もし自由であるために、過去の行為の刻印から自由になる必要があるなら、解放は決して起こりえないと。だが、解放は起こる。あなたは自由にはなれない——あなたは自由なのだから。解放が存在することこそ、実存は決して行為をしたことがないという証しとなる。あなたは罪人ではないし、聖者でもない。徳が高いわけでもないし、不徳でもない。地獄などどこにもないし、天国もない。あなたは何もしたことがない。ただ夢を見てきただけ、自分が行為をしていると思ってきただけだ。あなたは内側で眠っていた——身体は行為をしていた。いろいろな事を行なった身体の数々は、とうに消えている。それらの行為の結果が、どうしてあなたのものでありえるだろう? あなたは内側で眠っていた——マインドは行為をしていた。行為をしていたマインドは、毎瞬消え去っている。

聞いた話だ。前の王様《マハラジャ》が、アトリエが汚れているのを見かけた。彼は召し使いのジャンクを怒鳴りつけて言った、「アトリエ中にクモの巣が張っておる。おまえは一日中、いったい何をしていた?」

ジャンクは言った、「陛下、この巣は、どこかのクモが張ったに相違ありません——私めは自分の部屋でまどろんでおりましたので」
あなたは内側でまどろんでいた。どこかのクモが、網を張ったにちがいない！　身体は網を張り、マインドは網を張り、生命エネルギーは網を張ってきた——そしてあなたは眠っていた。起きなさい！　目覚めれば、自分が何もしていなかったことがわかる。たとえ何かをしたいと欲したとしても、あなたにはできなかった。あなたの本性は無活動だ。無為こそがあなたの自然な状態だ。

あなたは独りであり、行為なく、自らの明かりであり、潔白だ

この宣言を聴いたかね？　あなたは潔白だ！　学者《パンディット》や僧侶たちが教えてきたことなど、放り出しなさい！　あなたは潔白だ。彼らの教えはとても有害だ、彼らはあなたを罪人に仕立ててきた。数え切れないやり口で、悪いのはあなただと教え込んできた。あなたを恥と自責の念でいっぱいにしてきた。あなたは潔白だ、どんな悪事も犯してはいない。
三昧《サマーディ》の修練——それがあなたの束縛だ……この革命的な言明をごらん！
三昧《サマーディ》の修練——それがあなたの束縛だ……あなたはサマーディが実を結ぶようにと努力している。瞑想が花開くよう、解放が起こるようにと。修行に、儀式に、祭礼に。

三昧《サマーディ》の修練──それがあなたの束縛だ……これこそあなたの束縛なのだ。気づきという剣を振りかざし、それを断ち切りなさい！

もう、このふたつがはっきりしただろう。ヨーガの道と気づきの道は、全面的に異なっている。気づきの道に対する古《いにしえ》の呼び名は、サーンキヤだ。『サーンキヤ』とは気づきを意味し、『ヨーガ』とはサダナ、技法を意味する。『サーンキヤ』とは、たんに目覚めることだ。何もする必要はない。ヨーガとは、目覚めが起こる前に多くを為さねばならないという意味だ。ヨーガには多くの手法があるが、サーンキヤには終わりしかない。道はなく、終着地だけがある。あなたはその終着地から、よそに出ていったことなどないのだから。あなたはただ、自らの内なる寺院に座っていただけだ。戻ってくる必要はない──ただ、自分はどこにも出かけていないことを知りなさい。

あなたは独りであり、行為なく
自らの明かりであり、潔白だ
三昧《サマーディ》の修練──それがあなたの束縛だ

あなたを縛っているのは、解放の探求だけだ。解放の探求が、新たな束縛を生み出している。
人は世の中の虜《とりこ》になり、そしてへとへとになって解放を求め始める。こうして彼は家や家庭を放棄し、家族を放棄し、仕事やお金を放棄する。すると、彼は新たな束縛の虜となる──彼は僧侶になる。新しい拘束だ。いかに動き、座るか、いかに食べ、飲むか──彼は新たな隷属をつくり出す。
僧侶の条件付けが、囚人のそれに似ているのを観察したことがあるだろうか。僧侶は自由でない。なぜなら僧侶は、自由になるにはまず拘束を受け入れなくてはならない、と思うからだ。これはおかしな考えだ！　解放のために、まず拘束を受け入れなくてはならない！　自由にはどんな拘束も必要ない。

クリシュナムルティの著書のひとつに、『最初で最後の自由』がある。それは、アシュタヴァクラのもっとも現代的な言い回しだ。自由であるつもりなら、まさに最初の一歩から自由になりなさい。最後に自由になるなどと思わないように。あなたが自由でいられるのは、最初の一歩においてだけだ、二歩目ではない。もし第一歩で自由のための準備をするなら、まさにそうした準備が枷《かせ》を生み出す。すると、この新たな枷から抜け出すために、新しい準備が必要になる。こうした準備は、またしても新たな枷を生むだろう。あなたはひとつの枷から抜け出して、次の枷につながれる。どぶから這い出て、井戸に落っこちてしまう。

世俗的な人々と出家者《サニヤシン》たちの両方が、いかに囚われているかを見るといい。彼らの隷属は異なるが、違いはない。根本的な愚かしさが打ち破られるまでは、何をしようと、それはあなたを虜にするようだ。

聞いた話だ。恋人に逃げ出され、その人は彼女を探しに出かけた。そこら中を探すうちに、彼はジャングルに辿り着いた。樹の下に、行者《サドゥー》がひとり座っていた。「僕の彼女がこの道を行くのを見なかったかな？　家から逃げ出しちゃったんだ。まったく何がどうなっているのか、お手上げだ」と男が尋ねた。

「彼女は何という名だね？」とその行者《サドゥー》は尋ねた。

「悩美《なやみ》っていうんです」と男。

行者は言った、「悩みね！　君も大した名前をつけたものだ。女性は皆、悩みの種だ。でも正しく名づけたのは君だけだな。で、君の名前は？」。行者は知りたがった――この男、冴えた名前をつけるようだ。

彼は言った、「僕は間抜家《まぬけ》といいます」

行者は吹き出して言った、「こんな捜索はもうお止め。どこに君がいたって、『悩み』はやってくる。どこにも行かなくていいよ。君が『間抜け』なだけで充分だ。悩みの種の方から、君を見つけてくれるだろうよ」

世間を放棄して逃げ出すとき、この放棄はその人の低能ぶりや馬鹿さ加減、愚かしさを帳消しにはしない。彼はこの愚かしさを手に寺院に座り、新たな束縛をつくり出す。その愚かしさは新たな網を張る。まず世間の虜となり、今は出家《サニヤス》の虜だ。彼は束縛なしにはいられない。

自由は最初の一歩にある。そのための計画などない。計画するのは、計画にとらわれることだ。準備してごらん、するとあなたは準備の虜になる。そして、それは放棄されなくてはならなくなる。それはいつまで続くだろう？　それには終わりがない。


聞いた話だ。ある男性が、墓場に立ち入るのを怖がっていた。彼の家は墓場の反対側にあったので、彼は毎日そこを横切らないといけなかった。あまり怖がるものだから、夜は家から出なくなった。日が暮れると、彼は震えながら帰宅したものだった。

とうとう、ある行者《サドゥー》が同情した。彼はその男に言った、「怖がるのは止めて、このお守りを持っていきなさい。いつでも手首にこのお守りを巻いておきなさい。そうすれば、どんな幽霊だろうと亡霊だろうと、おまえさんには手出しできないよ」

それは効いた。手首にそのお守りを巻いておくことで、幽霊への怖れは消えた。だが今度、彼は新しい怖れにとらわれていた。お守りをなくしたらどうなってしまうのか？　もちろん、そのお守りは彼を幽霊から守ってきた。もう真夜中でも、怖がることなく墓場を横切れた。そこには幽霊などいなかった――それは彼自身の怖れでしかなかったのだ。お守りは彼を恐怖から解放したが、彼は新たな恐怖、お守りをなくす恐怖にとらわれた。彼は風呂に入るときもそのお守りを離さず、何度も何度もそれを持っていることを確かめるのだった。

今度は、眠っている間にだれかがお守りを開けたり、盗んだりするだろうと怯えていた。そのお守りは、彼の生命になってしまった。

恐怖は同じように続いた――幽霊がいなくなれば、お守りをなくすのが怖い。さて、だれかがお守りを別なものに変えたとして、何が変わるだろう？――この男は、自分の怖れを変えるつもりがないのだから。

幽霊が問題なのではなく、恐怖が問題だ。そして、あなたは恐怖をひとつの場所から別の場所へと押しやることができる。たくさんの人たちが、こうしたバレーボールをやり続けている。ボールをこっちからあっちへ、あっちからこっちへ放っている。彼らはただ放り続け、遊び続けている。そうするうちに、人生全体が素通りしていく。


アシュタヴァクラは言う、三昧《サマーディ》のための修練が束縛のもとなのだと。自由でありたければ、自らの自由を宣言しなさい。用意し続けてはいけない。だから私は、この革命的な言明をごらんと言うのだ。この言明は類いまれで、無比なるものだ。

あなたの自由を今ここで宣言しなさい、とアシュタヴァクラは言う。そのための用意などしてはいけない。まず用意しないと、それから――などと言わないように。その準備があなたを虜にするのだから。では、どうやってその準備を落とせばいいのか？　ひとつの病気が落とされ、別の病気が拾い上げられる。これでは、たんに担ぎ換えているだけだ。

火葬場に向かって、遺体を乗せた担架を運んでいく人々を見たことがあるだろう。彼らは肩を入れ換え続ける。一方の肩でその重さを運ぶのに疲れると、彼らはもう一方の肩に換える。数分間の息抜きだ。それからもう一方の肩が痛み始めると、また換える。あなたはこれを何生もやってきている。これから見出すのは、束の間の息抜きでしかない。決して究極の安らぎを見出すことはない。

こうして死体を運ぶことを落としなさい。宣言するがいい！　自由を欲するなら、一秒のうちに、一秒もせずに、宣言できる。

人々は私に、なぜだれにでもサニヤスを与えるのかと尋ねる。私は、どの人にもその資格があるからだと言う――それは宣言するという問題にすぎない。必要なことは何もない、ただ宣言するだけでいい。この宣言――「私はひとりのサニヤシンだ」ということが、あなたのハートの王座につかなくてはならない。すると、あなたはサニヤシンになっている。「私は光明を得ている」という宣言で、あなたは光明を得ている。あなたの宣言こそが、あなたの生だ。

宣言する勇気を見出しなさい。なぜ、ちっぽけな宣言をする？　公言しなさい、「アハム・ブラフマスミ――私はブラフマンだ」と！――すると、あなたは究極なるものになっている。

次の経文《スートラ》で、アシュタヴァクラは言っている、

あなたはこの宇宙に浸透している
あなたはその中のより糸
あなたはもともと純粋な意識
だから狭量になってはいけない

なぜ、些細な物事に巻き込まれる？　あなたはときどき巻き込まれる、「この家は私のだ、この身体は私のだ、このお金は私のだ、この仕事は私のだ」。マインドは、何と些細な物事に巻き込まれることか！

あなたはこの宇宙に浸透している――あなたはその中のより糸

この全存在は、あなたに浸されている。ブラフマンの広大な広がり全体に、あなたは浸透している。

あなたはもともと純粋な意識、だから狭量になってはいけない
なぜ、ちっぽけな主張をするのかね？　大いなる宣言をしなさい。こう宣言しなさい、「私は純粋な意識だ、私は純粋な知性だ！」

……狭量になってはいけない……私たちはじつに些細な主張をしている。そして私たちは、自らが言明するものになる。これに関して、インドの世界に対する貢献はユニークだ。というのも、インドは世界でもっとも偉大な宣言を発してきたからだ。マンスールはイスラム教の世界で宣言した、「アナル・ハク！——我は真実なり」。彼らはマンスールを殺した。彼らは言った、「この男はあまりにも重大な主張をしている。『我は真実なり』——そう言えるのは、ただ神のみだ。どうして人間にそんなことが言えるものか」。だが、私たちはアシュタヴァクラを殺さなかったし、「アハム・ブラフマスミ——我は梵《ブラフマン》なり」と言ったウパニシャッドの見者たちを殺さなかった。私たちには、あることがわかっていたからだ。すなわち、人は自らが宣言したものになるということだ。

なぜ、ちっぽけな宣言をする？　あなたの生の進化は、自分の宣言にかかっている。もっとも広大なるものを宣言し、無限なるもの、遍在なるものを宣言しなさい。神性の宣言をするがいい。どうして、それ以下のもので満足する？　なぜ惨めでいる？　あなたはまさに自分の宣言のなかで惨めだ。そして自分で惨めな宣言をすることで、あなたはそれになってしまう。

ちっぽけなものにうなずいたら、ちっぽけになってしまうだろう。無限なるものにうなずくなら、あなたは無限となるだろう。あなたの信念こそ、あなたの生なのだから。

あなたは期待を持たず、不変で、自足し
落ち着きと、限りない知性の住まいであり
かき乱されることがない
だから、ただ意識だけを信頼しなさい

この確信ひとつで充分だ。修練ではなく、信、確信だ。修行ではなく、信頼だ。あなたは純粋な意識だ——この程度の信で事足りる。これは、世界でもっとも偉大な魔法だ。

だれかに何度も何度もおまえは愚鈍だと言ったら、彼は愚鈍になってしまうと心理学者たちは言う。人々は、見かけほど愚かではない。彼らは至高の存在だ。彼らは愚か者と呼ばれ、おまえは愚かだと言われてきた。あまりに多くの人々にそうくり返され、それに耳を傾けてきたせいで、彼らは愚か者になってしまっている。覚者《ブッダ》になっていたはずなのに、彼らはブッドゥ、愚か者になってしまっている。

心理学者たちは言う。あなたが道で会った健康な人に向かって、「あれ！　どうしたんだい？　顔色が悪いよ。熱があるみたいだ。脈をとってもいいかい？　具合が悪いじゃないか！　足元もふらついてるようだよ」と言うとしよう。最初は彼もそれを否定するだろう。ちょっと前まで、そんなことは思いもしなかったのだから。彼は言うだろう、「いやいや！　僕は申し分なく元気だよ。君、何を言ってるんだい？」

「わかった、好きにしなよ」とあなたは言う。すると少しして、他の人がやってきて彼に言う、「待ちなよ！　顔色が真っ青だよ。何かあったの？」。もう彼は、自分はすっかり元気だとは力説できない。「そうだね、ちょっと具合が悪い気がするな」と言うだろう。彼はそれを受け容れ始める。彼の勇気は消え始める。そして、三人目がやってきて同じことを言い始める。もはや彼は、こう感じながら家に戻るだろう、「体調がかなり悪いな。もう市場に行っても仕方ないや」

こんな物語を聞いたことがあるかもしれない。あるとき、ひとりのバラモンがヤギを一匹買って、家に連れて帰った。彼を見かけた数名の盗賊たちは、そのヤギをひったくれないものかと考えた。しかしバラモンは強健で、簡単には盗めそうもなかった。そこで彼らは駆け引きを、ちょっとした策略を試みることにした。ひとりが道をやってきて彼に言った、「立派なもんだ！　あんた、幾らでその犬を手に入れたんで？」

その男、バラモンは言った、「犬だと！　目は大丈夫か？　頭がおかしいんじゃないかね？　こいつはヤギだ！　市場から連れてきたんだ。五十ルピーもしたよ」

盗賊は言った、「あんた次第ですがね。いいですか、バラモン様が犬を肩に乗せてるんですぜ。兄さん、そいつは犬に見えるよ。たぶん、何かの間違いじゃないかね？」

バラモンは、道を進みながら首をかしげていた。いったいあの男は何だったんだ！と。でも、彼はヤギの足に触って、ちょっと確かめながら呟いた、「ヤギだよな」。別の盗賊は、通りの向こうで待ち構えていた。彼はバラモンに呼び掛けた、「何とまたいい犬を手に入れたもんだ！」

さて、バラモンにはそれは犬でないと言い張る勇気がなかった。だれにわかる？　それは犬だったかもしれない――たぶん、ふたりの人間が間違えることはないだろう。それでも彼は言った、「いやいや、こいつは犬じゃないよ」。しかし、それはもはや弱々しかった。そう言ってみたものの、内側ではその根拠が揺らいでいた。彼は言った、「違うよ、こいつはヤギだ」

男は言った、「こいつがヤギ？　こいつをヤギだと言うんですかい？　それじゃ、尊いバラモン様、ヤギの定義ってもんを変えにゃいけませんね。こいつをヤギと呼ぶんなら、犬のことは何て呼ぶんで？　でも、あんた次第ですからね。あんたは学のある人だ、そうしたかったら呼び名を変えられるんでしょ？　ただの名前だもんね。ことによるとあんたは犬と言うかもしれんし、さもなきゃヤギと言うかも――犬は犬だけどさ。そいつをヤギと言ってみたところで、何も変わりゃせんけどね」

男は立ち去った。バラモンはヤギを降ろすと眺めた。どう見てもヤギ、他のヤギと同じようにヤギだ。彼は目をこすったり、道端の蛇口の水で洗ったりした。彼は自分の家のそばに近づきつつあった。もし人々が、バラモンが犬を肩に担いでいるのを見かけたとしたら、それは寺院での礼拝や、学識への打撃になるだろう。人々は、彼の礼拝に対して支払っている――彼らは支払いを止めてしまい、彼のことをおかしくなったと思うだろう。もう一度、彼は入念にその生き物を検分し、それがヤギであることを確かめた。それにしても、いったいあのふたりは何だったんだろう？

再び彼はヤギを背負って出発した。だが、今ではちょっと心配そうに歩いていた。だれかが彼を見かけでもしたら？　そのとき、彼は三人目の男に出くわした。彼は感嘆して叫んだ、「何てすばらしい犬だ！　どこで手に入れたんだ？　俺も長いこと犬が欲しかったんだよ」

バラモンは言った、「友よ、持っていきなさい！　犬が欲しいなら、持っていきなさい。それは本物の犬だ。友だちがくれたんだが、引き取ってくれないかね」。そして彼は、自分が犬を買ったのを人に見られる前に、家へ逃げ帰った。


人はこんな風に生きている。あなたは、あなたの信じるものになる。そして、まわりには詐欺師や悪党たちがたくさんいる――あなたは、いろいろなことを信じるように仕向けられてきた。彼らには彼らなりの動機がある。僧侶はあなたに、自分は罪人だと納得させたがっている。あなたが罪人でなかったら、彼はどうやってあなたのために祈り続けたらいいだろう？　彼の狙いは、ヤギを犬だと騙すことにある。学者《パンディット》は、もしあなたが無知でなかったら、彼の学識はどうなってしまうだろう？　どうやって商売をしていくのか？　宗教的指導者は――もし彼が、あなたは無活動で、行為から自由で、罪を犯したことなどないと説いたら――そうしたら、彼の必要性はどこにある？

それはちょうど、医者に行って、こう説明されるようなものだ――あなたは病気ではない、病気だったことはないし、病気にはなれないのだと。その医者は自滅している。彼の商売はどうなるだろう？　あなたが健康で元気なとき、医者に行ってみるといい。まったく具合など悪くないときに行ってごらん。それでも彼が何かしら問題を発見するのがわかるだろう。行って試してごらん。調子は上々、完璧だというときに行ってごらん、まったく調子の悪くないときに。ちょっと行ってみてごらん。少し具合を見てもらいたいだけだと医者に告げて。あなたは病気じゃない、と言ってくれる医者を見つけるのは容易ではない。


ムラ・ナスルディンの息子が医者になった。私はムラに尋ねた、「息子さんは開業してどうだい？」

「じつに申し分ないよ」と彼は答えた。

私は、なぜうまくいっているとわかるのかと尋ねた。彼は言った、「じつにうまくいっているから、あいつは患者に向かって、君たちは病気じゃないと何度も言っているのさ。優れた医者だけが言えることだよ。開業がうまくいっていて申し分ないから、もうあいつは関わり合いたくないんだね、時間がないからさ」。ムラは言った、「そういうわけで、うまくいっているってわかるのさ。あいつはみんなに何度も、どこも悪くないって言ってるんだから！」

たくさんの商売がある――彼らには彼らなりの関心がある。何千という商売が、あなたの背中に乗っかっている——学者《パンディット》たち、僧侶たち、宗教指導者たちが。彼らはあなたに罪人でいて欲しい。あなたが悪いことをしている必要がある。さもなければ、いかに悪業から解放されるかを説いている人たちは、どうなってしまうだろう？　あなたを救いにやってくる救世主たちは、どうなってしまうだろう？　もしアシュタヴァクラが正しいとしたら、救世主たちはすべて無用になる。だとしたら、あなたが解放される必要はない——あなたは救われているし、解き放たれている。
アシュタヴァクラは、そんな職業にはついていない。アシュタヴァクラはあなたと取引をするつもりなどない。彼は率直に語る。彼は、水晶のように明瞭な真実を与えている。

あなたは期待を持たず、不変で、自足し
落ち着きと、限りない知性の住まいであり
かき乱されることがない
だから、ただ意識だけを信頼しなさい

必要とされるのはただひとつ、「私は観照者だ」という確信だ。それで充分だ。それほど自信のある人は宗教的だ。他にどんな確信もいらない。神を信じる必要はないし、天国や地獄を信じる必要もない。カルマの法則を信じる必要もない。ひとつの信、自分は観照者であり、不変だという信で充分だ。そしてこの確信が内側で強まれば、すぐにもあなたは、自分自身が変わることなく、落ち着いてくるのを見出すだろう。
ある心理学者が、ひとつの実験を行なった。彼は子供の半分をこちらに、もう半分をあちらにという風に、学級をふたつに分けた——別々の部屋に。彼は最初のグループに向かって、「この問題はとても難しいよ、君たちはだれひとり解けないだろうな」と言った。彼は黒板に方程式を書いて言った、「これは君たちの手に負えない。とても難しいから、上級生たちだって無理なはずだ。でも僕はひとつの実験をしている――君らのなかのだれかが、答えに近づけるかどうかを知りたいんだ。だれかが方法を見つけられるか、さもなければ二、三歩でも正しい方向に向かえるかどうかをね。でも、それは不可能だよ!」。彼は何度も何度もくり返した、「できっこないけど、やらなくちゃいけない」

彼は、同じ学級の他の生徒たちと一緒に、別の部屋に入っていった。彼は同じ方程式を黒板に書くとこう言った、「この問題はとても簡単だから、君たちのだれかが解けないことはないだろう。低学年の子だって解ける。だから、これを試験にするつもりはない。とても簡単だから、きっと解けるはずだよ。僕はただこのクラスに、これが難しいと思う子がいるかどうかを知りたいんだ」

問題は同じで、学年も同じだったが、結果は大きく異なっていた。最初のグループでは、十五人中三人しか解けなかった。二番目のグループでは、十五人中十二人が正解して、できなかったのは三人だけだった。じつに大きな違いだ。同じ問題なのに！　決め手となる違いは、問題が示された際の態度だった。

アシュタヴァクラは、宗教は骨の折れるものだとは言わない。アシュタヴァクラは、それはとても簡単だと言う。難しいと言う人たちは、それを難しくする。それはほとんど不可能だと、剃刀《かみそり》の刃のようだと言う人たち――彼らは、あなたを威《おど》かしている。それはまるでヒマラヤに登るようなもので、類いまれな存在しか登れない、と彼らは言う。すると、あなたは思いを捨てて考え込む、「自分はそんな傑出した存在じゃない。僕の手には余る。類いまれな人たちに登ってもらえばいい――こんな面倒には首を突っ込みたくない。この類いまれな人たちを賞賛しよう――彼らは進めるんだから！　でも自分は凡人だ。このどぶのなかに、放っといてくれるだけでいいさ」

アシュタヴァクラは、それはとても簡単だと言う。あまりに簡単だから、何もしなくていい。ただ油断なく観察しているだけで充分だ。

これこそ、人間の資質に関する至高の宣言だ。それは、人間を生の至高の可能性に目覚めさせるためにある。宗教とは、人間の資質の究極の奇跡だ。対照的に、政治とは人間の資質のもっとも粗悪な表現だ。宗教は、もっとも卓越している。


あるとき、ひとりの政治家が重い病気にかかった。医者は忠告した、「二、三ヶ月、どんな頭脳労働もなさらないように」

「先生、ちょっとした政治活動も、何か差し障りがありますかね？」と政治家が尋ねた。

医者は答えて言った、「いえ、まったく。お好きなだけ政治をなさって結構ですよ。ただ、頭脳労働はいけません」


政治は、頭脳をまったく使わない。政治には、知性ではなく暴力がある。横取り、奪い合い、奮闘ならあるが――安らぎはない。休息はなく、ただ不安だけがある。地位への野望、嫉妬、攻撃性ならあるが――魂はない。

宗教とは非戦、非暴力、競争からの自由だ。それは奮闘ではなく、明け渡しだ。他者から奪い取る必要は、まったくない。ただひとつ必要なのは、すでに手にしているものを宣言することだ。これほどにも手にしているのに、どうして他から盗んでくる必要がある？　盗めるのは、自分自身のことをわかっていない人たちだけだ。内側には神が座しているというのに、彼らは塵芥《ちりあくた》を巡って争う。内側に究極の広がりがあるのに、塵芥のために死んでいく。大海があるのに、彼らはしずくの飛沫を望むのだ！

自分自身を知らない人たちだけが、政治のなかにいられる。

そして私が政治と言うとき、私は政党に加わっている人たちだけを指しているわけではない。私が政治で意味するのは、何らかの方法で奮闘する者すべてだ。お金のための奮闘はお金の政治であり、力のための奮闘は力の政治、放棄のための苦闘は放棄の政治だ。

世捨て人たちのなかには、他の世捨て人に追い越されないようにする、大変な競い合いがある。世捨て人たちのなかでは、オリンピックが続いている。あなたよりも重要なマハトマはいない、という具合に。あるマハトマは、別のマハトマを負かしにいく。もしインドでオリンピックが開催されることがあれば、マハトマ競争の種目もあるにちがいない。

だが、どこであれ競争があるところには、政治がある。政治の基本的な経文《スートラ》は、「自分の持っていないものを、他のだれかが持っている。そいつを奪って、自分のものにする」というものだ。しかし、他者から取ってきたものが、どうしてあなたのものになりうるだろう？　盗んで得た品物が、どうしてあなたのものになる？　奪ったものは、持ち去られるだろう。今日でなければ明日にでも、だれかがあなたから奪っていくだろう。また、だれひとり奪い取れなくても、確実に死が奪い去るだろう。他のだれからも奪い取る必要のないものだけが、あなたのものだ。そのとき、死であってもそれを奪い去ることはできない。

あなたのものとは、生まれる前から持っていたもの、死んだ後も持っているものだ。それを探しなさい。そして、それを探すのに修行は必要ない、とアシュタヴァクラは言う。ただ油断なく、観照しているだけでいい。

自分は不必要に走り回っている、とあなたは何度も感じる、でも、どうやって止まればいいのか？　無意味なネズミの競争だと、感じなかったわけではない。あなたはそう感じてきた、でもどうやって止めるのか？　ネズミ競争の訓練はじつに根深い。あなたは止まり方を忘れてしまった――足は走る癖がついていて、マインドも走る癖がついている。あなたの訓練は、座れないようにすることだ。座るための訓練は失われてしまった。

詩人は言う。

昼から愚痴がもれる
でも　だれに言っても意味はない
痛みを飲み込み　わたしは前進し続ける
立ち止まるのを拒みながら　敗北を拒みながら

そして人々は、ただ座るのは敗北だと思っている。座っていたら負けだと考える。じっとしていたら、それは現実逃避や、逃げだと思い込む！　ただ座っていたら、通り過ぎる大勢の人たちが、非難を込めて見つめるだろう——だから、人々は動き続ける。
ときには、すべて無駄だという愚痴が心をかすめる——でもだれに言おう？　だれがわかってくれるだろう？　ここでは、だれもがあなたのようだ。話し相手はひとりもいない。人々は動き続ける、それぞれに自分の痛手を隠しながら。

昼から愚痴がもれる
でも　だれに言っても意味はない

もし、あなたがひとりのアシュタヴァクラか、ひとりの仏陀に出会ったら、それを言うことには意味がある。ここでは、だれに言えるというだろう？

痛みを飲み込み　わたしは前進し続ける
人々は痛みを飲み込み、進み続ける。
立ち止まるのを拒みながら　敗北を拒みながら

これが自我《エゴ》の考え方になる――「うちひしがれ座るのは――終わりだ、負けだ、死だ。進み続けろ、何かをやり続けるんだ。何かを成し遂げるために挑戦し続けろ。さもないと、負けてしまうぞ」

そして達成するのは、ただ座る者たちだ。止まる者たちが達成する。神性は走ることでは達成されない。それは止まることで達成される。

アシュタヴァクラは言う、絶対的な安らぎのなかで達成しなさいと。

ときには、ただ座るといい。何をするでもなく、ただ座るための時間をいくらか見つけなさい。禅僧たちには、ひとつの瞑想技法がある――座禅だ。座禅とはただ座ること、何もしないという意味だ。それは、じつに深い瞑想技法だ。それを技法と呼ぶのは正しくない。そこには技法などないのだから。ただ座り、何もしない。禅は、アシュタヴァクラが言っているのと同じことを言う。座りなさい！　少しの間、座ってくつろぎなさい。ちょっとの間、この騒動から離れる。すべての野望を、ちょっとばかり置き去りにする。そこら中を駆け巡るマインドを、放っておく。そうしたネズミ競争は、放っておくことだ。少しの間、ただ座って自分自身へと深く沈んでゆきなさい。

光が、徐々にあなたの内側に拡がり始めるだろう。おそらく、はじめのうちはそれを見ることはないだろう。それはちょうど、眩《まばゆ》い午後の陽射しのもとから、家に戻るようなものだ。最初、家のなかには暗闇があるように見える。目は太陽に慣れていた。少しじっとしていれば、目が順応し、部屋は明るくなる。ゆっくり、ゆっくりと光が部屋へやってくる。内側も同様だ。あなたは外にいた、何生にもわたって外に出ていた。だから内側が暗く見える。はじめて内側に向かうと、何も見えないだろう――暗闇だけだ。あわてないように。じっとしていなさい――目を内側に順応させなさい。目の瞳孔は、眩しい太陽に慣れていたのだから。

考えたことはあるだろうか。太陽のもとでは、目の瞳孔は小さくなる。もしあなたが太陽のもとにいた直後に鏡をのぞけば、瞳孔はとても小さく見えるだろう。そして暗闇に入ると、瞳孔は拡張し、大きくなる必要がある。少し暗いところでじっとしてから、もう一度鏡をのぞくと、瞳孔が大きくなっているのがわかるだろう。瞳孔は収縮する。収縮は自動的だ。そして暗闇に入ると、瞳孔は拡張し、大きくなる必要がある。

第三の目についても、まさに外側の目と同じことが起こる。外側を見るには瞳孔が小さく、内側を見るには瞳孔が大きくないといけない。それは長くて古い習慣だ。その習慣を打ち破るのに、新たな訓練はいらない――ただ座り続けることだ。

人々は尋ねる、「座って何をすればいいのですか？　せめて『ラーム、ラーム』とか、何か唱える真言《マントラ》をください、それを繰り返しますから――何かやることをください」。人々は言う、「私たちは松葉杖が欲しい、助けが欲しいのです」。あなたが訓練し始めたとたん、束縛が始まる。ただ座りなさい！

座るとは、腰を下ろすことではない。立ったままでもいいし、横になってもいい。座るとは、何もしないということだ。二十四時間のいくらかを、ちょっと無為のために使いなさい。活動から自由になる。空っぽでいる。起こることは、起こるがままにする。世界は流れている――流れさせなさい。それは進んでいる――進ませなさい。音がやってくる――やってこさせなさい。列車が走り、飛行機が飛び、騒音がある――ただそれをあるにまかせ、あなたは座り続ける。集中してはいけない――ただ座りなさい。あなたの内側で徐々にサマーディが強まり始める。突然、あなたはアシュタヴァクラの意味するものを理解するだろう――修練と儀式から自由であることの意味を。

形あるものは偽りだと知り
そして形なきものは永久不変だと知りなさい
この真の理解により、人は二度と世に生まれることはない

そのときあなたは、仏陀が不還《アナーガーミン》と呼ぶもの――死して再び還らぬ者だ。私たちは自分の欲望ゆえに還ってくる。政治のために戻り、欲望や希望のために戻ってくる。「私は知る者だ」と知りながら死ぬ人は、二度と入り込まない。彼はこの無益な輪から解き放たれる――来ては去っていくことから。

形あるものは偽りだと知り
そして形なきものは永久不変だと知りなさい
この真の理解により、人は二度と世に生まれることはない

形あるものは偽りだと知り……

私たちの内側の、形あるものは錯覚だ。形なきものが真理だ。いつか渦巻きを眺めてごらん。渦巻きとは、水に起こっている波以外の何だろう？　それが静まるとき、渦巻きはどこに行ってしまうのか？　渦巻きは存在しなかった。それはたんなる水の波、水に生じた形にすぎなかった。同様に、私たちは神性の波にすぎない。

波が去るとき、後には何も残らない。灰すら残らず、足跡ひとつ残らない。まるで、水面《みなも》に書いているようなものだ。それはあなたが書くそばから消えていく――同じように、私たちの人生において起こるすべては、ただの波にすぎない。

ちょうど鏡が、そこに映し出された姿の中にあって
しかもその反映とは別であるように
神はこの身体の内と外にいる

鏡の前に立つと、それが姿を映すのを見たことがあるだろう。その鏡に、何か起こるだろうか？ 起こるのは反映だ、つまり何も起こらない。わきに寄れば、反映はなくなる――鏡はもとの姿のままだ。あなたの反映は、その前にあなたが来るから生じる。わきにどけば、それはなくなる。だが、鏡のなかには何も作られていないし、何もわきに動いてはいない。鏡は、その本来の姿のままだ。

このアシュタヴァクラの経文《スートラ》は言う――鏡の前に立ち、鏡に反映が生じる、しかしほんとうに反映は生じているのだろうかと。そのように見えはする。だが、その反映に騙されてはいけない。大勢が反映に騙されている。

そしてこの経文《スートラ》は言う――映し出す鏡が、あなたを取り囲んでいると。外側に、内側に、鏡のなかに鏡が映っていて、そこには何も存在しない。まったく同じように、神性はこの身体の内と外に存在する。神は内にいる、神は外にいる。神は上にいる、神は下にいる。神は西に、東に、南に、北にいる――あらゆる方角に同じ者がいる。私たちは広大な海原に生まれた小さな渦巻きであり、小さな波だ。

自分を波だと思い込んで混乱しないように――自分を海原だと思いなさい。たったこれだけの信念の違いだ

が、それは隷属と自由ほどに違う。あなたは、自らを波と見ることでとらわれ、自らを海原と見ることで解き放たれる。

ちょうど、すべてに浸透している一なる空《そら》が
壺《つぼ》の内と外で同じであるように
永久不変のブラフマンは、すべてにおいて同じだ

……すべてに浸透している一なる空《そら》が、壺《つぼ》の内と外で同じであるように……

壷を思い描いてごらん。壷のなかにあるのは同じ大空だ、外にあるのと同じ大空だ。あなたは壷を割るかもしれないが、大空は割れない。
あなたは壷を作ることができるが、それは大空をゆがめたりしない。壷の形がどうであれ——ひしゃげていても、丸くても——大空は形をとらない。私たちはみな、土の鉢、陶器の壷だ。その外側にあるのは同じ真実であり、内側にあるのも同じ真実だ。土くれの薄い壁に、重きをおきすぎてはいけない。この土くれの壁が、あなたを鉢のなかに居させる——それに強く同一化しすぎないように。もし自分がこの土くれの壁だと思い込んだら、あなたは土くれの壷のなかに居続けるだろう。その思い込みが、あなたを何度もここに引き戻すだろう。
あなたを世の中にもたらす者はいない。自分は壷だというこだわりが、あなたを引き戻すのだ。ひとたび自分は壷の内なる空《くう》だと知れば……老子の声明は意味深い。老子は言う、「壷の側面にどんな意味があるだろう？真の意味は、壷の内側の空《くう》にある。壷を水で満たすなら、その水は側面ではなく、空間を満たしたのだ」

家を建てるとき、壁を家と呼ぶだろうか？　それは正しくない。内側に残った空っぽの空間こそが家だ。このなかにあなたは住む。壁のなかに住むわけではない。壁はただの境界でしかない。現実には、私たちは大空のなかで暮らしている。私たちはみなディガムバーラ、大空をまとう者として存在している。壁がどんな違いをつくるだろう？　外であれ、内であれ、私たちは大空のなかに留まる。今日その壁はあり、明日には崩れ去る――大空はいつでもある。

もしあなたが家を壁だと誤解し、壷を土くれの重なりと受け取り、自分自身を身体だと受け取ったら、これはあなたの束縛となるだろう。生命の経文《スートラ》をちょっと間違って読むだけで、あらゆる物事が狂ってしまう。とても些細な間違いで。

あるとき、ムラ・ナスルディンがバスに乗り込んだ。考え事に夢中だった彼は、席に座って煙草を吸い出した。「バスのなかは禁煙だと、はっきり書いてあるだろ」、車掌が怒って言った、「読まなかったのか？　読み方もわからんのか？」

「読んだとも、でもバスのなかにゃいっぱい注意書きがあってね。あたしゃどいつを読むべきなのさ？」、ムラは言った、「こいつをご覧よ、ほらここ、『いつも、手巻き煙草のビディ（手織り布のサリー）を』！」

こうした間違いを避けるには、ほんのちょっと気をつけているだけでいい。身体はとても身近だ――身体の言語を読むのはとてもたやすい。そして身体はあまりにも身近すぎるから、その影は内なる鏡に落ちて、映し出される。あなたは身体のなかにいるが、あなたは身体ではない。身体はあなたのものだが、あなたは身体のものではない。身体はあなたの手段であり、あなたがその目的だ。身体を使いなさい、統御を失ってはいけない。肉体のなかに住みながら、肉体を超えていなさい――水面の蓮華のように。


ハリ・オーム・タット・サット！

第六章

真理の試金石

The Touchstone of Truth

ヴェーダーンタやアシュタヴァクラ・ギータのような文章の研究を通じて、私が学んできたことは、何であれ達成される価値のあるものは、もう達成されているということでした。そのために努力すれば、道に迷うことでしょう。この確信を深めているのに、なぜ自己認識が起こっていないのでしょうか？

◆

昨日、夕暮れに外を歩いていると、突然あなたの朝の講話全体が、私の身体の全細胞にこだまし始めるのを感じました。でもそれ以来、こうしたすべてが理解できなかったことで、さらに不安になってしまいました。

◆

私たちは神の一部であり、不滅でもあります。いつ、なぜ、またどのように、この一部が源泉から分離するようになったのか、説明していただけますか？　また、その一部が再び源泉に合一すること――不可分の合一は可能ですか、それとも不可能なのでしょうか？

◆

長いこと聞きたいと思っていました――どうか、おっしゃってくださいませんか？　私は何を問うべきかを。

最初の質問

愛するOSHO《オショー》
ヴェーダーンタやアシュタヴァクラ・ギータのような文章の研究を通じて私が学んできたことは、何であれ達成される価値のあるものは、もう達成されているということでした。そのために努力すれば、道に迷うことでしょう。この確信を深めているのに、なぜ自己認識が起こっていないのでしょうか？　どうか道をお示しください。

教典から理解したことが、自分自身の理解だとは決して思わないように。言葉から理解したものが、あなた自身の体験になったと考えてはいけない。

アシュタヴァクラを聴くうちに、多くの人たちは「すばらしい！　すべてはもう達成されているんだ」と感じるだろう。だが、そんな風には達成されない。アシュタヴァクラを聴くことと達成の間に、どんな関係があるだろう？　「それはもう達成されている」——だが、これはあなた自身の体験でなければならない。この認識や実感は、あなたのものでなければならない。それは知的な結論ではありえない。

理性は、さっそく受け容れるだろう。「それはもう達成されている。なるほど、私たちの問題は終わりだ。もう探す必要もないし、瞑想する必要もない。礼拝したり、祈ったりしなくてもいい——それは、もう起こっているんだから」。これより楽なことがあるだろうか？

理性には受け容れる用意がある。だが、それは理性が真理を会得しているからではない。そうすれば途上の困難を減らせるし、修行《サダナ》の努力を省略し、瞑想を続ける必要を省けるから受け容れるのだ。やがて、あなたはあたりを見回し、自分が達成していないのを理解する。もし、それがたんなる知的な理解によって起こりうるなら、霊性《スピリチュアリティ》の大学が存在するはずだ。霊性を学ぶ大学は存在しない。それは、教典からは得られないものだ。それはあなた自身の内発的、直感的な知恵によって得られる。

アシュタヴァクラに耳を傾けなさい、だが性急に信じこまないように。あなたの貪欲さが、あなたを急がせる。あなたの貪欲はこう言うだろう、「これはじつにお手軽だ。私たちは、すでに宝物を持っている。だから、それを達成する面倒とは、すっかりおさらばだ。もう行くところはないし、することは何もないんだから」あなたはいつも、努力せずに達成したがっていた。だが覚えておきなさい、こうした努力なき達成の背後には必ず、達成への欲望が依然としてある！　以前、あなたは達成のために奮闘しようと思っていた。そして今は、努力せずに達成しようと思っている。だが、達成への欲望はそのままだ。だから疑問が生まれる――「なぜ、まだ自己認識が起こらないのか？」と。

理解している者――その人は言うだろう、「自己認識など知ったことか！　それでどうしようというのか？」。もしあなたがアシュタヴァクラを理解していたら、質問など浮かばなかったはずだ。「自己認識が起こっていない」という言葉は、アシュタヴァクラの言うことを受け容れながら、あなたが横目で見ていたことを示している。それはもう達成されただろうか、まだだろうかと。あなたの目は、まだ達成に焦点を合わせている。

人々が私のもとにやってくると、私は言う、「あなたが欲し続けているかぎり、瞑想は深まらない。何かの――至福や、神や、魂の達成を期待しているかぎり、瞑想は深まらない。達成を思うことこそ、貪欲さなのだから。それは野心であり、政治だ。宗教ではない」。彼らは言う、「わかりました、何も期待せずに瞑想します。でも、私たちは達成するんですよね？」

そこに違いはない。彼らは、欲するのを止める用意がある。「あなたは、これが達成するための方法だとおっしゃいます。だから、そのことは考えないようにします――でも、私たちは達成するんですよね？」というわけだ。

あなたは、貪欲さを捨て去ることができない。アシュタヴァクラを聞いて、多くの人々は、それが起こっていることをすぐ受け容れるだろう。そんなにあっさり起こりうるものなら……そしてそれが起こるのに、さほど障壁はない。唯一の障壁は、あなたの欲望という愚かしさだ。その出来事はとても身近だ！

アシュタヴァクラは正しい――それはもう起こっている。だが、達成への欲望がすべて消えて、はじめてこの「それはもう起こっている」は理解される。そのときあなたは、それが達成されていることを全身全霊で知る。だが今のところ、それはただの知的なゲームにすぎない。「仮にもアシュタヴァクラのような、偉大な師《マスター》が言ったのだから、それは正しいにちがいない」。あなたは、性急に信じようとする。あなたの信念は無力だ。疑いもせず、あなたはせっかちに受け容れている。この国では、教典に記されたことを、すべて疑ってかかる習慣が消えてしまった。教典のなかにあるのなら、正しいにちがいないというわけだ。


ある日ムラ・ナスルディンが、じつにりっぱな傘を手にやってきた。私は彼に聞いた、「どこで手に入れたんだい？　そんな見事な傘は、このあたりじゃ作られてないよ」

彼は言った、「あたしの妹が贈ってくれたのさ」

私は言った、「ナスルディン！　君はいつも、自分には姉妹がいないと言ってたじゃないか！」

「その通り」と彼。

「でも、この贈り物は君の妹からなんだろ？」、そう私は尋ねた。

彼は答えた、「信じないっていうんなら、ほら、ここの持ち手に書いてある。『私の大切な兄さんへ、あなたの妹より』って。レストランから出てきたら、この文句が傘にあったんだ。おれは思ったね、どうも自分には妹がいるらしいぞって。書かれているからには信じなくちゃ。たぶん、妹か従姉妹がいるんだろうよ。それに、宗教的な人たちはいつも言っている。妻を除くあらゆる女性を、母や姉妹と思えってさ」

何かが出版されると——しかも教典のなかにあると……記された言葉に対する信頼は、とても強い。あなたがだれかに何かを話すと、彼はそれがどこで発行されたのかと尋ねる。出所《でどころ》を答えると、彼はあなたの言ったことを信じるだろう。まるで、文書には何か力でもあるかのようだ。それがどんなに古いかを話してごらん。人々は、それを受け容れるだろう。どういうわけか、真理は年代と関係しているようだ。そう言ったのはだれか？　アシュタヴァクラ？　仏陀？　マハヴィーラ？——それなら正しいにちがいない。

あなたは、自分の側から目覚める努力をまったくしてこなかった——ほんの少しもだ。だれかが言うと、あなたは信じる——じつにお手軽だ。あなたは何もせずに達成している！

クリシュナムルティの信奉者たちは、四十年にわたって聴いてきている。ほぼ、まったく同じ人たちだ。彼らは何も達成していない。ときおり、彼らのひとりが私のもとに来て言う、「すべてはすでに達成されていることは承知しています。でも、なぜそれは起こっていないのでしょう？　私はクリシュナムルティを聞いていますから、すべてはすでに達成されているとわかっているのですが」

こういう人たちは欲張りだ。何の努力もせず、ただでそれを手に入れたいと思っている。彼らは、クリシュナムルティに耳を傾けたこともないし、アシュタヴァクラを理解してもいない。彼らは、自分の貪欲さに耳を傾けてきた。自分の貪欲さを通して、耳を傾けてきた。そして自己流に解釈する。

ある友人が尋ねている、「もはや、瞑想を行なうのは的外れです。日に五つの瞑想——そして、このアシュタヴァクラの講話シリーズが続きます……これは馬鹿げています」

瞑想を落とすのはとてもたやすく、実践するのはとても骨が折れる。アシュタヴァクラが達成したものは、行為を通しては達成されなかった。しかし、彼は何もせずに達成したわけではなかった。

理解しなさい、これは微妙な点だ。


私はあなたがたに、仏陀はすべての行為を落としたときに達成したと語った。だが、まず彼はあらゆることをしたのだ。六年間のたゆまぬ努力――彼はそれにすべてを捧げた。すべてを捧げることで、行為によっては何も達成できないことを体験した。それは、アシュタヴァクラを読むことによってではなかった……たとえ仏陀の時代に、アシュタヴァクラ・ギータが手に入ったとしてもだ。彼はそれを学べたはずだ――この六年間の努力は不要だった。彼は六年間やり通し、この努力のなかで、努力では達成されないことに気づいた。彼はあらゆる手を尽くし、内なる努力によっては達成できないことがわかった。内側には、ひとつの欲望もなかった。彼はあらゆることを行ない、そして達成しなかったのがわかった。あまりにも努力が結晶化したため、この結晶化のなかで行為が落ちた。そのとき、それは起こった。

私はあなたに言おう、無為の境地は、あなたがあらゆることを行なったときに生まれると。急いではいけない。さもないと、あなたが行なっているささやかな瞑想は失われ、あなたの行なっているささやかな祈りは失われてしまう。アシュタヴァクラは遥かなままで、あなたの旅路のささやかな進歩も止まってしまう。

止まる前には、全力で走らねばならない。走ることで達成はしないが、それによって、この知は結晶化するだろう。ある日、努力は落ちる。たんなる知的な理解からではなく。あらゆる細胞、あらゆる原子が、それは不要だと理解するとき――これこそ、それが起こる瞬間だ。

修練は束縛だと言うアシュタヴァクラは正しい。

ただし、修練する者だけがそれを見出す。

私があなたにこう言うのは、自分が修練し、束縛だと気づいたからだ。私がこう言うのは、自分が修行《サダナ》を重ね、どのサダナも、人をサディヤすなわちゴールに導かないとわかったからだ。自分が瞑想をして、どの瞑想も人をサマーディに導かないことがわかったからだ。

これがあなたの深い体験となるとき――この体験が全面的な強烈さの地点に至るとき、あなたがすべてを捧げるとき、余すところなく、あなたは完全に自らを火中に投じている。その努力は全面的になり、内なる炎は全面的になり、修行は全面的になる。もはや存在も、あなたが何かを保持したままだとは言えない、すべてが捧げられている。その日、その結晶化のなかで、その燃え上がった意識の状態において、突然すべてが灰へと焼き尽くされる。あらゆる修行、あらゆる訓練、あらゆる瞑想、あらゆる放棄――突如としてあなたは目覚め、気づく、「ああ！　私の探していたものは、もうあったのか！」

だが、もしそれがただアシュタヴァクラを読むことで起こりうるなら、とても便利だろう。アシュタヴァクラを読むのに、難しいことなどあるかね？　その経文《スートラ》は、じつに単純明快だ。覚えておきなさい、単純なことを理解するのは、この世でもっとも難しいことだ。そしてその難しさは、あなたの内側からやってくる。あなたは、自分が何もしないでいいようにと望む。人々にとって、瞑想の必要性を受け入れるのはとても困難だ。


このアシュタヴァクラ・ギータは、最後の厳しい吟味だ。アシュタヴァクラに耳を傾け、瞑想を続ける者は理解していく。アシュタヴァクラに耳を傾け、瞑想を止める者はアシュタヴァクラを理解しないばかりか、自らの瞑想をも失う。

実践しなさい、そうすれば、その修練こそが行き止まりだとわかるだろう。これこそが修練の最後の段階なのだ。あまり急ぎすぎないように。

「ヴェーダーンタやアシュタヴァクラ・ギータのような文章の研究を通じて、私が学んできたことは……」

だれが、研究を通じて知るに至っただろう？　だれが文献の暗記を通じて知りえただろう？　だれが教典を学習し、単語を学ぶことで知っただろうか？　これは知ではない。それは情報であり、「……について」の知識だ。あなたはこの「達成される価値のあるものは、もう達成されている」という情報を知ったと言える。だが、あなたがそれを悟るとき、すべてが終わる。

あなたは情報を得て浮かれたが、それは貪欲さのなかに芽生えたのだ！　あなたの貪欲さは「見ろ、俺は無意味に努力してきたわけだ。『何もせずに』とアシュタヴァクラは言うことだし、俺もひとつじっとして、何もしないことにしよう」と言った。そこであなたは何もせずに座る。少したつとあなたは見回す、「事はまだ起こっていないぞ。この遅れはどうしたことだ？　アシュタヴァクラは『まさに今』と言っていたのに！」。時計を見ながらあなたは座る、「五秒経った、五分経った、ほとんど一時間は過ぎている。アシュタヴァクラは『すぐにだ！　今だ！　一秒もいらない』と言っていたんだが」。あなたは彼が嘘をついていたのではと思い始め、信頼はくじけてしまう。

これは知ではない。それは情報だ。情報と知の違いを、つねに心に留めておきなさい。情報とは借り物を意味する。だれかが知っていて、あなたはその人に聞いて情報を入手する。これは情報だ。知は体験だ。他のだれも、あなたのために知ることはできない。それは借りられないものだ。

私は知っている――これによって、あなたの知が起こることはない。私の知は私のものだし、あなたの知はあなたのものだ。そうだ、もしあなたが私の言葉を集めるとしたら、それは情報であるだろう。情報を通じて学者にはなれるが、賢者にはなれない。知恵についての知識なら集められるが、それは知恵による解放ではない。言葉を網羅した体系ならつくり出せるが、それは真理の美しさではない。そうした言葉は、あなたをもっと閉じ込め、もっと虜にするだろう。だから学者たちは、知ってのとおりとても頑迷なのだ。どこに広々した大空がある？　『達成される価値のあるものは、もう達成されている』と知ること——それを知ったなら、何を尋ねることがあるだろう？

「努力すれば、道に迷うことでしょう」——これがわかっているのなら、他に何を尋ねるのかね？

「この確信を深めているのに」——確信はあるか、ないかのどちらかだ。それを深めるすべなどない。どうやって深めるのかね？　信念はあるのならあるし、ないのならない——どうやって深めるというのだろう？　信念を深める、どんな技法があるのだろう？　自分の疑いを押し殺すのかね？　自分の疑いのてっぺんに座るのかね？　どうしようというのかね？　自分の疑いを偽るとでも？　マインドに疑問が浮かんでも、無視するのかね？

内側で、疑いの虫が悩ますだろう。それは言う、「まあ聞けよ、何もしないで何かが達成されたかい？　ただ座っているだけで、今まで何か起こったかい？　物事はやることで起こるもんだ、座って待っていて何が起こるのさ？　ただで何かが手に入るとでもいうのかい？　何て馬鹿な羽目に陥っている？　何て幻想に苦しめられてるんだ？　起きろよ、進め、走るんだ！　さもなきゃ人生は駆け足でいっちまうぞ——もう人生は走ってるんだ！　こんなところで馬鹿みたいに座って、時間を無駄にするなよ」

確かに、こうした疑いが生まれるだろう。それをどうするつもりかね？　抑圧しようとするのだろうか？　歪めるのだろうか？　そんなことは聞きたくないと言うのだろうか？　無意識のなかに放り込むのだろうか？　内側に、自分の奥底に隠すのだろうか？　面と向き合うのを避けるのだろうか？

自分の信念を深めてどうするつもりかね？　あなたは、どうにかして押さえ込む――あなたは、そんなことをするだろう。この信念はまがい物だ、その下には不信がくすぶっている。この信念は浅薄だ。上は陳腐に覆われ、その下には不信や疑いの燃えさしがある。やがてそれは、あなたの信念を焼き焦がすだろう。この信念は役に立たない。あなたはそれを深められはしない。信念は、あるかないかだ。

それは、ちょうど円を描くようなものだ。あなたは円を半分描いて、それを円と呼ぶだろうか？　半円は円と呼べるだろうか？　それは孤であって、円ではない。完結したときにのみ、それは円と呼べる。不完全な円は円ではない。不完全な信頼は信頼ではない。不完全な信頼とは、不信もまた存在しているということだからだ。欠けている孤には、何が起こるだろう？　そこには疑いがあるだろう。疑いと信頼は、一緒に進めない。それはちょうど、片足は東へ向かい、もう片足は西へ向かうようなものだ。あなたはどこにも行き着かないだろう。それは二艘の舟に乗るようなものだ。一艘はこちらの岸に、もう一艘はあちらの岸に向かおうとしている。あなたはどこへ行くだろう？

疑いと信頼の旅路は、まったく別々だ。あなたは二艘の舟に乗っている。不完全な信頼とは何を意味するだろう？　半ばの信頼とは、半ばの不信もまた存在するということではないだろうか？　信頼は、完全なかたちで存在するか、存在しないかだ。

ひとつ大事な事実を覚えておきなさい。高いものが低いものと混ぜられるときはつねに、低い方は何も失わないが、高い方は失うということだ。あなたが高いものを低いものと混ぜるとき、低い方は傷つかないが、高い方は傷つく。

ご馳走が用意され、すばらしい料理が並んでいる。その上に、ほんのひとつかみ泥を投げつけてごらん。あなたは言うだろう、こんな山盛りのご馳走なのだから、たかがひとつかみの泥に何ができる？と。だが、ほんのひとつかみでも、泥はご馳走全部を台なしにする。だが、ご馳走すべてをもってしても、このほんのひとつかみの泥を台なしにはできない。

一輪の花を岩に投げつけたら、岩には何も起こらないが、その花は壊れてしまうだろう。岩はより低く、無生命だ。花は光輝き、生命《いのち》に満ちている。花は空《そら》のもの、岩は大地のものだ。花は生命《いのち》の詩だ。花と岩がぶつかれば、花は完全にばらばらになり、岩はまったく傷つきもしない。

一滴の毒で充分だ。いいかね、疑いとはより低いものだ。もしも疑いの岩が信頼の花の上に落ちれば、その花は破壊されて死ぬだろう、その花は殺されるだろう。信頼がその岩を変容するだろうなどとは思わないように。岩は花を破壊するだろう。

信は、あるかないかのどちらかだ。ふたつの可能性は存在しない。信があるとき、それはあなたの生全体を包み込み、全細胞へと拡がる。信とは拡がりだ。だが、このような信は経典からは生まれないし、生まれえない。このような信は、生における体験から生まれる。それはあなたが『生《せい》』の経典を読むときに生まれる——アシュタヴァクラを読むことからではなく。


アシュタヴァクラを理解しなさい。だが、この理解が知恵だとは思わないように。アシュタヴァクラを理解しなさい。そして自分の内側の、どこか片隅に留めておきなさい。あなたは一個の試金石を受け取った。あなたが受け取ったのは、知恵ではなく試金石だ。そして知恵を手にするとき、あなたはアシュタヴァクラの試金石で、より容易にそれを試せる。

試金石自体は金ではない。金細工職人のところに行けば、彼が黒い試金石を持っているのを目にするだろう。この黒い石は金ではない。彼は金を受け取ると、この黒い石にこすりつけて、金かどうかを確かめる。

アシュタヴァクラの言葉を理解したら、それを試金石としてしまっておきなさい、それをあなたの内側深くに留めなさい。あなたの生に体験が訪れたら、それで試せる。そのとき、アシュタヴァクラの試金石は助けとなるだろう。あなたには、起こったことがわかる。あなたは、それを理解するための言語を手にするだろう。それを理解するための技法を手にするだろう。アシュタヴァクラがあなたの証人となるだろう。

これが、私なりの経典の受け止め方だ。経典は証人だ。真理の道は未知なるものだ。あなたには、その知られざる道における証人が必要だ。はじめて真理に向き合うとき、そのあまりの広大さに、あなたはおののくだろうし、それを把握できないだろう。あなたはまさに根底から揺さぶられる。自分は狂ってしまいかねない、という恐怖があるだろう。

想像してごらん。幾生にもわたって宝を探し求めてきた人が、自分の立っている場所にその宝が埋まっていたと、突然気づいたとしよう。その人はどうなるだろう――狂ってしまいはしないだろうか？　「この幾生もの探求は無駄骨だった！　宝は、まさに私の足元に埋まっていたのだ！」

ちょっと想像してごらん。この人にとって、それは大変な衝撃だろう。「じつに長い年月を、ふいにしてしまった！　この期間は、すべて無意味な努力、悪夢だった。私の探し求めてきたものは、内側で待っていたのだ」。大きな衝撃のせいで、その人はおかしくなってしまわないだろうか？　まさにそのとき、アシュタヴァクラの甘美な言葉が、あなたを静めてくれる。まさにそのとき、ヴェーダーンタが、ウパニシャッドが、聖書が、コーランが、仏陀が、あなたの証人として立つだろう。その状況では、あなたは自分に起こっている新たな体験が理解できない。独りきりでは、それはじつに難しい。

私が経典について語っているのは――その経典を聞くことで、あなたが賢くなるからではない。私がそれらについて語っているのは、あなたが瞑想の道を歩み、その出来事が起こるとき――今日でなければ明日にでも、それは起こるだろうし、起こるはずだ――黄金を目前にしながら、理解できないことがないようにするためだ。

私はあなたに試金石を与えている。あなたの体験を、これらの試金石で試しなさい。

アシュタヴァクラは、もっとも純粋な試金石だ。アシュタヴァクラを信じる必要はない。アシュタヴァクラを、あなた自身の体験の試金石として使えばいい。アシュタヴァクラを証しにしなさい。


イエスは彼の弟子たちに言った、「汝が到るとき、わたしは証人となろう」と。だが彼の弟子たちは誤解した。弟子たちは、死んで神の天国へやってきたら、イエスが自分たちのことを、弟子だったと証言してくれるものと理解した——「彼らを入れなさい——この者たちはわたしのものであり、キリスト教徒であった。彼らを、とりわけ深く憐れみたまえ。彼らの上に、より多くの祝福の注がれんことを」

だが、イエスが意味しているのは、まったく違うことだ。イエスは言った、「汝が到るとき、わたしは汝の証人となろう」——これはイエスがそこに立っているという意味ではなく、イエスの語っていたことが、そこに試金石としてあるということだ。体験が起こるとき、すぐにあなたはそれを試せるし、困難を解決することができる。今のところ、あまりに長く虚偽のなかをさまよってきたせいで、あなたの目はそれに慣れてしまっている。真理の衝撃は、あなたを粉砕すべきではないし、あなたを狂わせるべきではない。

覚えておきなさい、真理の探求者たちの多くは狂っていった。真理の探求者たちの多くは、光明を得る境地に接近したまさにそのときに、狂ってしまった。彼らは気がふれてしまった。その出来事があまりに広大で、想像を超えていて、信じ難いがゆえに。それはちょうど、天空全体があなたの上に落ちてくるようなものだ。

あなたの水差しは小さく、そのなかに無限なるものが注がれる。あなたは粉々になる。それを収めることはできないだろう。あなたは太陽に向き合っている。目が眩《くら》み、そして真っ暗になるだろう。太陽があなたの前にあって、何もかもが真っ暗だ。あなたの目は閉じてしまう。そのとき、あなたはアシュタヴァクラの声明を、その太陽を理解するために使うことができる。そのとき、あなたの無意識に横たわるアシュタヴァクラの声が、即座に語るだろう。ウパニシャッドの経文《スートラ》が鳴り響き、ギータがこだまし、コーランがこだまするだろう——その詩句が湧き上がるだろう！　それらの香りが保証する。あなたは家に帰ってきた、うろたえることはない、この広大さがあなたなのだと。

あなたは広がりだ、広大さだとアシュタヴァクラは言う。あなたは遍在だ。無為であり、純潔だ。あなたは究極の真実だ。

そのとき、これらの声明はあなたにとって、何らかの意味を持つだろう。ただたんに信じるだけ、ただたんに携えているだけでは、それはあなたをどこへも導かない。そして内側からあなたの貪欲さが、自己認識がまだ起こっていないと、あなたを急かすだろう。

詩人は語っている、

欲望を支配しようと
蛇使いの笛は流れる音色をつむぐ——
ああ！　まさにそのなかに
何とまれなる深い情熱が震えていることか！

もう一度、耳を傾けてごらん。
欲望を支配しようと
蛇使いの笛は流れる音色をつむぐ——
ああ！　まさにそのなかに

何とまれなる深い情熱が震えていることか！
ゆえにコブラのとぐろは動かず
鎌首のみが前後に踊る

あなたは欲望から自由になりたいと願いながらも、欲望の網を広げたままだ。完全に純潔で、純粋でありたいと願いながらも、貪欲なやり方をしている。欲望はあなたの内側で、いまだに脈打ち続けている。「ごらん、何とまれなる深い情熱が震えていることか——蛇のとぐろは動かず、鎌首のみが前後に踊る」

あなたは神性を得ようとして始めたが、その獲得方法は、お金を獲得するのと同じやり方だ。あなたは神を探しに行くが、あなたの欲望や情熱は、即物的なものを追いかける人と同じだ。あなたの狂気は、世界を手にしようと欲する人の狂気と同じだ。欲望の対象は変わったが、欲望そのものは変わっていない。

アシュタヴァクラを聞きつつ、あなたの欲望は言う、「うん、これはすごいぞ！　探しているものはもう達成されているなんて、ちっとも知らなかった。それなら、もうじっとしていよう」。そしてあなたは待ち構える、「もう起こったかな？　もう起こったかな？　もう起こったかな？」と。欲望は揺れ続ける。「もう起こったかな？」——あなたはわかっていない。

もう一度、アシュタヴァクラに耳を傾けなさい。アシュタヴァクラは、それはもう達成されていると言う。だが、どうしてあなたにそれが聞こえ、どうしてあなたにそれが理解できるだろう？——あなたの欲望は揺れ続ける。

自分の欲望の後を追いかけるうちは——それらの後を追うことの無益さを理解し、走って転び、ぼろぼろになるまで理解できないだろう。欲望の体験を通してのみ、欲望の値打ちはなくなるものだ。疲れ果て、それは崩れ落ちる。この欲望のない瞬間に、自分の探し求めてきたものは、すでに起こっていることがわかるだろう。

さもなければ、あなたは鸚鵡《おうむ》のように繰り返す。あなたがヒンドゥー教のおうむだろうと、イスラム教のおうむだろうと、ジャイナ教の、キリスト教の、仏教のおうむであろうと、毛ほどの違いもない。おうむはおうむだ。おうむは聖書を暗誦するかもしれないし、コーランを暗誦するかもしれない。おうむはおうむだ。おうむはくり返し続けるだろう。

寺院のなかでは　みな沐浴し　磨き上げ
大きな声で夢中になって　晴れやかに声を張り上げ
よく通る太い声音で
神を歌い　ほめたたえ続ける
内側では　みな耳も聞こえず　口もきけず　意味のない無駄話
理解なく——無知で狭い心
でも外側では　高慢で　子供じみている

寺院のなかを見てごらん！

寺院のなかでは　みな沐浴し　磨き上げ
大きな声で夢中になって

人々は、寺院のなかではとても純真に見える。あなたが寺院のなかで見たのと同じ顔を、市場で見てごらん。その顔は、寺院のなかとは違って見える。

大きな声で夢中になって　晴れやかに声を張り上げ
よく通る太い声音で
神を歌い　ほめたたえ続ける

あなたは、祈り数珠《ロザリオ》を手に詠唱している人々を、見たことがあるにちがいない。「ラーマ、ラーマ」と装飾されたショールにくるまり、白檀を額につけて――何とも汚れなく輝かしい姿だ！　市場や雑踏で同じ男性に出会っても、あなたには彼がわからないだろう。人々は違った顔を持っている。彼らは、市場ではある顔をつけ、寺院のなかでは別の顔をつける。

夢中になって　晴れやかに声を張り上げ
よく通る太い声音で
神を歌い　ほめたたえ続ける
内側では　みな耳も聞こえず　口もきけず　意味のない無駄話
理解なく――無知で狭い心
でも外側では　高慢で　子供じみている

情報は、あなたを鸚鵡《おうむ》にすることならできるし、大言壮語なら与えられる。宗教的であるという幻想なら与えられるし、欺瞞なら与えられる。だが、それを知恵と思ってはいけない。そして情報を拠りどころにしたら、あなたが先に述べた確信は、疑いの上に座ること、疑いの肩にまたがることになってしまう。この確信は、あなたを真理の扉へ連れていけない。この確信に、あまり重きを置かないように――そんな値打ちはない。

信は、あなた自身の体験から生まれるべきだ。信は、あなた自身の瞑想における純粋な無欲さから現れるべきだ。

二番目の質問

愛するＯＳＨＯ
昨日、夕暮れに外を歩いていると、突然あなたの朝の講話全体が、私の身体の全細胞にこだまし始めるのを感じました。私は観客として、情景の閃きが過ぎてゆくのを見ていましたが、そのとき観察者の記憶が現れたのです。この観察者のたわむれは、しばらく続きました。そして足が震え出したため、倒れないよう道端に座り込んでしまいました。すると、いきなり情景も観客もかき消え、観察者すらも消えたのです。あらゆるものが消え失せましたが、それでも何かがありました――ときには暗く、ときには明るく、かくれんぼをして遊びながら。でもそれ以来、こうしたすべてが理解できなかったことで、さらに不安になっています。

これこそまさに、私が言っていたことだ。真理の小さな一瞥が訪れると、あなたは落ち着きを失い、理解することができない。それがわからずに、深い不安にとらわれる。あなたは狂気にも圧倒されかねない。
だから私は、こうした経典について語る。だから毎日、私は説き続けている。あなたの無意識のなかに、その情報が留まるように。そして事が起こったときに、あなたが理解できるよう、起こったことをはっきりと定義できるように。さもなければ、どうしてそれが理解できるだろう？　あなたはその言語を、その言葉を持っていない。あなたには理解する術がないだろう。秤もないし、定規もない。どうやって計るというのか？　あなたは試金石を持っていない。どうしそれを評価できるだろう？

あなたは言っている、「あなたの朝の講話全体が、私の身体の全細胞にこだまし始めるのを感じました。私は観客として、情景の閃きが過ぎてゆくのを見ていましたが、そのとき観察者の記憶が現れたのです。この観察者のたわむれは、しばらく続きました。そして足が震え出したため、倒れないよう道端に座り込んでしまいました」

確かにそれは起こる。はじめてこの観察者が目覚めると、あなたは安定を失う。あなたの生全体が揺らぐ。あなたの生全体は、観察者なしに構成されていたからだ。この新たな出来事は、あらゆるものを粉砕する。ちょうど、盲人の目が突然開くようなものだ。彼が通りを歩いていけると思うかね？　彼はよろめくだろう。四十年、五十年の間、目が見えず、彼は杖を頼りに道を感じ取っていた。目が不自由ななかで、徐々に暗闇のなかを歩く能力を発達させていった。彼は巧みになった。彼は自分の周りの音を解釈していた。道の曲がり角を覚えていった。彼は、耳で見る術《アート》を学んできた。五十年間、すべてはうまくいっていた。

この盲人の人生——あなたには思い描くこともできない人生——光や、色彩や、美しさや、姿を失い、頼みの綱は音という手段だけだ。彼にはたったひとつの言語、音しかない。彼は自分の全人生を、この土台の上に築いてきている。朝、市場へと向かう途中で、いきなり彼の目が見えるようになったら、何が起こるか考えてみるといい。彼の世界はすべて粉砕される。彼の音の世界は、完全にひっくり返ってしまうだろう。

その出来事はじつに強烈だ。目が開いて人々の顔を見たり、色を見たり、太陽の光、光と影、この群集を目の当たりにする。あまりにも大勢の人々、バスや車や自転車を見る。彼はすっかり動転するだろう。それは彼の生に対する、あまりにも大きな衝撃だ。彼が音を土台にしてつくり上げてきた、ちっぽけな世界は消え失せ、拭い去られ、終わるだろう。それは粉砕される。彼は震えて、その場に座り込むだろう。よろめいて倒れるかもしれない。たぶん家に辿り着くこともできないだろう……失神するかもしれない。

そして、この喩えは無に等しい。観察者があなたの生へ入口を作るとき、観察者の光がほんのひと射しでも訪れるとき、こんな喩えは無に等しい。その出来事は、あまりにも巨大だ。内なる目が開いている。あなたは自分の世界を、内なる目なしにつくってきた。そして、内なる目が突如として開くとき、それはあなたの今までの世界全体を無意味なものにしてしまう。あなたは驚きのあまり、言葉を失ったままだろう。

あなたは正しく尋ねている、体験から尋ねている。二種類の質問について、よく考えてごらん。ひとつは理論的な質問——それに大した価値はない。だが、この質問は体験から生まれたものだ。そして体験がなかったら、この質問は湧いてこなかったはずだ。もし足がよろめかなかったら、この質問は生まれなかっただろう。この質問は、直接的な体験からきている。

「……観察者の記憶が現われ……」。アシュタヴァクラの言葉が、響きわたったにちがいない。朝に私が言っていたことのこだまが、留まっていたにちがいない。その香りが、あなたのなかに生まれたにちがいない。私の語ったことの何本かの糸が、あなたのなかでもつれたままだったにちがいない。

「……観察者の記憶が現われたのです。この観察者のたわむれは、しばらく続きました……」。おそらく、それはほんの一瞬だったろう。観察者の瞬間は、とても長く思える。というのも、観察者は時を超えているからだ。こちらでは、あなたの時計の上で一秒しか過ぎていない。でもあちらでは、観察者として何世紀も過ぎたかのようだ。この時計は、そこでは役に立たない。この時計は、内なる眼のために作られてはいない。

「……この観察者のたわむれは、しばらく続きました。そして足が震え出したため、倒れないよう道端に座り込んでしまいました」。この震えは、それが起こったことを示している。質問者は、自分が見聞きしたことから尋ねているのではない。何かが起こったのだ。

「……すると、いきなり情景も観客もかき消え、観察者すらも消えたのです」。その震えのなかで、あらゆるものが散り散りになり、あらゆるものが消え失せた。もし段階的な準備をしてこなかったら、こうした瞬間に狂気にとらわれかねない。もしそれを一滴ずつ吸収できず、それがいきなり起こったら、爆発が起こるだろう。

「あらゆるものが消え失せましたが、それでも何かがありました」。確かに何かがあった。実際には、はじめてあらゆるものがあった。あなたのものはすべて終わり、あなたのちっぽけな藁《わら》の家は崩れ落ちた。空、月、星々――究極なるものは、そのままだった。境界線、あなたが自分で描いてきた線は、すべて消え失せ――雲ひとつない大空が残った。狭い殻《から》のなかで暮らしてきた条件づけが揺さぶられた。この震えに怯え、あなたは道端に座り込んだ。確かに何かがあった。その体験は、人を沈黙させる。人はそれを理解できない――それは何だったのか？　だれだったのか？
気づいたことはないかね？――ときおり、ぐっすり眠っていると、突然何かがあなたの目を覚ます。朝の五時、あなたはぐっすり眠っていた。もっとも眠りの深いときに、何かがいきなりあなたの目を覚ます。何かの音、爆竹が通りで弾けたり、玄関に車がぶつかったり――何かの音が、即座にあなたの目を覚ます。たちどころに！　あなたは、いきなり眠りから目覚めへ跳躍する。あなたは、眠りの深みから、矢を放つように飛んでくる。普通、私たちはとてもゆっくりと深い眠りから出てくる。まず深い眠りが落ち、それから徐々に夢が漂い始め、しばらくは夢のなかにいる。

あなたは朝の夢なら思い出せるが、夜の夢は思い出せない。朝の夢はとても明るく、眠りと目覚めのちょうど真ん中にあるからだ。そして徐々に夢が消える。すると、そこには半ば破れかけた眠りがある。お日様と影法師が、あなたの目でかくれんぼをして遊ぶ。ある瞬間は目覚め、ある瞬間はまた眠る。まるで目覚めているかのように、あなたの目でかくれんぼを……あなたは寝返りを打つ……あなたはそのはざまで、妻がお茶を淹れていたり、皿が落ちたり、牛乳配達がやってきたり、だれかが道を通り過ぎていったり、召使いのノックや、子供たちが学校へ行く支度をするのを耳にする。そして、また寝返りを打って、再びその深みへと落ち始める。こんな風に、あなたは徐々に表面へとやってくる。そうして目を開ける。


だが、突然何かが起こると、あなたは深みから矢のように一直線にやってくる。目を開けて、あなたは不思議に思う。自分はどこにいるのか？　私はだれなのか？　一瞬、すべてがはっきりしない。

これは、あなたたち全員に何度か起こっているにちがいない。あなたは不思議に思う、自分はだれなのか？と。自分の名前や住所でさえ、どこかに行ってしまっている。自分はどこにいるのか？　これもはっきりしない。まるで、突然どこか異国の地に来てしまったかのようだ。それが続くのは一瞬だけで、あなたは一緒に戻ってくる。この衝撃は、さほどたいした衝撃ではないからだ。それに、あなたも慣れている。毎日起こっていることだ。毎朝あなたは目を覚まし、夢の世界から目覚めの世界に戻ってくる。この日課はおなじみだ。それでもときには、いきなりそれが起こると、あなたはびっくりして怯える。

真の目覚めが起こるとき、あなたは完全に言葉を失うだろう。何が起こっているのか、あなたには見当もつかない。あらゆる物事が穏やかに、静かになる。

でも、それはいいことだった、「情景も観客もかき消え、観察者すらも消えたのです。あらゆるものが消え失せましたが、それでも何かがありました」。この『何か』をあなたが理解するのを助けるために、私は経典について語る。そうすれば、あなたはそれを解釈できるようになる。あなたはこの『何か』に意味を与えられるし、それを確認でき、定義できる。さもなければ、それはあなたを溺れさせかねない。あなたは洪水にさらわれて、足場をなくしてしまう。だから私は、じつにさまざまな事柄について話し続けるのだ。

「あらゆるものが消え失せましたが、それでも何かがありました――ときには暗く、ときには明るく、かくれんぼをして遊びながら。でもそれ以来、こうしたすべてが理解できなかったことで、さらに不安になっています」

それをしまっておきなさい、私があなたに言ったことを携えておきなさい。そのための宝石箱を作るといい。それを知恵として受け取ってはいけない。ただの情報として受け止めることだ。意識的に、そのための箱を作りなさい。そうすれば徐々にわかってくるだろう。体験が起こり始めるとき、あなたの無意識から私の言葉が浮かび上がり、その起こった体験をはっきりさせ、理解させてくれる。私は、あなたの証人になるだろう。

だが、もしあなたが私と議論しながら聞いていたら、私はあなたの証人になれない。耳を傾けながら、あなたは私に反対し、はねつけ、内面である種の葛藤を生み出している。

あなたが共感や愛をもって耳を傾けず、議論し続けるなら、私はあなたの証人になれない。そのときあなたは自分の箱に、私のものではなく、自分のものを入れているのだから。

昨晩、オーストラリアから来た心理学者がサニヤスを取った。私は彼に言った、「あなたがサニヤスを取らなくても、ここでは迎え入れられる。けれども、そのときあなたは私の客人にはならないだろう。あなたは歓迎される。でも、あなたがサニヤスを取るなら、あなたはここで迎えられ、さらに私の客人にもなるだろう」

人々は私に尋ねる、「私たちがサニヤスを取らなかったら、私たちへの愛は減るのですか？」と。あなたに対する私の愛は、全面的なままだ。あなたは迎えられる！　でも、あなたがサニヤスを取る瞬間、あなたは私の客人ともなる。そして、そこには大きな違いがある。サニヤスを取らないと、あなたは距離をおいて聞く。サニヤスを取れば、あなたは身近にやってくる。

サニヤスを取らないなら、あなたの理性は分析し続け、何であれ私の言うことを選別し続ける。自分のマインドに合うものはすべて取っておき、合わないものはすべて放り出す。そして、あなたに合わないものこそ、あなたに役立つ可能性があるものだ。何であれ、あなたのマインドに合致するものは、あなたを変容できない。もしそれがあなたに合致するとしたら、それはあなたの過去と調和しているということだ。あなたの過去にそぐわないものは、内なる革命の火花を散らすことができる。あなたに合わないものこそ、あなたを変容できる。何であれ、申し分なくあなたに合うものは、今のあなたを強めるが、変容することはない。あなたは選び続け、自分のことを知的だと思い込む。

知的な人々は、しばしばじつに馬鹿げたことをする。ここに座って、彼らは選別している。彼らは選び続ける。自分の先入観に合うものにしがみつき、自分の先入観に反するものにはまったく関わらない。だが、私はあなたに繰り返そう――自分に合わないように見えるものが、いつの日か役に立つと。今のあなたに、それを理解するすべはない。その体験がないのだから。しかしそれでも、私はそれを携えておきなさいと言う。ある日体験が訪れると、それは即座にあなたの無意識から現われ、すべてを明らかにする。そのとき、あなたは言葉を失ったままではいないだろう。その驚きは、あなたをばらばらにしないだろう。うろたえ、不安がることもないだろう。

詩人は言った、

かの高みで　風が歌い　ヒマラヤ杉が応えていたもの
雪の頂きで輝いていたもの
夜空よりこぼれ落ちたもの
このすべてを受け取るのはだれだろう？
祈りのなかで腕を広げる者？
いや　それはただ　差し出されたわたしのハートに降りてきた
わたしの歓迎の涙のなかに注がれた
人知れず　気づかれることなく　それは訪れた
こうしたすべてと　わたしによって
それは自らを自らへと導き
それは自らのなかに入り込んだ
その輝ける地で　ただ独り
眸《ひとみ》は力なく伏せられた
そこでは声ばかりか
静寂のひびきさえも消える

私に耳を傾けなさい——あなたの深い涙とともに。私に耳を傾けなさい——ハートとともに。私に耳を傾けなさい——あなたの愛とともに。あなたの理性とともにではなく、あなたの論理とともにでもなく。これが、信頼と信の意味するものだ。

かの高みで　風が歌い　ヒマラヤ杉が応えていたもの
雪の頂きで輝いていたもの
夜空よりこぼれ落ちたもの
このすべてを受け取るのはだれだろう？
祈りのなかで腕を広げる者？

違う！　欲望の腕が広げられるとき、それは必ず縮む。欲望の腕が手にするのは王国ではなく、施し物だけだ。王国を収めるのに必要なのは、愛によって開かれたハートだ。施しを乞う、欲望の鉢は役に立たない。

このすべてを受け取るのはだれだろう？
祈りのなかで腕を広げる者？

自分の先入観に合うものを取って、自分の袋にしまい込む――あなたはそんな風に私を聞くこともできる。そのときにあなたは、自分の乞食椀を拡げるために私のもとにやってくる。欲望とは乞食だ。あなたも少しは手にするが、あなたが手にするものは、テーブルからこぼれ落ちたパンくずでしかない。あなたは客人になれなかった。サニヤスは、あなたを客人にするだろう。

いや　それはただ　差し出されたわたしのハートに降りてきた
わたしの歓迎の涙のなかに注がれた
人知れず　気づかれることなく　それは訪れた
こうしたすべてと　わたしによって
それは自らを自らへと導き
それは自らに入り込んだ
その輝ける地で　ただ独り
眸《ひとみ》は力なく伏せられた
眸を伏せるところでは……。

そこでは声ばかりか
静寂のひびきさえも消える

このために用意を調えなさい。このためにハートを愛で満たしなさい。共感とともに耳を傾けることを学んでごらん。そして私が言ったことは、宝箱にしまっておくこと。そうすれば、苦しむことはない。そうすれば、なじみのない未知なるものが降りてくるとき、それを理解できる。その隠れた調べを理解することができる。その静寂に溺れたり、怖気づいたりせず、あなたは解き放たれるだろう。さもなければ、それは死のように映る。
もし神があなたの理解なしにやってきたら、神を理解するすべがひとつもなかったら、それは死のように、自分が終わってしまうかのように感じられるだろう！　もしあなたにちょっとした理解や、いくらかの備えがあれば、師《マスター》から何かを学んだことがあれば、彼の臨在のもとで座っていたことがあれば、そのとき神は解き放つ。さもなければ、神は死のようだ。そして、ひとたび取り乱したら、あなたはそちらの方向へ進むのをやめてしまうだろう。ひとたびとても怖気づいたら、身体の全細胞が震えるだろう。手足が震えたところ、道端に座り込まねばならなかったところ、あらゆるものが暗くなり、すべてが消えていくように見えるところ——そういう恐れのあるところ以外なら、あなたはどこへでも行くだろう。未知なるものが残り、恐怖にかられるばかりな場所——あなたは、そこへ戻るつもりはないだろう。

ラビンドラナート・タゴールは、ある詩のなかで言っている、「わたしは幾生にもわたって神を探し求めていた。探せども決して見出せなかった。ときおり、一番遠い星々に彼の一瞥を得た。望みを捨てず、わたしは探し続けた。するとある日、幸運にも彼の扉に辿り着いたのだ。「此処は神の家」という表札があった。わたしは段を上った、あと一跳びで幾多の生にわたる旅が終わるところだった。祝福あれ！　呼び鈴の鎖に手をかけたとき、恐れがわたしを打ちのめした——『彼に会ったら、わたしはどうなるのだろう？　その次は？　わたしはどうすればいいのか？　神を探すことこそ、わたしの仕事のすべてだった。わたしは、この望みのなかで生きている。それはわたしの人生の旅路だ。だから、神に出会えば、それは死になるだろう。わたしの人生、わたしの旅はどうなるのか？　次はどこへ行き、何を達成し、何を探すのだろう？　何も残りはしない』。そして、怖気づいたわたしは鎖を手放した。そっと、それを手放した。音を立てないよう、彼が扉を開けないように。履物を手にして、わたしは逃げ出した。それ以来、わたしは避け続けている」

「わたしは、まだ探し続けている」。彼の詩は続く、「今なお、わたしは神を探している。彼の家がどこかは承知の上で。そこ以外のあらゆる場所で、わたしは彼を探し求める。探求こそ、わたしの生きがいなのだから。わたしは、そこに近づくまいとしている。その家の方向以外なら、どこにでも向かう。わたしはそれから顔をそむける。そこ以外のあらゆる場所でわたしは尋ねる、「神はいずこに？」と——しかも最初から、神の居場所は承知の上で」

私の見るところでは、多くの人々がその終わりなき探求のなかで、幾度となくその家の近くへやってきて、しかし恐怖にかられてきた。恐怖にかられ、すべてを忘れてしまった。ただ、その恐怖だけは忘れることができない。だから人々は、容易なことでは瞑想に惹きつけられないのだ。人々は怖がり、瞑想のような事柄について話すことすら避ける。形式的には神という言葉を使うが、彼を深く探し求めるのを自分自身に許さない。彼らは寺院やモスクを自分のハートに刻みつけることは決してない。彼らはそんな危険は冒そうとしない。彼らは神を遠ざけておく。そしてそれには理由がある。彼らの記憶の深くに、恐怖の体験が隠れているのだ。いつか彼らは、その扉の前でためらったことがあったにちがいない。

もしこの体験をした友人が、それを正しく理解していないなら、彼は怯え始めるだろう。通りの上で取り乱して座り込み、手足は震え、心臓は激しく脈打ち、息は止まりそうになり、すべてが無秩序と化す——こんな瞑想からは遠ざかった方がいい！　それは厄介事だ。戻ってくるならいいが、もし戻ってこないとしたら？

あなたが道端で座り込んだままだったら、人々はあなたのことを狂っていると思うだろう。一、二時間ならいいが、それ以上だと警官がやってくるだろう。もっと長ければ、近所の人たちがあなたを運び出すか、あるいは何が起こったかを確かめるために、あなたを病院に送るだろう。医者は、あなたが意識を喪失していることから、脳に傷を負っているかもしれないと考えて、注射を打ち始めるだろう。

ある友人が書いてきている――サニヤシンだ――自分は踊りながら、恍惚としてここを去ったと。彼の家族は、彼が踊って恍惚としているのを見たことがなかった。彼が踊りながら至福に満ちて家に着いたとき、家族は彼が狂ってしまったと思った。彼らは駆けよって彼をつかまえると、座らせて何が起こったのかと問い詰めた。「待ってくれ」と彼は言った。「私はどうもしていない。じつに幸せで、至福のなかにいるんだ」

彼が霊《スピリチュアル》的な真実を語るほど、家族は何かがおかしいと確信を強めていった。彼らは彼を家から連れ出すと、無理やり病院に入れた。

彼から一通の手紙が届いている。彼は言う、「私は、この病院にいて笑っています。これはとても愉快です。私が悲しんでいたときは、私に療養が必要だなんて、だれひとり思いませんでした。今、私は幸せなのに、人々は私を病院に連れていきました。私はこのドラマを見物しています。でも彼らは、私がいかれていると思い込んでいるんです。そして彼らが私のことをおかしいと思えば思うほど、笑えてくるんです！　私が笑えば笑うほど、ますます彼らは私のことを狂っていると思うんですから！」

あなたが質問してきたのはいいことだった。怖がってはいけない。この体験は、徐々に静まってくるだろう。それを観ていなさい。この出来事は自然なものだ。

三番目の質問

愛するＯＳＨＯ
私たちは神の一部であり、不滅でもあります。いつ、なぜ、またどのように、この一部が源泉から分離するようになったのか、説明していただけますか？　そして、その一部が再び源泉に合一することは――不可分の合一は

――可能ですか、それとも不可能でしょうか？　もし可能なら、どうかこの一部を源泉に結びつけていただけませんか？　この荒々しい混沌が繰り返し生まれるのを、恐れずにすむように。

この違いがわかるかね？　先ほどの質問は体験から生まれた。この質問には現実性がない。「私たちは神の一部であり、不滅でもあります」。このことを知っているのかね？　あなたはそれを耳にしたり、読んだりした。そして、それは自己満足を与えてくれるから、それを信じた。自分たちは神の一部だと言うこと以上に、自我《エゴ》を満たせるものがあるだろうか。私たちは神だ、私たちは神性だ、私たちは不滅だと言うことよりも？　これはあなたの望みであり、自我《エゴ》の探求だ。これは、あなたのもっとも根深い欲望だ――自分は不滅であるべきだという欲望、神の一部にして、ブラフマンたる者、全宇宙の支配者であるべきだという欲望。

「私たちは神の一部であり、不滅でもあります」。このことがわかっているのかね？　わかっているなら、質問の必要はない。もしわかっていないなら、こんなことを書いても意味はない。質問するだけで充分だ。

「いつ、なぜ、またどのように、この一部が源泉から分離するようになったのか、説明していただけますか？」

これは学問的な質問だ。いつ？――日時を知りたいのかね？　それで、どうするつもりだろう？　私があなたにその日付を告げたとして、どんな違いが生まれるのかね？　私がその年代や時間、まさに某日の朝六時だったと言ったら、それがどんな違いを生むのかね？　あなたの生に、どんな変容をもたらすだろう？　あなたは何を達成するというのか？

「いつ、なぜ、またどのように、この一部が源泉から分離するようになったのでしょうか？」

もし自分は神の一部だと知っているなら、あなたは自分が決して分離したことがないと知っている。あなたは分離という夢を見ているのだ。あなたは分かれていなかった。どうして部分が分離できるだろう？　部分は全体とともにのみ存在する。あなたは忘れていた。あなたは分離できないが、忘れることはある。分離する術はない。私たちは、自分たちがそうあるものとして留まる。私たちは、それを忘れるかもしれないし、思い出すかもしれない。すべては、忘れているか覚えているかの違いでしかない。

「いつ、なぜ、またどのように、この一部が源泉から分離するようになったのでしょうか？」

もしあなたが分離していたなら、いつ、なぜ、どのように、と私は告げられただろう。あなたは分離していない。夜の眠りのなかで、あなたは自分が馬である夢を見る。朝になってあなたは尋ねる、「私は、なぜ、どのように、いつ馬になったのか？　じつに困ったことだ。なぜ、私は馬になったのだろう？」。そもそも、あなたは決して馬になどならなかった。もしなっていたとしたら、質問する者がいるだろうか？　馬は質問などしない。あなたは決して馬ではなかった。そんな夢を見ていたときですら、あなたは馬ではなかった。たとえあなたが、自分は馬だという感覚に、すっかり飲み込まれていたとしても。朝、あなたは目を覚まして言う、「何て夢を見たんだろう！」。いいかね、夢を見ていただけだ。これがアシュタヴァクラの基本的な教えだ。

あなたは、あなたが「自分」と同一化するものになる、とアシュタヴァクラは言う。身体と同一化すれば、あなたは身体となる。自分は肉体だと言えば、あなたは肉体だ。ブラフマンと同一化すれば――自分はブラフマンだと言えば、あなたはブラフマンだ。あなたは、あなたが「自分」と同一化するものになる。夢のなかで、あなたは馬に同一化して馬になった。今、あなたは人間の身体に同一化しているから、人間になっている。だがほんとうは、そうなったことは一度もない。あなたは、つねにあなただ――まったく変わらない。あなたの本性には、いかなる変化もない。

この類いの質問には意味がない。そんな質問をして時間を浪費しないように。そしてこういう質問に答える人たちは、あなたよりもさらに愚かだ。


睦州禅師《ぼくじゅう》に、こんな逸話がある。

ある朝、彼は目を覚ますと、すぐさま一番弟子を呼びつけて言った、「聞いてくれ、わしは夢を見た。わしのために、それを分析してくれんか？」

その弟子は言った、「お待ちください！　少々水をお持ちしますゆえ、まずは顔をお洗いください」

彼は器になみなみと水を運んでくると、師が顔や手を洗うのを手伝った。彼がそうしていると、別の弟子が通りかかった。師は言った、「聞いてくれ、わしはこんな夢を見た。わしのために、それを分析してはくれんか？」

弟子は言った、「少々お待ちを――お茶をお出しする方がよいかと」。彼はお茶を一杯持ってきた。

師は腹の底から大笑いした。彼は言った、「もし、わしの夢を分析しておったら、おぬしらをひっぱたいて放り出しておったぞ！」


どうして夢を分析できるだろう？　あなたはもはやそれを見てしまったのだし、目は覚めている。もうサーカスはすべて終わりだ！

その弟子は正しく答えた。それはひとつのテスト、彼らの試験だった。試される時がきていた。弟子のひとりは、師の手や顔を洗うために水を持ってきた。「夢は去りました。もう終わりになさい！　これ以上何を分析する必要があるのです？――夢は夢、それは終わっています。何を分析しろと？　真実なら分析もできましょうが、夢となると？　偽りのものを分析できるでしょうか？　起こらなかったものを分析できるでしょうか？　それは夢だったと知るだけで充分でしょう。さあ、顔をお洗いください。もうあなたは戻ってきました、そこから出てくればよいのです」。別の若者もよくやった。お茶を一杯持ってくると、「お顔は洗われましたが、まだ眠気がお残りのご様子。お茶を一杯すすれば、すっかり目も覚めましょう」

これこそ、私があなたに言っていることだ、顔を洗って、お茶を飲みなさい！　あなたは分離していなかった。分離して在る術はない。

そしてあなたは尋ねる、「そして、その一部が再び源泉に合一することは――不可分の合一は――可能ですか、それとも不可能でしょうか？」。あなたが分離していないとき、合一について語るのは無意味だ。だからアシュタヴァクラは、解放のための修練が解放を妨げると言う。彼は何を言っているのだろう？　彼は言っている、「あなたは、自分がそこから分離していたことがないものと合一する技法を求めるのか？　血迷うにもほどがある。まさにその技法が、合一を妨げるだろう」

ちょっと考えてごらん。あなたが自分の家から出たことがないなら、家に帰ろうとする努力は、あなたの目覚めを妨げるだろう。


ある夜、ひとりの酔っ払いが家に帰ってきた。彼は飲み過ぎていた。どうにか扉は叩いたものの、彼にはそれが自分の家なのかどうかわからなかった。彼の母親が扉を開けた。彼は言った、「親愛なる老婦人様、俺の家はどこだか教えてくれませんかね？」

老婦人は答えた、「おまえは私の息子で、私はおまえの母親じゃないか、この大馬鹿者！　おまえの家はここだよ！」

彼は言った、「馬鹿にしないでくれ。混乱させないでくれ。どこかこのあたりに、俺の家があるってのはわかってるんだ、でもどこだっけ？」

近所の人たちが周りに集まってきて、彼を説得しようとした。だが、酔っ払いと議論しても無駄だ。酔っ払いと議論する者も酔っ払いだ。彼らはその男に言った、「ここがおまえの家だぞ！」。彼らは「これを見な」、「あれを見ろよ」と証拠を見せ、それを証明し始めた。彼らには、この男が酔っ払いであることがわかっていなかった。どの証拠も助けにはならなかった。彼が何を見ているかなど、だれにわかる？　それは思いもよらないものだろう。彼は、あなたの見ているものを見ていない。彼はどこか別の世界にいる。自分自身の母親さえわからなかった。その彼に、どうして自分の家がわかるだろう？　彼は自分自身もわからない。どうして他人を見分けられるだろう？

別の酔っ払いがやってきた。彼は、数珠つなぎにした牛車に乗ってやってくると、「乗れよ、家まで送ってくぜ」と言った。

酔っ払いは言った、「こいつが正しいみたいだな。俺は師《マスター》を見つけたぞ！　他のやつらはみんな大馬鹿だ。俺の家はどこかって聞いてるのに、連中ときたら、俺の家はここだってくり返すばっかりだもんな。何だよ、俺はめくらだっていうのか？　この人は非の打ち所のない師《マスター》だよ」

覚えておきなさい、間違った質問をしたら、間違った師たちの罠にはまるだろう。ひとたび間違った質問をしたら、誰かしら間違った答えを与える者に出会うことになる。これは生の法則だ。質問してごらん、だれかが答えようと待っている。実のところ、尋ねてもいないのに、答えようと待ち構えている者がいる。彼らは、あなたを探している。こうした質問をすると、あなたは自分を面倒な羽目に押しやるだけだ。

「……そして再合一は……」。あなたは分かれていなかったし、離れていなかった。どうやって再合一できるというのだろう？　さらにあなたは尋ねている、「不可分の合一は可能ですか？」と。合一が起こっても、どうかして再び分離するとしたらどうなるか？　こうした事柄がどれももっともらしく見えるのは、私たちが自分とはだれかを覚えていないからだ。仮に神が分かれているとしたら、こうした事柄はみな真実だ。

神は私たちの本性だが、私たちは自分の本性を忘れてしまえる。その、自分の本性を忘れてしまえるのも、私たちにもともと備わっている本性だ。


ある友人が尋ねてきている、「もし魂が純粋な意識であり、自由かつ限りないエネルギーであり、このうえなく独立しているのであれば、なぜ欲望は生まれたのでしょうか？」。これもまた、私たちの独立した実存《ビーイング》ゆえだ。もし実存が欲望を抱きたいなら、抱けるからだ。私たちの実存が欲望を抱けないとしたら、それは従属することになる。それについて考えてごらん。この世界はあなたの自由だ。あなたがそれを欲したから、それは起こった。あなたの欲望は自由だ。あなたが願えば、それはまさに今止まる。あなたが願えば、たちどころに戻ってくる。

だから私は、壊れない合一があると言うことはできない。あなたは分離してなどいなかった。だが、望めば忘れることもできるし、望めば思い出すこともできる。それが、あなたの実存における究極の自由だ。もしこの可能性がないとしたら、実存は限定されているだろう、その自由は限られているだろう。何かがその上に押しつけられ、それは特徴を帯びているだろう。

西洋にディドロという哲学者がいた。彼は、神が全能でなく、万能でないことを証明した。彼が提示した主張は、もっともらしく見える。たとえば彼は言う、「神は2＋2を5にできるか？」。神でさえ、2＋2を5にするのは難しいと思われる。だとしたら、どうして彼が全能でありえるだろう？　2＋2は4だ。「神は三角形を四角形にできるか？」。どうしてそんなことができるだろう？　もし彼がそれを四角形にしたら、それはもはや三角形ではない。もしそれが相変わらず三角形のままなら、彼はそれから四角形を作れなかったということだ。だから、神には限界がある。

ディドロは、キリスト教における神の概念に衝撃を与えた。だが、もしディドロがインド人の考え方を知っていたら、窮地に陥っていただろう。神は２＋２を５にもできるし、２＋２を３にもできる——それがすべての問題なのだ、と彼らは言う。これは、私たちがマーヤ、すなわち幻と呼ぶものだ。それは２＋２を５にもできれば、２＋２を３にもできる。２＋２が４であるとき、私たちはマーヤの外にいる。

ここでは、三角形が四角形に見える。ここでは、大変なごまかしが続いている。ここでは、ある人はあることを理解し、別の人は別のことを理解する。実在するものだけが、だれにも知られていない。確かなのは、２＋２が４以外の何かだということくらいだ。これこそ、私たちがマーヤと呼んでいるものだ。

私たちは、マーヤを神の力と呼んできた。どういう意味か、考えたことはあるだろうか？　私たちは、マーヤを神の力と呼ぶ。つまり、神には自分自身をも欺く力があるということだ。そうでなかったら、彼には限界があるだろう。もし彼が夢を見ることができないとしたら、それは何という類いの神だろう？　そのとき彼には限界がある。夢見ることができないのだから。

いや、神は夢を見ることができる。あなたこそ夢を見ているのだ！　あなたは夢を見ている神だ。あなたは目を覚ませるし、夢を見ることもできる。この能力はあなたのものだ。だから望むときに夢を見られるし、望むときに目覚められる。これはあなたの選択だ。あなたが目覚めていたければ、目覚めたままでいられる。夢見ていたければ、夢を見続けていられる。

人間の自由は無制限だ。

あなたの実存の力は無制限だ。

真理と夢――それらはふたつの究極の流れだ。あらゆるものが、このふたつの流れに含まれている。あなたは、再合一は可能かと尋ねる。まず、再合一とは言わないように。あなたが「思い出す」と言うなら、それが適切な言葉だろう。
さらにあなたは尋ねている、「……不可分の合一は」……私は保証しかねる。なぜなら、それはあなた次第だからだ。それはあなたの選ぶことだ。放棄し、忘れたければ、だれもあなたを止められない。思い出したければ、だれもあなたを止められない。そして、このことを心配しないように。それを至福と受け取りなさい。あなたの自由はとても崇高だから。あなたが神を忘れたいとき、異議は存在しない。神は、まったくあなたを悩ませたりしない。あなたが彼に反対したければ、異議は存在しない。彼は依然として、あなたとともに留まる。あなたが逆らいたいときも、彼はあなたにエネルギーを与え続けている。

スーフィー行者のハッサンは書いている、「ある夜、私は神に尋ねた、『村で一番宗教的な人はだれでしょう？』と。神は、私の一軒隣りの人だとおっしゃった」

ハッサンは、彼のことなど考えたこともなかった。彼は、素朴で実直な男だった。だれも素朴な人たちのことは考えない。考えるのは厄介者たちのことだ。彼は素朴な人で、静かに暮らしていた。平凡な男で、だれとも関わらず、自分で楽しんでいた。だれも彼に注意を払う人はいなかった。ハッサンは言った、「この男が、もっとも有徳だというのですか？」

翌朝、彼はその男を注意深く眺めて気づいた、「この男は何と輝いているんだろう！」。次の晩、彼は神に尋ねた、「今度は別の質問です。あなたはいいことを教えてくださいました。私はこの男を礼拝いたしましょう。彼に額づきましょう。彼は私の導師《グル》となりました。さて、もうひとつ教えてください。この村で一番の悪人はだれでしょう？――そうしたら彼を避けられます」

神は言った、「まさにその同じ隣人だ」

ハッサンは言った、「これはじつに理解しがたい！」

神は応えた、「私に何ができる？　昨夜、彼は機嫌がよかった――今は機嫌が悪い。私にはどうしようもない。朝まで彼がどんな状態でいるか、私はわからない。彼は再び機嫌がよくなるかもしれないね」

あなたの実存は、究極の自由だ。それは、何ものにも限定されない。この究極の自由を、私たちはモクシャ、すなわち解放と呼ぶ。モクシャは忘れる自由をも含んでいる。あなたが忘れたければ、だれにもそれは止められない。欲するときにそこから抜け出す自由がなかったら、それはいったいどんな解放なのか？

聞いた話だ。カトリックの司祭が死んだそうだ。天国に着いた彼は、大勢の人々が鎖や手枷で縛られているのを目にして仰天した。彼は言った、「これはいったい何事ですか？　天国で鎖に手枷とは？」

彼は説明を受けた、「彼らは戻りたがっているのです――彼らはアメリカ人で、アメリカに帰りたがっています。そちらの方が愉快だと言って。手枷で縛らないといけませんでしたよ。天国の醜聞沙汰《スキャンダル》になりかねないですからね。彼らは言うんです、『天国にはいたくない。いっそアメリカに戻りたい。あっちには活気があるからね。こっちの聖なる乙女たちより、もっとましな女たちがいる。酒《リキュール》？――もっといい酒がある。建物？――ここのよりずっと高いさ。どうして、こんな古ぼけた建物ばっかりなんだろう？』」

天国の建物はもう古くさい。すっかり時代遅れだ。太古の昔に建築家や技師たちが設計し、それらがいまだに建っている。

「彼らは、アメリカに帰りたいと言います。私たちは、彼らをつながねばなりませんでした。もし逃げ出して、アメリカに戻りでもしたら、天国のひどい恥さらしになりますからね。いったいだれが、ここに来ようと思うでしょう?」

それにしても、手枷で縛られかねないとは、何という天国だろう? 地獄の方がまだましだ。少なくとも、そこには鎖がないだろう。いいかね、天国とは独立のことだ。モクシャとは自由だ。解放は、あなたが独り立つところにある。そして、これこそが究極の体験だ。それは究極であり無条件だ。どんな条件も付けられない。もし解放された魂がこの世界に戻る気を起こしたら、だれも彼を止められない。解放された者は戻ろうと思わないだろうが、それはまた別の話だ。でも万が一、解放された存在が戻ることを望んだら、だれも彼を止められないだろう。それに、だれが彼を止めるというのか? また、もしだれかが解放された存在を止められるとしたら、それはいったい何という解放なのだろう?

あなたが天国を去ろうとすると、だれかが言う、「止まれ! おまえは出られない。ここは天国だぞ、どこへ行くつもりだ?」――天国は、まさにその瞬間に終わってしまう。

私は、解放された存在が戻ってくる、と言っているのではない。だれにも彼は止められない、と言っているのだ。だから、私はあなたに保証を与えられない。あなたが戻りたいのなら、私に何ができる? あなたが神を避けたいのなら、私に何ができる? 私にできるのは、あなたの完全な自由を宣言することだけだ。

「もし可能なら、どうかこの一部を源泉に結びつけていただけませんか?」

あなたの望みは、あまりにも安っぽい。あなたは言っている――自分はじつのところつながっていたくない、他の人がその面倒を負うべきだと。どうして、そんなことがありうるだろう? 合一は、あなたがそれを欲するときにのみ起こりうる。それがあなたの欲望、あなたの意志、あなたの憧れ、あなたの渇きであるときにだけ……だれもあなたを合一させることはできない。自由は強制のしようがない――外側であれ、内側であれだ。

あなたは自分自身の選択によって進む。

それに、私があなたをどうにか源泉に結びつけても、あなたはやはり逃げ出すだろう。外側からもたらされた出来事は、あなたの実存とつながれないのだから。それは強いられるだろう。そんなことはありえない。さもなければ、ひとりの光明を得た人物が、全世界に光明を得させることができただろう。光明を得た人物は、ひとりで事足りたはずだ。彼はあらゆる人々を解き放ち、全員を神と結びつけていただろう。光明を得た人たちは、慈悲が欠けているのだろうか？　いや、慈悲に欠けてなどいないが、あなたの願いに反しては何もできないのだ。あなたが願うなら、それはまさに今、この瞬間に起こりうる。幸せでいなさい！　まさに今！

そしてあなたの持つこの欲望、他の人が神とあなたを結んでくれるという欲望──これこそ、俗世へ舞い戻るための手段だ。他者への欲望は、どれも俗世へ舞い戻るための方法だ。だれかが自分を幸せにしてくれる、自分を愛してくれる、自分を尊敬してくれる──今、この古い習慣が、だれかが自分を解放してくれる、自分を神と結んでくれると言っている。ただし、他のだれかが。あなたはいつまで、弱いまま、無力で不能なままいるつもりかね？　あなたは、いつ自分自身の力に目覚めるのか？　いつになったら自分の力強さを宣言するのか？　いつ、自分の二本の足で立つのか？　あなたはときには自分の妻の肩に寄りかかり、ときには政府の肩に、ときには政治家の肩に寄りかかる。


聞いた話だが、デリー近郊で何人かの労働者たちが、道路工事か何かをするために送られたそうだ。そこに着いたものの、彼らはつるはしを忘れてしまったのに気づいた。彼らは、つるはしやシャベルを忘れてきてしまった。自分たちが道具を持たずに来てしまったこと、そして今すぐそれらを送ってくれるよう技師に伝えるため、彼らは電話をかけた。

彼は言った、「そいつは送るから、それまではあんたら、お互いの肩に寄っかかってやりくりしなきゃなんねえな」

これが労働者のやり方だ。彼らは、自分のつるはしやシャベルに寄りかかって休む。その技師は言った、「できるだけ早く送るけど、その間はあんたら、ちょっとお互いの肩に寄りかからなきゃならんね」

私たちは、いつも寄りかかっていて、肩を変え続けてばかりいる。そして、このすべてを落とすと、師《マスター》の肩に寄りかかる。今度は師《マスター》が向こう側に連れていってくれる、超えさせてくれると。

いつあなたは、あなた自身の宣言を、自分自身の個人的な声明を発するのだろう？　あなたの宣言とともに、あなた自身の実存が花開き、花咲く可能性が生まれる。あなたはどれだけ依存しているつもりかね？　いつまで乞食であると言い張るつもりかね？　神のことをも、施し物として手に入れるつもりなのかね？　この眠りから目を覚ましなさい。


「この荒々しい混沌が繰り返し生まれるのを、恐れずにすむように……」

あなたは、この混沌に入りたかったから入ったのだ。そして奇妙なことに、独りにしておかれたら、あなたはそこでも怯える。だれがあなたを止めるだろう？　ヒマラヤに逃げ込み、独りきりで座ってごらん。あなたはそこで孤独に怖気づき、この混沌へ駆け戻ってくるだろう。私たちがこの混沌に留まっているのは、独りでいるのが怖いから、独りでは生きられないからだ。それでいて、人込みのなかでは気分が悪い。じつに難しいことだ——私たちは独りでは生きられないし、人込みのなかでも生きられない。

自分が独り取り残されたときに何が起こるか、気づいたことはあるだろうか？　闇夜に独りきりで森のなかにいるとき、あなたに何が起こるだろう？　何が起こるのか？　至福が訪れるだろうか？　混沌の方がまだましに思える。「せめてだれかに会えたなら、だれかと話せたなら」と。独りきりだと、あなたはひどく死を恐れる。独りきりだと、あなたは死を感じる。

神のなかに溶け去るとき、あなたは完全に独りだ。ここにふたりの神はいない。いるのはひとりだけだ。溶け去りなさい、するとあなたは独りだ。神のなかに溶け去ると、あなたはあなたのままではなく、神は神のままではない――ひとりだけが残る。このために瞑想という準備が必要だ。そうすれば、あなたは独り在ること《アロンネス》の味わいを楽しみ始める。究極の独り在ることのなかに入ってゆく前に、独り在ることを喜び始めなさい。その調べを奏で、その歌を響かせなさい。独り在ることを楽しみ始めてごらん。すると、あなたは究極の独り在ることのなかへ入っていける。それは、あなたが神性の体験に耐えられるようにするための訓練だ。

もしあなたが私に尋ねるなら、瞑想とは神を達成するための技法ではないと、瞑想がなくても神は達成できると私は言うだろう。瞑想とは、神を耐えるための訓練だ。瞑想は、耐える力をあなたに与える。究極の独り在ることに入ってゆくと、あなたは完全に独りになる。ラジオも、テレビも、新聞もない――友達も、クラブも、社会もない――まったくの無だ。あなたは完全に独りだ。その独り在ることのために備えなさい。

私は、この混沌の外へあなたを連れていく用意がある――だが、あなたに用意はあるだろうか？　独りきりで座ると、あなたの頭は同じこの混沌をつくり始める。出家した友人たちは、自分自身と話し始める。彼らは頭のなかで、自分が後に残してきた妻と話し始めるのだ。群集が、そっくりそのまま再びかき集められる。想像の網が紡がれる。あなたは独りではいられない。だから何度も戻ってくる。

あなたは、理由もなく世界に戻ってきはしない。あなたは自発的に戻ってくる。この混沌を望むから、戻ってくる。

人の一生は無にひとしい
問題など取るに足らぬこと

人の一生は無にひとしい
人の生は生ではない、生は全体に属している。
問題など取るに足らぬこと

人はただ無意味なものにすぎない。

昨日、ムラ・ナスルディンはベッドから落っこちた——ただ意味もなく。落ちて足を折ったとき、彼はいもしない子供のために場所を空けようとしていた。

法廷で裁判があった。争っていたのはふたりの男性だ。裁判官は、何があったのかと尋ねた。彼らは両方とも口ごもった。彼らは言った、「どう言ったものでしょう？　もし何があったかを話したら、私たちはとても困ってしまいます。どうか、私たちに何でも必要な罰を与えてくれませんか」

裁判官は言った、「しかし私は、何が問題なのかが知りたい。私はだれを罰するべきなのか？」

彼らは顔を見合わせながら、「おまえが話せよ」と言った。

そのうち裁判官も頭にきて言った、「話すつもりはあるのか、ないのか？」。そして彼らは白状した。

彼らは言った、「事の次第はこうなんです——私たちは友人同士で、川辺の土手に腰掛けていました。こちらの友人が、自分は黒水牛《バッファロー》を買うつもりだと言いました。そこで私は、『バッファローなんか買うなよ、俺は畑を買うところなんだ。もしおまえのバッファローが俺の畑に入ってきたら、俺たちの長い長い友情にひびが入っちまうよ』と言いました。

すると彼は言ったのです、『知るかよ！　おまえが畑を買うから、俺は買うべきじゃねえだって？　だったら畑なんか買うんじゃねえ！　バッファローはバッファローじゃねえか。奴は入るんなら、入るってもんよ。俺は日がな一日、奴の後を追っかける気はねえからな。それに俺のバッファローが畑に入ったくらいで、そんなにぎゃあぎゃあ騒ぎ立てるなんて、こんな友情にどんな値打ちがあるってんだ？』

つい私もかっとなって言いました、『いいだろう、じゃあ俺は自分の畑を買ったぞ。ちょっとおまえの買ったバッファローを見せてみな』。

それで私が砂地に棒で畑を描いたら、この馬鹿が自分の棒のバッファローを突っ込んだんです。口喧嘩が嵩じて、殴り合いになってしまいました。何を申し上げたらいいでしょう？　ただ、私たちに罰をください。恥ずかしくって、もうこれ以上話せません」

人の一生は無にひとしい
問題など取るに足らぬこと
御身は人にすべてを与えてくださった
されど人の人格は無にひとしい
愛の出来事は無にひとしい
この肝心な欲望をのぞけば――
美の世界こそすべて
愛の世界など無にひとしい
人は衣を変えるだけ

この生死は無にひとしい
人はただ、自分の衣服を変え続けている。私たちの知る生のみならず、死もまったく重要ではない。
人は衣を変えるだけ
この生死は無にひとしい
人の一生は無にひとしい
問題など取るに足らぬこと
自分なんて取るに足らない問題だとわかったら、あなたはすべてを理解している。

最後の質問

愛するOSHO
長いこと聞きたいと思っていました——どうかおっしゃってくださいませんか、私は何を問うべきかを？　私のパラナム、挨拶の礼を受けてくださいますように。

この質問はデュラリからだ。それは完全に正しい。私は彼女を何年も知っている。彼女は何も尋ねてこなかった。尋ねたことのない人々は、じつにわずかだ。これがはじめてだが、それでも彼女は何も尋ねていない。

「長いこと聞きたいと思っていました——どうかおっしゃってくださいませんか、私は何を問うべきかを？」

生の真正な質問は、そのようなもの、問うことのできないものだ。問うことができる質問は、問うに値しない。問うことのできないもの、それこそ問う価値がある。生の真正な質問は、言葉に込められない。生の質問は、雨に焦がれている瞳、知りたいと切望する瞳だけが語れる。

私はデュラリを知っている。彼女は質問してこなかったが、私は彼女の問いを聞いてきた。そして彼女の問いは、彼女のものではない。あなたが問えるものは、あなたのものだが、あなたが問えぬものは、皆のものなのだから。


同じ問いが、私たちひとりひとりの内側にある。そしてこの問いとは——すべては起こり、すべては続くが、それでも、どれも本物であるようには見えない、というものだ。この駆け回ること、この騒動——どれも意味をなさない。とても多くが達成され、そして失われる——それでも何も達成されず、何も失われない。この果てしなき旅、誕生に次ぐ誕生、行き先の見えぬ地。私たちは存在する——いったいなぜ？　この私たちの存在とは何か？　私たちはどこへ向かい、どうなっていくのか？　何が私たちの目的なのか？　この音楽にはどんな意味があるのか？

この実存的な問いは、あらゆる人の内側にある——存在の目的とは何か？　言葉のなかに答はない。言葉では問えぬ問いに、言葉による答はありえない。私たちの内側にあるそれ——それを観照者、観察者、生の流れ、意識と、何でもあなたの好きなように呼ぶがいい。それは名前を持たない、だから何でもあなたの好きな呼び名を与えていい——神、解放、涅槃《ニルヴァーナ》、実存、非在、何でも好きなように。充満、空《くう》、何でもいい。それは、内側にあって無名のもの——これに自分自身を浸しなさい。ただそのなかに入っていけば、次第に質問は消え始める。
私は、あなたが答えを見出すだろうとは言っていない。その問いは、ただ溶け去る。そして、その問いが溶け去るとき、まさにあなたの意識が答になる。私は、あなたが答を手にするとは言っていない。あなたに問いがなくなるとき、生の喜びが、大いなる祝福と恵みが降りそそぐ。あなたは踊り、旋律《メロディー》を口ずさみ、歌う。サマーディが花開く。そのとき、あなたは何も問わない。問うべきことは何もない。そのとき、生は疑問ではない——生は神秘だ。解決すべき問題ではなく、生き、踊り、歌うべき神秘だ。祝うべき神秘だ。
内側に向かいなさい。身体を超え、マインドを超え、感情を超え——深く深く、内側へと向かいなさい!

終生　わたしは見出せなかった
愛情とは?　愛の在り処は?
花々はどこで　その香りを放つのか?

芳香が湧き出しているようだ——それはどこから訪れるのだろう?　生は存在する。その影はここに落ちている。でも、その根はどこにある?　反映は揺らめいている。でも、実物の姿はどこにある?　こだまは山々に鳴り響いている。でも、最初の音はどこにある?

終生　わたしは見出せなかった
愛情とは?　愛の在り処は?
花々はどこで　その香りを放つのか?

嘆きの花嫁に出逢い
刺々しい笑いをあびせられる
終生　わたしは見出せなかった
芳香とは？　花粉の在り処は？
雲はどこで　雨をそそぐのか？

だが、雲は雨をそそいでいる——あなたのもっとも内側で。花々はその香りをふりまいている——あなたの最奥の中心《センター》で。その芳香は、ジャコウ鹿の臍にある。あなたを取り巻くこの芳香が、ひとつの疑問となる——それは、どこから湧き出てくるのだろう？　この芳香はあなたのものだ、他のだれのものでもない。もし外にそれを探すなら、それは蜃気楼となり、マーヤの網を拡げ、あなたを終わりなき旅へと連れ出す。あなたが内側を見るその日、寺院の扉は開く。その日、あなたは自らの香り立つ中心《センター》に至る。そこには愛があり、神性がある。
マインドは、外側にとらわれている。マインドは言う、「内側に向かうよ、でももう少し後でね」

欲望に支えられ　終始無言で
川辺にひとり立つ
心地よい夕暮れ時——よろこびが集う
このほの暗い黄昏が　わたしの思いを圧倒する
わたしは思う　わたしの思いもまた　夜を迎えているのだと
とても不安ではあるけれど

生きていたら　失望にだって　希望は育まれるもの
ああ　ハートよ！　もう少し　あなたの頑固な遊びを楽しもう
微笑んで　うっとりするような黄昏を抱きしめよう
もう少し　夜の帳《とばり》まで時はあるから

マインドは提案し続ける――もう少し、あと少しの間……ただ夢のなかに我を忘れ……蜃気楼の後を駆け続けようと。何てすてきな夢だろう！　死が訪れるまで、時間はたっぷりあると。
サニヤスを取ろう、祈ろう、瞑想しよう、と人々は考える――年老い、死がやってきて戸口に立つそのときに。私たちは、すでに片足を墓に突っ込んでから、瞑想のためにもう片足を上げる。

ああ　ハートよ！　もう少し　あなたの頑固な遊びを楽しもう
微笑んで　うっとりするような黄昏を抱きしめよう
もう少し　夜の帳《とばり》まで時はあるから

私たちは延期し続ける。夜の帳が降りるのは間近だ。時間はたっぷりあるわけではない。夜はもう訪れている。私たちは何度もこの誕生を、この生を浪費してきた。私たちは死を待っている。そして死は、瞑想がやってくる前に訪れる。またひとつ人生が台なしになった。またひとつ機会が無駄になった。今度こそ、それを許してはいけない。今度こそ、延期してはならない。この芳香は、あなた自身のものだ。この生は、あなたの内側に隠れている。あなたの内なる覆い《ヴェール》を取り払うことだ。
尋ねてはならない。そこからは、どんな答えもやってこない。内側に入りなさい、その問いが生まれる場所に。その問いがはっきりしなくても、構うことはない。このはっきりしない、疑問の薄明かりへ入りなさい。徐々に、このかすかでほの暗い明かりのなかに入るのだ。問いが生まれる場所を探しなさい。何が問いなのかは、あまり気にせず——ただ、どこからそれらがやってくるのかを見守りなさい。その場所を見つけなさい、あなたの内側深くにあって、問いの種子が芽吹き、疑問が葉をつけるその場所を。そこには根がある、そこであなたは答を見出す。「答」とは、何かお決まりの回答や、何らかの結論を見出すという意味ではない。答とは、あなたが祝福や、感謝や、生命を体験するだろうということだ。そこでは、生は問題ではない。そこでは、生は祝祭となる。

つややかな　深き静寂
そのなかで　騒々しく燃えさかる欲望は
たかぶり　溶けゆく
そのなかで　あなたの音なき歌は脈打ち
真理が明かされる

つややかな　深き静寂
そのなかで　騒々しく燃えさかる欲望は
たかぶり　溶けゆく

いや、内側には静寂がある。あらゆる欲望の炎が次第に消え、穏やかになるような平安がある。

そのなかで　あなたの音なき歌は脈打ち
すると、どんな旋律《メロディー》も聞こえない、ただ律動《リズム》だけがこだまする——言葉なき、音色なき律動《リズム》が。純粋な律動《リズム》が響きわたる。
そのなかで　あなたの音なき歌は脈打ち
真理が明かされる
そこで生の真理は顕われ、知られる。
漆黒に流れる夜
そのなかで　姿形も　彫像も　聖画もみな　溶けてゆく
あらゆるものが　聖なる深き眠りへの庇護を受ける
夢を超え　姿形を超えて
そのなかから　あなたは腕をさしのべ
不意にわたしをかき寄せ　抱きしめる
神はあなたの内側に隠れている。少し内側へ向かいなさい。あなたの偶像、あなたの思い、聖像、信念……マインドの泡《あぶく》は放っておきなさい！　波ひとつない、言葉ひとつない深みへと、入ってゆきなさい。そこには静けさがある。そこでは、究極の静けさが声を発する。そこには、ただ静けさだけが鳴り響く。

そのなかで　あなたの音なき歌は脈打ち
真理が明かされる

そこに入りなさい。

そのなかから　あなたは腕をさしのべ
不意にわたしをかき寄せ　抱きしめる

これこそが出逢いであり、合一だ。
あなたの探しているものは、あなたの内側に隠れている。あなたの探し求めている問い、その答はあなたの内側に隠れている。目を覚ましなさい！　まさに今、それを祝うのだ！　アシュタヴァクラの経文《スートラ》はすべて、このたったひとつのメッセージを与えている——それは達成されるべきものではない、もう達成されているのだと。目を覚まし、祝いなさい。

ハリ・オーム・タット・サット！

第七章

私は惑わされていた!

I have been Fooled!

ジャナクは言った
驚きです！
私は純粋で、無傷です
私は安らぎです
私は気づきです
私は自然を超えています
ああ、私はずっと幻に惑わされていました！

まさに私こそが、この身を照らす者であるように
私は宇宙をも照らしています
この全宇宙は私のものか、あるいはまったくの無です

驚きです
この身体と世界を捨て
今、あなたの巧みな教えによって
私は、ただ神だけを見ています

波や飛沫《しぶき》や泡が、水にほかならないように
この個的魂は、宇宙的魂にほかなりません

服を解きほぐせば、糸にほかならないように
解きほぐされた宇宙は、魂にほかなりません

砂糖黍《サトウキビ》の汁から作られる砂糖が
その汁全体に浸透しているように
私から作られる宇宙は
余すところなく私で充満しています

この世界は、魂の無知から現われ
魂を知れば現われません
蛇は、縄への無知から現われ
縄を知れば現われないのです

暗闇のなかの突然の閃きのように、あるいは盲目の人が不意に見るように——これがジャナクに起こったことだ。彼は、今までに見たことのないものを見た。以前には聞いたことのないものを聞いた。彼のハートは、新たな律動《リズム》に、新たな喜びに満たされた。彼の魂は、新たな洞察《ヴィジョン》を得た。確かにジャナクには備えがあり、求めに応じることができた。

峰々に雨が降るとき、峰々は空虚なままだ。というのも、それらはすでにいっぱいだからだ。湖に雨が降るとき、空っぽの湖は満たされる。

空っぽな者は、求めに応じられる。いっぱいな者は、求めに応じられない。

自我《エゴ》は人を石のようにする。無自我《エゴレス》は人に雄大さを、空《くう》を与える。

ジャナクは空っぽの器だったにちがいない。驚きと畏敬が即座に生まれた。彼はそれを聞き、そして目覚めた。ほとんど呼びかけられぬうちに、彼は聴き取っていた。鞭の影だけで充分だった。それを振り鳴らす必要はなかったし、鞭打つことなど問題外だった。

ジャナクのような立派な聴き手を持ったアシュタヴァクラは、じつに幸運だ。アシュタヴァクラほど恵まれている師は、人の歴史に存在しない。ジャナクのような弟子を見出すことは、きわめてまれだ。ほんのわずかな暗示《ヒント》で目覚める者を見出すのは、じつにまれなことだ——彼はまるで待っていたかのようだった。その眠りを破るには、そよ風のほんのひと吹きで事足りるかのようだった。その眠りは深くなく——多くの夢でねじ曲がっておらず、まさに破れかかっていた。曙光が射し、夜明けが急速に近づきつつあった。

仏教のジャータカ物語の説話のひとつに、仏陀が光明を得たとき、彼は七日間沈黙したままだったというものがある。仏陀は考えた、「私を理解できる者たちは、話さずとも私を理解するだろう。そして私を理解できぬ者たちは、いかに説こうとも理解しないだろう。では何のために？――なぜ私は、話さなければならないのか？　なぜ無用に自分を働かせるのか？　目覚める用意のある者たちは、どんなことからでも目覚めうる。彼らに呼びかけたり、叫んだりする必要はない。一羽の鳥が歌を歌い、樹々をそよ風が吹きぬける――それで充分だ」

そしてそれは起こってきた……老子は樹の下で座っていた。枯葉が樹から落ち、その落ちていく枯葉を見ながら、彼は光明を得た。その枯葉が彼の師となった。彼はただ、すべてを見た。その枯葉のなかに自らの誕生を見、自らの死を見た。その枯葉の死のなかで、あらゆるものが死んだ。ある日、彼もまた枯葉のように落ちるだろう。すべてが終わった。

それは仏陀にとっても同様だった。路上で病んだ老人を見かけて、彼は衝撃を受けた。そして彼は死体を見て尋ねた、「この男に何が起こったのか？」と。

彼の御者は言った、「あなた様にも、まただれにとっても、同じことが起こるでしょう。ある日、死はやってくるのです」

仏陀は言った、「ならば馬車を引き返し、私を家に送り届けてくれ。もはや行くべきところなどない。死が近づいているなら、生には何の意味もない」

焼かれるために道を運ばれていく遺体を、見たことがあるだろう。あなたもまた道端に立ち尽くし、しばし哀れんだことがある。そして、言ったかもしれない、「かわいそうに、こいつは死んでしまった。何て悲劇だ！あいつはまだ若かった、年若い妻と子供たちを残して逝ってしまった。かわいそうに！」。あなたは亡くなった人に哀れみを覚える。自分自身に対しては、どんな哀れみも覚えはしない。死に逝く者は、あなたの死の知らせをもたらす。今日は、彼が担架に載せられて運ばれていく。明日か明後日には、あなたが載せられ、運び去られるだろう。ちょうどあなたが道端に立ち尽くして、その人に同情しているように、他の人々も道端に立って、あなたに同情しているだろう。途方に暮れるあまり、あなたは彼らに感謝することもできない。あなたが目にする道を下っていく遺体は、あなたのものなのだ。

もしあなたに眼があり、洞察や、深みや、深遠な気づきがあれば、ひとりが死ぬとき全人類が死に、生は無意味となる。仏陀は、すべてを放棄して立ち去った。しかし光明を得たとき、目覚めるであろう人はみな、起こされなくとも何とか目覚めるものだ、と彼は考えた。その人にとっては、どんな口実でも事足りるだろう。


ある禅の尼僧が井戸から水を汲んで帰るとき、竿が折れ、桶が落ちて割れたそうだ。それは満月の夜で、月が水桶に映っていた。水桶を下げた竿を担ぎ、寺へ帰りながら、彼女は桶のなかに映る月を見守っていた。その桶が落ちたのだ。彼女は、打たれたようにその場に立ち尽くした。桶は落ち、水が流れ出た――その月もまた流れ出た。そのときそこで光明が起こったと、三昧《サマーディ》が起こったと言われている。踊りながら彼女は戻った。この世は、反映以外の何ものでもないことを理解したのだ。

私たちがここで作り続けているものはみな、いかなる瞬間にも壊れるだろう。これらの月は、みな消え失せるだろう。これらの美しい詩も、みな消え去るだろう。これらの愛らしい顔も、みな消え失せる。それらはみな、水面《みなも》の影だ。彼女はこれを理解した。そして、すべては終わった。

仏陀は考えた、「何のために？　私はいったいだれに話すのか？　目覚めるであろう者たちは、私なしでもやがて目覚めるだろう。それは、ちょっとした時間の問題にすぎない。そして目覚めたくない者たちは、たとえ私が大声を上げて叫んでも、寝返りを打って眠りへと戻るだろう。もし彼らが目を開ければ、彼らは睨みつけて言うだろう、『なぜ私の眠りを邪魔する？　もっとましなことをしたらどうだ？　眠りたい者たちを、平和な眠りのなかにいさせてやれないのか？　せっかくぐっすり眠っていたというのに、あんたは起こしてくれようと、そばにやってくるんだからな』」

あなたは、だれかに朝早く起こしてくれるよう頼んでおきながら、いざ起こされると怒り出す。「電車に間に合わせなくちゃならないんだ。朝早く、四時頃に起こしてくれ」とあなたは彼に言っていた。なのに、彼に起こされると、あなたは彼を殺しかねない！


エマニュエル・カントは偉大なドイツの思想家だった。彼は毎朝三時に起きていた。彼は時計に従っていた。まさに時計の針に従っていた。彼が大学に教えに行っていた頃、人々は自分たちの時計を、彼に沿って合わせたと言われている。何年間も、三十年間ずっと、彼はきっかり同じ分数、同じ秒数に家を出ていたからだ。

だが、とても寒いとき、彼は召使に言った、「どうなってもかまわないから、朝の三時に私を起こすんだ。たとえ私がおまえをひっぱたき、殴り返したとしても、何の遠慮もいらん。おまえも私をひっぱたいてくれ。だが私を起こすのだ」。これは大変な騒動だったので、召使たちは長続きしなかった。三時に起こされると、彼はとても怒るのだった。もし起こされないと、彼は朝起きてからとても腹を立てた。そしてただ腹を立てるにとどまらず、実際に殴り合いを始めた。彼は召使に言ってあった、「心配はいらない ―― 三時に私を起こすんだ。たとえ無理やりベッドから引きずり出さねばならなくても、三時に私をベッドから追い出すんだ。私のすることを、気にしてはいけない。そのとき私が言うことに、耳を貸してはいけない。そのとき私は、寝ぼけているのだから。私の言うことなど聞く必要はない」

こんな類いの人々もいるわけだ！

仏陀は考えた、「何のために？　眠りたい者たちは、私の叫びにも関わらず眠り続けるだろう。そして目覚める用意のある者たちは、私の叫びがなくとも目を覚ますだろう」

彼は七日間沈黙したままだった。すると神々が彼に嘆願した、「何をしているのですか？　覚者《ブッダフッド》の境地を達成する者は、ほんとうにまれです……大地は熱望しています。渇いた人々は焦がれています。雲は姿を現わしました。今や、雨を降らせるべきです。黙っているおつもりですか？　雨を降らせなさい！　花は開いています。その芳香を放つのです！　その精髄《ジュース》の河を流れさせてください。大勢の人が、何生にもわたって渇いているのですから」

「また、私たちはあなたの主張を聞いていました。この七日間、私たちはずっと、あなたのマインドを見守ってきました。あなたは、自分が話さずとも目覚めるであろう人々がいる、また、いくら語っても目覚めないであろう人々がいると言います。これが、沈黙を保っている理由ですか？　あなたが考え抜いた末ではありますが、それでもあなたにお願いしましょう。これらふたつの間に、だれかいないでしょうか？　あなたは彼らを無視できません。だれかが起こせば、彼らは目覚めましょう。もしだれも起こさなければ、生に次ぐ生を眠り続けるでしょう。この少数の人たちのことを、よくお考えください。九十九％の人たちはあなたがおっしゃった通りでしょうが、まさに瀬戸際に立っている一％の人たちのことを、考えてもらえませんか。だれかが起こせば彼らは目覚めるでしょうし、だれも起こさなければ眠り続けることでしょう」

仏陀は、彼らの嘆願を断れなかった。だから話さねばならなかった。神々は彼を納得させ、彼を説き伏せることができた。仏陀の論点は正しかったし、神々の考えも正しかった。


三種類の聴き手がいる。最初は、いくら試みても目覚めさせられない者たちだ。この類いの人々は、圧倒的な多数派だ。彼らは耳にしても、聴くことはない。目にしても、見はしない。理解しても、自分勝手に解釈する。すべてを調整して、虚偽にしてしまう。理解はするが、それでも自分たちの誤解に固執する。その誤解のなかには彼らの根深い既得権益がある。彼らは自分たちの古臭い、おなじみの信念を引き渡すのを恐れている。

中間には、第二のタイプの聴き手がいる。もしだれかが努力するなら——ひとりの仏陀が、ひとりのアシュタヴァクラが、ひとりのクリシュナが——彼らは目覚める。アルジュナは、この種の聴き手だった。クリシュナは、厳しく働きかけねばならなかった。長く厳しく、彼に働きかけねばならなかった。ギータは、この努力から生み出された。ようやくアルジュナは感じた、「幻想は去りました。疑いは落ちていきました。私はあなたの足許に額づきます。わかったのです！」。だが、これは大変な苦闘の後、激しい衝突の後だったのだ。

そして、さらに優れた聴き手がいる——ジャナクのような、ほとんど語られぬうちに聴き取る者が。まさにアシュタヴァクラが話し始めたときに、ジャナクは理解し始めた。今日の経文《スートラ》は、ジャナクの言葉だ。ジャナクはじつに素早く、即座にアシュタヴァクラの言っていることは完全に正しいと悟った。真理が的を射抜いたのだ。

だから私は言う——雨は降るが、それが降りそそぐ地面は、ときに岩だらけだ。雨が降っても、種が芽吹くことはない。ときに、それは少々岩の多い地面に降る。種は芽吹くが、あまり多くは芽を出さない。そしてときに、それはすっかり用意の整った、肥沃で岩ひとつない大地の上に降りそそぐ。そこにはすばらしい収穫がある。

ジャナクは、そんな類いの土壌だ。たったひとつの暗示《ヒント》で充分だった。

ジャナクの境地は、理解しようと試みる価値がある。これら三つのうちのどれかに、あなたも入るはずなのだから。あなたは、耳を貸すまいと言い張る凡庸な人でもいられる。真理に逆らい闘うことを誓った人、耳にしても何か別なことを聞く人、聞きながら解釈する人、聞きながらそれについて聞きかじった別の物事を投影し続ける人でもいられる。それを潤色し、ねじ曲げ、何であれ自分の欲することを聞く人でもいられる。

あなたは言われたことを聞いていない。自分が聞きたいことを聞いている。

聞いた話だ。ある日ムラ・ナスルディンの妻が、カンカンになって家に帰り、あの乞食はとんでもない食わせ者だとムラに言った。

「どうした、何があったんだい？」とムラは尋ねた。

「聞いてよ、『生まれつき目が見えません』って書いてある板を、首に下げた乞食がいたのよ。かわいそうになって、財布から十パイサ出して、その人の乞食椀に入れたわ。それを聞いた彼はこう言ったのよ、『ああ、うるわしきご婦人、神があなたに幸を賜りますように』って。ねえ説明してよ、どうしてわたしがきれいだなんて、彼がわかるわけ？」

ムラは笑い出すと言った、「彼はほんとうに目が見えないし、生まれつきの盲人だろうさ」。さらに、ムラはこう付け足した、「おれひとりが盲目じゃなかったんだな。もうひとりは盲人がいるわけだ。さもなきゃ、彼に目があったって、どうしておまえのことを美しいだなんて言えるもんかね？」

妻はあることを言い、ムラは何か別のことを聞く。ムラは、自分の聞きたいことを聞いている。覚えておくことだ。これは一日二十四時間起こり続けている。あなたは自分が聞きたいことを聞き続け、聞いたことは自分のものにすぎないのか、それとも実際に言われたことなのか、と考えることはない。

ムラが某所で働いていたとき、上司が彼に言った、「君の仕事ぶりはかんばしくないね、ナスルディン。もう別の者を雇わざるをえないな」

ムラは言った、「そうこなくっちゃ、ボス。ここの仕事ときたら、ふたり分はあるんですから」

上司は「おまえを首にして、他の人間を雇うぞ」と言い、ムラは「たっぷりふたり分の仕事はありますから、他にもだれか雇わないと」と言っている。

距離をおいて、自分の聞いたことをもう一度考えてみなさい。それが言われたことだろうか？　もし正しく聞けるようになれば、彼は第二のタイプの聴き手になる。彼は第三の、もっとも低いタイプから向上する。第三の者は、聞いたことに自分勝手な解釈を加える。第三のタイプが聴くのは、自分自身のことだけだ。彼が聴くのは、自分自身のこだまだ。彼の視野は不明瞭で、あらゆる物事をねじ曲げてしまう。

第二のタイプの聴き手は、言われていることを聴き取る。第二のタイプは少し時間がかかる。言われていることを聴き取っても、それを行動へと置き換える勇気に、まだ欠けているからだ。だが、耳にしたら勇気も湧いてくるはずだ。真理を聴いた後は、長いこと偽りに留まるのは不可能なのだから。ひとたび真実が見えたら、落とすべき習慣がいかに古かろうと問題ではない。2＋2は4だとわかったら、あなたの2＋2が5だという条件づけがいかに古くても問題ではない。それは落とさねばならない。ひとたび扉の場所を知れば、壁を通り抜けようとし続けるのは不可能だ。壁に頭をぶつけ続けるのは、もはや不可能だ。真理を理解したら、やがて充分な勇気が生まれるだろう。そして人は踏みきり、自らを変容する。

それから第一のタイプの聴き手がいる。もし理解と勇気の両方があれば、あなたは第一のタイプの聴き手となる。第一のタイプの聴き手とは、理解と勇気が同時に起こるという意味だ。理解が生まれ、勇気もある。理解と勇気の間に間合《まあい》はない。それは今日理解して、明日勇気が出てくるものではない。今生で理解して、来生で勇気を見つけるものではない。あなたは理解し、勇気もここにある。まさにこの瞬間にあなたは理解し、まさにこの瞬間に勇気がある。そのとき、その出来事は自ずと起こる。即座にその太陽が昇る。ジャナクは第一のタイプの聴き手だ。

これに関して、理解しておくべきことがもうひとつある。ジャナクは皇帝だった。彼はすべてを手にしていた。必要以上に手にしていた。彼は俗世を楽しんできた。俗世を体験してきた人の生では、意識の革命はより起こりやすい。なぜなら、その人生経験が彼に語るからだ、「自分が知っているような生には意味がない」と。仕事の半分は、人生によって為されている。彼の知っている人生は無意味だ。

心に疑問が生じる――どこにもっと生があるのだろう？　別の生は存在するのだろうか？　真の生はどこにあるのか？　だが俗世を楽しんでこなかった人、楽しみを欲しがっていただけの人、ただ望むばかりで何も得ていない人――そういう人には、途方もない困難があるだろう。だからインドの偉大な師たち全員が、偉大な賢者たち全員が――ジャイナ教であれ、仏教であれ、ヒンドゥー教であれ――皆、王子だったとしても、驚きには値しない。それは偶然ではない。俗世を楽しむことを通して、俗世から自由になるというしるしだ。皇帝は、富のなかには何もないことがわかる。彼は巨万の富を手にしているが、内側には何もなく、空虚だからだ。美しい後宮《ハーレム》を持っていても、彼自身の内側には何もない。彼には美しい宮殿がある。それでも、内側はすっかり荒れ果てた砂漠だ。すべてを手にすると、そのなかには何もないことがはっきりしてくる。何も持っていないとき、人は希望のなかで生きる。

そうした望みを捨てるのは困難だ。というのも、希望が現実に反しているかどうかを確かめる方法がないからだ。貧乏な人は、明日お金を手に入れれば幸せに生きられると思う。裕福な人は、もう富を手にしている。だから彼には望む術がない。だから社会が繁栄すると、それは宗教的になる。アメリカで宗教の風が強く吹き始めていても、驚くことではない。これはつねに起こってきた……。インドが豊かだった頃――アシュタヴァクラの時代は、確かに豊かだった。仏陀の時代は豊かだったし、マハヴィーラの時代も豊かだった。インドがその繁栄の頂点にあったとき、それはヨーガの偉大な高みに到達した。それが霊性《スピリチュアリティ》における究極の飛躍を遂げたのは、人々が豊かさのなかには何もないことを理解したからだ。あらゆるものを手にしたにも関わらず、どれにも意味はなかった。もし国が貧しかったら、このことを見抜くのは大変難しい。

私は、貧しい人は解放されないと言っているわけではない。貧しい人でも解放は得られる。貧しい人は宗教的になれるが、貧しい社会は宗教的になれない。個人は例外となりうるが、その人には非常な強烈さが必要とされる。

それについて考えてごらん。お金を持っていれば、お金に意味がないことを理解できる。それはたやすい。お金を持っていなかったら、お金の無意味さを見抜くのは難しい、とても難しい。どうやったら、自分が持たぬものの価値のなさを理解できるだろう？　あなたが金《きん》を手にしていれば、それが本物の金か、それとも贋物かを確かめられる。もし金が手元になかったら、それが夢想にすぎなかったら……夢のなかの金を確かめる方法はない。確かめられるのは現実の金だけだ。

貧しい人の宗教は、本物の宗教ではありえない。貧しい人が寺院に行くと、彼はお金をせがみ、力を請い、職を求める。もし病気だったら、回復しますようにと祈る。自分の息子に職がなければ、息子が仕事に就けますようにと祈る。寺院は、せいぜい職業安定所でしかない。寺院のなかですら、愛の香りも、祈りも生まれない。彼は病院に行くべきだったのに。寺院にやってきた。雇用相談所に行くべきだったのに、寺院にやってきた。

貧しい人は寺院のなかで、人生で得ていないものをせがみ続ける。私たちは、自分の人生に欠けているものを求める。だが、すべてを持っているか、あるいは充分に知性的であれば、理解だけで目覚められるようなすばらしい資質があれば――すべてを手にしたとき、自分が何を得るのか理解できる。ある人にはお金があるが、彼らに何が起こっただろう？　自分にお金がないなら、そのときは見抜く知性が必要だ。宮殿に住んでいる人たちに何が起こっただろう？　彼らの目に喜びの高揚があるだろうか？　彼らの足に踊りがあるだろうか？　彼らのまわりに神性の芳香があるだろうか？　それが彼らに起こっていないなら、どうしてあなたに起こるだろう？　だが、この理解はなかなか難しい。お金を持っていてさえ、大半の人たちはその無意味さを見抜けない。まして持たざる人が見抜くとなると……それは起こりうるし、その可能性はある。だが、微々たる可能性だ。仏陀にとって、目覚めはたやすい。ジャナクにとって、目覚めはたやすい。アルジュナにとっても、目覚めはたやすい。しかしカビールには、とても難しい。ダドゥやサハジョには、とても難しい。イエスやモハメッドにとっては、彼らが何も持たぬがゆえにとても難しい。それでもなお、彼らは目覚めた。自分が持たぬものへの欲望が、私たちの周囲全体を取り巻いている。この欲望は、私たちをとらえ続ける。

昨晩、ある詩を読んでいた。

わが生よ　もう一度――
そうすれば　そこで伴侶にめぐり逢えるかもしれない
愛を捧げてくれるひとに
朝には　わたしに微笑みを浮かべて身を起こし
ハートと魂に深く飛びこんで　わたしを見つめるひとに
昼下がりには　いろいろな家事の合間に
わたしのいない悲しさに
待ちわびながら一日を過ごすひとに
夜には　欲望と憧れのすべててから　わたしを解き放ち

生死の心配から　わたしを解き放つ
そんなもてなしをしてくれるひとに――
時のかなたに　わたしを連れてゆくひとに
そんな伴侶を　わたしは思いこがれる
わたしの幸せに　忠実な愛の炎をともし
わたしの苦しみに　真珠色のあたたかな涙をそそぐひとに
家に貧しさがあるときには
旅路がつらいといらいらせず
額にしわ寄せぬひとに
きっと　次の人生で　わたしはそんな伴侶を見つけよう
愛を捧げてくれるひとに
だから　わが人生よ　もう一度

私たちの得ていないもの――ある人は愛にめぐり逢わず、ある人は富を見出さず、ある人は名を成さなかった。私たちはもう一度生きようとする。私たちは無限の生を生きてきた。でも毎回、何かしら些細な物事が未完のまま残る。何かしら――そしてそのために、別の生を、そしてまた別の生をと。

欲望にはきりがない。必要なことはごくわずかで、欲望には果てがない。こうした希望と欲望に支えられ、人は生き続けている。

覚えておくことだ、お金はあなたを縛りはしない。お金への欲望が、あなたを縛るのだ。地位はあなたを縛りはしない。あなたを縛るのは、地位への欲望だ。名声があなたを縛ることはない。名声欲によって、あなたは縛られるのだ。
ジャナクにはすべてがあった。彼はすべてを見てきた。それはあたかも、彼がただ暗示《ヒント》を与えてくれる人を待っていて、目覚めたかのようだった。あらゆる希望と夢には価値がなくなっていた。彼の眠りは破れる寸前だった。だから私は言う――アシュタヴァクラは、ひとりの偉大な弟子によって祝福されていると。

ジャナクは言った
驚きです!
私は純粋で、無傷です
私は安らぎです
私は気づきです
私は自然を超えています
ああ、私はずっと幻に惑わされていました!
幾条《すじ》もの光線が、降りそそぎ始めた。
私は純粋で、無傷です……
「何という驚きでしょう!」。「あなたは純粋だ、何ものもあなたに貼りついてはいない」と言うアシュタヴァクラに耳を傾け、それを聴くが早いか、その光は彼のまさに深みにまで達し、一本の矢のようにまっすぐ貫いた。

驚きです！
私は純粋で、無傷です
私は安らぎです
私は気づきです
私は自然を超えています
ああ、私はずっと幻に惑わされていました！

「驚きです――あなたは何をおっしゃるのですか？　私が純粋で完全ですって？　私が安らぎだと、気づきだと、自然を超えていると？　何ということでしょう――驚きです、自分がずっと惑わされてきたとは！」。ジャナクは衝撃を受けた。彼が耳にしたのは、それまでに聞いたこともないことだった。彼がアシュタヴァクラのなかに見たものは、今まで見たことのないものだった。聞いたこともない、見たこともない何か――前例のない何かが明らかになった。アシュタヴァクラは輝き出した。輝きのなかで、その光輝の輪、オーラのなかで、ジャナクは驚きの念に打たれた、「驚きだ、もはや何ものも自分に貼りつくことはできないと、私は気づいている！」。彼はただ、それが信じられなかった、受け容れられなかった。

真理とは、じつに信じ難いものだ。私たちは幾多の長い生にわたって、偽りを信じてきたのだから。考えてもごらん、盲人の目がいきなり開いたとしたら、彼に光の存在や色が信じられるだろうか？　その幾千もの色合い――この虹、この花々、この樹々、月や星々が？

目が開いた直後に、盲人は言うだろう、「驚いた。こんなことは、どれも考えたこともなかった。でも、それは存在している！　夢のなかでさえ、見たことはなかった！」

光については忘れよう。目の見えない人は、闇すら知らないのだから。普通、目の見えない人は暗闇のなかで生きていると思いがちだが、それは思い違いだ。闇を見るにも目は要る。目を開けていたときに光を見たから、目を閉じると闇を見るのだ。だが、目の開いたことがない人は、闇も知らない。光のことは忘れよう、彼は闇さえ知らないのだから。目の見えぬ人は、虹の夢さえ見るすべがない。だが、もし彼が視力を得て見るなら、この世界全体は信じ難く映る――彼にはそれが信じられない。ジャナクもその衝撃を経験した。彼は魅了された。驚きと畏敬の念で満たされた。

驚きです！　私は純粋で、無傷です

私たちは、いつも自分自身にやましさを感じている。しかも僧侶たちはつねに、私たちは罪人《つみびと》だと言ってきた。学者や僧侶たちはいつも、私たちは自分の罪を洗い落とすべきだと説教している。「あなたは純粋だ」と言った人は、だれもいない。「あなたの純潔は壊せないほどのものだ、何百万もの罪ですら、あなたを罪人にすることはできない」と言った人はいない。あなたが犯してきた罪はすべて、あなたの見てきた夢にすぎない。ただ目を覚ませば、それは消え去る。徳も罪も、あなたのものではない。まさにその行為は、あなたのものではない。あなたは行為者ではないのだから――あなたは観察者、観照者にすぎない。

私は純粋で、無傷です

驚くままにジャナクは言った。

私は安らぎです

彼は、混乱しか知らなかったからだ。あなたは安らぎを知っていただろうか？　普通、あなたは知っていると言うだろう。しかし深く見たら、自分が安らぎと呼んでいるものは、ふたつの混乱期のはざまにある、短い空白にすぎないことに気づくだろう。『冷戦』という英語の表現は、まさにぴったりだ。ふたつの戦争のはざまで、冷戦は続く。ふたつの熱い戦争に、ひとつの冷たい戦争——だが戦争は続いている。第一次世界大戦は終わり、そして第二次世界大戦が始まった。長い年月が、二十数年が過ぎた。だが、この二十年間は冷戦だった。衝突は続いていたし、戦争の準備は続いていた。そう、衝突は今のところ明白ではない。それは内側にあり、地下にあり、水面下に保たれている。

現在、世界では冷戦が続いている。戦争の準備が続いている。兵士は訓練をし、爆弾が製造され、ライフルが磨き上げられ、剣が研ぎ澄まされている。これは冷たい戦争だ。戦争は続いている。いつ何時にも火がつくだろうし、戦争になりかねない。


あなたが安らぎと呼んでいるのは、ただの『冷たい混乱』だ。いつであれ熱くなれば、それは『熱い混乱』と化すだろう。ふたつの騒々しい期間のはざまで、あなたが安らぎと呼ぶ短い時間が過ぎていく。それは安らぎではなく、冷たい混乱でしかない。温度計はさほど上昇しておらず、極端に熱くはない。この位なら、あなたはコントロールできる。だが、あなたは安らぎを知らない。ふたつの混乱の間に、安らぎがありうるだろうか？　ふたつの戦争のはざまに、平和が存在しうるかね？

安らぎを知る者にとって、混乱は永久に終わっている。あなたは安らぎを知らない。ただ、その言葉を耳にしたにすぎない。混乱があなたの体験だ。安らぎはあなたの熱望であり、安らぎはあなたの願いだ。

ジャナクは言う、

私は安らぎです、私は気づきです

なぜなら、彼は無意識しか知らなかったからだ。何をするにも、あなたは気づきを伴うことなく、まるで眠っているように行なう。もし徹底的に問い詰められたら、あなたはひとつも答えられないだろう。なぜこの女性に愛を感じるのかと尋ねられたら、あなたは言うだろう、「わからない。ただ感じるんだ――それは、そんな風に起こったんだ」。これが答えだというのかね？ これが、愛のような事柄についての答えなのかね？――それは起こった、ただ起こったというのかね？ 一目惚れ！ 相手を見るだけで愛が起こったと！ あなたはこの愛が自分の内側のどこから生まれるのか、わかっているのだろうか？ どうやって、それは生まれたのかね？ それについて何も知らないというのに、あなたはこの愛が自分に幸せをもたらすことを欲している。この愛がどこからやってくるのか、無意識のどの層から生まれるのか、どこにその種があり、どこから芽吹くのか、あなたはわかっていない。それでもあなたは、この愛で自分の人生が幸せになると言うのだ！ それは幸せを与えない。それが与えるのは不幸であり、衝突、敵意、嫉妬だ。あなたは苦しみ、そして言う、「どうしたことだ？――この愛は、結局みんな偽物になってしまった」。まさに最初から、あなたは無意識の状態にあった。

あなたは、お金を稼がなくてはと駆け回っている。もし、なぜかと問われたら、たぶん平凡な答しか返せないだろう。あなたは「お金なしで、どうやって生きていけるんだ？」と言う。だが、生きていくには充分すぎるほど持ちながら、お金の後を追いかけ続ける人たちがいる。これだけ貯まった日には止めようと決めるが、そうすることはない。あなたは走り続けるだろう。

アンドリュー・カーネギーが死んだとき、彼には十億ドルの遺産があった。しかし彼は、死の間際になってもなお稼いでいた。彼が死ぬ二日前に、秘書が尋ねた、「ご満足ですか？　十億ドルですよ！」

彼は答えた、「満足だと？　私は大変悩みながら死んでいくのだ。百億ドル稼ごうと計画してきたんだから」

百億を稼ごうと計画している者にとって十億とは……九十億ドルの不足ということだ。彼の不足を見てごらん！　あなたが見るのは十億だ。彼にしてみれば、十億には一銭の価値もない。十億など値打ちがないも同然だ。十億を食べることはできないし、飲むこともできない。それは何の役にも立たない。だが、いったんこの疾走が始まると、それはひたすら続いていく。

なぜ走っているのか、自分自身に尋ねてみるといい。あなたは答を持っていない。あなたは無意識だ。なぜ自分が走っているのか、あなたは知らない。どこへ向かっているのか、なぜ向かっているのかも知らない。仮にどこへも向かわないとしたら、どうするかね？　止まるだろうか？——だが、どうやって止まるだろう？止まる？——何のために止まるのか？　止まることについても、あなたは何も知らない。

人はまるで酔っ払っているかのように、泥酔しているかのように生き続ける。私たちの生における様々な次元は、自分の手の内にない。私たらはまったく無意識だ。


グルジェフは常々、私たちは多かれ少なかれ夢遊病者だと言っていた。両目は確かに開いているが、眠りは破られていない。私たちの目は、眠りに満ちている。私たちは、何かのはずみで物事をし続ける。そして物事は続いていく——なぜなのか？

なぜ、と尋ねるのを私たちは恐れている。それは、私たちに答がないからだ。そういう疑問を持ち出すと、私たちは落ち着かなくなる。

ジャナクは言った、
驚きです！　私は純粋で、無傷です
私は安らぎです、私は気づきです
「そしてこれだけでなく、あなたは私におっしゃいます、『あなたは自然を超えている』と。自然を超えて！『あなたは身体ではない、心《マインド》ではない。あなたは見られるものでも、観察されるものでもない。あなたは観察者であり、つねに超えている者、外側の世界を超えた者だ。あなたは、つねに超越した者だ』と」
それを理解しなさい。世界を超越するがいい！――これがアシュタヴァクラの基本的な方便、彼の基本的な技法だ。それを技法と呼べればの話だが。何を見ようと、それは私ではない。どんな経験が訪れようと、それは私ではない――何を見ようと、私はそれを超えているのだから。私は見ている者であって、見られている者ではない。どんな体験が訪れようと、私は超越している。私はその体験の観察者なのだから。どうして私がその体験でありえよう？　だから私は身体ではないし、心《マインド》でも感情《エモーション》でもない。ヒンドゥー教徒でも、イスラム教徒でも、キリスト教徒でも、バラモンでも、賤民でもない。子供でも、若者でも、老人でもない。美しくもないし、醜くもない。知的でもないし、愚かでもない――私はまったくだれでもない。私は自然のすべてを超越している！
この光線が、ジャナクのハートに射し込んだ。彼は畏敬の念に満たされた。驚き、衝撃を受けた。はじめて彼の目が開いた。

ああ、私はずっと幻に惑わされていました！

「私が築いてきたもの、愛してきたもの、見てきた美しい夢はみな、無知のまどろみだった。それらは夢に他ならなかった！　眠りのなかで湧いてきた、現実味のないただの思いでしかなかった」

ああ、私はずっと幻に惑わされていました！


「あなたは私に衝撃を与えました。私を揺さぶりました。私が建ててきた宮殿は、すっかり崩れ落ちてしまいました。そして私が創ってきたこの王国は、すべて私の無知ゆえの投影だったのです」

理解しようと努めてごらん。もし聴くことができるなら、同じことが起こるだろう。もし聴くことができるなら、まさに同じことが起こるだろう。あなたの行為や備えは、すべて無用になる。成功も失敗もみな、無意味になるだろう。


ムラ・ナスルディンが寝言を言っていた。彼は目を開けると妻に言った、「早く！　眼鏡をくれ！」

妻は言った、「こんな夜更けにベッドのなかで、眼鏡で何をするつもり？」

彼は言った、「ぐずぐずしないで、さっさと眼鏡をくれ。夢のなかで、きれいな女性を見ていたんだ。眼鏡をかけて、もっと彼女をよく見たい。どうもこの夢は、もやもやぼやけていかん」

あなたは、自分の夢を現実にしようと試み続けている。どうにかして、その夢を本物にしようと！　あなたは自分の夢が夢だとは、だれにも言われたくない。あなたは怒り出すだろう。私たちは、いわれもなく神秘家たちに毒を盛り、石を投げてきたわけではない。彼らは私たちを怒らせた。夢を見ていたのに、彼らは私たちを起こそうとし始めた。断りもなく私たちの眠りを打ち壊し始め、目覚ましを鳴らし始めた。当然、私たちは怒りを覚える。だが、もし耳を貸すなら、あなたは感謝するだろう。永遠に感謝することだろう。

覚えておくといい、クリシュナのギータのなかでクリシュナが語っているとき、アルジュナは疑問を提示し続ける。アシュタヴァクラのギータのなかでは、アシュタヴァクラが語り、ジャナクはいかなる疑問も差し挟まない。ジャナクは、ただ感謝を表現しただけだ。ジャナクは、言われたことを素直に受け取った。ジャナクはこう言っただけだ、「あなたは私を驚かせました、私の目を覚ましました！　尋ねることなどありません」。

ジャナクは体験し始めた。

私は純粋で、無傷です
私は安らぎです、私は気づきです
私は自然を超えています

私たちにとって、それは不可能なことに見える。そんなに早くそれが起こるなんて！　もう少し時間がかかるはずだと思える。そんなに素早く、そんなに突然起こったことに、私たちはとても驚かされる。

禅師たちの生涯には、そういった逸話がたくさんある。今、禅に関する本は東洋で西洋で、あらゆる方面で広まりつつある。それを読む人たちは、僧が一瞬のうちに目覚めて光明を得る話が無数にあることに、大きな驚きを覚える。それは信じられない。私たちは大変な修練をしているのに、光明は起こっていない。努力しているのに、いまだに瞑想は起こっていない。座って詠唱し、苦しい拷問のように座っているのに、マインドは落ち着かないままだ。なのに、このジャナクときたら、一瞬のうちに目覚めたのだ！

ときにそれは起こる。それは、あなたがどれだけ受容的でいられるかにかかっている。受容性が少なければ少ないほど、時を要する。その遅れは光明のせいではない。それはまさに今、起こりうる。アシュタヴァクラが何度も言うように——「幸せでありなさい、まさに今、幸せに！　解き放たれなさい！　まさに今、まさにこの瞬間に自由でありなさい」

それはまさに今、起こっている。遅れは、いずれも私たちの受容性によるものだ。私たちには、受け容れるだけの度量がない。時間がかかるのは、合間に生じた石ころを取り除くためだ。

泉は、今まさに溢れ出すことができる。泉には用意があり、ふつふつと湧き出しつつある。泉は、石がどけられるのを待ちわびている。そうすれば、湧き出し、海へと流れていける！　だがそれは、間にどれだけ多くの岩があるか、間にどれだけたくさんの石ころがあるかどうかだ。泉にしてみれば、出てくるのに時間はかからない。道筋は閉ざされておらず、開いて、待ち受けている。ときには噴き出すこともあり、ときには少しばかりどこかを掘らねばならないこともある。ときには、ダイナマイトが必要な大きな石があるかもしれない。だが、この三つのいずれの場合も、泉はつねに存在していた——今、あるいは少し後、あるいは幾多の生の後に溢れ出そうとも。障害は、外へ溢れ出す用意が泉になかったことではない。障害は、その上にある岩によるものだ。

ジャナクの意識の上には、ひとつの岩もなかったにちがいない——感謝の念が湧き起こり、感謝の心が表明された。彼は踊り出した！　彼は有頂天になった。

まさに私こそが、この身を照らす者であるように
私は宇宙をも照らしています
この全宇宙は私のものか、あるいはまったくの無です

これこそが信頼だ。バガヴァット・ギータでは、アルジュナに信頼はない。彼は疑う。彼は次々と疑問を持ち出す。彼には無数の疑いがある。彼はまずこの角度から、また別の角度から質問する。ジャナクは何も尋ねなかった。だから私は、この歌をマハギータ、偉大なる歌と呼ぶ。アルジュナの信頼の欠如は、最後には打ち壊され、最終的に彼は家に戻る。ジャナクには不信がなかった。それはまるで、彼は我が家の扉の前に立っていて、だれかが彼を揺さぶりながら「ジャナク、あなたはもう我が家に立っている、どこにも行くことはないよ」と言うようなものだった。
そして彼は言った、「ああ！」

まさに私こそが、この身を照らす者であるように
私は宇宙をも照らしています

アシュタヴァクラは言う――あなたの究極の実在すなわち観照は、あなただけのものではない。あなたの中心《センター》ではない。あらゆる創造の中心《センター》なのだと。表面上、私たちは分かれているが、内側ではひとつだ。外側では分かれているが、内側に向かうとひとつだ。ちょうど、波が表面上は別々であっても、海の深みでは皆ひとつであるように。表面ではある波は小さく、ある波は大きい。ある波は美しく、ある波は醜い。ある波は汚れており、ある波は清らかだ。表面ではまったく別々だが、海の深みではすべてつながっている。その中心《センター》を覚えている者は人格を失い、人格としては消え失せる。
だからジャナクは言う、

まさに私こそが、この身を照らす者であるように
私は宇宙をも照らしています。

「何をおっしゃっているのです？　信じられない！」


昨夜ひとりの若者が私のもとに来て、「私には、瞑想で起こったことが信じられないのです」と語った。そうだ！　何かが起こるときは、そういうものだ……それは信じられない。私たちは、自分の信を小さな物事の上に、些細なことの上においている。広大なるものが起こるとき、どうしてそれが信じられるだろう？　神があなたの前に立つとき、あなたは畏敬の念で満たされ、打たれたように言葉を失うだろう。

西洋に、ティルトゥリアンというすばらしい神秘家がいた。

彼の言葉は……だれかが彼に尋ねた、「何か神の証しはあるのですか？」

彼は言った、「ひとつだけ証しがある。神は不合理ゆえに存在する。彼は信じ難きゆえに存在する。神は不可能ゆえに存在する」と。

ティルトゥリアンは、とても風変わりなことを言っている。「神は不合理ゆえに存在する！　世界は意味を成しているが、神は不合理だ。些細なことは可能であり、広大なるものは不可能だ。だが、その不可能もまた起こる」。ティルトゥリアンは言う——不可能を受け容れるなら、不可能もまた起こると。それが起こるとき、それはまったく信じ難い。あなたのあらゆる根は、断ち切られてしまう。どうしてそれが信じられるだろう？　それが起こるとき、あなたはいないだろう。では、だれがそれを信じるのか？　それが起こるとき、あなたは風と散る。これまで、あなたは暗闇として存在してきた。太陽が昇るとき、あなたは消滅する。

ジャナクは言っている。

この全宇宙は私のものか、あるいはまったくの無です

そこには、ふたつの可能性しかない。そのふたつの間の立場は、すべて幻だ。この全宇宙は私のものだ――なぜなら私は神の一部であり、神であり、全宇宙の中心《センター》であり、私の観照は全宇宙の観照だからだ……したがって全宇宙は私のものだ。これがひとつの可能性だ。あるいは、私はまったく何も持っていない――なぜなら私は存在してすらいないのだから。観照において、私はもはや存在しない。ただ観照だけが残る。もはや主張する者が存在しないのに、すべては私のものだと主張するのはだれか？

だからジャナクは、ふたつの可能性があると言う。充満、あるいは空《くう》――これらは宗教のふたつの表現だ。クリシュナは充満を選び、ウパニシャッドは充満を選んだ。あらゆるものは全体より生じるが、全体は全体のままだ。あらゆるものは充満のなかに溶け込むが、その充満は増えも減りもしない。ウパニシャッド、クリシュナ、ヒンドゥー、そしてスーフィーたちは皆、充満を選んだ。仏陀は空《くう》を選んだ。

ジャナクの発した声明は語る、「すべては私のもの――私は完全な充満、究極のブラフマンであるか、あるいは何ひとつ私のものでない――絶対的な空《くう》であり、虚空であるかだ！」。真理は、そのふたつの両方だ。

仏陀の声明は不完全であり、クリシュナの声明も不完全だ。全体的な真理は、ジャナクの声明に含まれている。ジャナクは、どちらとも言えると語る。なぜだろう？　それは、私が宇宙全体の中心《センター》だとしたら、宇宙全体は私のものだからだ。だが、私が宇宙全体の中心《センター》であるとき、私はもはや私ではない。私であることは、というの昔に落ちてしまっている。それは砂埃《すなぼこり》のように置き去りにされている。旅人は先へと進み、埃は置き去り

にされている。だとしたら、何が私のものでありうるだろう？　そのときは、何ひとつ私のものではない。

この全宇宙は私のものか、あるいはまったくの無です

驚きです
この身体と世界を捨て
今、あなたの巧みな教えによって
私は、ただ神だけを見ています

驚きです——この身体と世界を捨て……

「驚きです。私の身体は消え、そして身体とともに全世界が消えました」。手放し《レットゴー》が起こった！　放棄は行なうものではない。放棄とは意識のひとつの状態だ。手放しとは行為ではない。自分は放棄したと言うなら、それは放棄ではない。彼は手放しを、もうひとつの世俗的な経験にしてしまっている。「私は放棄した者だ」と言うなら、彼は放棄について何も知らない。『私』があるかぎり、どうして放棄がありうるだろう？

手放しとは、物事を捨てることではない。手放しとは、目を覚まして見ることだ。「何ひとつ私のものではない——どうしてそれが落とせよう？　何を落とすというのか？　もしそれをつかんでいたなら、手放すこともできただろう。もしそれを持っていたなら、手放すこともできただろう」

あなたは朝起きて、「よし、今から自分の夢を放棄するぞ」などと言いはしない。朝起きて、「夜、自分が帝

王だった夢を見た。すばらしい黄金の宮殿、ダイヤモンドがちりばめられた装飾品……俺の王国は遥か彼方まで拡がり、美しい妃と息子たちがいた」などとは言わない。朝起きて、「さあ、これらをすべて放棄するぞ」などとは言わない。そんなことを言えば、あなたはいかれているように見える。朝起きて、太鼓を叩きながら村を練り歩き、「俺はすべてを放棄した――俺の王国、金、贅沢、妃に王子たち……俺は丸ごと捨てたんだ」と触れ回るなら、人々はびっくりするだろう。

彼らはきっと言う、「王国だって？　おまえが国を持っていたなんて初耳だぞ」

あなたは答える、「夜、夢で見たのさ」

人々は笑って、おまえはいかれてるよ、と言うだろう。夢の王国は、放棄される必要などない。だから、鍵となる理解はこうだ――世界は無だと理解するとき、放棄する必要がどこにある？　だが、どれだけ自分が放棄してきたかを憶えている人たちもいる。

ひとりの友人が私に会いにきた。彼の妻も一緒だった。この友人は、慈善によって知られていた。妻は言った、「おそらくあなたは、主人についてあまりご存知ないでしょうね。彼はとても情け深くて、慈善に十万寄付しましたのよ」

すぐに夫は妻を手で制して言った、「十万じゃない、十一万だ」

これでは、慈善ではなく計算だ。これは取引だ。一銭たりとも見逃されない。もし神に出会うことがあれば、彼は神の首根っこをつかんで言うだろう、「私は十一万寄付してきました。何と交換してくれるのか教えてください」と。彼がそれを与えたのは、ここでひとつを与えたら、向こうではその百万倍を受け取る、と経典が述べているからだ。こんな取引をだれが見過ごすだろう？　百万倍だ！　その利率を聞いたかね？　こんな商売を見たことがあるだろうか？　賭博好き《ギャンブラー》だって、こんなとんでもない博打打ちではない！　賭け事で百万倍も当てることはない。それはまったくの賭け事だ。期待しつつ十万与えよ、そうすれば百万倍になって返ってくる、というわけだ。これは拡大したあなたの貪欲にすぎない。

そして十万を計算しながら……これらのルピーの価値は、まだ消えていない。以前、そのルピーは金庫に保管されていた。今、その金庫には、いくら放棄してきたかの記録が保管されている。しかし、夢はまだ破れてはいない。


とても古い中国の物語がある。

ある皇帝にはひとりしか息子がおらず、その息子が死を迎えていた。医者たちはさじを投げて言った、「お救いする手立てはございません。もう長くはないでしょう。助けることはかないません」。その病気を治す方法はなかった。それはただ、一日一日の問題にすぎなかった。「いつなりとも、息を引き取られることでしょう」

父親は、息子の病床のかたわらで一晩中起きていた。別れを告げるときだった。目には涙が浮かんできた。座り続けて、早朝の三時頃、父親はうとうとし始めた。眠っている間に、彼は自分が広大な王国を治めている夢を見た。彼には十二人の息子たちがいた——みなとても整った顔立ちで、若々しく、才気に溢れ、知性的で……すばらしい戦士、勇士だった！　世界中のどこにも、肩を並べられる者はいなかった。彼は巨万の富を持ち、それは尽きることがなかった。彼は世界の支配者だった。その支配は、地球全土に広がっていた。

彼がその夢を見ているときに、息子は息を引き取った。彼の妻は泣き叫び出した。彼は目を開けると、非常な衝撃を受けた。彼はそこに呆けたように座っていた……ほんの少し前には、彼の王国、十二人の息子たち、莫大な富があったのに、すべてなくなってしまったからだ。そして、こちらでは息子が死んでしまった！　彼はすっかり当惑した。妻は、彼の頭がおかしくなったのではないかと心配した。彼は息子のことをとても気にかけていたのに、その目には一粒の涙も浮かんでいなかったからだ。息子が生きていたとき、彼は涙に暮れていたのに、息子が亡くなった今、父親が涙を浮かべないとは？　妻は彼を揺さぶって言った、「どうなさったの？　なぜあなたは泣かないの？」
彼は言った、「だれのために泣くべきなのか？　十二人の息子がいたのに、彼らは死んでしまった。広大な王国があったのに、それは消えてしまった。彼らのために泣くべきなのか、それともこのひとりのために泣くべきなのか？　だれのために泣いたらいいのだろう？　ちょうど十二人が去っていったように、十三人が去った。すべてが終わった」。彼は言った、「あれはひとつの夢、これもまたひとつの夢。あの夢を見ていたとき、私はこの息子も、この王国のこともすっかり忘れていた……すべてを忘れていた。その夢が破れ、私はおまえたち皆を思い出した。今晩、私はまた眠りにつき、おまえたち皆を忘れることだろう」
「だから、それは来ては去る。今それはあり、今それはない。そして今、両方の夢が去っていった。今、私は夢から覚めた。もう夢のなかをさまようまい。もうたくさんだ、時は満ちた。果実は実を結んでいる。それはもう落ちんばかりなのだ！」

ジャナクは言う。

驚きです、この身体と世界を捨て
手放し《レットゴー》が起こった！　一寸たりとも彼は動いていない。彼は自分の居場所にいる。彼はアシュタヴァクラを招き、自分の玉座に座らせた、その同じ場所に――彼はアシュタヴァクラの前に座っている。彼はどこにも行っていない。王国は続き、宮廷の富もそこにあり、扉には番兵が立ち、召使たちは扇で風を送り続けている。すべては寸分違わず続いており、宝物はその置き場所にある。しかしジャナクは言う、「驚きです、手放しが起こりました！」
放棄とは、内なる実存のものだ。放棄は理解を通じて起こる。

驚きです、この身体と世界を捨て、今、あなたの巧みな教えによって

「何という技でしょう、一枚の葉も揺さぶることなく変容が起こるとは！　たったひとつの小さな切れ目も残さずに、手術は終わっています！　何という神業！　あなたの教えはいったい何なのでしょうか？　今や私は神を見ています。世界はもはや目に入りません。私の視点はすっかり変容してしまいました！」

それは、途方もなく意味深い経文《スーートラ》だ。あなたは、まさにあなたのいるところにいて、ただありのままのあなたでいる。変容は起こりうる。ヒマラヤへ逃げる必要はない。サニヤスとは逃避ではないし、逃げ出すことではない。すべてはそのままだ——妻、子供たち、家、家庭。それについて一言も耳にした者はいなかったが、革命は起こった。それは内側の問題だ。あなたは驚くだろう、この出来事はいったい何なのか？と。今や妻も自分のものとは思えないし、息子も自分のものとは思えない。家も自分のものとは思えない。そのままそこに住んでいても、今やあなたはひとりの客であるかのように生活するだろう。家は同じだが、それは一夜の宿と化している。すべては同じまま——あなたは働き、自分の店に行き、事務所に通うだろう。あなたは働くだろうが、もはや不安にかられることはない。
ひとたび、ここにあるすべてはただの戯れだと、大いなる劇《ドラマ》だとわかったら、その革命は起こる。

ある俳優が私に尋ねた、「どうしたらもっと演技が上手くなるか、教えていただけますか？」

そこで私はこう言った、「ひとつだけ法則がある。生に熟達したい人たち――彼らの法則は、人生をひとつの演技として受け取ることだ。そして演技が上達したい人たち――彼らの法則は、演技を現実の人生として受け取ることだ。それ以外に秘訣はない。もし俳優が自分の演技を現実の人生として受け取るなら、彼は上達する。そのとき彼は、劇《ドラマ》を現実の人生と受け取る」

演技に没頭するあまり、非現実が現実となっている俳優に、あなたは感動するだろう。もしその真似事を現実だと思えないなら、優れた俳優にはなれない。彼は外側にいるままで、役柄に入り込めない。彼は、とても表面的に演じるだろう。だがあなたには、その役柄に彼の魂が入っていないことが、そのなかに消え去っていないことがわかる。

俳優は、自分の演技のなかで自分自身を完全に忘れるものだ。ラーマを演じるときは、完全に忘れ去ってラーマになる。彼のシータが連れ去られるとき、彼は考えたりしない、「そもそも、これが私と何の関わりがある？　少ししたらこの劇はすべて終わって、私たちはそれぞれ家路につくのだ。なぜ、わけもなく泣く？　なぜ私のシータはどこへ行ってしまったのか、と樹々に聞かなくちゃならないんだ？　なぜ大声を上げて叫ぶんだろう？　何のために？　私のシータなんているんだろうか？　ここにはシータなんていない。シータは他の人が演じている。私は彼と何の関わりもない」。もしそのなかに自分自身を失わないとしたら、彼は優れた俳優ではありえない。

演技における技能《スキル》とは、演技を人生として、それを完全な現実として受け取ることだ。まさに、彼自身のシータがいなくなったのだ。その涙は偽りではなく、本物だ。彼は、自分が最愛の人を失ったかのように泣く。そして同じように彼は戦う。彼の演技は現実の人生だ。

生きることに熟達したければ、人生をひとつの演技として受け取ることだ。これもまたひとつの劇《ドラマ》だ。やがて幕は降りる。やがてだれもが出発する。その舞台は広大かもしれないが、いかに広かろうと舞台であることに変わりはない。そこにあなたの家を建ててはいけない。あたかも隊商宿《キャラバンサライ》にいるかのようにいなさい。それは待合室だ。ここでは、だれもが列をなしている。死がここを訪れると、人々は出発していく。あなたは出発するところだ。ここに根を下ろす必要はない。そうする者は苦しむだろう。

この世界に根を下ろさない者がサニヤシンだ。ここに根付かぬ者、その足を据えぬ者、それがサニヤシンだ。つねに移動する用意がある者……もし彼が遊牧民で、ジプシーで、カーナ・バドシュであるなら、その人はサニヤシンだ。

この『カーナ・バドシュ』という言葉は、とてもすばらしい。それは自分の家を自らの肩に背負う者、という意味だ。『カーナ』は家で、『バドシュ』は肩の上という意味だ——その家が自らの肩の上にある者。カーナ・バドシュはサニヤシンだ。せいぜいテントひとつを張るくらい。ここに家を建ててはいけない。テントならいつでも引き払える。一刻も遅れずに！　隊商宿《キャラバンサライ》だ！


あるスーフィー、イブラヒムについての物語だ……。

彼は以前、バルフの帝王だった。ある夜、自分の宮殿で寝ているとき、彼はだれかが屋根の上を歩いているのを耳にした。彼は尋ねた、「こんな真夜中に屋根を歩くとは、何と無作法な愚か者。何者だ？」

声が答えた、「わしは無作法ではないぞ、わしのラクダがいなくなってしもうての。奴を探しておるんじゃ」

イブラヒムは吹き出した。彼は言った、「たわけ者！　おまえはいかれている！　いなくなったラクダが屋根の上で見つかるだって？　考えてもみろ、どうしてラクダが屋根の上でつかまる？」

上から声が返ってきた、「他人を無作法だの愚か者呼ばわりする前に、おまえさん自身のことを考えることじゃな。富のなか、贅沢のなか、酒や歌のなかに、幸せはあったかの？　もし幸せが富や贅沢のなか、酒や歌のなかで見つかるんじゃったら、屋根の上でラクダもつかまろうというものじゃ」

イブラヒムは驚いた。彼は真夜中にもかかわらず起き出すと、家臣を送ってその男をとらえようとした。その男は何かを知っているように思えた。だがそのときにはもう、男は音もなく逃げ去っていた。イブラヒムは首都中に人を手配して、その男が何者だったのかを探し出そうとした――彼は光明を得た行者《ファキール》のように見えた。彼が言ったのは、どういうことだったのか？　何が目的で、彼はそう言ったのか？

その夜、イブラヒムは安眠できなかった。翌朝、宮廷を開いたとき、彼は憂鬱な気分だった。あの言葉が痛烈に彼を打ちのめしていた。

彼はジャナクのような人だったにちがいない。言われたことの真実によって、打たれたのだ。「仮にこの男が狂っているとしても、私は知性的なのだろうか？　この世で幸福を見つけた人がいただろうか？　私もそれを探している。幸福は、この世では見つかっていない。もしそれがあるなら、屋根の上でラクダも見つかるだろう。そのときには不可能も起こるだろうし、何も問題ない。それにしても、あの男は何者なのだろう？　どうやって彼は屋根に登ったのだろうか？　どうやって逃げおおせ、どこへ行ってしまったのか？」。彼はずっと物思いにふけっていた。彼は宮廷を開けたものの――宮廷は開かれ、財政が討議されていた――今日、彼の心《マインド》はそこになかった。彼の心《マインド》は他のどこかをさまよっていた。心《マインド》は、もうどこか別世界へと飛び立っていた……まるで、すでに手放し《レットゴー》が起こったかのように。ほんのちょっとした出来事――まるでアシュタヴァクラその人が、彼の屋根に登って語ったかのようだった。

ちょうどそのとき、彼は扉のところの押し問答に気づいた。ひとりの男がなかに入りたがっていた。彼は門番に、この隊商宿《キャラバンサライ》に泊めてくれと言っていた。番兵は答えていた、「おまえはいかれておる。ここは宿などではない。帝王の宮殿だ。宿なら街にいくらでもある。行ってそこに泊まるがいい」

だがその男は言った、「わしはここに泊まるよ。前にも泊まっておったからの。ここは宿じゃ。こんなたわ言は、よそのだれかに言うことじゃな。おまえさんには、わしはごまかせんよ」

その声を聞いたイブラヒムは、突然これはあの声だと、同じ男だと悟った。彼は言った、「その者をなかに通せ。追い払ってはならぬ」

彼はなかに通された。イブラヒムは尋ねた、「おまえは何を言っている？　この傲慢さは何事か？　ここは私の宮殿だ。それを宿と呼ぶか？　これは侮辱だ」

その男は答えた、「それが侮辱であるにせよ、お世辞であるにせよ、ひとつ尋ねさせてもらおうかの――わしは前にここに来たことがあるが、そのときは他のだれかがこの玉座に座っておった。あれはだれだったかの？」

「それは我が父上だ」とイブラヒムは答えた。

行者《ファキール》は言った、「そしてその前にも、わしはここに来ておったが、ここにおったのは別人じゃったぞ」

王は答えた、「それは我が父上の父上だ」

すると行者は言った、「だから、わしはここを宿と呼ぶんじゃ。人々はここに腰かけ、そして出発する。連中は、来ては去っていくんじゃよ。おまえさんは、いつまでここに座っておるのかね？　またここに来るときには、わしは他のだれかがここに座っておるのを見ることじゃろう。だからわしは、それを宿と呼ぶんじゃ。ここは家ではないぞ。家とは、ひとたび泊まったら、そこにおるところじゃ……だれもおまえさんを連れ出さず、連れ出すことなどかなわぬところじゃ」

イブラヒムは玉座から降りると、その行者にこう言ったと伝えられている、「私はあなたに額づきます。これは一軒の宿です。あなたはここにお泊まりください。私は行きます。この家に泊まることが、何の役に立ちましょう？」

イブラヒムは宮殿を去った。彼には度量があり、用意があったにちがいない。

ジャナクは言う、「一瞬のうちに、私は自分がこの世界と身体を放棄したのを見ました。私はひとりのサニヤシンとなりました。あなたは、どんな技でこれを行なったのでしょう？　あなたが与えた、この教えは何なのでしょうか？　何という巧みさをお持ちでしょう！　何という術《アート》をお持ちでしょう！」

驚きです
この身体と世界を捨て
今、あなたの巧みな教えによって
「何と巧みなのでしょう！　何という師《マスター》に、私は出逢ったのでしょう」
私は、ただ神だけを見ています
「今や私は、ただ神のみを見ます。他はいっさい見ません。今や、このすべては神の顕われとしか、ただ彼の波としか映りません」
波や飛沫《しぶき》や泡が、水にほかならないように

この個的魂は、宇宙的魂にほかなりません
「ちょうど、水に波が現われ、泡が立ち、飛沫《しぶき》が生まれるように――しかも、それらは水から分離していません――それらはそこから生まれ、そこへ消え戻ります。同じように、ここにあるものは、どれも神から分離していません。すべては彼の泡、すべては彼の飛沫《しぶき》、すべては彼の波なのです。それらは彼のなかに生まれ、彼のなかへ溶け戻ります」……

波や飛沫《しぶき》や泡が、水にほかならないように

「私たちはそのようなものです。神よ、私はこれを見始めています」

ジャナクはアシュタヴァクラに、自分はそれをじかに見ていると言っている。これは哲学者の言明ではない。これはひとつの体験であり、彼が得ている深い体験から生まれたひとつの表現だ。

あなたも見てごらん！　それは、ちょっとした視点《ヴィジョン》の変化という問題にすぎない。西洋では、ゲシュタルトの変化と呼ばれている。『ゲシュタルト』という言葉は、とても意味深い。ときおり、あなたは子供の本に載っている絵を見たことがあるはずだ。注意深く見ると、ひとつの絵のなかに、ときには老女が、ときには若い女性が見える。見続けると、それは入れ替わり始める。ときには老女が現われ、ときには若い女性が現われる。それらは同じ描線でできている。だが一点――あなたは驚くだろう、それは思いもよらないことだ――そのふたつを同時には見られないのだ。

それらを両方とも見たことがあっても――あなたは、その絵のなかに老女を見たし、若い女性を見た。今では、その両方が絵のなかにあるのを承知している。それでも、それらを同時には見られない。若い女性を見ているときは、老女が消える。老女を見ているときは、若い女性が消える……それは、同じ描線が両方に用いられているからだ。ドイツ語では、これをゲシュタルトと呼ぶ。ゲシュタルトとは、ある見方ではあるものが現われ、別の見方では別なものが現われるということだ。それは同じものだが、あなたの見方が、その意味を丸ごと変えてしまう。

世界は同じだ。無知な者がそれを見ると、彼はかぎりなく多様な物事を見る。それがひとつのゲシュタルト、ひとつの見方だ。そして賢者が見ると、かぎりない多様性は消え失せる――無数の形は消え失せ、ただひとつの広大な広がりが見える。


ジャナクは言う。

私は、ただ神だけを見ています

「私は究極の実在を見ています」。これらの緑の樹々は、その青葉だ。それは、この花々のなかで色づいて開花しているものだ。それは、花々の香りのなかで風とたわむれているものだ。それは、空に雲として集まっているものだ。それは、あなたの内側では眠れる者として、アシュタヴァクラや仏陀のなかでは目覚めた者としてあるものだ。

それは、愚鈍な石のなかで深く眠っている者だ。それは、人間のなかで少しばかり機敏で、少しばかり目覚め始めている者だ。しかし、それはそれだ。

あらゆる形は神の姿だ。それは逆さまでも神だし、正しい向きでも神だ。人間の視点からすると、樹々は逆立ちをしている……数日前、私は植物の生態についての本を読んでいた。驚きだったが、それは正しく思えた。この科学者は、樹木は頭を大地に埋めていると述べていた。なぜなら、樹木は食物を大地から摂取しているからだ。彼らの口は地中にある。彼らは土から食べ、水を飲むから、その口は地中にある。また、彼らの足は空にある。逆立ちをしているわけだ。彼らは大昔からヨーギだったらしい。

その科学者はこれをもとに、人間の進化の全容が少しずつ理解できることを証明しようとしている。まずミミズや魚がいる——彼らは平らだ。彼らは水平で、地面と平行だ。その尾と足は、一本の平行線を成している。彼らは樹木を超えて、やや進化している。そして犬や猫、ライオンにチーターがいる——彼らの頭は少し上がっている。そこには水平からのわずかな変化がある。頭は少し持ち上がり、角度が変化している。そして猿がいる——彼らは座ることができる。せいぜい地面と九十度の角度を成すが、立つことはできない。彼らは座っている人たちで、樹木は逆立ちしている人たちだ。そして人間——彼らは直立し、直角をつくる——樹木とは正反対だ。頭が上で、足が下だ。

私はこの思いつきが気に入った。すべては一なるものの戯れだ。その一なるものは、ときに逆さまに立ち、ときに正しく立ち、ときに寝転がる——ときには眠り、ときには目覚めている。ときに苦しみのなかに失われ、ときに幸せのなかに失われる。それは、ときに混乱のなかにあり、ときに安らいでいる——だが、そうした波はみな、一なるものだ。

波や飛沫《しぶき》や泡が、水にほかならないように
同じように、魂から分離しているものは何ひとつない。すべてはひとつの不可分なる全体だ。

それを見なさい、ただ聞くだけではなく！　それはゲシュタルトを変えるという問題だ。それは、ほんのひと目で見られる。たったの一瞥で、そうあることができる。もし深く見るなら、あらゆるものがゆっくりひとつに溶け込み、消え去るのを見出すだろう。広大な大洋が波を送り出している。この体験は長続きしないだろう。それが長く続くには、あなたの許容量が増す必要があるからだ。だが、この広大さが波を送り出していること、そして私たちが皆、彼の波であることを一瞬でも理解できたら——その一なる太陽が光を放ち、私たちが皆その光線であることを理解し、その一なる音楽がここに鳴り響き、私たちが皆その音色であることを理解したら——そのとき変容は起こる。その一瞬の体験は、しだいにあなたの実存に永遠に浸透するだろう。望むならそれを把握することもできるし、あるいは逃がすこともできる。ジャナクはそれを把握した。

夜　わたしは目覚めた
突然　深い静けさのささやきが聴こえたようだった
暗闇のカーテンの向こうから——
やわらかく　神秘的な旋律の　究極なる歌が
そして　その歌はわたしに語った
強情な者よ！　ああ　まだそなたは目を覚まさぬのか？
この光は　限りなき源からあふれているのに
おお　あわれな者よ
そなたの器は　幾たび満たされ
そして　そっと傾けられ　空けられてきたのか？

あなたがこうした言葉を聴くのは、これがはじめてではない。あなたは、もう何度も聴いてきている。あなたはとても古い。それをアシュタヴァクラから聴いたことは大いにありうる。あなたたちの何人かは、確かに彼を聴いていた。ある人は仏陀を聴き、ある人はクリシュナを、ある人はイエスを、ある人はモハメッドを、ある人は老子を、ある人はツァラトゥストラを聴いてきた。この大地には、つねにこうした人々が存在してきた。あなたは、彼ら全員のそばを通り過ぎ、ここに集ってきた。ランプはじつにたくさん灯されてきたから、そのランプの光が、どれもあなたの目に届かなかったことはありえない。あなたの器は何度も満たされてきた。

おお　あわれな者よ
そなたの器は　幾たび満たされ
そして　そっと傾けられ　空けられてきたのか？

あなたの器は満たされ続けているが、それでも空っぽなままだ。あなたはそれを入れておくことができない。

そして　その歌はわたしに語った
強情な者よ！　ああ　まだそなたは目を覚まさぬのか？
この光は　限りなき源からあふれているのに

そして朝は近づいている。朝は何度も訪れ、多くの太陽が昇ってきた。なのにあなたは座り続け、自分の暗闇をしっかり抱きしめている。あなたが自分の貧しさを手放せば、それは去ってゆくだろう。
ジャナクは言う、「私は一なるものだけを見ています。その一なるものに、私は溶け去っています。その一なるものは、私のなかに溶け去っています」

ヴェーダは言う
すべてを放棄せし者　それはサニヤシン
それはヴェーダより偉大なる者
彼の光輝は世にまさる
彼は宇宙の主のうちに住まい
宇宙の主は彼のうちに住まう

「ヴェーダは言う、すべてを放棄せし者、それはサニヤシン、それはヴェーダより偉大なる者」──彼はヴェーダよりも崇高だ。なぜなら──「彼は宇宙の主のうちに住まい、宇宙の主は彼のうちに住まう」からだ。
その瞬間、ジャナクの意識は宇宙の魂から分離していなかった。それはひとつになった。彼自身も驚いた。

服を解きほぐせば、糸にほかならないように
解きほぐされた宇宙は、魂にほかなりません

気をつけて見るなら、識別しつつ意識的に見るなら……もし注意深く服を見たら、何を見出すだろう？　織られた糸しか見つからない──ある糸はこちらに、ある糸はあちらへと走っている。そうやって糸を繰り返し織ることで、服は作られる。服とは、糸でできた網だ。しかも奇妙なことに、糸を着ることはできないが、服なら着られるのだ。山積みの糸を集めたとしても、それを身につけることはできない。服もやはり糸の集まり

に相違ないが、それは並べ方の違いでしかない。糸を互いに交差させて織ることで、服は作られる。そうすれば、その服で身を覆うことができる。だが、その違いとは何だろう？——それは依然として糸だ。それらの並べ方が、どんな違いをもたらすというのだろう？

ジャナクは言う——存在はときに樹木の緑になり、ときに薔薇《バラ》の赤になり、ときに水として、ときに丘や峰々として、ときに月や星々としてある。それらはみな、意識の異なった顕われだ。服は糸で織られる。あなたは、その糸でさまざまな種類の服を織ることができる——暑いときに着る上品で薄い服、寒いときの厚い服を。また、あなたはあらゆる種類の服を織ることができる——美しかったり醜かったり、金持ち用や貧乏人用の服を。あなたは、その糸から何千通りもの服を作り出せる。
科学者たちは、宇宙全体はひとつのエネルギーからできていると言う。彼らは、そのエネルギーを電気と呼ぶ。その呼び名が、いったいどんな違いを生むだろう？　だが、科学者たちはこの一点、つまり宇宙全体がひとつのものから成り立っている、という点で同意する。それは、その一なるものの無数の姿だ。ちょうど様々な金細工がみな金でできているようなものだ。もしそれらが溶かされたら、金だけが残る。形は様々だが、その形をつくっているものはまったく同じだ。

服を解きほぐせば、糸にほかならないように、解きほぐされた宇宙は、魂にほかなりません

服が糸にすぎないのと同様に、この存在は実存《ビーイング》によって織られている。そして確かに、『電気』というよりは『実存』と言った方がいい——なぜなら電気もまた物質の一部であり、電気から意識が生まれる可能性はないからだ。それに、意識が電気から生まれるなら、電気を源と呼ぶ意味がない。そこから生まれるものは、そ

のなかに潜んでいたに相違ないからだ。意識は目に見える。意識は顕われている。そして顕われているものは、源のなかにも潜んでいたはずだ。さもなければ、どうやってそれは現われたのか？　あなたはマンゴーの種を植え、マンゴーの樹が現われた。マンゴーは樹へと育った。あなたはニームの種を植え、ニームの樹が現われた。小さなニームのさやが、樹に育ち始めた。現われたもの、実った果実は、そのなかに含まれていた。
意識は世界のなかに見て取れる。だから意識は現われている。無数の形で現われている。ということは、意識は存在の根源的な要素のなかに、潜んでいたにちがいない。したがって、『電気』と言うのは正しくない。『実存』と言う方がふさわしい。『実存電気』とでも言えばいい。だが、そのなかには意識が含まれているはずだ。私たちが自分たちのまわりに見るものは、どれも根源に潜んでいるにちがいない。

服を解きほぐせば、糸にほかならないように
解きほぐされた宇宙は、魂にほかなりません

砂糖黍《サトウキビ》の汁から作られる砂糖が
その汁全体に浸透しているように
私から作られる宇宙は
余すところなく私で充満しています

砂糖黍《サトウキビ》から砂糖を搾り出すとき、その砂糖黍の汁に砂糖が浸透しているのと同じように、神はすべての意識に浸透している。神は私に浸透し、神はあなたに浸透している。そしてあなたは神に浸透している。

この世界は、魂の無知から現われ
理解しようとしてごらん、それはとても意味深い。「世界は、魂の無知により現われ、魂を知ることからは現われない」。ゲシュタルトが変わり、見方が変わった。

蛇は、縄への無知から現われ
縄を知れば現われないのです

夜の暗闇で、あなたは一本の縄を目にし、それを蛇だと思い込んで怖気づく。あなたは逃げ出す。あなたは棒を持ち出して、それを叩き始める。すると、だれかが明かりを持ってくる。あなたの手から棒は落ち、恐れは消える。明かりのなかで、あなたはそれが蛇ではなく、ただの縄なのを見る。その蛇は、縄が縄に見えなかったから存在していたにすぎない。そこには蛇などいなかった。それはただの投影でしかなかった。

世界が存在しているのは、実存が実存として見られていないからに他ならない。だが、自分自身を知るとき、その人の世界は消え去る。これは、扉や壁、峰々や岩が消えるという意味ではない。違う、それらはそこにあるだろう。しかしそれらはみな、一なるものへ溶け込む。それらは、一なるものの様々な波であり、飛沫《しぶき》であり、泡であることだろう。

自分自身を知る者にとって、世界は終わっている。自分自身を知らぬ者にとって、世界が終わることはありえない。世界を落とすことで、自分自身を知ることはできない。だが自分自身を知ることで、世界は落ちる。

放棄へのふたつの取り組み方がある。ひとつの取り組み方によると、世界を放棄することで、自分自身を知ることができる。もうひとつの取り組み方によると、自分自身を知れば、すでに世界は落ちてしまっている。

最初の取り組み方は間違いだ。世界を捨てて自分自身を知ることはできない。なぜなら、世界を捨てながらも、あなたは世界の幻影を創造し続けるからだ。

ちょっと理解してみてごらん。縄が一本地面に落ちていて、あなたには蛇に見える。もしだれかがあなたに出会って、「ちょっと、その蛇だっていう思い込みを落としてごらんよ。そうすれば縄が見えるさ」と言ったら、あなたは言うだろう、「どうして蛇だっていう思いが落とせるのさ？　僕には蛇が見える。縄なんか見えないよ」。仮に、「神様《ラーマ》、神様」と唱えて勇気を奮い、どうにか背筋をしゃんと伸ばして「いいだろう、蛇じゃなくて縄だ、縄だ、縄なんだ」と言ってはみても、やはり自分自身の内側ではわかっている、「あれは蛇だ。だれが人を騙そうっていうんだ？　近づくもんか、面倒はごめんだ」。あなたは逃げ出すだろう。あなたは言うだろう、「あれは縄だね。縄だって信じるよ。でも、なぜ近寄ったりするのさ？」

世界から逃げ出す者——彼は世界を幻《マーヤ》と言うが、彼は逃げる。ちょっと彼に聞いてごらん、「それが幻《マーヤ》だとしたら、なぜ君は逃げようとするんだい？　それが存在しないなら、なぜ逃げようとする？　君は何を落とし、捨ててきたのさ？」

お金は泥にすぎない、と彼は言う。それなら、なぜそんなにお金を恐れるのだろう？　どうして怖気づくのだろう？　お金が泥だとして、彼は泥を怖がらないのに、なぜお金は怖がるのだろうか？　それは泥だ。もし、彼には泥にしか見えないなら問題はない。お金がそこにあるなら、それは構わないし、なくても問題はない。ときには泥も必要だし、人は泥を使うこともある。もしお金が必要なら、お金を使うことだ。しかし、今はすべてが夢のようで、お金の遊びのようだ。

第二の取り組み方はより深く、より真理に近い——明かりをつけて、縄を縄と理解すれば、世界は消え、蛇は去る。

この世界は、魂の無知から現われ魂を知れば現われません

実存を見れば、世界は見えない。世界を見れば、実存は見えない。ふたつのうち見えるのはひとつだけだ。同時に両方を見ることはできない。もし世界を見るなら、あなたは自らの実存を見ることはない。自らの実存を見始めると、世界は見えなくなる。その両方を同時に見るすべは、まったくない。

それはあなたが部屋に座っていて、暗闇しか見ていないようなものだ。そこで、暗闇にもっと近寄って見ようとして、あなたは明かりを持ってくる。明かりなら、もっとはっきり見えるはずだと。すると、それは見えないだろう。光を持ち込んだら、暗闇は見えない。闇を見たければ、光を持ち込むという過ちを犯さないことだ。闇を見たくなければ、光を持ち込むことだ――闇と光は同時に見えないのだから。なぜ同時に見えないのだろう？　それは、闇が光の不在だからだ。光があるとき、どうして光の不在もそこにありえるだろう？

この世界は、あなたの実存《ビーイング》に対する知の不在だ。あなたの実存への知という夜明けが訪れるとき、世界は消え去る。すべてはまさにあるがままにある。にも関わらず、何ものもありのままではない。すべてがまさにありのままで――しかも、すべてが変容を遂げている。

人々は私に尋ねる、「あなたはサニヤスを与えますが、人々に家を出るようにとか、妻子を捨てなさいとは言わないのですね」

私は答える、「私は彼らに、何かを捨てなさいと言わない。私は、中心《センター》に留まるようにと、彼らの実存に中心を定めるようにと言う。そうすれば、彼らには存在するものが見える。存在するものは落とせない。存在しないものは落とす必要もない」

私たちは自分が見たいものを見る。

裁判所で裁判があった。裁判官がムラ・ナスルディンに質問した、「君はどうやって何百頭もの、まったく同じような見かけの黒水牛《バッファロー》から、君の黒水牛を見分けたのかね？」

ムラは答えた、「それにいかほどの困難がございましょうか、閣下？　貴殿の裁判所には何百人もの弁護士の方々が、真っ黒な上着をお召しになって立っておられますが、それでも私には、自分の弁護士はちゃんとわかるってもんじゃありませんかね？」

彼が言っているのは、自分が認識したいものは認識できるということだ。自分の黒水牛は見分けるものだ。たとえ黒水牛が同じような見かけにせよ――弁護士がそうであるように。

私たちは、自分が知りたいものを知る。自分が認識したいものを認識する。私たちの意向が、私たちの生における現実となるのだ。

この世界から目覚めたければ、それと闘わないように。この世界から目覚めたければ、ただ内側で目覚めるために努力しなさい。


ムラ・ナスルディンと彼の妻が、彼らの小さな元気いっぱいの赤ちゃん連れで、踊りの催し物を見物に出かけた。ドアマンは彼らに注意して言った、「ナスルディン、演目の途中でその子が泣き出したら、ホールを出なくてはなりませんよ。お望みでしたら、あなたの入場券代をお返ししますが、演目に戻ってくるのはご勘弁願うことになります。よろしいですね？」

演目の半ばで、ナスルディンは妻に尋ねた、「踊りは気に入ったかい？」

「最悪だわね！」と妻。

すると彼は言った、「だったら、何をぐずぐずしてるんだ。ほら、この子をぎゅっと一発つねらなきゃ」

世界はまったく無益だとわかったら、ぐずぐずしないこと。自分をぎゅっとつねりなさい。内側で自分自身を揺さぶり起こしなさい。あなたの目覚めこそ必要とされるすべてだ。目覚めこそ偉大な真言《マントラ》、唯一の真言《マントラ》だ。

ハリ・オーム・タット・サット！

第八章

存在の贈り物

The Gift of Existence

私には、自分の身体が一個の檻か、瓶のように感じられます。

そのなかにはとても力強いライオンが閉じ込められていて、何生も眠り続けてきました。

でも今、彼はあなたのちょっかいで起こされてしまいました。

そしてキルタンのときや、あなたを思い出しているときには、彼もまた歓喜に満ちて踊ります。

どうかご説明ください。

◆

師《マスター》よ、どうしたら私は本物のサニヤシンになれるのでしょう？

どうやって、あなたのそばに行けばいいのでしょうか？

それに値するものが、私のどこにあるのでしょう？

信頼や明け渡し《サレンダー》は、私のどこにあるのでしょうか？

◆

「あなたは今ここで、まさにこの瞬間に解放されている」と、あなたはおっしゃいました。

でもどうしたら、私はこの『私』から自由になれるのでしょうか？

あなたの優雅さを通して、私にはその大空が見えます。

私は光を体験し、内なる流れともひとつになります。

でもセックスが私を圧倒するとき、瞑想におけるのと同じくらい、そのなかに溺れたくなるのです。

◆

どんな束縛にも陥らず、安らかに幸せであれ、とあなたはおっしゃいました。

サニヤスもまた束縛ではありませんか？

そして、技法や方便、修練がないのもまた、束縛ではありませんか？　どうかご説明を。

◆

ああ、甘美な愛するひと、どうか私の感謝を受け容れてください。

この涙に行き場をください。あなたはこの乞食椀を満たしてくれました。

それでも私は、相変わらず空っぽで、まっさらな白紙です。

ああ、甘美な愛するひと、私たちの友人。この頭を、捧げ物の果実のように、あなたの御足の許に。

最初の質問

愛するOSHO《オショー》
私には、自分の身体が一個の檻か、瓶のように感じられます。そのなかには、とても力強いライオンが閉じ込められていて、何生も眠り続けていました。でも今、彼はあなたのちょっかいで起こされてしまいました。彼は腹を空かせ、檻から自由になりたくて、とてもうずうずしています。日に何度も、怒っては吼え、吼えながら跳び上がります。この咆哮と跳躍で、私の身体の全細胞は震え上がり、額と頭頂はそのエネルギーで割れんばかりになります。こうした後で、私は並外れた陶酔と歓喜へと深く落ちていきます。すると、そのライオンは少しおとなしくなるのです。内側をのらりくらりと、歩みを早めたり緩めたりしながら、唸り続けています。そしてキルタンのときや、あなたを思い出しているときには、彼も歓喜にあふれて踊るのです。何が起こっているのか、どうかご説明ください。

ヨーガ・チンマヤが、この質問をしてきている。

それが起こっているのはいいことだ。それは、まさにあるべきように起こっている。恐れてはならない——それを起こらせるがいい。あらゆるやり方でそれを助けるのだ。稀有な体験が始まっている。その最高潮が解放だ。

確かに、私たちは身体に幽閉されている——檻のなかには一匹のライオンが鍵をかけられていて、あまりに長く閉じ込められてきたために、自分の咆哮を忘れ去っている。あまりに長く閉じ込められ、その檻が自分の家だと思い始めている。それどころか、「私はこの檻だ、私は身体だ！」と思い始めている。

一撃が必要だ。そのために、あなたは私とともにいる。私があなたを叩くことができるように――すると、あなたは目を覚ます。

私があなたに語っているこれらの言葉は、ただの言葉ではない。それらを矢とみなすがいい。それらはあなたを貫くだろう。ときには、私に腹を立てることもあるだろう……すべては平和に運んでいて快適だったのに、いきなりの混乱なのだから。だが、他にあなたの目を覚ます方法はない。あなたは、痛みを通過しなくてはならないだろう。


内側でエネルギーが湧き上がると、身体はそれを担いきれない。身体はそれに耐えるようにはできていない。身体の許容量はとても小さく、そのエネルギーは巨大だ……それはあたかも、人が天空のすべてを庭に囲い込もうとするようなものだ。だから、そのエネルギーが目覚めるとき、身体には数々の障害が持ち上がるだろう。頭は割れんばかりに痛むだろう。

そしてしばしば起こることだが、光明の後でさえ、身体に障害が続くことがある。光明の前であれば、それはごく自然なことだ。身体には備えがないのだから。それはちょうど百ワットの電流しか通せない許容量の電線に、千ワットの電流を通すようなものだ。それは過剰な負荷となり、燃え出してしまう！

それとまったく同様に、内側でぐっすり眠っていたエネルギーを起こすとき――それが現われ出るとき、あなたの身体には備えがない。私たちの身体は、乞食としてのあなたの実存《ビーイング》を受け容れる用意はあっても、帝王としてのあなたの実存は受け容れられない。身体には限界があるが、あなたには限界がないのだ。それはガタガタと揺れ、嵐が起こるだろう。光明が起こる前、サマーディの前であれば、こうした衝撃はごく自然なことだ。そしてときには、サマーディが起こってもその衝撃が続き、嵐が続くことがある。それは、身体に備えができていなかったためだ。

これがクリシュナムルティの場合に起こったことだ。その過程《プロセス》は、究極なるものを達成した後も四十年間続いた。身体は、その衝撃を吸収できなかった。クリシュナムルティは夜半に目覚めると、大声を上げたり、叫んだりする。彼は唸り始めるのだ。そして四十年間にわたって、彼は去ることのない頭痛を抱えている。彼は唸り始める——ほんとうに唸り始めるのだ。一進一退はするものの、それがすっかり離れることはない。ときには痛みが激しくなるあまり、彼は頭が割れんばかりに感じる。

身体という観点からすると、この四十年間はクリシュナムルティにとって大変困難な歳月だった。ときには、それはこのように起こることもある。だが通常は、サマーディが起こるときには備えができているものだ。しかしクリシュナムルティの場合、身体は調節ができなかった。それは、サマーディが強いられたせいだ。クリシュナムルティを育てた思想家たち、これらの神智学徒たちは厳しく働きかけ、サマーディをもたらそうと、たゆまず努めた。彼らの熱望は、世界教師を誕生させることにあった。世界はそれを必要としている——もしも仏陀に肉体を与えられるなら……。


クリシュナムルティが彼自身の努力だけで働きかけていたら、おそらくあと一、二回誕生する必要があっただろう。だが、そうであったらこの問題は生じなかったはずだ。その働きかけ《ワーク》は強いられたものであり、それが起こるのにふたつの生涯が必要とされるものが、即座に起こったのだ。それは起こったが、身体には準備ができていなかった。身体に準備ができていないうちに、それはいきなり起こった。だから、四十年間にわたって身体は苦しんだ。今なおクリシュナムルティは、夜中に唸り、何度も眠りから目覚める。そのエネルギーが、彼を眠らせてくれないのだ。彼は叫ぶ！

究極を達成した者が夜中に叫ぶとは、驚くべきことに思える。だが、その原因は明白だ。ふたつの生涯をかけて起こるべきだった光明が、あまりにも早く強いられたためだ。身体に備えがなかったから、その過程は続くのだ。

サマーディは起こったが、この過程は続く。彼は家に辿り着いているが、身体は背後に留まり、依然として引きずられている。実存は家に辿り着いているが、身体は辿り着いていない。この引きずることからくる痛みと苦しみは続く。


起こっていることを恐れないように。これらはサマーディの最初の兆候、サマーディの第一段階だ。それらをよい兆しと受け取りなさい。喜んで受け容れなさい。それを祝福として受け容れる用意があれば、すぐにもそれらはゆっくりと静まり始めるだろう。そして身体が受け容れ、協力し始めれば、すぐに身体の備えと許容量は増す。

その無限なるものを大声で呼び覚ましたのだから、あなたは無限なるものとなる必要がある。その広大さに挑んだのだから、あなたは広大になるべきだ。

旧約聖書には、とても風変わりな物語がひとつある――ヤコブの物語だ。ヤコブは神を探し求めていた。彼は自分の財産を分け与えた。彼はすべてを、愛する友人たちや、妻や子供たち、召使たちに与え――彼らを皆、遠くへ行かせてしまった。彼は、川べりの砂地で神を待っていた。そして神が到着した。

だがとても奇妙なことに、ヤコブは神と取っ組み合いを始めたのだ。神と取っ組み合った者など、どこにいるだろう？　けれどもヤコブは神と苦闘し始めた。彼らは一晩中闘ったと言われている。そして夜も明けようとする頃、ヤコブは打ち負かされた。神が彼と別れようとしたとき、ヤコブはその足許に崩れると言った、「どうか、あなたの祝福をお授けください」

神は言った、「汝の名は?」。ヤコブは自分の名を告げた。すると神が言った、「今日、汝はイスラエルとならん」——ユダヤ人は、その名によって知られている。「今日より汝はイスラエルなり。汝はもはやヤコブにあらず、ヤコブは死せり」——ちょうど、私があなたにサニヤスを授けるとき、あなたの名前を変えるように。古き者は去った。神はヤコブに告げた、「ヤコブは死せり、今より汝はイスラエルなり」と。

この物語は旧約聖書からのものだ。他にだれかが神と闘ったという話は存在しない。だがこの物語には、大いなる真実がある。その究極なるエネルギーが降りてくるとき、起こることはほとんど闘いのようなものだ。そして究極の体験が起こるとき、あなたは神によって打ち負かされ、身体は征服され、あなたは敗北を受け容れる——そのとき、あなたの最後の得度《イニシエーション》が起こる。その瞬間、神はあなたに祝福を降りそそぐ。そのとき、あなたは新しい。それは、はじめて永遠なる甘露を味わう瞬間だ。


ヨーガ・チンマヤは、ヤコブがいたにちがいない地点と、ほぼ同じところにいる。その夜がどれほどなのかを言うのは難しい。その苦闘がどれだけ続くのかを言うのは、じつに困難だ。どんな予測も立てられない。だがこの闘いは吉兆だ。

このエネルギーに協力しなさい。内側で自由を求めているこのライオンに——それはあなただ。この、頭に向かって上昇しようとするエネルギー、性中枢《セックスセンター》から王冠のチャクラへ向かおうとし、道をつくろうとするこのエネルギー……それがあなただ。多くの生にわたってそれは抑えられ、とぐろを巻いていた。そして今、それは頭をもたげ始めている。あなたは幸運だ、幸せだ。これとともに、あなたは最後の祝福へと近づいていく。あなたの真の変容が起こるだろう。

クリシュナムルティは、日記にこう書いている、「頭が割れそうなときはいつも、夜眠ることができない。悲鳴や叫び声が口をついて、内側で何かが唸る。このすべてが終わると、独特な体験が訪れる。この後には、大いなる平安が降りてくる。祝福があらゆる方角から降りそそぐ。いたるところに、蓮に次ぐ蓮が花開いている」

まさしくこれが、チンマヤに起こり始めている。それはいいことだ。

「こうした後で、私は並外れた陶酔と歓喜へと深く落ちていきます」。その苦闘の後でエネルギーが上昇するとき、そして身体が少し用意できているときには、新たな歓喜が生まれ、成長がある。少しばかりあなたは上がってきた。少しばかり超越し、少しばかりその牢獄から出てきて、広々とした大空を見出した。あなたは満たされる。あなたは踊る、喜びから踊る。

「すると、そのライオンは少しおとなしくなるのです。内側をのらりくらりと、歩みを早めたり緩めたりしながら、唸り続けています。そしてキルタンのときや、あなたを思い出しているときには、彼も歓喜にあふれて踊るのです」

そのライオンは踊りたがっている。身体のなかには、踊るための充分なスペースがない。踊りにはもっとスペースが必要だ。そんなスペースが、身体のなかにあるかね？　踊りは身体の外でしか起こりえない。だから全面的に踊ると、自分がもはやひとつの身体に留まっていないことがわかる。踊りの究極の優美さにおいて、その究極の高みにおいて、あなたは身体の外にいる。身体は回り続け、リズミカルに動き続けている。だが、あなたはその外側にいて、もはや内側にはいない。

だから、私は必ず自分の瞑想技法に踊りを含めている。瞑想のために、踊りよりも奇跡的なものは他にないからだ。もし充分に踊ったら、全面的に踊ったら、その踊りのなかであなたの実存は身体の外に出てくる。身体はリズムに乗って動き続けるだろうが、あなたは自分が身体の外にいるのを体験するだろう。そのときにこそ、あなたの真の踊りが始まる。下方では身体が踊り続け、上方ではあなたが踊るだろう。身体は大地にあり、あなたは大空にある。身体はこの世にあり、あなたは天空にある。身体は物質のダンスを踊り、あなたは意識のダンスを踊る。あなたはナタラジに、踊りの王になる。

あなたは「何が起こっているのか、どうかご説明ください」と尋ねている。

前例のないことが起こっている。驚くべきことが起こっている。まれなる何かが起こっている！　起こっていることは説明されるのではなく、体験されるべきものだ。私が何を言おうとも、あなたがこの体験を理解する助けにはならないだろう。せいぜい、あなたがそれをより楽に受け容れられるのを助ける程度だ。喜びとともに、それを受け容れなさい。それを抑圧してはいけない。

それを抑圧しようという思いが、自然とやってくる。あなたは考える、「この狂気は、いったいどうしたことだろう？　私はライオンみたいに唸っているじゃないか。この唸りは何だ？　みんなは私がおかしくなったと思うだろう！」。だからそれを抑圧しよう、隠そうという思いが、自然とやってくる。だれにも知られないようにしよう。みんなは何と言うだろう？

心配はいらない。だれが何を言おうと、構うことはない。もし人々があなたのことを狂っていると言うのなら、そのときは狂うがいい！　狂わずに光明を得た者がいるかね？　注意を自分の内部に向けなさい。もしこのことから至福が生まれているなら、歓喜が生まれているなら、ワインが降りそそいでいるなら、心配はいらない。このことによって与えられるものより価値あるものなど、この世界にありはしない。だから、世間にいかなる妥協もしてはいけない。あなたの実存を、一片たりとも売り渡さないこと。たとえその見返りに、あなたが宇宙全体を自分の王国として受け取るとしてもだ。イエスは言っていた、「あなたが全世界を手にしたところで、自らの魂を失うなら、それが何の役に立つだろう？」と。自らの魂を救うなら、たとえ全世界を失おうとも、あなたにはすべてがある。

勇気を持ちなさい、大胆でありなさい。あなたの信頼を、あなたの信念を、自分自身の内側に育むがいい。すぐにもあなたの身体は、それを徐々に受け容れ始めるだろう。そのとき、唸りは消え去る。そのとき、踊りだけが残るだろう。そのとき、ライオンは苦しまない。なぜならライオンは道を見つけているだろうから。彼は外に出たいときには出られるし、なかに入りたいときには入れる。そのとき、この身体はもはや牢獄ではない。この身体はくつろぐための場所となっている。なかに入りたければ、入るがいい。外に出たければ、出るがいい。

自分の家に出入りするのと同じように、出入りできるとき、それは爽やかだ、あなたは涼しさを感じる。あなたは外に出て、陽射しのなかに座る。陽射しが強まり、太陽が高く昇って暑くなり始める。あなたは汗をかき始め、立ち上がってなかに入る。それはちょうど、自分の家から出入りするようなものだ。そのとき、家は牢獄ではない。もし牢獄に座っていたら、あなたのハートがそうしたいときに、いつでも出入りする可能性はない。あなたは、牢獄のなかでは囚人であり、家では主人《マスター》だ。

あなたのライオンが外側で踊れるとき、空を飛べるとき、月や星々と遊べるとき――そのとき問題はない。そのとき身体との闘いはない。そのとき身体はくつろぐための場所だ。疲れたときは内側に戻って休める。そのときは、身体に対するどんな敵意も存在しない。そのとき身体はひとつの寺院だ。

第二の質問

愛するＯＳＨＯ
昨日あなたは、いつでも私たちとともにいると、そして私たちがサニヤスを取るときには、私たちもまたあなたとともにいるとおっしゃいました。私は、自分がサニヤスを取った瞬間を思い出せません――いつだったのかも、どこでだったのかも。あなたはただ、それをくださいました。今ですら、私はあなたのそばに来ているのでしょうか？　そのとき、私はサニヤスについて知りませんでしたし、今もまったくわかりません。師《マスター》よ、どうしたら私は本物のサニヤシンになれるのでしょう？　どうやって、あなたのそばに行けばいいのでしょうか？　それに値するものが、私のどこにあるのでしょう？　信頼や明け渡し《サレンダー》が、私のどこにあるのでしょうか？

私は、サニヤスについて何の考えも持っていない人々に、幾度となく得度《イニシエーション》を授けてきた。私はサニヤスを取りに来たわけではない人々に、サニヤスを授けてきた。彼らの一番とっぴな夢のなかですら、サニヤスについて考えたことのないような人々に、得度を授けてきた。私はあなたのマインドだけを見ているわけではなく、あなたの無意識に抑え込まれている多くの事柄を見ているからだ。

昨夜、ひとりの若い女性が私に会いに来た。そして私は、彼女に尋ねもしなかった。私は彼女に、「目を閉じてサニヤスを取りなさい」と言った。彼女がサニヤスを取りたいかどうかも聞かなかった。彼女は目を閉じ、得度を受け容れた。普通、サニヤスを取るかと聞かれると、人々は驚いて、そのことをよく考えようとするものだ。ある人はサニヤスを取ることについて、何ヶ月も何年も考える。ある人は考え続けて、取る前に死んでしまったりする。彼女はそれを優雅に受け取った。意識的なレベルでは、彼女はそれについて何も知らない。だが、私たちはここでは新顔ではない――大変な古株だ！　この少女は、何生にもわたって探求してきている。彼女は瞑想の宝を携えている。ただこの宝を見て、「目を閉じて内側に向かいなさい」と私は言った。私は彼女に話した、「私は君に、サニヤスを取りたいかどうかを聞くつもりはないよ。聞く必要などないからね」私は、ダヤルにも同じようにサニヤスを授けた。この質問はダヤルからだ。私はダヤルに尋ねなかった――ダヤルもまた知らなかった。

自分自身について何か知っているかね？　自分がどこからやってきたのか、あなたは知らない。自分が集めてきた宝のことを、あなたは知らない。この数多くの、幾多の生で何をしてきたのか、あなたは知らない。自らの探求のなかで何を見出してきて、何が完結していないのか、あなたにはわからない。毎回死がやってきて、あなたがやってきたことを全部こすり落としてしまう。あなたたちの多くは、何度もサニヤスを取ってきている。そして毎回死が訪れ、すべてを消し去る。あなたには、それを呼び戻す力がない。

こんなふうに理解するといい。あなたは何かをつくっていた――一枚の絵を描いていたときに死が訪れ、それは未完のままになった。死がやってきて、あなたは忘れ去った。そして、あなたは再び生まれる。たとえあなたが、その未完の絵についてのメッセージを受け取ったとしても――その未完の絵があなたの目の前にあっても、あなたは思い出せない。この人生では、自分自身を絵描きだなどと、考えたこともないからだ。そして私があなたに、「その絵を仕上げなさい――それは未完のまま残されている。あなたはそれを大いなる希望とともに生み出してきた。とても深い渇きとともに、つくってきた。さあ、ただ進み出て、それを仕上げなさい。死が間に入ってきて、それは未完のまま残されているんだよ」と語ったら、あなたは言うだろう、「私は何も知りません。あなたは私に絵筆を取らせることはできますが、私にはそれをどう持ったらいいのか見当もつきません。私の前に絵の具を置いてくだされば、私は描きましょう。でも、どうやって描くのか、見当もつかないんです」。それでもなお、私はあなたに始めなさいと言う。そして始めさえすれば、その記憶はやってくるだろう。ただ絵筆を手に取れば、たぶんあなたは思い出すだろう。


第二次世界大戦中の出来事だが、ひとりの兵士が負傷して倒れ、記憶を失ってしまった。彼は頭に打撃を受け、記憶細胞が滅茶苦茶になってしまった。彼はあらゆる事を忘れてしまった。自分の名前や、自分がだれだったかさえ忘れてしまった。戦場から連れてこられたとき、彼は意識を喪失していた。彼の身分証明証はどこかに紛失し、彼の番号もなくなっていた。

それは大変な問題だった。意識を取り戻したとき、彼は自分の番号がわからず、自分の名も、所属階級もわからなかったからだ。心理学者たちは懸命に働きかけた。思い出させようとあらゆる方策を試みたが、何の成果も見られなかった。その男性は、完全に空白になっていた……まるで記憶の連結が、いきなり全壊してしまったかのようだった。だれかが、もはや残された方法はひとつしかないと提案した――彼を連れて英国中を回ろうと。彼は英国軍の兵士だったから、英国中を連れ回って自分の村の近くに来れば、もしかすると思い出すかもしれなかった。

そこで彼は、列車で英国に連れて行かれた――ふたりの男が彼を連れて行った。列車はすべての駅に停車し、男たちは彼を連れて降り、そして彼は立ってあたりを見回し始めるのだった。英国は小さな国だから、あらゆる場所に彼を連れて行くのは、さほど難しいことではなかった。ついに、普段その列車は停車しないが、今回何かの理由で停まったとても小さな駅で、その男は降りて駅の標識を見るなり言った、「ここは俺の村だ！」

彼は駆け出した。ふたりの男たちが同行していることは忘れていた。ふたりの男たちは、彼の後を追いかけて走り出した。彼は駅から駆け出ると、村へ入っていった……彼はすべてを思い出した。通りや小道を思い出した。だれかに尋ねることもなかった。通りを抜け、近道を通って、彼は自分の家の前に辿り着いた。彼は言った、「ああ、これが俺の家だ。これが俺の名前、ここに掛かっているのが俺の表札だ」。彼はすべてを思い出した。何かがカチリといって、記憶全体が再び戻ってきた。忘却は去り、記憶機構《システム》も一緒に舞い戻ってきた。

だからときどき、ダヤルにそれを授けたように、私は望みとともにサニヤスを授ける――もしあなたをオレンジ色の衣のなかへ送ったら、たぶん以前オレンジ色の衣をまとっていたのを思い出すだろうと。もし私が「踊りなさい！」と言えば、たぶんいつの日か、踊りの最中に自分の過去生における踊りを思い出す、心理的な地点に到達するだろう。「瞑想しなさい」と私は言う。瞑想しているうちに、おそらく無意識のなかにある扉が開き、記憶の洪水がやってくるだろう。

このために私は話し続けている——ときにはギータについて、ときにはアシュタヴァクラについて、ときにはツァラトゥストラ、ときには仏陀、ときにはイエス、ときにはクリシュナについて。どの言葉があなたのハートをかき立てるか、だれにわかる？　どの言葉があなたの内なる深みの鍵となるか、だれにわかる？　どの言葉があなたをまどろみから目覚めさせるか、だれにわかる？　あらゆることを私は試み続ける。私の努力はただ、死がやってきて粉々に打ち壊してしまったものとの継続性を、調和を、つながりをつくり出すことにある。この継続性とともに、あなたの運命があなたの前に開けてくるだろう。あなたは何生もその家を建て——それは何度も捨てられてきた。

だからダヤルは正しい、「私は、自分がサニヤスを取った瞬間を思い出せません」。彼はそれを取らなかった、私が授けたのだ。

「いつだったのかも、どこでだったのかも。あなたはただ、それをくださいました。今ですら、私はあなたのそばに来ているのでしょうか？」。あなたがあなた自身に到るとき、あなたは私のそばに来るだろう。他に私に近づく道はない。自分自身に到達しなさい。そうすれば、あなたは私に到達している。自分自身を知りなさい。そうすればあなたは私を知っている。私へ向かうために、外側の巡礼をする必要はない——深く、より深く、内側へと降りてゆきなさい。

「そのとき私はサニヤスについて知りませんでしたし、今もまったくわかりません」。それはすぐに起こるだろう——あなたはすぐに知るだろう。「そのとき私はサニヤスについて知りませんでしたし、今もまったくわかりません」。これはほんとうだ。だがこの態度、自分は知らないと思い、そう承知しているところはすばらしい。不幸なのは、知りもしないのに知っていると思う者たちだ。あなたは正しい境地にいる。「私は知らない」——これが無垢な心《マインド》の態度だ。あなたは空っぽだ。あなたは満たされうる。何もわかっていない人たちがいる――その数は膨大だ。しかし彼らは、自分たちは知っていると思っている。この誤った思い込みのせいで、彼らは知っていたはずのものさえ、逃してしまう。
知識は妨げる――真の知からあなたを妨げる。自分は無知だと知るなら、あなたは正しい方向へ進んでいる。究極なるものは、そのような無垢な心《マインド》においてのみ起こる。「自分は知らない」と知ることは、知へ向かう第一歩だ。
「それに値するものが、私のどこにあるのでしょう？　信頼や明け渡し《サレンダー》が、私のどこにあるのでしょうか？」。この感覚は、価値ある人のハートに生まれる。「それに値するものが、私のどこにあるのでしょう？」。値せぬ者は思うものだ、「私と同じだけの価値が、だれにあるだろう？」と。
この謙虚な感覚――「私にどんな価値があるでしょう？　どんな明け渡し《サレンダー》が、どんな信頼があるでしょう？」という感覚そのものに価値がある。これこそ信頼の証《あかし》であり、その種子はそこにある。ただ待つだけでいい――適切な時期、適切な季節に、それは芽吹き、変容は起こるだろう。
そして、この旅はまれなる旅だ。この旅は未知なる旅、不可知なる旅だ。
詩人は言う、

この久遠の沈黙の秘密
この秘密を知るのは無用なこと
あなたへの熱狂に　わたしは安らぎをなくした
あなたへの痛みのなかで　わたしは喜びあふれる炎になる
時の手のもと　わたしは強くたわめられる
かつては一本の矢だったわたしは　いまはひと振りの弓

この旅には　ひとりの道連れも　ひとりの案内人もいない
わたしが旅立ったこの道は　何という道なのだろう
この忘我《エクスタシー》のなか　わたしは大いなる喜びを見出す
消えゆきながら　わたしは運命《さだめ》へのかがり火になる

この終着地《ゴール》は、自分自身を失うことで到達される。あなたがいる間は、あなたは辿り着かない。あなたが消えるとき、あなたは達成する。

この忘我《エクスタシー》のなか　わたしは大いなる喜びを見出す

あなたがいないとき、あなたの自我《エゴ》が消え去ったとき、歓喜《エクスタシー》が訪れるとき――

この忘我《エクスタシー》のなか　わたしは大いなる喜びを見出す
消えゆきながら　わたしは運命《さだめ》へのかがり火になる

「私が消え去ったとき、私は到達している」。この道は自分自身を失う道だ。だから「私のどこに、明け渡すような価値などあるでしょう?」と感じるなら、あなたは消え去り始めている。その歓喜《エクスタシー》が訪れている。もし「私のどこに、その信頼があるのでしょう?」と感じるなら、そのときあなたは消え始めている、自分自身を失い始めている。
サニヤスとは、神が存在できるよう、あなたが消滅するという意味だ。

この旅には　ひとりの道連れも　ひとりの案内人もいない
これはとても孤独な旅だ。
この旅には　ひとりの道連れも　ひとりの案内人もいない
道連れもいないし、途上であなたを案内する人もいない。最終的には、師《マスター》も落とさなくてはならない。スペースはないのだから。カビールは言う、
愛の道はかくもせまく
ふたりは歩けない！
三人が居るのに充分なスペースなど、どこにあるだろう？　ふたりだって居ることはできないのに。弟子に、師《マスター》に、神――三人もいる！　そこには、ふたりすら居られない。そこでは、師《マスター》は落とされ、あなたもまた落とされる。そこには神だけが残る。
この旅には　ひとりの道連れも　ひとりの案内人もいない
わたしが旅立ったこの道は　何という道なのだろう
サニヤスとは未知なる旅だ。大いなる勇気の、大いなる大胆さの旅だ！　未知のなかへと進んでいく危険を、

受け容れる用意のある者たち――その旅は彼らのためにある。それは小賢《こざか》しい者、すべて計算ずくの者たちのものではない。それは数学ではなく、愛の跳躍だ。

第三の質問

愛するＯＳＨＯ
「あなたは今ここで、まさにこの瞬間に解放されている」と、あなたはおっしゃいました。でもどうしたら、私はこの『私』から自由になれるのでしょうか?

『どうしたら』と尋ねるなら、あなたは逃している。あなたにはわからなかった。修練――『どうしたら』とは修練を意味する――これがアシュタヴァクラのメッセージのすべてだ。『どうしたら』とは、どんな技法によって、どんな儀礼や儀式によって、という意味だ。『どうしたら』と尋ねるなら、あなたは逃している。それでは、アシュタヴァクラは理解できない。それならパタンジャリの扉を叩くべきだ。彼は『どうしたら』を教えてくれるだろう。あなたがこの〝どうしたら』にせき立てられるなら、そのときにはパタンジャリがあなたの道だ。彼はあなたに言うだろう――外的訓練、内的訓練、統制、呼吸の制御、内側への転回、集中、瞑想、サマーディを行ないなさいと。彼は、それをあまりに広範にするから、さしものあなたも言うだろう、「ああ先生、もうちょっと少なくしてください。何か簡単な技法を教えてください。これでは長すぎて、何生もかかってしまいます!」

ほとんどのヨーギは、外的訓練を修練するに留まる。彼らは内的訓練にすら到達しない。大半のヨーギは、アーサナ――ヨーガの姿勢を会得しようとしながら死ぬ。集中は遠く、瞑想は遠い。あまりにも多くのヨーガの姿勢があるから、それらを習得し尽くすのは不可能に思える。深く探求するごくわずかな者たちは、集中の境地に到達する。だが、真の出来事はサマーディのなかでのみ起こるのだ。しかもパタンジャリは、サマーディさえもふたつに分ける。種子あるサマーディ――心《マインド》を伴うものと、種子なきサマーディ――無心《ノーマインド》のものとに。彼は分割し続け、より多くの段階を作り続ける。彼は大地から空へと通じるあらゆる道に、階段を設ける。もし『どうしたら』が、修練があなたに訴えかけるなら、そのときはパタンジャリに聞くことだ……最後にはパタンジャリでさえ、すべてを落としなさいと、この『行為』はもういいと言うのだが。だが、行為を止められない人たちもいる。彼らはやらなくてはならない。

こんな風に考えるといい。家のなかで騒いでいる、いたずら盛りの子供がいる。あなたは彼に「おとなしく座ってなさい」と言う。だが、たとえそうするとしても、彼は興奮しているだろう。手足はそわそわし、頭は揺れていることだろう――彼は何かしたくてしょうがない。エネルギーで、はちきれんばかりだ。これは、彼をおとなしく座らせるやり方ではない。それは危険だ――爆発しかねない。このやり方だと、彼は何かしらやりかねない。「行って家の周りを七回走っておいで」と言う方がいい。すると、彼はぜいぜい息切れしながら戻ってきて、自分からおとなしく座り込むだろう。「静かになさい」と言うまでもない。前は静かに座っていられなかったまさにその椅子に、おとなしく座るだろう。

パタンジャリは、直接静かになれない人々向きだ。彼は言う、「七周走りなさい。長く激しく走りなさい。身体をねじ曲げ、よじりなさい。頭で立ち、あれをしなさい、これをしなさい」と。

こうした修練をすべて行ないながら、ある日あなたはとうとう言うだろう、「ああ先生、私はこの行為に疲れ果てました！」

彼は言うだろう、「あなたは最初からそう言うべきだった。そうしたら、双方ともこのあらゆる面倒から救われていただろう。さあ、行って静かに座りなさい！」

人は何かをしたがる。なぜなら、行為なしに――あらゆることが行為なしに起こりうるのは、まったく理屈に合わないからだ。アシュタヴァクラは、あなたの理屈を超えている。アシュタヴァクラは、あなたは解放されていると言う！　けれども、あなたはやはり誤解している。あなたの質問はこうだ、「『あなたは今ここで、まさにこの瞬間に解放されている』とおっしゃいました。でもどうしたら、私はこの『私』から自由になれるのでしょうか？」

アシュタヴァクラは言う――その『どうしたら』は、自分が不自由だと思い込んでいるときにのみ存在すると。まず、あなたは自分が縛られていることを認めた。今になってあなたは言う、「どうしたら自由になれますか？」と。束縛などない、とアシュタヴァクラは言う――それは、たんに束縛の幻影にすぎないと。

しかし、あなたはなおも言うだろう、「どうしたら、私はこの幻影から自由になれるでしょう？」。あなたはまだわかっていない。幻とは存在しないものを意味する。だから、何から自由になるというのかね？　ただ見守れば、ただ目覚めていれば、あなたは自由だ。もしも技法に巻き込まれるなら、あなたは大変な困難のなかにいるだろう。

すべての技法は偽りだとわかった
ついには、人生そのものが短か過ぎるとわかった

もし技法にとらわれたら、この生だけでなく、多くの生でも足りないことがわかるだろう――そしてあなた

は生に次ぐ生において、それらを修練し続けていく。あなたが行為に信頼を寄せるのは、行為があなたの自我《エゴ》をふくらませるからだ。

アシュタヴァクラが言っているのは、何もするなということだ。全体だけが行為者だ。起こっていることは起こっている――ただ、それとひとつになりなさい。「どうしたら、この『私』から自由になるのですか?」などと尋ねたりせずに。この『私』が起こっているなら、それを起こらせなさい。それから自由になろうとするあなたは、何者だろう? あなたはそれを受け容れることもできる――いいだろう、これが起こっているなら、起こっているのだと。あなたは、それをつくり出さなかった。それをつくり出していたことを覚えているかね? あなたが形を与えたわけではないし、あなたが持ってきたわけでもない。持ってきてもいないものを、どうやって捨てようというのかね? 自分がつくり出してもいないものを、どうやって壊そうというのだろう? あなたは「どうしたらいいのですか?」と尋ねる。あなたには、ふたつの目にひとつの鼻があるし、自我《エゴ》もある。あなたは、このすべてを受け取った。何ものもあなたの手の内にはない。

存在するものは、何であれすばらしい。『私』が存在するなら、それもまたいい。それについて、少しも不平を言わないことだ。この不平のない態度において、この全面的な受容において、あなたは突然、その『私』が去っているのを見出すだろう――『私』は行為によってつくられていたのだから。あなたが何かをすれば、『私』がつくられる。

さあ、あなたは何か新しいことを尋ねている、「どうしたら、私はこの『私』を打ち壊せるのでしょうか?」。壊す者は『私』になる。あなたは逃れられない。謙虚な人にも自我《エゴ》があるのはこのためだ。そしてときに、それは自己中心的《エゴイスト》な人のなかにあるものよりも大きい。

謙虚さという自我《エゴ》を見たことはないだろうか? 謙虚な人は言う、「私はあなたの足の塵にすぎません」。だが彼の目を覗き込んでごらん――彼は何を言いたいのだろう？　もしもあなたが「君はまったく正しい、君が私の足の塵にすぎないというのは、はなから承知だよ」と言うなら、彼はけんかを始めるだろう。彼はあなたが同意するために言っているわけではない。彼は、あなたがこう言ってくるだろうと思っている、「何と謙虚な人でしょう……あなたに出会えて光栄ですよ」。彼がそう言うのは、あなたに異議を唱えてもらうためだ。「あなたが私の足の塵ですと？　いやいや、あなたは純金ですな。まさに寺院の尖塔であられる」。彼を持ち上げるほど、かえって彼は、いや自分は塵にすぎませんと言うだろう。しかし彼が、自分は塵だと言うときに、「君は完璧に正しい、だれもが君は足の塵でしかないと思っているよ」と同意したら、彼はあなたの方を二度と見向きはしない。それは謙虚さではなかった。それは新しい色合いの自我《エゴ》、新しい衣服をまとった自我《エゴ》、謙虚さをまとった自我《エゴ》だった。だから『私』を落とそうと試みるなら、それを落とす者が新しい『私』をつくるだろう。人は習慣を変え続ける。衣服は変わっても、あなたは同じままだ。

アシュタヴァクラの言うことを理解しようとしてごらん。どうしたらいいのか、どうやってこの自我《エゴ》を取り除くのかと、あまり性急に尋ねないように。行動しようと焦ってはいけない。くつろいで、ちょっと理解するために時間を取るといい。アシュタヴァクラは言っている、「この『私』が、いかにつくられたかを理解しなさい」――それは、行為によってつくられている。それは奮闘や努力によってつくられ、成功からつくられている。つまり、どこであれあなたが努力するところで、それはつくられるだろう。すると、ひとつのことがはっきりする。自我《エゴ》から自由でありたければ、どんな努力もしないこと、試みないことだ。何であれ存在するものを受け容れなさい、ただありのままに。この受容のなかで、まるで今までなかったかのように、自我《エゴ》が消え去っているのがわかるだろう。なぜなら、それに力を与えていた要素がすべり落ち、土台が崩れ落ちたからだ。となると、家は長いこと建ってはいられない。

そして、行為者であるという感覚が落ちていくと、あらゆる人生の病が落ちていく。さもなければ、人生には多くの罠がある。お金の後を追いかけるのも、行為者の競争だ。権力の後を追うのも、行為者の競争だ。名声の後を追うのも、行為者の競争だ。あなたは世の中に何かを見せつけたがっている。

多くの人々が私のところに来て言う、「この世に何かを示す方法を教えてください」。何を示そうというのかね？　彼らは言う、「いいえ、自分自身のために名を残したいだけです。私たちは去るでしょうが、私たちの名は後世に残るべきです！」。後に残されたあなたの名前が、何の役に立つというのだろう？　だれも、あなたの名前に関心などない。あなた自身が行ってしまうのに、だれが構うだろう？　あなたは死をまぬがれないのに、あなたの名前は死をまぬがれるとでもいうのかね？　あなたはずっと生きてはいられない。なぜ、ただの表示にすぎない、この名前が残るというのかね？　だれがあなたの名前なんかに構うだろう？　あなたの名前が残るとして、それがどうだというのかね？　それは何か古臭い本のなかに隠され、そこで哀悼されるだろう。アレキサンダーの名前はそこにある、ナポレオンの名前もそこにある――だから何だというのかね？

だが、私たちは子供の頃からこうした病を教え込まれてきた。私たちは子供の頃から言われてきた、「死ぬ前に何かを成しなさい。何も成さずに死んではいけない。できることなら、何かいいことをしなさい。でもだめだったら悪事を働けばいい――だが、自分自身のために名を成すのだ」。人々は言う、「君が悪名高くなったとして、それがどうした？――少なくとも君の名は知られるじゃないか。まっとうな道がだめなら、そのときには何かいかれたことをすればいい。でも君自身のために名を成すことだ！」

人々はあまりに狂っているものだから、山へ行くと、岩に自分たちの名前を刻んだりする。古い城へ観光に行けば、壁に自分たちの名前を落書きする。そして名前を書いている人は、自分の名前を書くために、他の名前を消していることをわかっていない――別の人がやってきたら、彼のを消して上書きするだろう。あなたはだれかのを消して、だれかの書いたものに上書きしている——しかも大文字で。別の人がやってきたら、彼らはもっと大きな字で書くだろう。いったい何という気違い沙汰に陥っているのかね？

美しき切望が　あまたの夢を織りなしている
あまたの踏みにじられた情念《フィーリング》が　鮮やかによみがえる
美の陶酔　愛のほろ酔い
名声の誉れ　富裕の誇り
人をとらえる幻の罠は　無数に広がる
各々が自らの運命《さだめ》へと　各々が自らの本性へと
そこには多くの者がいる　幸福によって踏みにじられた者
嘆きに満ちた富める者
人には飢餓の時があり　それは世にもつらい時
過ぎ去った飢餓は無数にあれど
かくもつらい時はあったろうか
ハートの豊かさを見出すのはまれなこと
富ならいくらも見出せるのに
わたしは見た　ハートの貧しき者の多くは富める者
いくつの情景が　無意識の深みに潜むのか——
意識の世界は　ただひとつ
無意識下には　無数の世界

いくつの情景が　無意識の深みに潜むのか――
これがわたしたちの無意識だ。そのなかには多くの情景が隠されている――情景に次ぐ情景、幕また幕、物語のなかの物語が！　これこそ私たちの無意識だ。そのなかには多くの地獄が隠されている――富の、権力の、名声の、夢の……罠は張られている！

いくつの情景が　無意識の深みに潜むのか――
意識の世界は　ただひとつ
無意識下には　無数の世界

だが目覚めた者――彼の世界はひとつであり、彼の本性はひとつであり、その実存はひとつであり、その香りはひとつだ。仏陀は言っていた、「あなたがどこで海を味わうにせよ、それは塩辛い。同様に、もしあなたが私を味わうなら、私はいたるところで意識に満ちている。私にはただひとつの香りがある――意識の香りが」

これはアシュタヴァクラの香りでもある。行為者ではなく、楽しんだり苦しんだりする者ではなく――観照者だ。

だから『どうしたら』とは尋ねないことだ――なぜなら、『どうしたら』と一緒に行為者が入ってくるし、楽しむ者が入ってくるからだ。するとあなたは逃す。アシュタヴァクラのメッセージを取り逃す。アシュタヴァクラはこう言っている、「何があるにせよ、それを観察しなさい。観照者でいなさい。ただ見守りなさい。もしそこに自我《エゴ》があるなら、自我《エゴ》を見守りなさい。他にすることなどあるだろうか？　ただ見守る――そして見守ることで、変容は起こる」

わかるかね？　それは少々微妙だが、理解できないほど微妙なわけではない。それは直接的でもある。アシュタヴァクラは、ただ見守るようにと言っている。そしてあなたが見守るとき、行為者は消え、観照者だけが残る。行為者が去るとき、その行為者からエネルギーを得、力を得ていた物事はすべて落ちていく。行為者もなしに、どうやってお金や権力の後を追いかけられるだろう？　行為者がなかったら、自我《エゴ》はどこにある？　それらは自ずと落ちていくだろう。

ただひとつ——観照を会得しなさい。他に為すべきことはない。他のあらゆる物事は、自ずと起こっている。他のすべては、つねにひたすら続いていく——なぜ、不要に関わり合わなくてはいけないのかね？

聞いた話だ。一匹の象が橋をわたっていた。その橋は彼の重みで揺れ始めた。彼の鼻には一匹の蝿がとまっていた。その二匹が向こう側に辿り着くと、蝿は言った、「坊ちゃん！　あたしたちは、ずいぶん橋を揺らしたわね」

その象は言った、「お嬢さん、君が口を開くまで、そこにいたのも知らなかったさ」

あなたは自分が橋を揺らしていると思っているが、橋を揺らしているのはあなたではなく、生命エネルギーだ。あなたは、その生命エネルギーの上にとまった一匹の蝿のようなもので、「坊ちゃん！　あたしがどんなに揺らしているか、見てごらんよ！」と言っている。

この自我《エゴ》は、あなたのてっぺんに座っているにすぎない。あらゆる物事は、あなたの無限のエネルギーから起こっている。それは存在のエネルギーだ。それに対して、あなたは何もする必要はない。この同じエネルギーが、あなたのなかで呼吸し、あなたのなかで目覚め、あなたのなかで眠っている。そしてこれらの間で、あなたは思い上がって突っ立っている。あなたの自惚《うぬぼ》れに対して、それは異議を申し立てない——これだけは確かだ。その象は、ともかく異議を唱えた。「お嬢さん、君が口を開くまで、そこにいたのも知らなかったさ」と——少なくともそれだけは口にした。存在はそれすら言わない。ただ沈黙している。あなたが自惚れているなら、それはあなたをそうさせておく。あなたが存在の働きに不平を並べるなら、そうさせておく。実際には何もしていないのに、自分は何かをしているとあなたが言っても、それをさえぎって、「いや、それをしているのは私だ」と言うことはない。存在には『私』というものがない。どうして存在があなたに「それをしているのは私だ」などと言えるだろう？　だから、あなたの幻想は続いていく。

だが、しっかり見てごらん。ちょっと目を開けて見てごらん。あなたは何もしていない。あらゆる物事は自ずと起こっている。

これこそが、宿命という比類なき概念、運命という並ぶものなき概念だ。あらゆる物事は自ずと起こっている。人々はそれに間違った意味を与えてきた。それは彼らの落ち度だ。さもなければ運命とは、たんに……もしあなたが運命という考えを正しく理解したら、あなたは観照者として留まり、他にすべきことはないだろう。しかし、人々は観照者にならず、怠惰になる。彼らは無為の者にならずに、怠け者になってしまう。

無為と怠惰の間には違いがある。怠惰はものぐさで、無精で、死んでいる。無為はエネルギーに満ちている。「私がやっている」とは思わずに、「存在がやっている、私はただ見守っているにすぎない。この戯れは続き、私は観察している」と思う。

人はじつに狡猾だ。もっとも美しい真実でさえ、もっとも醜いやり方で用いる。運命とはじつに美しい真実だ。それは、すべては自ずと起こっている、あなたは何もしていないという意味だ。すべては運命づけられている——あるであろうものはあるだろうし、あるべきものはあり、起こるべきだったことは起こってきた。あなたは静かに土手に腰かけ、その戯れを眺めることができる。その渦中に飛び込む必要はない。あなたがあちこち駆けずり回ろうと、どんな違いも生みはしない。起こるべきことは起こっている。あるであろうものはあるだろう。そのとき、あなたは観照者となる。

運命という考えは、あなたを観照に導くために考え出された。だが人々は観照へ向かわず、怠惰になってしまう。「物事はあるべくして起こっている。いいことじゃないか、なぜ私たちが何かしなきゃならないんだ？運命ってのは、私たちに行動する力がないという意味だ。それなら、なぜ私たちがやらなきゃならない？」。以前、彼らは世界に見せつけてやろうと言っていた。そして今、行為のなかには何もないと言う！　それでも、その行為者であるという感覚は消えていない。それは同じ場所から動いていない。

アシュタヴァクラを理解したら、どんな技法も、どんな修練もない。アシュタヴァクラは言う、修練とは束縛であり、技法は束縛だと。行為それ自体が束縛なのだと。

第四の質問

愛するＯＳＨＯ
あなたの優雅さを通して、私にはその大空が見えます。私は光を体験し、内なる流れとひとつになります。でもセックスが私を圧倒するとき、瞑想におけるのと同じくらい、そのなかに溺れたくなるのです。この私の条件づけについて、説明していただけませんか。

まず、セックスのなかでも観照者でいなさい。制御者でいてはいけない。それを無理に支配下に置こうと試みてはいけない。そのなかでも観照者でいなさい。ちょうどあなたが他のあらゆることの観照者であるように、セックスにおいても観照者のままでいなさい。

それが難しいのは、何世紀にもわたって、セックスは罪だと教え込まれてきたからだ。その罪の観念は、あなたのマインドに固定されている。

この宇宙には罪など存在しない――あるのは神性だけだ。そうした考えは落とすことだ。この宇宙にあるのは一なるものだけ――それはすべてに浸透している。それは神性だ。それは微小の極みにあり、極大の極みにある。それはもっとも低いものにあり、もっとも高いものにある。それはセックスにあり、サマーディにもある。ここには罪などない。

私はあなたに、セックスにとらわれたままでいなさいと、提案しているわけではない。私が言っているのはただ、それもまた神性のひとつの形として理解しなさいということだ。他にも形はある。たぶん、その最初の段階《レベル》はセックスだろう。そして性的な体験のなかには、サマーディのかすかな味わいが反映されている。だから非常に魅力的だ。より大きなサマーディが起こり始めると、その魅力は自ずと消えていくだろう。

この友人が言っているのは、瞑想に引きつけられていくなかで「私は内なる流れとひとつになります。でもセックスが私を圧倒するとき、同じくらいそのなかに溺れたくなるのです――」。溺れることだ！　止める必要などない。溺れていくときに、ただ観照者として留まりなさい。自分が下へ向かっていくのを観察し続けなさい。セックスが自分を取り囲んでいるのを観察し続けなさい。

じつのところ、そのセックスという言葉が、マインドに非難をもたらす。こんな風に考えてごらん――ある種の神性が自分を取り囲んでいると。この神のエネルギーが、この神の本質が、神のマーヤが自分を取り囲んでいるのだと。ただし、セックスという言葉は使わないこと。その言葉に結び付いた古い連想は間違っている。それらは、セックスを罪のように見せてしまう。すると、観照に留まるのは難しいだろう――無意識になるか、あるいは制御するかのどちらかだろう。観照者であることは、無意識に向かうことでもなければ、制御することでもない。そのふたつの間に、しっかり立つことだ。あなたは、こちら側ではどぶにはまり、反対側では井戸に落ちる――その間に留まりなさい。これを会得しなさい――するとサマーディだ。

どちらも簡単だ。セックスのなかで無意識に向かい、起こっていることをすっかり忘れるのはとてもたやすい。夢中になるのは簡単だ。セックスを制御し、それを止めようと無理強いし、自分自身を妨げるのもまた簡単だ。だが、その両方においてあなたは逃す。耽溺する者は逃すし、禁欲する者もまた逃す。真の性超越《ブラフマチャリア》は、これらふたつの中間に立つときに起こる。そのときあなたは、ただ見守っている。そのとき、セックスが身体のなかに湧き起こり、身体のなかに響きわたるのがわかるだろう。マインドのなかで、影が短く落ちては消えていく。あなたは遠く離れて立ったままだ。どうして、あなたのなかに性的欲望が存在できよう？　どんな欲望が、あなたのなかに存在できるだろう？　あなたは観察者に他ならない。

また普通は、瞑想がうまくいき始めると、性的欲望が強まるということが起こる。これを理解しておきなさい。なぜなら、それはほとんどの人に起こるからだ。瞑想がうまくいき始め、自らの生命のリズムにくつろぎ始めると、緊張が減る。すると、何生にもわたってセックスに強いてきた抑圧が消え去る。抑え込まれていた欲望が、活火山のように湧き上がる。だから、性的欲望が瞑想とともに強まるとしても、心配はいらない。それはいい兆候だ。瞑想がうまく進歩していることを示すものだ。瞑想はうまく働いている。瞑想はあなたの緊張を取り除き、あなたの制御を取り払い、あなたの抑圧を取り去っている。瞑想は、あなたを自然なあり方へ連れていっている。

瞑想は、まずあなたを自然にし、それからあなたを神性へと連れてゆく――まだ自然ではないものを、より深い本質へ連れてゆくのは不可能だからだ。まだ自然でないものは、神性に到達できない。だから瞑想は、まずあなたを自然まで連れてゆき、それから神性へと連れてゆく。自然とは、神の外側の覆いだ。もしそれと調和していないなら、どうして最奥の神性と調和できるだろう？　自然とは、その寺院への階段だ。その階段を登らずに、どうやってその寺院の内なる聖所に入ろうというのかね？
私の言っていることが理解できるなら、これ以上抑圧はしないことだ。今度は静かにそれを受け容れなさい。この体験があなたに示すものは良いものだ。存在がそれを与えているのだから、いいことにちがいない。制御せず、決めつける者にもならず、背後に立って「これはいい、これは悪い」とか「これはしたい、あれはしたくない」などと言わず、ただ観察しなさい。

老いが降りてくる
欲望の蝋燭が溶けてゆく
ゆっくりゆっくり　その炎は燃え尽きる
切望は鎮まり
情熱の洪水は引いてゆき
享楽は衰えてゆく
静寂の色合いは深まり
その炎は燃え尽きる

それはうまくいっている。だが、その炎は去りゆく前に、最後にもう一度燃え上がる。医者に聞いてみるといい。死ぬ前に、人は少しの間すっかり健康になるものだ。あらゆる症状が消え失せる。死体のようにベッドに横たわっていた人が起き上がり、目を開けて、元気そうな様子になる。死の直前にあらゆる症状が消えるのは、生がその最後の一歩を踏もうとしているからだ。生命エネルギーは、今一度湧き上がる。

消えようとする陶器のランプが、最後にもう一度燃え上がるのを見たことがあるだろう。最後の油が燃え尽きるとき、それは油の最後の一滴を飲み干して燃え上がる。それは、炎の最後のはためきだ。夜明け前、その暗闇がいかに深いかを見たことがあるだろう。それは、暗闇の最後のはためきだ。

それは、あなたが瞑想に深く入っていくときも同様だ。炎がまさに消えようとするとき、あなたは最後の炎のはためきを見る――性的エネルギーが湧き上がる。

老いが降りてくる
欲望の蝋燭が溶けてゆく
欲望のランプは溶けていく、生は去っていく。……
ゆっくりゆっくり　その炎は燃え尽きる
切望は鎮まり
情熱の洪水は引いてゆき
生の流れは、止まりつつある。……

享楽は衰えてゆく
静寂の色合いは深まり
瞑想のみずみずしさが増していく。沈黙のみずみずしさが深まっていく。
静寂の色合いは深まり
その炎は燃え尽きる

この状態において、炎のはためきは、いつなりとも燃え上がるだろう。それほどの炎が、あなたのなかで燃え盛っている——それを観察しなさい。抑圧してはいけない。さもなければ、それは再びあなたのなかへ向かうだろう。あなたは、それから自由になる瀬戸際にいる。だから抑圧しないように。さもなければ、再びその束縛が始まってしまう。抑え込まれてきたものは、何度も何度も燃え上がる。何であれ、下に押し込んだものは繰り返しやってくる。それを行かせなさい。出てこさせ、流れ出させるのだ。どれほど高く燃え上がろうと、あなたは安らかに見守り続ける。それがあなたの瞑想に干渉することはないだろう。あなたは観照し続ける。

第五の質問

愛するＯＳＨＯ

どんな束縛にも陥らず、安らかに幸せであれ、とあなたはおっしゃいました。サニヤスもまた束縛ではありませんか？　そして、技法や方便、修練がないのもまた、束縛ではありませんか？　どうかご説明を。

もし理解しているなら、尋ねないことだ。尋ねるとしたら、あなたはわかっていない。どんな束縛にも入り込まずに、安らかに幸せでいるということがわかっていたら、そのときには、ただこの理解から、あなたは幸せで安らかになるだろう。では、この質問はどこから生じたのか？　穏やかで幸せな人たちが、質問などするかね？　あらゆる質問は、病や苦しみ、苦悩から生まれる。まだ質問し続けているなら、あなたはまだ安らいでいないということだ。あなたは、サニヤスを授かる必要があるだろう。あなたが安らいだら、サニヤスに何の必要があるだろう？　あなたはリニヤシンになっている！

だが、自分を欺いてはいけない。サニヤスを取る勇気がないのなら、アシュタヴァクラを言い訳に使わないことだ。そう、安らぎを達成しているなら、サニヤスの必要はない。サニヤスを取ることは、安らぎを探求することだ。幸せになっているなら、自分は幸せになっていると思うなら、ジャナクと同じように価値ある者になったのなら、問題は片付いている。だがそうだとしたら、この疑問は生じなかったろう。ジャナクは質問しなかった、「師《マスター》よ、驚くべきことです！　私は解放されています！　今の今まで、私がどれだけ幻《マーヤ》の魔力の下にあったか、何とも驚きです！」。ジャナクのような用意があったなら、あなたは言ったはずだ、「私は祝福されています！　私は解放されています！　今の今まで、私は幻《マーヤ》の魔力の下にあったのですね！」と。あなたは、この質問をしなかっただろう。

ほんとうは、あなたのマインドにはサニヤスを取る願望があるのに、あなたには勇気がない。アシュタヴァクラを聞いて、あなたは思った、「サニヤスが束縛だとわかってよかった。もう、それに巻き込まれる必要はないな」と。あなたは他の欲望を落とすだろうか？　それとも、サニヤスの束縛だけだろうか？　それに、あなたはまだサニヤシンではない——持ってすらいないものを、落とす術はない。他のどんな隷属を落とすのか？　妻を後にするのかね？　あなたの家は？　お金は？　権力は？　マインドは？　行為者は？　自我《エゴ》は落とすかね？　自分が持っているもの以外の、何を落とそうというのかね？

確かにあなたには、自分が持っているものを落とすという選択肢しかない。この質問はサニヤシンたちに、サニヤシンになった者たちに尋ねさせなさい。あなたは、まだサニヤスを取っていない。もしサニヤシンが、もう自分はサニヤスを落とすべきなのかと尋ねたのなら話はわかる。彼にはサニヤスがあり、あなたにはない。どうやって持ってもいないものを落とすのかね？　自分が持っているものについて尋ねることだ。自分の住まいや家庭を放棄すべきかどうかを尋ねることだ。

サニヤスの得度《イニシエーション》は束縛だということ——アシュタヴァクラが述べてきたことをすべて聞いたのに、それがあなたに理解できたすべてなのかね？　他に束縛はないのかね？

人はずる賢い。マインドは当てにならないし、マインドはじつに計算高い、「自分の求める意味を抜き出せるなら、申し分ない。そうしたら面倒を避けられるというものだ。サニヤスを取ることには強いためらいがあったけど、途中でアシュタヴァクラに出会えてよかった。彼はうまく説明している。彼は私の誤解を正してくれた。もうサニヤスを取るなんて過ちを犯す必要はないぞ」

あなたはアシュタヴァクラから、他に何か学ぶつもりはないのかね？

人々は私のところに来て言う、「もう瞑想を落としたほうがいいですか？——アシュタヴァクラは瞑想のなかに束縛があると言っています」。あなたは富を落とすかね？　権力を落とすかね？　それとも瞑想だけだろうか？　それに瞑想はまだ起こってもいない——なのに、それを落とすと？　もし瞑想が起こっていて、あなたが「それを落としたほうがいいですか？」と尋ねるなら、「落としなさい」と私は言うだろう。

だが瞑想している者は、落とすことなど尋ねたりしない。彼は、捨てることも、持っていることも超えている。彼はアシュタヴァクラを理解するだろう。至福に満たされるだろう。喜びに満たされるだろう。彼は言う、「すばらしい、それは絶対に真実だ。瞑想のなかでは瞑想そのものが落ちていく。サニヤスのなかで、束縛は自ずと落ちていく。サニヤスに束縛はない。それは、すべての束縛を落とすための方便にすぎなかった。それもまた、最終的には落ちるだろう」

こんな風に、それを理解してごらん。足に刺がささってしまい、あなたは最初の刺を抜くために、別の刺を針として用いる。ふたつ目の刺も刺だが、それは最初の刺を取り除くのに役立つ。それから、あなたはその両方を捨て去る。ふたつ目の刺を、最初の刺を抜くのに大いに役立ったと考えて、取っておいたりはしない。あるいは、何ていとおしいのだろうと思って、最初の刺がささったのと同じ場所に、その刺をさしておいたりはしない。


サニヤスとは一本の針だ。世俗という刺が、あなたにささっている——これは、それを取り出すためのひとつの手段だ。針なしで抜けるなら、その方がいい。アシュタヴァクラを理解すること以上の祝福が、ありうるだろうか？　それなら、サニヤスの必要などないだろう。ともあれ、あなたが自分自身を欺いていないことを、はっきりさせることだ！　もしそれが欺瞞であるなら、勇気を出してサニヤスへ飛び込むことだ。そうすれば、あなたがサニヤスを落とすに値する時も訪れるだろう。

しかし、落とすべき何があるというのだろう？　理解するとき、落とすべきものは何もない——すべては落ちている。これがジャナクの言っていることだ、「ああ、師よ、この身体もまた、落ちてしまいました」。ジャナクは依然として身体のなかにいるし、その身体はなくなっていない。しかしジャナクは言う、「この身体もまた、落ちてしまいました！　この世界全体が落ち、すべてが落ちてしまいました。私はまったく無執着で、感情を超えています。あなたの教えの何と巧みなことでしょう！　何という術《アート》でしょう。何も起こってはいません、私は宮殿を後にしていませんし、世を捨ててはいません。身体を去ってはいません――そしてなお、私はすべてを後にしているのです！」

それを理解する日、落とすべきものは何もない――世俗も、サニヤスも。まさにその落とすという考えは、すがる何かがあると思っている者にしか生まれないものだ。

放棄とは、たんに耽溺の影にすぎない。世捨て人とは、頭で逆立ちしている世俗的な人だ。世俗が去るときには、放棄も去る。これらふたつはともに生き、ともに去る。だから、世捨て人の足許には、世俗的な人を見かけるのだ――彼らは一緒だ。世捨て人が仕事の半分をして、世俗的な人が残りの半分をする。彼らはともに結びついている。世俗的な人は世捨て人なしには生きられず、世捨て人は世俗的な人なしには生きられない。この陰謀を見たことはないかね？


ある男性が、「私は瞑想を学びたいのです」と言いながら私のもとにやってきた。

彼はサニヤシン、昔ながらのサニヤシンだった。そこで私は言った、「いいとも――朝の瞑想においで」

彼は言った、「それはちょっと難しいのですが」

「なぜだ？　どこが難しいのかね？」と私は言った。

彼は言った、「難しいというのは、私に随行しているこの男がいないと、私は来られないからなのです。彼がお金を持ち運んでいますから。私はお金には触らないのです。朝、彼は別の場所へ行かなくてはなりません。そういうわけで、明朝には来られないのです」

これはじつに面白い。お金が必要なら、それが自分のポケットにあろうが、他人のポケットにあろうが、どんな違いがあるのかね？　そして、これは別の束縛となる。ポケットにお金を入れている人の方がまだました。少なくとも、どこへでも自分の行きたいところに行ける。それは一風変わった状況だ。あなたはこの男が同行するまで来られない。タクシーに乗るにも、お金を持っていないといけないからね——なのに、あなたはお金には触らないのだ！　要するに、あなたは自分のために、この男に罪を負わせているのかね？　罪は自分で犯すことだ！　これはじつに滑稽だ——あなたはタクシーに乗り、そのせいで彼は地獄行きだ！　少しは彼に慈悲を抱きなさい。これこそ世俗的な人と、世捨て人のうるわしき関係だ！

いわゆる世捨て人たちはみな、世俗的な人に縛りつけられて生きている。そしていわゆる世俗的な人たちもまた、世捨て人に縛られて生きている。彼らは世捨て人たちの足に触れながらこう思っているからだ、「今日のところ、自分は世捨て人ではないが、少なくともその足に触れる位はできる。何かしたという満足感は得られる！　今日でなければ明日にも、私だって世捨て人になるぞ。でも今のところは、彼にお辞儀する位はできる」

もしジャイナ教徒にどこへ行くのかと聞けば、行者《サドゥー》に仕えに行くところだ、と言うだろう。彼らは、行者に仕えることは徳であると考える——何らかの利益になっていると。向こうでは行者が、いつ世俗的な人たちがやってくるのかを見ようと、座って道を見下ろしている。こちらでは世俗的な人が、いつ行者が街にやってくるかと、あたりを見回している。俗人と行者——同じコインのふたつの側面だ。

ちょっと考えてごらん。もし世間の人たちが行者たちのもとに行くのを止めたら、何人の行者が残るか？　彼らは全員逃げ出すだろう。だれが事を取り仕切り、だれがあらゆるお膳立てをするのかね？　彼らはみな消え去るだろう。だが、世俗的な人は行者の世話を続け、行者たちは世俗的な人の世話をし続ける——それは相互関係だ。

真に賢い人は、放棄する者でもなければ耽溺する者でもない。彼はただ、「私は観照者だ」と知る。お金が自分のポケットにあろうと、他人のポケットにあろうと、どんな違いがあるだろう？　彼は観照者だ。お金があれば、それを観る。お金がなければ、それを観る。彼は貧しさを観て、豊かさを観る。観照において、貧しさと豊かさにどんな違いがあるだろう？　乞食が観照者になると、彼の観照はちょっと少なくなるとか、皇帝が観照者になると、彼の観照はちょっと多くなるなどと思うかね？　観照は多かったり少なかったりし得るだろうか？　貧乏か金持ちか、健康か不健康か、博識か無学か、美しいか醜いか、有名か無名か――それは、どんな違いももたらさない。

観照とは、あらゆる人々の内側に同じだけ存在する宝だ。それが多いとか少ないということはない。成功と失敗、尊敬と軽蔑――私たちはあらゆる状況の観照者でいることができる。観照者でありなさい。これがアシュタヴァクラの言っていることのすべてだ。

だが、もし観ていることに困難を覚え、何か技法を用いたいのであれば、そのときには技法を使えばいい。恐れることはない。その技法を使い続けることは、あなたがその技法に対する観照者になるのを助けてくれる。だから私は瞑想しなさいと、それについては心配いらないと言う……瞑想なしに、あなたが観照に近づくことはないと知っているからだ。瞑想することなしには、あなたは考え続けるばかりだろう。選択は、瞑想か観照かではなく、思考か瞑想かだ。

私の言っていることがわかるだろうか？　もしあなたが瞑想しなかったら――あなたはアシュタヴァクラを聞いた。アシュタヴァクラが、瞑想や技法は束縛だと言うのを耳にした。そして彼は完璧に正しい、百%正しい！　だから、あなたは瞑想するのを止める。それでどうするのかね？　今度は観照者になるのだろうか？　いや、あなたは同じ古くて腐った思考を繰り返し続けるだろう。じつに滑稽だ。アシュタヴァクラのせいで、あなたはより深く世俗にはまり込んでしまうわけだ。この梯子《はしご》は、あなたが登るためにあるというのに！　あなたときたら、降りるために使い始めている！　同じ梯子を！

私が瞑想しなさいと言うのは、あなたの前にある選択肢は、瞑想か思考かだからだ。今のところ、観照はあなたの選択肢ではない。そう、もし瞑想を続けたら、あなたの思考は片付くだろう。そのときには、新たな選択が自ずとそこにある。今や、あなたは選ぶことができる――観照か瞑想かを。そのとき観照を選び、瞑想を落とすことができる。

だが、もしサニヤスを取らないとしたら、あなたは耽溺したままだろう。今、選択はサニヤスと世俗の間にある。私は、今サニヤスを取りなさいと言う。そしてある日、もはや選択が世俗とサニヤスの間にない瞬間が訪れるだろう。世俗は去り、サニヤスが残っている。そのとき、選択は究極のサニヤスとサニヤスの間にある。そのとき私は、サニヤスについては忘れなさいと、今あなた自身を究極のサニヤスに溶け込ませなさいと言うだろう。そう、あなたがジャナクのように即座に向かえるなら、私は反対するつもりなどない。喜びなさい！　幸せでありなさい！　もしそうできないのなら、他のだれもあなたのために決断できない。あなたが幸せでいられないなら、自分に必要なことをする決断が要る。

あなたは真実を虚偽に変えられるし、花を刺にさえ変えられる――すべては、あなた次第だ。

光のなかを　目を閉ざして走るなかれ
わたしの初心《うぶ》なハートよ！
その根はまったく　知られていない
途上でおまえが出逢うのは刺に岩
ただ繊細な香りを嗅いだだけで
花しかないとは　信じるなかれ

いいかね、注意深く歩みを進めなさい。あなたの歩みを、ただ繊細な香りの甘さだけで選ぶべきではない。

途上でおまえが出逢うのは刺に岩
ただ繊細な香りを嗅いだだけで
花しかないとは　信じるなかれ

繊細な香りが届くとき、それがたんなる自分の投影ではないよう、気をつけなさい。あなたの投影しているものが、たんなる自分の貪欲さや、恐れや、弱さではないよう、気をつけなさい。そして、その甘く柔らかな匂いによって、迷い導かれないように。

何もしないということ――それはとても簡単に映る。聞く分には簡単そうだが、何もしないとなると、それより大変なものはない。観照について聞くと、それはじつに簡単そうだ――何もせず、ただ観ているだけでいいのだから。だが、実践するとわかるだろう、「何てこった！　こいつはとてつもなく大変だぞ！」とね。

これを試してごらん、自分の時計を前に置いて座ってみる。一分間で秒針は一周する。その秒針を見つめてみなさい。その動きを観照し、観照し続けようとしてごらん。あなたはそれが三、四秒動くのを見て――そして観照が去ってしまったのに気づく！　何か別の思考がやってくる。あなたは忘れてしまう。秒針が先へ進んでしまっていることに驚く。それから三、四秒観照し、また忘れてしまう。一分が経過する頃には、観照を三、四回、あるいは十回は失っているだろう。あなたは、たった一分でさえ観照には留まれない。

だから今のところ、観照という問題は存在しない。今あなたに選べるのは、思考か瞑想かだ。そして最終的には、瞑想と観照の間の選択も可能となるだろう。

あなたはサニヤスについて尋ねている。サニヤスとはたんに、あなたが私とともにいたいという意思表示にすぎない。それは誓約ではない。あなたは、私に縛りつけられたりしない。私はどんな戒律も与えない。行為の規則など何も与えない。何時に起きろとか、何を食べろとか、何を飲めとか、あれをしろ、これをしてはいけない、などとは言わない。私はあなたに、ただ観照者であれと言う。私はただ言うだけだ――私の手は開かれている、あなたの手に私の手を取りなさいと。私と何歩か歩むうちに、たぶんあなたも私の病気にかかるだろう。この病気は伝染する。仏陀とともにちょっと歩けば、あなたは少しばかり彼の色に染まるものだ。それは妨げない。あなたからも、彼の香りがいくらか放たれ始めるだろう。庭園を通り過ぎれば、花々の香りがあなたの服につく――たとえ、あなたが花に触れなくても！
サニヤスとは、私とともに行く勇気を少しばかり示すこと――私とともにいたいという表明だ。それは私との恋愛だ。この恋愛の背後にある考えとは、あなたが自由になる手筈を、私がととのえていることに他ならない。私とともに歩むがいい――私はあなたに、解放の芳香を与えたい。

わたしは呼吸の操《あやつ》り人形
わたしは老いに結ばれて
そして死の手に託される
でも　この愛というものをご存知でしょう！
それによって　わたしは解き放たれた
この永遠《とわ》の時という武器　担いきれない重みは
魔法のように無邪気な一瞬と釣り合う

あなたはいったい何か？

わたしは呼吸の操《あやつ》り人形
わたしは老いに結ばれて
そして死の手に託される

誕生と死、これがあなたのすべてだ。呼吸が入っては出ていく——そのはざまの小話、短い芝居《ドラマ》だ。もしそこに、死と生を超えてあなたを連れてゆける何かがあるなら——

でも　この愛というものをご存知でしょう！
それによって　わたしは解き放たれた

もし、生死のはざまで愛が起こるなら……サニヤスとは私と恋に落ちること——せいぜい、そんなところだ。これで充分だし、これこそがその定義だ。あなたが私との愛のなかにあって、一本の小道を私と進む用意があるなら、その小道を進むことは、あなたを遥か彼方へと連れていく。
そして服の色を変えたり、マラをかけたりといった他のことは、すべて表面的な物事だ。これらはたんに、あなたの勇気を呼び覚まし、自分の実存を思い起こすのを助けるためにある。これらは外側の始まりにすぎない。それから多くのことが内側で起こる。あなたが目にするこのオレンジに染められた服の人々、彼らの服だけを見ずに、彼らのハートにも見入るがいい——愛の新たな流れが生まれ始めるのがわかるだろう。

でも　この愛というものを　ご存知でしょう！
それによって　わたしは解き放たれた

私をあなたに降りそそがせなさい。今のところ、あなたが石だとしても心配はいらない。この水の流れは、あなたの岩を削り取るだろう。

その光線が降りそそいだとき
わたしは言った——
「わたしはダイヤモンドみたいに硬くて　永遠に石なのです」
光は言った、「そうかい？　まさに君を　わたしは探してきたんだよ
わたしは君から寺院を彫ろう
君のなかから　光の像を切り出そう」
わたしは言葉を失った
光はわたしを　その深い愛で揺らしてくれた

その光線が降りそそいだとき
わたしは言った——
「わたしはダイヤモンドみたいに硬くて　永遠に石なのです」

あなたも私にこう言う、「いえ、あなたは私たちを変えられません。私たちは大昔から石なんですから。変容されはしないと、誓いを立てているのです」

けれども私はあなたに言う、

光は言った、「そうかい？　まさに君を　わたしは探してきたんだよ
わたしは君から寺院を彫ろう
君のなかから　光の像を切り出そう」
わたしは言葉を失った
光はわたしを　その深い愛で揺らしてくれた

これらのオレンジの服は、私の愛の表われにすぎない――あなたの私への愛、そして私のあなたへの愛の表われだ。これは愛の絆なのだ。

最後の質問

愛するＯＳＨＯ
ああ、甘美な愛するひと、どうか私の感謝を受け容れてください。この涙に行き場をください。あなたは、この乞食椀を満たしてくれました。それでも私は、相変わらず空っぽで、まっさらな白紙です。ああ、甘美な愛するひと、私たちの友だち。この頭を、捧げ物の果実のように、あなたの御足の許に。

ジャヤがこれを尋ねてきた。
ジャヤは、長い年月を私のそばで過ごしてきた。彼女には、まさしくミーラのようなハートがある。彼女のハートのなかには、ミーラのような歌が待っている。彼女のハートには、ミーラのような踊りが秘められている。それが現われるとき、彼女の偉大さが現われるだろう。そのとき、もうひとりのミーラが現われる。ただ、ふさわしい瞬間を待つこと——いつなりともその光線は降ってきて、暗闇を追い払うだろう。そして、彼女には勇気がある——だから、それは起こるだろうと予言できるのだ。

されど　まさにこの霧は　贈られし賜物ではないか
そのなかで　御身の雲のごとき慈悲は
昼も夜も降りそそぐ
時おり現われる　その影は
究極なる言葉　唯一可能な名——
これこそは種子真言《シードマントラ》
おお　慈悲の住まいよ
これこそは精髄のなかの精髄
これこそは深みを測る　ただひとつの物差し
これこそは我らの感謝の拝礼
御身の霧に覆われし泉の　いかに深きこと——
われらの両手の　いかに小さきこと

神性に向き合うと、私たちの両手はいつも小さく見える！　手の平のお椀は、あまりにも小さい。
御身の霧に覆われし泉の　いかに深きこと――
われらの両手の　いかに小さきこと

ハートに愛のある者はみな、いつも自分たちの手は何と小さいものかと感じている。ジャヤは尋ねている、「ああ、甘美な愛するひと、どうかわたしの感謝を受け容れてください。この涙に行き場をください。あなたは、この乞食椀を満たしてくれました。それでもわたしは相変わらず空っぽで、まっさらな白紙です」

これは、どんどん空っぽになっていくタイプの充填だ。これは、空《くう》の充填だ。これは、空《くう》による充填だ。私の努力は、あなたをまっさらにすることにある。あなたがまっさらになったら、私は成功している。あなたがいっぱいなままなら、私は失敗している。あなたが絶対的な空白になり、内側に何も残っていないとき――どんな痕跡も、どんな言葉も、どんながらくたも――この空《くう》において、神性は顕われる。

私はジャヤに言いたい、

ゆけ　ああ魂よ　ゆけ
清らかなる乙女よ　花嫁となれ
彼の伴侶となれ
今や　その大いなる空《くう》こそ　おまえの唯一の道
おまえの行き先は　穀物と水の保護者

その花婿は　光の本性
ただそれだけが　おまえを喜ばせ　ときめかせる
ああ魂よ！　おまえは選ばれた
ああ　和合せし者
ああ　結婚せし者
汝と大いなる空《くう》との婚礼は祝われている

「汝と大いなる空《くう》との婚礼は祝われている」。この空っぽであること、この空白であることは、大いなる空《くう》とあなたとの婚礼を祝うことだ。踊りながら、その大いなる歓喜《エクスタシー》を現し、歌いながら、陶酔して――自分自身を失うことだ！

在り方はひとつしかない――さらに消えてゆくことだ。

あなたが完全に空っぽになる瞬間、神性は完全なかたちで即座に降りてくる。あなたこそが唯一の障壁だ。だから恐れてはならない。あなたが空白になるとき、あなたはすべてを手にしている。

マハラシュトラに伝わる、ひとつの物語がある。


あるとき、エクナットがニヴリッティナートに一通の手紙を書いた。彼は、何も書かれていない真っ白な紙を送った。ニヴリッティナートは、それをじつに丹念に読んだ――読むものもない真っ白な紙を。彼はほんとうに没頭し、何度も何度も繰り返し読んでいた。

彼はそばに座っていたムクタバイに手紙を渡し、彼女はそれを読んだ。彼女の涙が流れ出した……彼女はすっかりいかれてしまった！　他の人たちもそこにいて、彼らは言い出した、「これはまったく気違い沙汰だ！

まず、白紙を送りつけたエクナットはいかれてる。手紙ってのは何かが書いてあるもんだ！　それに、このニヴリッティナートときたら、一度ならず何度も読んでいるところがいかれてる。しかも、きわめつけはこのムクタバイだ。彼女は完璧にいっちまった！　涙まで流れ出している！」

あらゆる経典は空っぽの紙だ。そして、いかに空っぽの紙を読むかを学ぶなら、あなたはあらゆる経典を読む術を知る——ヴェーダを、コーランを、グル・グランタを、ギータを、ウパニシャッドを、聖書を、法句経《ダンマパダ》を。

空っぽの紙を読める者は、すべてを手にしている。

私のここでの努力はすべて、あなたが白紙のようになるためにある。私はあなたを消し去ろうとしている。あなたこそが、唯一の障壁なのだから。

ゆけ　ああ魂よ　ゆけ
たおやかな　清らかなる乙女よ
汝と大いなる空《くう》との婚礼は祝われている

ハリ・オーム・タット・サット！

第九章

私は自らに額づく

I Bow Down to Myself

ジャナクは言った
私の本性は光です
私はそれ以外のものではありません
宇宙が照らされるとき
それは私の光によって照らされます

驚きです
無知を通して、私のなかに架空の世界が現われます
ちょうど、真珠の母貝に現われる銀や
縄のなかの蛇、白昼の蜃気楼のように

私から発した宇宙は、私へと溶け去るでしょう
ちょうど、壺が土に溶け去り
波が水に、腕輪が金に溶けていくように

驚くままに、私は自らに額づきます
ブラフマンから草葉の一片《ひとひら》にいたるまで

全世界が滅びようとも、私は滅びません
私は永遠です

驚くままに、私は自らに額づきます
身体を纏《まと》っていても、私は不二なるもの
私はどこへも去らず、どこからもやって来ません
私はただ存在します
私は宇宙を浸しています

驚くままに、私は自らに額づきます
ここには、私ほど力があり
身体でそれに触れることもなく
永遠に宇宙を維持してきた者はいません

驚くままに、私は自らに額づきます
私には何ひとつないか
あるいは言葉と思いに込められるすべてがあります

宗教とは体験だ、考えではない。思考は、宗教の影ですらありえない。そして思考に巻き込まれている者は、つねに宗教から離れたままだ。考える人ほど、宗教から遠い者はいない。

愛がひとつの体験であるように、神性もまたひとつの体験だ。もしそれを体験したければ、それは全面性を通してのみ可能だ。

思考の過程は、人間の小さな断片でしかない。しかも、じつに皮相的なものだ。深みはない。それは人の内面、中心《センター》の一部ではなく、外周上にある。考えることを止めても、人は生きられる。それに、今は考える機械が発達してきている。それらは、機械も考えられるということを明らかにしている――考えることは、人間の特別な栄光というわけではない。

アリストテレスをはじめとする思索家たちは、考える動物、理性的な動物と呼ばれてきた。この定義は変えるべきだ。今はコンピュータも考えられるのだから――しかも、より効率的に、人間よりずっと巧みにだ。人間は間違えるが、コンピュータが間違える可能性はない。人間のすばらしさは、考えることにはない。人間のすばらしさは、体験する能力にある。

何かを味わうとき、その味わいがたんなる思考ではないように――それは起こる。まさにあなたの細胞に起こる。あなたは、その味わいの喜びに浸される。ワインを飲むと、飲酒は思考だけに影響を及ぼすのではなく、脚もふらつき始める。

酔っ払いが歩くのを見たことがあるかな？　ワインは、まさに彼の細胞まで達している。それは彼の足取りに、彼の目に見て取れる。あらゆる動作に見て取れる。それは彼の思考に現われるだけでなく、彼全体に広がっている。

宗教とはワインのようなものだ――それを飲む者は知るだろう。それを飲み、楽しむ者は、それを体験するだろう。

ジャナクの言葉は、彼がこのワインで満たされたときに発せられた。もしそれを味わうことなく考えるなら、あなたは誤解する可能性がある。しかも、彼の意味するところが、まったく違ったものに見えるだろう。そうしてあなたは、自分勝手な解釈を付け加える。


たとえばクリシュナがギータのなかで言う、「すべてを落とせ、アルジュナよ。私の足許に明け渡せ」――それを読んだら、この宣言はじつに尊大だと感じるだろう。「すべてを落とせ、アルジュナよ。私の足許に来たれ」――私の足許に！

この『私の』にあなたが与える意味は、あなたの意味合いであって、クリシュナのものではない。クリシュナのなかに『私』は残っていない。それはたんなる参照、ただの象徴にすぎない。あなたにとって、それは象徴以上のものだ。あなたの幻想の状態では、その象徴が真実となっている。クリシュナにしてみれば、それはたんに実用的なもので、それ以上の何かを表しているわけではない。

あなたは見たことがあるだろう。国旗に唾を吐くと、それが喧嘩のもとになったり、流血沙汰になったり、戦争の原因となったりするのを――「国旗に唾を吐きやがったな！」。だが、考えたことがあるだろうか。その国旗は国の象徴だが、その国土にあなたは毎日唾を吐いているのに、だれも喧嘩を始めないということを？あなたが地面に唾を吐いても、だれも喧嘩を始めはしない。どこで唾を叶くにせよ、吐くときはいつも、国の上に吐いている。あなたが国の上に唾を吐いても、だれも喧嘩を始めはしない。国家の象徴、たんなる表示、ただのありふれた一枚の布切れ……だが、もしその上に唾を吐いたら、戦争だって起こりかねない。

人は象徴に重要性を置いている――それらが持つ以上の重要性を。盲目なままに、人は象徴に生きる。

クリシュナが『私』という言葉を使うとき、それは実用的なものでしかない。彼は、話す必要があるからそれを用いる。伝えたいからそれを使う。だが、話した後に『私』はない。もしクリシュナの目に見入るなら、そこにはどんな『私』も見つからないだろう。そこにあるのは、絶対的な静けさ、空《くう》だけだ。『私』は消え去っている。クリシュナが「来たれ、私の足許に来たれ！」と気軽に言えるのはそのためだ。私の足許に来たれと彼が言うと、それはじつに尊大だと私たちは感じる。なぜなら私たちは、自分たちの知っているように『私』を解釈するからだ。

これらのジャナクの言葉は、もっとあなたを驚かせるだろう。これらの声明は、この地上に並ぶものがない。クリシュナは少なくとも「私の足許に来たれ」と言っていた。ジャナクの断言は、あなたには信じられないような代物だ。

そのなかでジャナクは言う、「すばらしい、私の本性よ！　すばらしい、私の光よ！　驚きだ！　私は何なのか？　私は自分自身の足許に向かおう！　私は自分自身に額づこう！」。それはあなたに衝撃を与えるだろう。これらの声明において、ジャナクは彼自身に額づき、他者はもはや残っていない。彼は何度も言う。

驚くままに、私は自らに額づきます——私は永遠です……「私は大いなる畏敬の念に満たされている。私自身が驚きのなかにいる。私は自らに額づく。すべては滅びるが、私は留まるであろうから。ブラフマンから最小の原子に至るまで、すべては壊れるが、私はなおも留まるだろう。私は自らに額づく。だれに私と同じほどの力があろう？　私は世界のなかにいて、しかも無執着だ」。あたかも、水に浮かぶ蓮の葉のように。「私は自らに額づく」

かつて、人類がこのような宣言を耳にしたことは一度もない。「私は、まさに自らに額づく」。あなたは思うだろう、「これは究極の自惚れだ。彼が他人に対して言ったなら問題なかったろうが、彼ときたら自分自身の足に触れている！」

ラーマクリシュナについての逸話だ。ある芸術家が訪れ、彼の肖像画を描いたことがあった。完成したその肖像画を芸術家が持ってきたとき、ラーマクリシュナの帰依者たちはとても当惑した。というのも、ラーマクリシュナはその絵を見つめると、そのなかの足に触れ出したからだ。それは彼自身の絵だったのだが、彼はそれに額づこうとしていた。帰依者のひとりが言った、「パラマハンサ、お気は確かですか？　これはあなた御自身の絵ですのに」

ラーマクリシュナは言った、「気づかせてくれてよかった──私は一枚のサマーディの絵を見ていたんだよ。これはきっと、私がサマーディにあった間に描かれたにちがいない。教えてもらってよかった。さもなかったら、みんなは私がいかれていると思ったろうからね。私はただ、そのサマーディに敬意を払っていただけなんだ。これはサマーディの絵だよ、私のじゃない」。だがそれを見た人たちは、この男は理性がいかれてしまったと思ったにちがいない。自分自身の絵の足に触れるとは！　自分自身の絵に向かってお辞儀をしているのだ！　これよりおかしなことがあるかね？　「この言葉は傲慢の極みだ。これを超える自惚れの高みはありえない」

ジャナクはこれらの声明を、歓喜のなかで発した。味わいが生じ、彼は他のすべてを忘れてしまった。もし踊れたなら、彼はミーラのように踊っただろう。チャイタニヤのように歌えたなら、歌っただろう。フルートを吹けたなら、クリシュナのように自分のフルートを吹いたことだろう。ひとりひとりが、その人独自の表現の可能性をもっている。ジャナクは帝王であり、教養のある人、洗練された人物だった。彼は見事だった、このうえなく見事だった──彼の声明は、人類の歴史に黄金の文字で書き記すに値する。これらの言葉を理解するには、あなた自身の解釈は脇にどけておくことだ。
詩人は言う、

何日か　わたしはこの世を見物にいく
人の生き様は　ひとつののぞき窓
この理性とは何だろう
何をしていても　わたしの楽しげなハートをせき止め
どんなことにも　口出しをする
意味で美をつくるのが　詩人の霊感
言葉にとらわれるのは
やぼな作詞家の芸当
この理性とは何だろう
何をしていても　わたしの楽しげなハートをせき止め
どんなことにも　口出しをする

ハートにさざ波が立つたびに、理性はそれを止めてしまう。何らかの感情が深まるたびに、たちまち理性がでしゃばり始める。

この理性とは何だろう
何をしていても　わたしの楽しげなハートをせき止め

どんなことにも　口出しをする

ちょっと、この理性を脇に置きなさい――ほんのちょっとだけ、ほんの一瞬。そうした瞬間に、雲は散り、太陽が顔を出すだろう。もしこの理性を脇にどけられなかったら、それはでしゃばり続けるだろう。それには質問癖がある。その本性は解釈することであり、その真髄はでしゃばることにある。そして、宗教はハートを通して訪れる――こうしたハートのさざ波は、台なしにされてしまう。マインドはそれらに影響を及ぼし、それらは失われてしまうだろう。あなたの理解は、まったく誤っているだろう。

意味で美を創るのが　詩人の霊感

真の詩人、見者、聖者――彼らは、すべての注意を意味に向ける。「意味で美をつくるのが詩人の霊感」――彼の想像のなかで、意味の花は咲き誇り、意味の香りがたち昇る。

言葉にとらわれるのは
やぼな作詞家の芸当

だが言葉にとらわれ、ただ韻を踏むばかりの人――彼は詩人ではない。作詩家はただ単語をつなぎ続ける。意味には用がない。単語がうまく合わされば、それでいい。
理性は作詩家、やぼな詩人だ。意味の秘密、意味の神秘は、ハートのなかに隠されている。マインドを脇にどけてはじめて、あなたは聴くことができるだろう。

聞いた話だ。ムラ・ナスルディンが布地屋に入っていって、一枚のいかした布を指して尋ねた、「兄さん、この布はいくらだい？」

店員は言った、「ムラ、そいつは一メートルで五ルピーだよ」

ムラが言った、「おまえさん、四ルピー半でこいつを譲る気はないかい？」

「お客さん、もし俺がそいつを家に持ち帰ったら、四ルピー半かかりまさぁ」と店員。

するとムラは言った、「うん、そいつはいい。おれがそれを家に持っていくよ」

人は、自分勝手な解釈を物事に押しつけ続ける。


ひとりの患者が歯医者に尋ねた、「痛くないように歯を抜けますかね？」

歯医者は言った、「いつもってわけじゃないね。つい昨日も、人の歯をねじっていて、手首を脱臼しちまったんだ」

歯医者には彼自身の痛みがある。歯を抜こうとしている人にも別の心配事が、彼自身の痛みがある。


ムラ・ナスルディンが、某所で仕事を任された。上司は言った、「この仕事を任されたとき、自分は決して疲れませんと君は言っていたな――なのに君は、机に足を乗せて眠っているじゃないか」

ムラは言った、「主任、こいつが疲れない秘訣なんですよ」

私たちは、自分勝手に解釈し続ける。私たちが解釈し続けているうちは、経文《スートラ》の意味は明らかにならないだろう。経文を読むには、特別な術《アート》が必要とされる。経文を読むには、投影から自由であるマインドが必要だ――投影のないマインドが。経文を読むときは、あせって解釈しないこと。聴き、味わい、心から大いに楽しむ度量と辛抱強さが必要だ。

この経文に耳を傾けなさい。

私の本性は光です
私はそれ以外のものではありません
宇宙が照らされるとき
それは私の光によって照らされます

この宇宙全体は『私の光』によって照らされている、とジャナクは言う。確かに、ジャナクが言及しているこの光は、『私』の光ではありえない。この光は、『私』の消えた光でしかありえない。だから、言葉尻をとらえないように。作詩家ではいないように。理性には口出しさせないように。その意味は単純明快だ。それをいじくり回し、ねじ曲げるのはよしなさい。

私の本性は光です

話すなら、このように話すことだ。言葉は、無知なる者に属しているのだから。光明を得た者は言語を持たない。ふたりの光明を得た者が出会えば、彼らは沈黙したままだ。言うべきことなど、あるだろうか？　そこには言語も、言うべきこともない。話の種も、それを語るための言語もない。
ファリッドとカビールが出会ったとき、彼らは二日間沈黙したままだったと言われている。彼らは互いの手を取り、抱擁し合った。涙があふれるように流れ、大いなる歓喜のままに、彼らは揺れ動き始めた。彼らの弟子たちは動揺した。弟子たちは大変期待していたのだ、「もしも彼らがともに語ったら、それは私たちにも降りそそぐだろう。彼らが何か言ったら、私たちもそれを聞ける。一言でも聞き取れたら、それは人生に意義をもたらしてくれるだろう」

だが、彼らは話さなかった。二日が過ぎた。この二日間は、じつに長いものとなった。カビールとファリッドが黙って座っている間、弟子たちはひたすら待っていた。ついに、彼らが立ち去る段になり、カビールがファリッドを見送りに出たとき、ファリッドの弟子たちは尋ねた、「どうしたのです？　なぜ、あなたは話さなかったのですか？　いつもだったら、ずっと話しておられるのに。私どもが何を尋ねても、あなたは話してくださいます。私どもは、カビールと一緒にあなたをお連れしました。おふたりの間に何か対話が生まれ、何がしかの甘露《ジュース》があふれるだろうと。そうしたら、私ども恵まれぬ者でも、それを少々味わえるだろうと期待して。私どもは、ふたつの川岸を結び合わせました。ガンジスが流れてきて、そのなかで沐浴できるように。しかし、ガンジスは流れませんでした。何が起こったのでしょう？」

ファリッドは説明した、「カビールと私の間には、何も語るべきことはないし、それを語るための言語もないのだ。尋ねることなど何もないし、語ることも何もない。そこには多くがあった。ひとつの流れが流れ出ていた。ガンジスは流れていたのだ──言葉のなかではなく、沈黙のなかを」

カビールの弟子たちも、彼に同じことを尋ねた、「どうしたんです？　なぜ黙ってしまわれたのですか？　まるで聾唖みたいでしたよ！」

カビールは言った、「愚か者！　もし私がファリッドの前で話していたら、自分が無知だと示していたところだ。話す者はみな、自分が無知であることをさらけだす。話が無用なところに、話すという問題などありはしない。針で用が足せるところに、剣を持ち出すのは狂人だけだ。話すこともなく、それはもう起こっていた。途方もない流れが湧き出ていた。どんなに涙があふれ、何という歓喜《エクスタシー》だったか、おまえたちは見ていなかったのかね？」

ふたりの光明を得た者に、言葉は不要だ。ふたりの無明なる者たちには、言葉に次ぐ言葉はあるが、意味はない。ふたりの光明を得た者の間には、意味のなかにさらに意味があるが、言葉はない。光明を得た者と無明なる者の間には、言葉と意味の両方がある。対話のためには、光明を得た者と無明なる者が必要だ。

ふたりの無明なる者たちの間には、議論があるだろう。対話はありえず、会話は不可能だ。マインドの衝突しか可能性はない。

ふたりの光明を得た者の間には、非言語的《ノンヴァーバル》な会話がある。どこかより深い世界で、彼らの中心《センター》が出会っている。合一が起こっているのに、どうして会話の必要があるだろう？　話さずともそれは伝わり、それについて語らずとも両者はそれを見る。

対話の可能性は、無明なる者と光明を得た者の間にしか存在しない。もし光明を得た者に話す用意があり、かつ無明なる者に聴く用意があれば、対話が可能だ。

ある意味で、経典の意味はつねに逆説的だ……経典が述べることは語りえぬものなのだから。それは、語りえぬものを語ろうとする試みだ。光明を得た無数の人々が、語りえぬものを語ろうと試みてきたのは、大いなる思いやりだ。彼らは、私たちが長らく見上げるのを忘れていたところに、私たちが目を上げるのを望んできた。彼らは私たちに、その大空の小さな一瞥を与えてきた。私たちは地を這い、のたうち回る――私たちは、自らの理性をもたげるのを止めてしまっている。

マンスールが捕えられて縛り上げられたとき、彼は笑い出したと言われている。十万もの群集が集まっていて、だれかが尋ねた、「マンスール、おまえはなぜ笑う？」

マンスールは言った、「私が笑っているのは、そう、こうやって縛り上げられているのが、いいことだからだ――少なくともあなたたちは、多少は目を上げているのだから！」
彼は高々と吊るし上げられていたので、人々は顔を上げて見なくてはならなかった。だからマンスールは言った、「少なくとも、今あなたたちは目を大空へ向けなくてはならない――私の死を理由にではあるが。だから私は嬉しい――この迫害は正しい。おそらく私を見上げているときに、あなたたちは私の内側に隠されているものを見るだろう。おそらくこの死の瞬間において、この死の衝撃によって、あなたたちの思考の流れは止まり、大空が一瞬開き、あなたたちは『私は在る』ということの一瞥を得るだろう」

私の本性は光です
私はそれ以外のものではありません

「私は、この光から分かれていない」。この光の内なる源泉は、『私』が去ったときに到達される。だが、いったいどうやってそれを語ればいいだろう？　それを表現しようとすれば、『私』を再び持ち込まなくてはならない。

「宇宙が照らされるとき、それは私の光によってのみ照らされる」。確かに、ここでジャナクは、ジャナクと名付けられた人物について語っているのではない。その人物は消えている。その個としての波は消え去り――大海だけが残っている。この大海は、あらゆる人のものだ。このジャナクの宣言は、彼自身についてのみならず、あなたについてのものでもある。それは、かつて存在したあらゆる人々、そして存在するであろうあらゆる人々についてのものだ。この宣言は、全存在のためにある。

消し去られることを学びなさい。そうすれば、この味わいが訪れ始める。そしてその味わいが訪れるとき、このような宣言があなたからも湧き起こるだろう。それを押し止めるのは難しい。

「アナルハック――私は真実だ、私は神性なる存在だ」――マンスールは、もしこのような類いの声明を発したら、自分は殺されるだろうとわかっていた。イスラム教徒の群集は、彼を容赦しないだろう。この盲人たちの群れは、彼を理解できないだろう。それでも彼は宣言した。彼の友人たちは、そんな宣言はしないようにと言った。こうした宣言は危険だと――マンスールもそれが危険なのは承知していたが、彼にはそうした宣言を止められなかった。
花が開くとき、その芳香は分かち合われねばならない。ランプが灯されるとき、その光は放たれねばならない。そのとき、起こることは何であれ起こる。

ラヒムの言葉をひとつ――「噛みタバコ《パーン》の赤い汁、血潮、咳、歓び、敵意、愛、そして酔い。ラヒムは言う――それは隠せない、全世界がそれを知る」
抑え込めないものが幾つか存在する。普通のワインを飲んだら、どうやってその影響を隠せるだろう？　酔っ払いが酔いを隠そうとすればするほど、それが露わになるのはよくある話だ。人に知られまいとして、酔っ払いが四苦八苦していることに気づいたことはないかね？　彼はとても用心深く話す。そしてこの用心が、彼の正体をあばいてしまう。とても気をつけて歩こうとしても、それが彼をよろめかせてしまう。彼は、だれにも知られまいと、自分の油断なさを見せたがる。

ある夜、ムラ・ナスルディンが酔っ払って帰宅した。帰る道すがら、どうしたら妻に悟られずにすむかと、彼は知恵をしぼった。どうしよう？　彼は考えた、「コーランを読むってのはどうだ？　コーランを読んでる酔っ払いなんて、聞いたことないぞ。もしコーランを読んだら、酔ってなんかいないと、はっきりするってもんだ。コーランを読む酔っ払いなんて、今までいたことないんだし」

彼は家に着くと、ランプをつけてコーランを読み始めた。とうとう妻がやってきて、彼の頭をどやしつけて言った、「この馬鹿騒ぎをやめてちょうだい！　こんなところに座りこんでまあ、あんた、スーツケースなんか広げて何してるのよ？」

どうしたら、酔っ払いにコーランがわかるだろう？

彼はスーツケースを手に取ると、おもむろに開いて読み始めていた！


それを秘密にするのは不可能だ。そして普通のワインも隠せないのに、どうして神性なワインを隠せるだろう？　その瞳には、歓喜《エクスタシー》が映っているだろう。その瞳は、酔っているかのようだろう。その人の言葉を、別世界の趣《おもむき》が彩るだろう。その話し振りは虹のようになり、七色すべてに広がっていくだろう。語ればありふれた散文が純粋な詩となり、話せば歌のように響く。動けば踊り《ダンス》のような感じになる。いや、それは隠せない。それは露わになり続ける。真実はつねに露わだ。それがその本質だ。あなたの内側で真実が起こったとたん、あなたの宣言は知らず知らずのうちに、明らかになっていく。

ジャナクは、よく考え抜いた上でこうした言葉を語ったわけではない。それについて考えたとしたら、彼は口にするのをためらったはずだ。彼は、そこにアシュタヴァクラを連れてきただけだった。一言二言アシュタヴァクラが語り、ジャナクの光明が起こったのだ！

理性的に熟慮していたら、彼は言いよどんでいただろう――「アシュタヴァクラは何と思うだろう、私のような無知な人間がこんなことを口にするなんて？　これは悟った人たちにこそ、ふさわしい。それが、こんなにあっという間に起こるものだろうか？　ただ聴いただけで起こりうるものだろうか？　こんな風に起こったことが、かつてあっただろうか？　それは時間のかかるものだ。何生も要するとても険しい旅だ。あたかも、剣の刃の上を歩くようなものなのだ」。彼は、こうしたことすべてに思いを巡らせ、自分に言い聞かせただろう、「そんな遠大な宣言をすべきではない!」

だが、あなたに思い出してもらいたい──この宣言は、ひとりでに起こっているということを。ジャナクが語っていると言うのは正しくない。ジャナクを通して、それが語られていると言う方が正しい。

驚きです
無知を通して、私のなかに架空の世界が現われます
ちょうど、真珠の母貝に現われる銀や
縄のなかの蛇、白昼の蜃気楼のように

ちょうど真珠の母貝に銀の幻影が現われるように、闇のなかで縄に蛇が投影されるように、太陽の光によって幻のオアシスが砂漠に出現するように──そのようにして蜃気楼は生じる。

驚きだ! その出来事はまさに即座に起こった。じつに激しく起こった──彼の光明はとても素早く起こったので、ジャナクにはそれを秘めておけなかった。彼は畏敬の念で満たされた……あたかも、幼子が妖精たちの世界に入り込んだかのように。すべてが彼を魅了し、あらゆるものが思考を超えている。


テルトゥリアヌスは言っている、「神を見ぬ間は不信があった。そして神を見たときにも不信があった」

彼の弟子たちは言った、「私たちにはわかりません。神を見るときには、信仰が生まれるものと聞いてきましたのに」

テルトゥリアヌスは言った、「見ぬうちは不信があるもの。神は、いかに存在しうるだろう? 不可能だ! 体験を経ずして、いかに信仰がありえよう? そして神の体験が起こるとき、人はそれほどの至福が可能であ

ることが信じられない。あまりにも多くの光、あまりにも多くの甘露――それはやはり不可能に思える」

「それが起こっていないときには不可能に思え、それが起こるときにはいっそう不合理に思えるものだ」

ジャナクはまさしく同じ境地にいる、「驚きだ！　すべてはただの想像でしかなかった。私だけが真実だ。観照者こそが唯一の真実だ。他のすべては幻であり、他のあらゆるものはマーヤだ」

私から発した宇宙は、私へと溶け去るでしょう
ちょうど、壺が土に溶け去り
波が水に、腕輪が金に溶けていくように

その変容が見えるだろうか？　ジャナクの人としての形は消え、彼の神性な形が顕われている。

スワミ・ラーマティルタはアメリカに渡った。ある人が彼に、だれが宇宙を創ったのか、と質問した。ラーマティルタは陶酔型《エクスタティック》の人だった。そして、彼は陶酔《エクスタシー》のなかにいたにちがいない。それは三昧《サマーディ》の瞬間だったにちがいない。「私が創った」と彼は言った。アメリカでは、そんなことに耳を傾ける者はひとりもいない。ここなら大丈夫だ――インドでなら、それは受け容れられる。この種の表現さえも受け容れられる。あちらでは、それが物議をかもした。

人々は尋ねた、「気は確かかね？　君が月や星々を創っただって？」

ラーマティルタは言った、「私がそれらを創った。私はそれらを軌道に乗せ、以来このかた、それらは動き続けている」

この声明を理解するのは難しい。そして、アメリカ人の聴衆が理解できなかったとしても、驚きではない。自然なことだ。この声明はラーマティルタのものではない。あるいは、もしそうだったとしても、それはラーマ本人のものだ――ラーマティルタのものではない。この瞬間、ラーマティルタはひとつの波として語っているのではなく、大海として語っている。彼は永遠として、不死なる者として語っている。束の間の存在として語っているのではない。限りある、身体《ボディ》と心《マインド》に限定された人間として語っているのではない――身心を超えた者、定義できない、未知なる者として語っている。ラーマティルタを通して語っているのはラーマであり、ラーマティルタ本人ではない。この宣言は、存在自身からのものだ。だが、それはじつに難しい。受け容れるのはきわめて難しい。

ラーマティルタはインドに戻り、ガンジスの源流への巡礼に向かった。彼はガンジスで沐浴していた。そして山に登り、河に身を投げて死んだ。彼は短い走り書きを残していて、それにはこうあった、「今、ラーマティルタは、彼本来の姿に出会うために出かける。その呼び声が届いた――もう、この身体のなかにはいられない。宇宙が私を呼んでいる!」

各新聞は、彼が自殺したというニュースを載せた。それはほんとうだ、新聞もまた正しかった。彼は河に身を投げ、自殺した。だが、もしラーマティルタに尋ねることができたなら、彼は言っただろう、「君は私が自殺したと言うのかい？　私はただ境界を溶かし、宇宙とひとつになっただけだ。私は、間にある障壁をどけた。私は死んでなどいない。私は、まるで死んでいたかのようだった――今では生き生きとしている。今、私は宇宙とひとつになっている。今、その小さな生の流れは、大海となっている。私が手放したのはその制約であって、生そのものではない。限定されたものを手放すことで、今、私は真の生を達成している」

だから、つねに憶えておくことだ――あなたの内側でサマーディが強まるとき、サマーディの雲があなたの内側に集うとき、その雨はあなたの自我《エゴ》のものではない。あなたの私的な側面からくるものではない。その雨は、あなたを超えたものからやってくる。それはあなたを超えている。
この瞬間、ジャナクの人格は溶け去っている。

私から発した宇宙は、私へと溶け去るでしょう
ちょうど、壺が土に溶け去り
波が水に、腕輪が金に溶けていくように

何もなかったとき　神はいた
何も創らなくとも　神はいただろう
私を溺れさせてきたのは　私自身の存在
私がいなければ　私は何だったのか？

私を溺れさせてきたのは　私自身の存在

私たちは、ラーマティルタは自殺したと言う。ラーマティルタは言うだろう、「私を溺れさせてきたのは、私自身の存在だった。ガンジスに溺れたとき、はじめて私は存在し始めた。『私』があった間、私は溺れていた」
ガリブが言うように、

何もなかったとき　神はいた
何も創らなくとも　神はいただろう

私を溺れさせてきたのは　私自身の存在
私がいなければ　私は何だったのか？

……神だったろう！　存在だったろう！

この『私』、この限られた存在――服を脱ぐようにそれを脱ぎ捨てるなら、人は真理を見る。蛇が前進しながら脱皮するように――まさしくそれこそ、ジャナクに起こった事の次第だ。アシュタヴァクラは、ひとつの触媒としてそこにいた。

科学者たちは、触媒要因を発見してきた。ある種の物質は、ある反応において能動的な役割を果たすわけではないが、それなしには反応が生じない。

あなたは、雨季に降る雨のなかを走る雷光を、見たことがあるだろう。科学者たちが言うには、水は酸素と水素が結合することで生まれるが、それらが結合するのは電気があるときだけだ。もしも電気がなかったら、反応は生じない。それでも、電気は直接的な役割を果たしていない。電気は、水素と酸素の結合に関与していない――ただその存在が……科学者たちは、この種の存在を触媒要因と呼んでいる。

師《マスター》は、ひとつの触媒要因だ。彼は何をするわけでもないが、彼の臨在なしには何事も起こらない。彼は何もしていないが、その臨在のなかで何かが起こる。ただ彼の臨在が……こんな風に理解するといい――彼のエネルギーがあなたを取り巻くと。このエネルギーの場《フィールド》に取り囲まれて、あなたのなかに力が湧いてくる。その力はあなたのものだ。歌が弾け始める――その歌はあなたのものだ。宣言が起こり始める――その宣言はあなたのものだ。だが、おそらく師の臨在なしには起こらなかっただろう。

アシュタヴァクラの臨在は、ひとつの触媒要因として作用した。アシュタヴァクラの静謐さ、沈黙、至高の境地を見て、ジャナクは忘れ去っていた我が家を思い出したにちがいない。その瞳に深く見入り、その無限の拡がりを目の当たりにして、彼は失い、忘れ去っていた自分自身の潜在能力を思い起こしたにちがいない。アシュタヴァクラの言葉を聴きながら――真理に浸り、体験に浸って――自分自身の味覚が刺激されたにちがいない。


一匹のライオンを、ペットとして育てた人のことを聞いたことがある。彼は、目がまだ開かぬ小さな赤ちゃんの頃、その子を家に連れてきた。そのライオンは肉を食べたことがなく、血を舐めたことがなかった。彼は菜食のライオンだった――野菜とパンを食べていた。彼には思いもつかなかったし、知る由もなかった……。

だがある日、その男性が椅子に座りながら足を掻いていると、少し血が滲んでしまった。ライオンは彼のそばに座っていた。彼は舌で血をぺろりと舐めた。それで充分だった！　一瞬のうちに彼は変わった。ライオンは吼えた。その咆哮には暴力性があった。そのときまでは、完璧なジャイナ教徒だったが、いきなり彼はライオンになった。それまで彼は菜食家だったし、純粋な菜食家の鳴き声しか上げてこなかった。まだ肉を食べたことがなかったが、ほんの数滴の血を味わっただけで、彼は思い出した。全細胞のなかに眠っていた、ライオンである能力が目覚めた。何かが目覚め、何かがその手足を伸ばし始めた。眠れる者はその目を開いた。彼は唸りながら身を起こすと、すぐに襲いかかってきた。彼は家に置けなくなってしまった――密林へ放す必要があった。彼はじつに長い間眠っていた。それは彼が、自分が何者だったかを思い出した、最初の瞬間だった。

アシュタヴァクラの影響のもと、ジャナクは自分が何者だったのかを思い出した。もしジャナクが、あらかじめ考えてから言葉を発しようとしていたら、彼は語らなかっただろう。彼はためらったはずだ。これが軽々しく口に出せる事柄だろうか？――

私から発した宇宙は、私へと溶け去るでしょう
ちょうど、壺が土に溶け去り、波が水に、腕輪が金に溶けていくように

アシュタヴァクラの影響のもとで、アシュタヴァクラの臨在のなかで、彼は目覚めた。幾多の生を眠っていたライオンが吼え出した！　彼は、自分自身の本性を思い出した、自分の実存を思い出した。これこそ、サットサングの意味するところだ。

東洋では、サットサングがとても重要視されてきた。西洋の言語には、それに相当する単語がない。西洋は、サットサングの意義が理解できないからだ。『サットサング』とは、知るに至った者のそばにただ座ることだ。すると、その味わいは伝染していく。知る者の波に吸い込まれ、あなたの内側に眠っている、忘れられた波が活性化し、波打ち始める。

『サットサング』とは、あなたを超えて進んでいる者を見るだけで、前を進む彼を見るだけで、あなたの内側にひとつの挑戦が喚起されるという意味だ。あなたも進まねばならない！　そのとき、止まるのは困難だ。

『サットサング』とは、師《マスター》の言葉を聞くというよりは、師の臨在を飲み干すこと、師をあなたの内側深くに招き入れることだ。それは、師とひとつのリズムで波打つことだ。

師は、ある種の波動《ヴァイブレーション》のなかに生きている。師のそばにいると、彼の波動はあなたのなかに同じ種類の波動を引き起こす。たとえそれがほんの短い間でも、あなたも別世界へ入り込み、形態《ゲシュタルト》は変わる。物事の見方が変わる。少しの間、あなたは師の目を通して見て、師の耳を通して聴く。

あなたにはっきりさせておきたいことがある――言葉を発したのはジャナクだが、それらの言葉は、やはりアシュタヴァクラのものだという点だ。「ジャナクは言った」とあるが、ほんとうは「アシュタヴァクラは言った」であることに気づいてほしい。アシュタヴァクラの臨在と、アシュタヴァクラが彼に語ったことがあま

りにも強烈だったから、ジャナクは消えた。ジャナクはその洪水に押し流された。彼の住まいは跡形もなく消え、家は崩れ落ちた。別人が語り始めていた——
私から発した宇宙は、私へと溶け去るでしょう
ちょうど、壺が土に溶け去り、波が水に、腕輪が金に溶けていくように

道に迷い　彷徨《さまよ》う旅人はわたし
己自身の行き先である者
何をわたしは存在から受け取れよう？
わたし自身が　存在の究極の褒賞なのに

『道に迷い、彷徨《さまよ》う旅人はわたし』。私は遠く彷徨《さまよ》うひとりの巡礼、道に迷ったひとりの旅人……『己自身の行き先である者』。私はそれを知らないが、私は私自身の行き先だ。その行き先は、外側のどこかではない。私が彷徨ってきたのは、内側を見てこなかったからだ——さもなければ彷徨うこともなかった。私が彷徨ってきたのは、目を閉じて内側を見てこなかったからだ。自分自身を知る努力をしてこなかったから、彷徨ってきた。そして私が目的地を探してきたところに、目的地はありえないのだ」

「……道に迷い、彷徨える旅人、己自身の行き先である者」。その目的地《ゴール》は内側にあるのに、あなたは外側を見ている。それが彷徨の原因だ。ランプは内側で燃えているが、その光は外に落ちる。外に落ちる光を見て、私たちは走り出し、その光源も外側にあるものと思い込む。外側に落ちる光は、私たち自身のものだ。外側に湧き起こる芳香は、私たちが放っている芳香だ。それは反映であり、こだまだ。私たちは、このこだまの後を

追いかけている。

ギリシャに、とても美しい青年、ナルキッソスの物語がある。彼は、大変な困難に陥ってしまった。彼はある湖のほとりに座っていた——静かで、波ひとつない美しい湖。そして彼は、そのなかに自分の姿を見た。彼は自分自身の影に夢中になり、それに恋してしまった。夢中になるあまり、彼は決してその場を離れなかった。飢えや渇きは忘れてしまった。彼はひとりのマジュヌと化し、自分自身の姿を、彼の愛するライラだと思い込んだ。その影は美しかった。彼はそれを抱きしめようとして、何度も水に入った。だが、水に入ると湖は乱され、波が立ち、影は消えてしまう。そして彼は、また岸辺に腰を下ろすのだった。湖が静まると、それは再び現われる。彼は気が狂ってしまったと伝えられている。彼は、その湖のほとりで死んだ。

あなたは、ナルキッソス草を見たことがあるにちがいない。それは西洋の植物で、川のほとりに見られる。それはナルキッソスの追憶と名付けられている。それは川岸に育ち、自分の影に見入っている。水面に映る、自分自身の花を見つめ続けている。


あらゆる人々はナルキッソスだ。

私たちが探しているものは、私たちの内側にある。けれども、私たちが探しているところには、影やこだましかない。こだまのなかには、何も見出す術がない。私たちは、源泉へと向き直らねばならない。

道に迷い　彷徨《さまよ》う旅人はわたし
己自身の行き先である者
何をわたしは存在から受け取れよう?

「生に対して、私は何をすべきなのか?」
私自身が　存在の究極の褒賞なのに

「私自身が生の結論だ。私には、生から得るものもなければ、与えるものもない。私は、生のなかに意味を求めているわけではない――私自身が生の意味だ。私は生の結論であり、生の縮図だ。私はその究極の花、その最終段階、その絶頂だ」

だが、生のなかに意味を求めている者は、無意味さを体験し続ける。現代社会では、こうしたことが起こっている――意味は消え失せてしまった。「生きることに何の意味があるのか?」と人々は言う。かつて、これほどの災厄が起きたためしはない。彼らに並ぶ者を見つけるのは難しい。昔は知性的な人々が存在した。仏陀や、ツァラトゥストラや、老子や、アシュタヴァクラのような人々がいた。それより優れた知性の極みが、存在しうるだろうか? より偉大な輝きが存在しうるだろうか? しかし、そのなかのだれひとりとして、生には何の意味もないなどと言ったことはない。

現代の知的な人々は――サルトルにしろ、カミュにしろ、カフカにしろ――一様に、生には意味がないと言う。無意味で、道理に反した、「白痴の語る物語」……無意味な白痴のたわ言、支離滅裂な無駄話、「騒がしいばかりで意味のない、暴れ回る白痴の語る物語!」。意味のない、内容のない、役に立たないただのたわ言――それが人生だ!

何が起こったのか? なぜ生は突然、無意味になってしまったのか? 私たちは、間違った方向に意味を求めてはいないだろうか? ……クリシュナによれば、生は途方もなく意味深いのだから。クリシュナは、生は究極の意味と輝きに満ちていると言う。そして仏陀は、究極の安らぎや、究極の至福が生に隠れていると言う。アシュタヴァクラは、生は純粋なる神性だと言う。何かがおかしいにちがいない。私たちは、何かを見失っているにちがいない。どういうわけか、私たちは間違った方向を探している。「何を私は存在から受け取れるだろう？　私が存在の褒賞なのに」
外側を探すと、私たちの生は無意味に見える。内側を探すと、私たちの生は意味にあふれる。私たち自身こそ、生の意味なのだから。

驚くままに、私は自らに額づきます
ブラフマンから草葉の一片《ひとひら》にいたるまで
全世界が滅びようとも、私は滅びません
私は永遠です

かつて、これほどすばらしい声明が発せられたことはなかったし、それ以来、発せられてきていない。この声明のすばらしさがわかるだろうか？——

私は自らに額づきます

確かに、これはジャナクの声明ではない。これは、究極の出来事《ハプニング》が起こったことの表われだ。これはサマーディにある者の声であり、これはサマーディの調《しら》べだ。

驚くままに、私は自らに額づきます
ブラフマンから草葉の一片《ひとひら》にいたるまで
全世界が滅びようとも、私は滅びません

「すべては破壊されるだろうが、私は破壊されない。すべては生まれ、すべては死ぬ——私は生まれず、私は死なない。私は驚いている。私自身、畏敬のなかにいる」

驚くままに、私は自らに額づきます
ブラフマンから草葉の一片《ひとひら》にいたるまで
全世界が滅びようとも

「それらの時は去来する。それらはみな出来事であり、時のなかに起こる波でしかない。私は観照者だ！　私は、それらが創造されるのを見守り、破壊されるのを見守る。それらはひとつの役割を演じている。まさに私の目前で、このドラマは起こっている。それらは私の目の光によって照らされ、その同じ究極の実在《リアリティ》へと吸い込まれていく」
ブラフマンさえも！　寺院のなかであなたが礼拝している者たち——ブラフマー、ヴィシュヌ、シヴァ——彼らは、来ては去る。宇宙のなかで去来しないものは、ただひとつ。それはあなただ——あなたは自分自身から自由だ。そして自分自身から自由であるとき、あなたは自分が自分の足に額づいているのに気づく。自分の内側に、すっかり明らかになった神性を見出す。自分の探していたものは、つねに内側にあり、待っていたのだと気づく。

驚くままに、私は自らに額づきます
驚くままに、私は自らに額づきます
身体を纏《まと》っていても、私は不二なるもの

「ふたつに見えても、私は依然として不二だ」。このふたつの外見は、外側にだけ存在する——ちょうど、一本の樹に幾つもの枝を見るように。枝を数えたら、たくさんある。樹の幹へと下れば、それらはみなひとつになる。世界もちょうど同じだ。多くに見えても、源泉に戻れば、それらはひとつになる。それは、その一なるものの拡がりだ。

驚くままに、私は自らに額づきます
身体を纏《まと》っていても、私は不二なるもの
私はどこへも去らず、どこからもやって来ません
私はただ存在します
私は宇宙を浸しています

聴くがいい！　ジャナクは、自分が世界に浸透していると、自分が世界を取り巻いていると言っている。彼は世界の定義だ。彼には限りがない……世界は彼の内側にある。普通、私たちは自分自身を世界の内側として見る。これは比類なき変容だ——ゲシュタルト全体が変わっている。

世界は自分の内側に存在している、とジャナクは言う。大空に雲が生まれては消えていくように、あらゆる時代が彼の内側に生まれ、消滅する。彼は無形であり、観照者であり、観察者にすぎない……彼はすべてを取り巻いている。

こんな風にそれを理解してごらん……あなたが子供だったころ、あなたの大空はひとつの形——幼年期を含んでいた。そしてあなたは青年になり、その形は消え、別の雲があなたを取り囲んだ。あなたは新たな形をとり、青年になった。子供だったころ、あなたはセックスについて何も知らなかった。たとえだれかが説明しても、理解できなかっただろう。あなたが青年になったとき、新たな欲望が生まれた。欲望は新たな衣装をまとい、新たな色合いが花開き、生は新たな様相を呈した。

それからあなたは老い始め、若さも去っていった。若さゆえの喧騒やざわめきも行ってしまい、欲望も洗い流された。あなたは今、いかに自分がそれらの欲望のなかをさまよっていたかに驚かされる。今、自分がそこまで愚かだったことに、自分がじつに馬鹿げていたことに思い至って、衝撃を受ける。

いつしか、あらゆる老人は驚きでいっぱいになるものだ——人生をちょっとばかり理解することに、真に成功していれば。「いったい何て事を追いかけていたんだろう——金、権力、心酔わせるもの、女に男、ありとあらゆる類いの物事を追いかけていた。自分はいったい何を追っていたのか？　ほんとうに自分は、そんな風に追いかけ回していたんだろうか？　自分がそんな夢のなかにいられたことが、私には信じられない」

アラビアには、「泣けない若者は真に若くはなく、笑えぬ老人は真に老いてはいない」という格言がある。泣けない若者は、ほんとうは若くない——泣けない者、涙を流せない者は、感情が鈍っているからだ。感情の起伏も、喜びもない。苦悩に苛まれない者は、若くない。そのハートは石のようだ。そのハートは花開いていない。それはまだ開花していない。そして笑えない老人――この生涯と自分自身を、「何と愚かで、何と馬鹿らしいものか！」と笑えない老人は、ほんとうに老いてはいない。老人とは、この愚かしさのすべてを笑える者だ。それが自分自身のことであれ、他人のことであれ、「いったい何という馬鹿らしさ！」と言える者だ。人々は、狂ったように無意味な物事を追いかけている。もはや彼には、そこにほんとうの値打ちはないことがわかる。

あるときあなたは若く、あるときは年老いている。あるとき、雲はひとつの形をとり、そして別な形、さらにまた別な形をとる。しかしその内側において、自分はひとつだと思い至ったことはないだろうか？　幼年期を見ていた者は、青年期を見たのと同じ者だ。青年期を見た者は、老年期を見たのと同じ者だ。あなたは観察者だ。背後に立って見ている者は、まったく同じだ。


夜眠るとき、あなたの観察者は夢を見る。そこに夢がなく、深い眠りが、夢のない眠りだけがあるとき――そのときあなたの観察者は、夢のない眠りを見る。何て心地よい、深い眠りだろう……！　だからときどき、あなたは朝目を覚まし、何てよく眠ったんだろうと言うのだ。だれがそれを観察していたのか？　もしあなたが完全に眠っていたら、あなたの内側に見る者がいなかったとしたら、だれがそれを見たのだろう？　だれが知ったのだろう？　だれが気づいたのだろう？　だれがそう言っているのだろう？

朝起きて、「昨夜はとても深く眠ったな」と言うのはだれだろう？　あなたがぐっすり眠っていたなら、それを知っているのは何者だろう？　確かに、だれかがあなたの内側で目覚めたままだった。どこかの片隅でそのランプは燃え続け、その眠りが深いのを、とても安らかで、とても心地よく、とても平和で、夢の波ひとつなく、何の緊張も、考え事もないのを見ている。だれかが見続けている。朝になると、その見る者は「昨夜は眠りがとても深かった」と言う。その夜が夢でいっぱいだったら、朝あなたは言う、「夢で夜を台なしにしてしまったよ。どんなにたくさん悪夢を見たことか」と。確かに、見る者は夢のなかに失われていなかった。確かに、見る者は夢と化していなかった。見る者は離れて立ったままだった。
そして昼間、あなたは目を開けて世界を見る。職場では、あなたはビジネスマンだ。友人と一緒だとあなたは友人で、敵と一緒ならあなたは敵だ。そうしてあなたは家に帰る――奥さんと一緒だとあなたは夫で、子供となら父親だし、父親とだったらあなたは息子だ。無数の形！
あなたはこのすべてを見る。しかしあなたは、これらすべてを超えた、観る者だ。あなたは、ときに成功を見て、ときに失敗を見る。ときには病を、ときには健康を、ときには運のいい日々を、ときには不運な日々を。だが、ひとつのことは変わらない……これらはみな来ては去るが、あなたは来ることも去ることもない。

驚くままに、私は自らに額づきます
身体を纏《まと》っていても、私は不二なるもの
私はどこへも去らず、どこからもやって来ません

去ることも来ることもなく、ただ存在している。このただ在ることこそ、あなたの本性だ。……

私はただ存在します
私は宇宙を浸しています

――「そして私は宇宙を取り巻いています」。これはあなたの世界だ。この世界はあなたの内側にある。あなたがそのなかにいるのではない。あなたはその主《あるじ》であり、奴隷ではない。自分で決断するまさにその瞬間、あ

なたは翼を広げて飛び立てる！　もしその内側にいるとしたら、それはあなた自身の選択だ。だれもあなたに強いてはいない。この程度のことをあなたが覚えていられるなら、もう何も問題はない。そのとき、たとえ自らの自由意志で制限を受け容れるとしても、その束縛はもはや束縛ではない。そのときには、何を選ぶにせよ、何をしたいにせよ、そうしてかまわない。だが、ひとつ決して忘れてはいけない――あなたは行為者ではないということを。行為者は、またしてもひとつの形だからだ。あなたは楽しむ者ではない、楽しむ者はひとつの形だ。あなたは観照者だ。これこそが、まさにあなたの不死性なのだ。
東洋におけるもっとも偉大な探求の目的は、時に縛られず、時を超えたものを見つけることだった。創造され滅びるもの、時の流れのなかで劣化していくものは、ひとつの反映だ。観照者として、時を超えて立つものこそが真実だ。

驚くままに、私は自らに額づきます
ここには、私ほど力があり

聞いたかね？　ジャナクは、彼と同じ力を持つ者はいないと言っている！

身体でそれに触れることもなく
永遠に宇宙を維持してきた者はいません

これこそ術《アート》であり、巧みさだ。「私ほど巧みな者がいるだろうか？　私と同じほどの？　私は身体に触れたことがなかった、一度も触れたことはなかった！」。触れるすべがないのは、あなたの本質と身体の本質が、あまりにもかけ離れているからだ。だから触れることはできないし、接触は起こりえない。あなたはたんなる観照者であり、見ることができるだけだ。身体は観察されるものであり、見られるだけだ。あなたと身体は出会えない。あなたは身体のなかに存在し、身体はあなたのなかに存在する――しかし触れることなく、あたかも無限の距離があるかのように。ふたつの本質は、あまりに異なるから混ぜられない。

水と牛乳は混ぜられるが、水と油は混ぜられない。それらの本質は異なっている。水が牛乳と混ざるのは、そもそも牛乳は水であり、九十%以上は水分だからだ。だから水は牛乳と混ざる――しかし水と油は混ぜられない。たんに、それらは混ざらない。混ぜることができない。それらの本性は異なる。それでも、おそらく科学者たちが、水と油を混ぜる何らかの方法を見つけることはあるだろう。両方とも物質だから、どんなにそれらが異なっているかは問題にならない。

だが、意識と不活性物質を混ぜる方法はない。不活性物質は物質であり、意識は物質ではないからだ。観察者と観察されるものを混ぜる方法はない。観察者は観察者のままだし、観察されるものは観察されるもののままだ。

だからジャナクは言う、「私は驚きに満たされている。私は驚きそのものになっている！　この私の能力はいったい何なのか？――私はずいぶん活動してきたが、やはり無執着だ。私はずいぶん楽しんできたが、それでも執着の引き綱は、私を引きずっていない！」

あたかも水面に描いているように――あなたは描き続けるが、何も描かれない――観照とともに、あなたは物事をやり続け、物事を楽しみ続ける。しかし何も描かれない。すべては水面の線のように消え去る。描くのを止めようとしなくても、それらはもう消え去っている。

驚くままに、私は自らに額づきます
ここには、私ほど力があり
身体でそれに触れることもなく
永遠に宇宙を維持してきた者はいません

彼は汝がハートに住まう
彼は汝がハートより離れてはいない
いかに離れて見えようと
離れてはいない

私たちは自分自身に向かって、自分は身体とひとつだと言い張れるが、そうあることはできない。また、自分自身に向かって、自分は神と分かれていると言い張ることはできるが、そうあることはできない。その両方が一緒だとわかるときにだけ、私たちは理解できる。自分は身体とひとつだと思っているかぎり、一方では、自分は神とつながりを持っていないとも思うだろう。
自分が神とつながっていると知る日、その日あなたは知るだろう、「ああ、何という不思議のなかの不思議だろう！　自分は身体と結ばれたことがなかったなんて！」

彼は汝がハートに住まう
彼は汝がハートより離れてはいない

その究極の実在《リアリティ》は、あなたのハートの内に住んでいる。

彼は汝がハートに住まう……

彼はそこに、彼の家を建てている。
彼は汝がハートより離れてはいない
いかに離れて見えようと
離れてはいない

なぜだろう？　それは離れている術がないからだ。神と別々に存在する可能性はないし、世界とひとつである術もない。私たちは生に次ぐ生において、それを試み続けている。それが不可能であるにも関わらず。

あなたが目を覚ます日——そして確かに、あなたはいつの日か目覚める。眠っているとしても、いつまで眠り続けていられるだろう？　目覚めは、眠っている者の本性なのだから——それが眠りに落ちるという意味だ。眠りは示唆している——人は目覚められるということ、目覚めは人の潜在能力だということを。目覚められない者が、どうやって眠れるかね？　目覚められる者だけが眠れる。

あなたは、いつの日か目覚めるだろう。目覚めるときは、あなたもまた感じるだろう——

ここには、私ほど力があり
身体でそれに触れることもなく

永遠に宇宙を維持してきた者はいません
でも支えている」
「そして、私がこの宇宙を支えている。だれもそれを手伝ってはいない。私はそれに触れてこなかったが、それ
禅師たちは言う、「川を渡れ。だが、水がおまえには触れられぬことを覚えておけ」。彼らは言っている――もし観照とは何かを理解したら、あなたは川を渡るだろうが、水は身体に触れても、あなたには触れられないと。あなたは観照し続ける。
日常のなかで、観照者でいることを学びなさい。少しばかり努力しなさい。ときには歩きながら、あなたは歩いておらず、身体だけが歩いているような歩き方をしてみなさい。あなたは「どこへも行かず、どこからも来ない」。道を歩いている自分自身を見守り、観照者になりなさい。食卓で夕食を食べている間、食べている自分自身を見守りなさい。身体は食べている。手はスプーンを取り、食事を口に運んでいる。あなたは静かに見守りつつ立っている。自分が愛を交わしているのを見守りなさい。自分が怒っているのを見守りなさい。幸せのなかで見守り、苦しみのなかで見守りなさい。
ゆっくり、ゆっくりと、あなたはその観照を助け、支える。ある日、その宣言があなたの内側でも起こるだろう。究極なる雨が降り、甘露が降りそそぐだろう。それはあなたの権利、あなたの生得権だ。あなたの本性に、生まれながらに備わっている権利だ。望むなら、あなたはいつでもそれを宣言できる。

驚くままに、私は自らに額づきます
私には何ひとつないか
あるいは言葉と思いに込められるすべてがあります

ある意味で自分はいないのだから、何も自分のものではない、とジャナクは言っている。彼がもはや存在しないのに、どうして『彼の』が存在しうるだろう？　だからある意味では何も彼のものではないし、また別の意味ではすべてが彼のものだ。『彼』がもはやいないとき、彼のなかには存在だけが残る。神性のみが残り、すべてはそれに属する。この逆説《パラドックス》が起こっている。そこでは何も彼のものではないし、すべてが彼のものであるかのように見える。

驚くままに、私は自らに額づきます
私には何ひとつないか
あるいは言葉と思いに込められるすべてがあります

何が目に映ろうと、何が感覚を通じて体験として訪れようと、それは彼のものではない。彼はその観察者なのだから。だが観察者になる瞬間、彼はすべてが自分のものであることを知る。なぜなら、彼は全存在の中心《センター》であるからだ。

その観察者は、あなたの個人的な形ではない。その観察者は、あなたの普遍的な形だ。楽しむ者としては、私たちは皆、別々だ。行為者としては、私たちは皆、分かれている――だが観察者としては、私たちはひとつだ。私の観察者とあなたの観察者は別々ではない。私の観察者と、あなたの観察者はひとつだ。あなたの観察者と、アシュタヴァクラの観察者は別々ではない。あなたの観察者と、アシュタヴァクラのそれはひとつだ。あなたの観察者と、仏陀のそれは別々ではない。

あなたが観察者となる日、その日あなたは仏陀に、アシュタヴァクラに、クリシュナになる……その日、あなたはすべてになる。あなたが観察者になるとき、あなたは宇宙の中心《センター》になる。あなたはこちら側から消え、あちら側から満たされる。あなたはこの小さな『私』、この小さな雲を失う――そして無限の大海を手にする。

これらの経文は、あなた自身の実存を礼拝するための経文だ。これらの経文は、あなた自身が帰依者であり、あなた自身が神性なのだと語っている。これらの経文は、あなたは崇拝に値する者であり、かつ崇拝する者なのだと語る。これらの経文は、両方があなたの内側にあると語っている。それらを出会わせなさい！　これらの経文は、とても稀有なことを述べている――自分自身の足に身を屈め、自分自身のなかに自らを失い、自分自身の内側に溺れよと！　あなたの帰依者とあなたの神は、あなたの内側にいる。そこで、その合一を起こらしめなさい、その融合を起こらしめなさい。

あなたの内側で、あなたの帰依者とあなたの神性が出会い、ひとつになるとき、革命が起こるだろう。神も帰依者も残らない。何かが残る――形もなく、属性もなく、限界を超え、死を超え、時を超え、空間を超えた何かが。二元性は消え、非二元性が残る。

それら不二の瞬間の最初の一瞥こそ、私たちが瞑想と呼ぶものだ。そうした不二の瞬間が安定し始めるとき、それこそ私たちが『種子あるサマーディ』と呼ぶものだ。そして、この不二の瞬間が永続するようになるとき、しっかり定まって去る術もなくなるとき――これこそ私たちが『種子なき、無心《ノーマインド》のサマーディ』と呼ぶものだ。

これはふたつの方法で起こりうる――ジャナクに起こったように、ただ気づきによって、ただ理解を通して……だが、すぐれた知性が要る。鋭い知性が要るし、大変な強烈さが要る――まさに、鋭利な刃《やいば》のような気づきが、内側に必要とされる。それは即座に起こりうる！　もしそれが起こっていることに気づくなら申し分ない。もしそれが起こっていないことがわかったら、これらの経文を繰り返しながら座っていてはいけない。繰り返しても、それは起こらないだろう。これらの経文は、聴いている間に起こるものなら起こるといった類いのものだ。もし聴いている間に逃したら、たとえ百万回繰り返しても、それが起こることはないだろう。それは、反復を通じては起こらないのだから。あなたの頭脳の鋭さは、反復を通じては生まれない。反復を通じて、その鋭さは損なわれる。

起こるとすれば、それは経文を聴いているときに起こる――これがひとつの道だ。それは、起こるときには起こる。あなたには、どうしようもない。もしそれが起こらないなら、そのときはゆっくり、ゆっくりと瞑想から始めなくてはならない。瞑想から心《マインド》を伴うサマーディへ、心《マインド》を伴うサマーディから無心《ノーマインド》のサマーディへと旅しなくてはならない。もし跳躍が起これぱいいが、さもなければ階段を下りなくてはならない。もし起こるものなら、跳躍は起こる。ある者にはそれが起こりうる。あらゆる奇跡が可能だ。あなたこそは、奇跡のなかの奇跡なのだから。そこには不可能などない。ここに座って私に耳を傾けていることで、ある者には跳躍が起こりうる。あなたが間に割って入らなければ――あなたがあなたの『私』を遠ざけておくなら、自分の靴や服を脱いで置くように、自分の理性をどけておくなら、もしあなたが純粋になり、私の前で裸の意識になるなら、この跳躍は起こりうる。それはジャナクに起こったように、あなたにも起こりうる。もしそれが起こるなら、申し分ない。そのとき、そこにはいかなる技法もない。それが起こるためにどんな準備がいるのかと、尋ねることはできないだろう。

準備について尋ねるなら、それは起こらない。そのときは別の方法がある。そのときには、パタンジャリがあなたの道だ……あるいはマハヴィーラ、または仏陀が。アシュタヴァクラはあなたの道ではない。アシュタヴァクラ・ギータが、闇のなかに横たわったままなのはこのためだ。それほどの切迫さ、それほどの強烈さ、それほどの明敏さはまれだ。これは、幾生にもわたって自分自身を調えてきた者になら起こりうる。だが、それは起こる！　百人のうち、ひとりかふたりだけだが、それは起こる。些細な出来事が人を変容する話が、たくさん史実にある。

ベンガルのひとりの行者《サドゥー》のことを聞いたことがある。彼は裁判所の書記、書記長で、すでに引退していた。彼の名はラジャバブといった。彼はベンガルの人だったから、もちろん小役人風《バブ》だった。彼は六十を過ぎていた。ある朝、彼は散歩に出た。早朝で、太陽はまだ顔を出していなかった。閉じた扉の向こうで、小屋のなかの女性がだれかを起こしていた。彼女の息子か兄弟だったにちがいない――彼女はだれかを起こしていた。彼女は言った、「ラジャバブ、起きなさい。もう遅いわよ!」

ラジャバブは杖を手に、朝の散歩に向かおうと、出かけるところだった。この夜明け前の瞬間、太陽はちょうど昇ろうとしており、空は桃色に染まり、鳥たちは歌い始め、自然全体が目覚めに満ちていた――突然それは起こった!

その女性は、だれか他の人を起こしていた。このラジャバブに向かって、何か言ったわけではなかった。彼女は、このラジャバブが通りかかっていたことすら、知らなかったのだ。彼は散歩に出て、彼女はなかでだれかに言っていた、「ラジャバブ、起きなさい。朝ですよ、もう遅いわよ。はら、起きるんでしょ? いつまで寝てるつもりなの?」

彼は聴き――それは起こった。彼は家に戻らなかった。彼は進み続け、森に辿り着いた。彼の家族は探し回った。彼らは彼を探しにやってきて、森のなかで彼を見つけた。「どうしたというんだい?」と彼らは尋ねた。

彼は笑い出した。彼は言った、「もうたくさんだ! ラジャバブは目覚めた。もうおまえたちは、行ってかまわん!」

彼らは言った、「どういう意味です? 何を言っているんです?」

彼は言った、「もう何も言うことはない、何も聞くことはない。すでに遅すぎる――多くの時が失われてしまった。今、私にはわかる。それは夜明けだった、自然のすべてが目を覚ましていた。そしてこの目覚めのなかで、ついに私も目覚めたのだ。ひとりの女性が言っていた、『起きなさい、もう遅いわよ』と。彼女の言葉が、的を射抜いたのだ」

この女性はアシュタヴァクラではなかったし、彼女自身は目覚めていなかった。そう、ときにはそんなことが起こるものだ。あなたの知性が結晶化《クリスタライズ》していれば、あなたの果実が熟していれば、そよ風のひと吹きで……あるいは風など吹かなくても、熟した果実は、ときにおのずと落ちる。起こるものなら、それは起こる！　だが、起こらなくてもがっかりすることはないし、悲しむことはない。即座でなければ、それは一歩ずつでありうる。ときには即座に起こることもある――例外として。だから、アシュタヴァクラのギータは例外だ。そこには技法もなく、道もない。


日本には、ふたつの禅の流派がある。ひとつは、頓悟（サドゥン・エンライトメント）の流派だ。彼らの言うことは、アシュタヴァクラが言うのと同じだ。師《マスター》は何も教えない。彼はやってきて座る。もし気が向いたら、彼は何か言う。もし起こるものなら、それは起こる。

あるとき、ある天皇が自分の宮殿にひとりの禅師を招いた。師《マスター》はやってくると、壇上に上がった。天皇は彼をとても熱心に待ち受けていた。彼は弟子のように彼の前に座っていた。壇上でしばしじっとしてから、師は左右を見、拳骨で机を連打し、立ち上がると行ってしまった！

天皇は驚いて、何が起こったのかと不思議がった。彼は太政大臣に尋ねた。大臣は言った、「私は彼を存じております――彼は、これほど意味深い注釈を与えたことはございません。しかしながら、わかるものならわかりましょうし、わからないとしたら、わからないでございましょうな」

天皇は言った、「これを注釈と申すか？　三度《みたび》拳で机を打ち据え、去る――これがそうだと？」

大臣は言った、「彼は目覚めさせようと試み、そして去ったのです。可能性があったら、私たちは目覚めていたでございましょう。彼はただ、目覚ましを鳴らして去ったのです！」

……「ラジャバブ、起きなさい。朝ですよ」……

大臣は言った、「私めはこの師の説法を他にも耳にしてまいりましたが、これほど力強く、より目の覚める説法はついぞ聞いたことがありませぬ。なにご心配召されるな。私めは何度となく彼を聞いてまいりましたが、いまだに目覚めていないのですから。あなた様は、最初の説法を聴かれたにすぎませぬ。耳を傾け続けてごらんなさいませ。おそらく、それは起こりましょうぞ」


それは即時の出来事であり、因果には関わりがない。それはまったく新鮮で、あなたの過去とはつながりがない――起こるものなら、それは起こる。これは科学的な実験ではない。水を百℃に沸騰させると、それが蒸気になるといったことではない。この出来事は、あたかも水を熱することなく蒸気が生じるようなものだ。それには、どんな科学的な説明も存在しない。

アシュタヴァクラは科学を超えている。あなたが科学的なマインドを持っていて、「どうして、そんな風に起こりうるんだ？――それは、何かを行なうことでのみ起こりうる」と言うなら、そのときはあなたの科学的なマインドに従うがいい。そのときには、仏陀に八正道について尋ねればいい。パタンジャリに、彼のヨーガについて尋ねればいい。だとしたら、諸々の技法がある。これはヨーガではない。これはインド哲学がサーンキヤと呼ぶものの、純粋な表現だ。

アシュタヴァクラは、大勢を目覚めさせられるわけではない。ひとりかふたりのジャナクを目覚めさせられても、充分それは奇跡的だ。ジャナクその人が目覚めることができただけで、充分以上だ。そして、アシュタヴァクラが他にもだれかを目覚めさせたという記述は、どこにもない。

仏陀は大勢を目覚めさせた。今でも、パタンジャリは人々を目覚めさせ続けている。アシュタヴァクラは、ひとりの人物を目覚めさせただけだ――そしてこのひとりでさえ、彼が目覚めさせたとは言い難い。ジャナクは目覚める用意ができていた。アシュタヴァクラは一個の楽器にすぎなかった。原因ではなく――ひとつの触媒だ。

頓悟（サドゥン・エンライトメント）の方策では、師はひとつの触媒にすぎない。彼は試みる――起こるものなら、それは起こる。それは科学ではない。起こっていなくても、気落ちすることはない。師は、それがあなたに起こるという確信を持てない。それは、だれかに起こるだろう。このやり方では起こらない人たちには、少なくとも渇きを生じさせるだろう。すると彼らは技法を探求し、この道に沿って進むだろう。

一般的な法則では、それは技法を通じてのみ起こりうる。技法なしに起こるなら、それは例外であり、並外れている。

だから、ここで注意深く耳を傾けなさい。それが起こるなら、祝福されるがいい――起こらなくとも、気落ちすることはない。

ハリ・オーム・タット・サット！

第十章

因果を超えて

Beyond Cause and Effect

昨日あなたは、突然の光明は因果律に縛られないとおっしゃいました。
しかし、存在のなかに偶然が何ひとつないとしたら――何事も偶発的には起こらないとしたら、
光明のような至高の体験が、なぜこんな風に起こるのでしょうか？

◆

昨日あなたはおっしゃいました、自分のハートの感覚を、理性に支配させないようにと。

ですが和尚、私にはあなたの講話が絶対的に論理的なのがわかります。

◆

数え切れない生のなかで、あなたが易々と与えてくれるほどのものを、達成できたことはありませんでした。

どうか私を、あなたの弟子として受け容れてください！

◆

ワインというのは、苦くて胸焼けするそうです。

でも、あなたのワインの味わいは、何かが違います。

◆

◆
信念と自己暗示は、同じひとつの事柄なのでしょうか？
信念と内なる本性、もしくは気づきの間には、どんな違いがあるのでしょうか？

◆
ラーマクリシュナ・パラマハンサの母なるカーリーは、純粋に彼の信念、彼の投影だったのでしょうか？

それとも彼女にはそれ自身の実体があるのでしょうか？

◆
超自然的存在との、あるいは神との対話はありえないのでしょうか？

◆
わたしの人生は感謝に、祝福になっています。
ひとつも質問が湧いてこないので、ひとつこしらえてみました。
今日はどうか、花々をふたつばかり、わたしの乞食椀に落としてくださいませ。

最初の質問

愛するOSHO《オショー》
昨日あなたは、突然の光明は因果律に縛られないとおっしゃいました。しかし、存在のなかに偶然が何ひとつないとしたら――何事も偶発的には起こらないとしたら、光明のような至高の体験が、なぜこんな風に起こるのでしょうか？

存在のなかでは、原因なしには何事も起こらないというのは真実だ。しかし、存在それ自体に原因はない。存在には何の原因もない――光明とは存在を意味する。他のあらゆることは起こるが、存在は起こらない――それは在る。一瞬たりともそれがなかったことはなく、それがないことは一瞬たりともないだろう。他のあらゆることは起こる。人は起こり、樹々は起こり、鳥や動物たちは起こる。存在は出来事《ハプニング》ではない、存在は在る。光明は出来事《ハプニング》ではない。もしそれが原因もなく起こった出来事だったら、それは偶発事だったろう。光明は起こらない。光明はあなたの本性なのだから。あなたが光明だ。だから即座に起こりうるし、原因なしに起こるのだ。

あなたは尋ねている、「……光明のような至高の体験が、なぜこんな風に起こるのでしょうか？」

それが至高なるものだからだ。より低次な物事は、すべて因果関係によって起こる。もし、サマーディが他の物事のように因果関係によって引き起こされるとしたら、それはより低次で、ありふれたものになってしまう。百℃まで水を熱すれば蒸気になる——同様に、百℃まで禁欲的な苦行を実践すればサマーディが起こるとしたら、それは科学の実験室のなかに捕えられ、宗教を救い出す術はなくなるだろう……なぜなら、原因があって起こるものは何であれ、科学が把握することになるからだ。原因のあるものは何であれ、科学の範囲内のものとなるだろう。

宗教が宗教のままであるのは、光明に原因がないからだ。科学は、決してそれを包含できないだろう。原因あるものは何であれ、結局は科学となる。ただひとつのことだけが、決して科学にならずに残る——それは存在そのものだ。なぜなら、存在には原因がないからだ。それはただたんに在る。科学には、それに対するいかなる説明もない。この広大さ、全体なるものに、どうして原因などありえよう？——存在するすべてはそのなかに含まれていて、その外側には何もないのだから。

だから、サマーディは因果律を通じて起こることがない——それには限りがなく、広大だからだ。


あなたは尋ねている、「……光明のような至高の体験が……」

それがまさしく至高であるのは、それがあなたの限定された因果律に依存していないからだ。この高徳な行ないを大いに積めばサマーディが起こる、これ位お布施をすればサマーディが起こる、とても多くを放棄すればサマーディが起こる——そうであれば、サマーディはあなたのそろばんに従って、帳簿のなかに収まるだろう。その高みは保てないだろう。それは原因なしに起こる。

このため帰依者たちは、それは恩寵として起こると言う。あなたが起こそうとしても起こらない。それはあなたに降りそそぐ——不意に、ひとつの贈り物、恩寵として。

ならば、何が私たちの苦闘と努力の結果なのだろう？　もしあなたにアシュタヴァクラが理解できるなら、そのときにはいかなる努力も無用だ。あなたはいたずらに儀式や祭礼を行なっている。修練は不要であり、理解で事足りる。存在のみが在るとだけ理解して、探求を手放すことだ。

これを理解しておきなさい。私たちであるものは、その源泉につながっている。だから、あれこれやりながら駆け回ったり、再結合のために努力したりするのは止めることだ――すると合一は起こるだろう。合一は努力からではなく、努力を落とすことから起こる。

再結合のための努力は、その隔たりを広げてしまう――合一を渇望すればするほど、その距離は広がってしまう。探求すればするほど、いっそう迷ってしまう。それは、あなたの探求し続けているものが、探求されるようなものではないからだ。それは、目を覚まして見ることによって起こる。それは現に在る。扉のところに立っている。それは寺院の内側に顕われており、あなたの内側に顕われている。一瞬たりともそれがあなたを見捨てたことはないし、一瞬たりとも離れていたことはない。分かたれていないものを探し回ることで、あなたは迷い続けている。離れたこともなければ、離れられないものを探し回ることで、あなたは迷い続けている。

修練によって可能なのは、ひとつの結果だけだ――あなたは疲れ、ある日、努力全体が努力に飽き飽きする地点に至る。その困憊《こんぱい》した瞬間に、あなたは手放す。するとすぐに、あなたは自分がいかに血迷っていたかを理解する。


昨日、私はある人の自伝を読んでいた。彼は、外国の都市を旅行していて、道に迷ってしまったときのことを語っている。彼は、そこの言葉がわからなかったので、とても焦った。彼は焦るあまり、自分の宿の名前や、そこの電話番号まで忘れてしまった。彼の動揺は増すばかりだった。さて、どうやって道を聞けばいいのか？彼は強い不安にかられつつ、道を歩きながら見回していた。だれか自分の言葉がわかる人はいないかと。そこは東洋、極東の国で、彼はアメリカ人だった！　彼は話が通じる白人の姿はないかと、あるいは行けば道を聞けそうな、英語の看板を掲げた店でもないかと、きょろきょろしていた。

彼は、必死で汗だくになって見回しながら歩いていたため、後ろからパトカーが何度も警笛を鳴らしながらやってくるのが耳に入らなかった。その警官は、彼が道に迷っているのに気づいていた。しかし、彼がその警笛に気づいたのは、二分も経ってからだった。彼はびっくりして立ち止まった。警官は降りてくるなり言った、「大丈夫かね？　私は二分間も警笛を鳴らしていたんだぞ！　あんたが道に迷っているのでは、と思ったものでね――ほら、車に乗りなさい」

彼は言った、「これは奇妙だ！　私は道案内してくれそうな人を前方に探していたのに、道案内は後ろにいたわけだ。でも、あんまり探すのに夢中で、後ろからの警笛に気づかなかった。後ろを振り返りもしなかった」

あなたが探しているものは、あなたにつき従っている。もちろん、存在は警笛も鳴らさなければ、あなたを呼び止めもしない。呼び止めるのは、あなたの自由を侵害することになるからだ。それはささやく、あなたに耳打ちする。しかしあなたは、あまりに夢中になっている。いつになったら、あなたはこのささやきを耳にするのだろう？　あなたはあまりに雑音でいっぱいだ。マインドは、賛成か反対かをずっと考えあぐねている。あなたは、あまりにも探求に巻き込まれている。


スワミ・ラーマティルタが、小話をひとつ語っている。ひとりの恋人が、遠い土地に行ったきり戻ってこなかったという。彼の恋人は疲れ果てるまで道を見つめ続け、ひたすら待ちに待った。彼は手紙をよこしていた――「もう戻るよ」、「すぐに行くよ――今月にも、来月には……」と何度も何度も言いながら。何年かが過ぎ、さすがの彼女も頭にきた。待つにも限度があるというものだ。彼女は、昔その恋人がいた遠方の町に向けて旅立った。道を聞きながら、彼女は彼の家に辿り着いた。

扉は開いていた。もう夜になっていて、陽は沈んでいた。戸口のところで立ち止まると、彼女はなかを覗いてみた。もう長いこと、彼女は恋人の顔を目にしていなかった。彼は彼女の前に座っていた。けれども、彼はとても集中した様子で、夢中になって何かを書いていた。彼があまりに没頭していたので、彼女はちょっと待った方がいいように感じた。彼の邪魔をしないようにと――どんな思考の糸を途切らせてしまうか、だれにわかる？　彼は感情に圧倒されるあまり、目から涙を流していた。彼は何かを書いていた。

一時間が過ぎ、二時間が過ぎた。そして彼は目を上げ、見た――彼は信じられず、呆然とした。彼は、愛する彼女に手紙を書いていた。この、自分の目の前に二時間も座っていた人宛に、手紙を書いていたわけだ！そして彼女は、彼が目を上げるのを待っていた。

信じられずに、彼は思った、「これは幻覚にちがいない、幻にちがいない。きっと自己暗示の類いだろう。彼女への想いがつのるあまり、きっと彼女が夢みたいに現われたんだろう。きっと幻だ」。彼は目をこすった。

恋人は笑い出した。彼女は言った、「何を考えてるのよ？　私が蜃気楼だとでも思ったの？」

彼は震え出した。彼は言った、「でも、いったい君はどうやって来たんだい？　僕は君に手紙を書いていたんだ。何てやつだ――どうして僕を止めてくれなかったのさ？　君は僕が手紙を書いている間中、目の前にいたってのに！」


存在はここ、私たちの目の前に在る。私たちは、それとひとつになるようにと祈っている――「ああ主よ、御身は何処に？」と。私たちの瞳からは、滝のように涙があふれている。しかしその涙の壁のせいで、私たちは自分の目の前にあるものを見ていない。私たちはそれを探しているのだ。私たちはただ、自らの探求のせいで逃しているにすぎない。

アシュタヴァクラの言葉はとても明快だ。彼は言う、「この、手紙をしたためるのを止めるがいい。この修練を止めることだ」

サマーディは起こらない。そう、もしサマーディもひとつの出来事だとしたら、それは因果によって引き起こされるだろう。もしそれが因果によって起こるとしたら、それは市場の商品のひとつになるだろう。サマーディは純潔で、手つかずだ――それは市場では売られていない。

あなたは、自分の市場志向のマインドが、光明までも市場へと持ち込んでいることに気づいているだろうか？　この位やれば光明を得るだろうと、あなたは思っている。まるでそれが、商売の取引ででもあるかのように。善行を積めば、あなたは神そのものを達成するだろう。いわゆる宗教的な人々は、あなたにこう言い続ける――神を達成したければ善行を積むことだと。まるで、神を達成するには何かしないといけないかのように……何もせずに神が達成されることは、決してないとでもいわんばかりに。あたかも、神を買うには支払いが必要だとでもいうように――これ位の善行、これ位の禁欲の実践、これ位の瞑想、これ位の祈祷の暗唱――そうしてはじめて、あなたは達成するだろうと。

あなたはそれを市場に持ち込んでしまった。それを売り物のひとつに仕立ててしまった。客がそれを買うだろう。徳のある人たちはそれを買うだろう。徳のない人たちはお断りだ。人には徳という硬貨が欠かせない。徳という硬貨を見せたら、それを達成するというわけだ。


アシュタヴァクラは言っている、あなたが示唆していることは狂気の沙汰だと！　神が徳によって達成されるだって？――だとしたら、それは商取引と化してしまう。祈りを通じて神を達成する？――それでは、あなたは神を仕入れてしまう。その美点はどうなってしまうのだろう？　それに、原因があって何かを受け取るとしたら、その原因が消えたら、それも消えてしまうことになる。原因があって達成されるものは、その原因が損なわれるときに失われるだろう。

あなたは富を蓄えてきた。懸命に働き、市場で勝ち抜いて、お金を稼いだ。しかし、自分で稼いだこのお金が、ずっとあると思うかね？　泥棒はそれを盗んでしまえる。泥棒とは、あなた以上に自分の命を賭ける用意がある者のことをいう。商売人は努力する。しかし、泥棒はまさに自分の命を賭けている。彼は考える、「死のうと殺されようと構わない。それでも俺は、そいつを手に入れてみせる」。そうして、それを盗んでしまう。

原因があって達成されるものは失われ得る。光明は原因なしに達成される。だが、私たちの自我《エゴ》はそれを信じようとしない。私たちの自我《エゴ》は言う、「原因なしに受け取るってことは、つまり、何もしなかった連中も達成するってことじゃないか？」と。何もしなかった人たちも受け取るということを飲み込むのは、とても難しいものだ。

前に座っているアループが笑っているね。昨日、彼は私に、何もする気が起きないんですと話していた。私は、大丈夫、無為のなかに溶け去りなさいと言った。光明のために、あれこれしなくてはいけない謂《いわ》れでもあるのかね？　私がそう言っても、それはなかなか信じ難い。私たちのマインドは「行為なしに？」と言うからだ。普通の物事は、行為なしには手に入らない――あなたは家を手に入れることはないし、車や、仕事や、財産、権力、名声を手にすることはないだろう。何もせずに光明が起こるだって？　あなたは信じない。「人は何かしなくてはいけない。何か、からくりがあるにちがいないぞ。この無為だって、しなくてはいけないんだろう」。だから私たちは「動中の不動」だの「不動中の動」といった表現をこしらえる――それでも、私たちは行為を主張する。「無為の為」――物事はそういう風にやれ、でもやり続けるんだと。「何にもしないで、いったいだれが達成したというんだ？」

アシュタヴァクラが言うのは、私があなたに言うのと同じことだ――それはもう達成されている。まさにその『達成』という言葉がおかしい。距離が、まさにその達成という単語の一部をなしている――まるで、存在はあなたから離れているかのようだ。もし離れていたら、あなたは一瞬でも生きられるだろうか？　どうやって存在から離れて生きられる？　存在から離れたあなたの状態は、ちょうど水の外にいる魚のようなものだ。それでも、魚だったら海以外にも場所があるわけだから、海から離れることもあるだろう。でも、あなたはどうやって存在から離れられるのだろう？　在るのはそれであり、それだけが在る――どこであろうと、それはこれなのだし、あらゆる場所はこのなかに在る。どこであなたは離れられるのだろう？――あなたはどこへ行くのかね？　存在には岸辺があるとでも？　存在は果てしのない大海だ。それから外に出る方法はない。

あなたは一度も光明から遠ざかったことはない、だからそれは原因なしに起こりうる、とアシュタヴァクラは言っている。それが失われていないなら、それは原因なしに達成できる。

光明とは出来事ではない――それはあなたの本性だ。だが、何もせずに恩寵が降りそそぐことが、今まであっただろうか？

私たちはじつに貧しくなってしまった。人生経験を通じて、貧しくなってしまった。ここでは行為なしに手に入るものは何もない。だから、私たちは心がとても狭くなってしまった。光明が行為なしに可能だなどとは思えない。そんなことは、私たちの貧しさには想像もつかない。

だが、私たちは貧しくはない。だからこそジャナクは言う、「ああ！　驚きです！　私は自らに額づきます」『私は自らに額づく』とは、帰依者と神の両者が私たちの内側にいるという意味だ。『両者』と言うのは正しくない。私の内側にいるのはひとりだけだ。私は間違って、彼が帰依者だと思い込んでいる。この過ちを悟るとき、私は彼を神として知る。

それをこんな風に考えてごらん。あなたは椅子をふたつ持っていて、それらを部屋に置くとする。そして、さらにふたつの椅子を部屋に置いてから勘定するが、あなたは間違って五つだと思い込んでしまう。だが、部屋にあるのは四つだけだ。仮にあなたが間違って五つだと、あるいは六つ、はたまた五十と勘定したところで、部屋にある椅子の数が五つになったり、六つや五十になったりすることはない。三つと数えようが、五つと数えようが、そこにあるのは四つの椅子だ。あなたにわかるのは、あなたの三つや、五つについてだけだ。その椅子にはいかなる違いも生じない。きっかり四つのままだ。

あなたが神の探求だと思っているのは、あなたの三つ、あるいは五つだ。神はもう達成されている。椅子はきっかり四つだ！　いつ正しい計算に気づくにせよ、「そうか、でも前は五つ椅子があったのに、今は四つになってしまったぞ」とあなたは思うだろうか？——そんな風に考えるかね？　いや、あなたは思うはずだ、「私は勘違いしていた。そこにあったのはつねに四つで、私が五つと数えていたんだ。足し算を間違えただけだったんだ」

その間違いは存在に基づくものではなく、記憶のなかにあるにすぎない。その間違いは実存的なものではなく、あなたの算数のなかにあるにすぎない。その間違いは、あなたの理解のなかにある。

だからアシュタヴァクラは、行為という問題は存在しないと言う。この五つの椅子を四つにするのに、ひとつ取り去らねばならないということはない。あるいは、あなたが三つと数えていたにせよ、四つにするために外からもうひとつ持ってくる必要があるわけでもない——椅子はもう四つある。それは、たんなる足し算の間違いだ。正しく足せばいい。足し算が正しいとき、その椅子が原因もなく四つになったなどと思うだろうか？いや、あなたは笑うはずだ。あなたは思うだろう、「それは成るという問題ではなかった。それらはもう在った。間違いは考え方にあったのだ。その間違いは精神的《メンタル》なものにすぎず、実存的なものではなかった」

あなたが自分自身をひとりの帰依者だと受け取るとしたら、それは足し算の間違いだ。だからジャナクは言える、「ああ！　私は自らに額づきます！　私は何という愚か者だったことか！　どれほど自分自身の幻想のなかをさまよっていたことか、驚くばかりだ。私が知っていたのはつねにあったものではなく、一度もそこになかったものだった。私は縄のなかに蛇を見ていた。真珠の母貝のなかに銀を見ていた。たわむれる光のなかに、幻のオアシスを見ていた。私は存在しないものを見ていた。『在るもの』はこの幻覚のなかに、このマーヤのなかに隠れていた。私はそれを見ていなかったのだ」

光明とは至高の体験だ。なぜなら、それは起こるものではないからだ。光明が至高の体験なのは、それが因果を超えているからだ。光明はもう起こっている。あなたに用意ができた瞬間、勇気を出して自分のマインドの貧しさを落とす用意ができた瞬間、自分の自我《エゴ》を落とす用意ができた瞬間——それは、まさにその瞬間に起こるだろう。

それは、あなたの禁欲主義に依存してはいない。あなたの祈りに依存してはいない——禁欲主義や祈りのなかをさまよい続けないように。


ある家に、私が客として招かれたときのことだ。その家は、本で埋め尽くされていた。私は言った、「またこれは、すごい図書館ですね！」

そこの主人は言った、「図書館ではありませんよ。私はこれらの本全部に、神の名前ラーマを書き続けているんです。これこそ、私の全生涯をかけた実践なんです。本を買ってきては、日がな一日、ラーマ、ラーマ、ラーマ、ラーマと書いています。もう何百万回も書いたにちがいありません。あなたなら、おっしゃっていただけるはずです。この行為によって、私はどれほどの徳を積むことになるのでしょうか？」

「どんな徳があるというんです？　罪ならあるかもしれませんね——こんなにたくさんの帳面は、学校の子供たちが使うことだってできたでしょうに、あなたはみんな台なしにしてしまったわけですからね。徳について聞きたいですって？　帳面にラーマ、ラーマと書いていて、あなたの脳みそは機能するのを止めてしまったんですか？」

彼はひどく動揺した。他の宗教的な人々は、彼を訪問しては言っていたからだ、「あなたはじつに高徳なお方だ。じつにたくさん『ラーマ』と書かれておられる。幾度となく数珠玉を繰り、それはどにもラーマを思い起こしておられる――ひとたび思い起こすだけでも天国に入るというのに、あなたはじつにたくさん思い起こしてこられたわけですから」。彼は私に腹を立て、二度と私を招かなかった。「これは罪だなどと口にする男に、何の用がある？」というわけだ。彼は大変な衝撃を受けた。「あんたは私の宗教感情を踏みにじっている」と彼は言った。

私は、あなたの宗教感情を傷つけているわけではない、私はただ、この狂気の沙汰は何事かと聞いているだけだ。ラーマ、ラーマと書くことに、どんな意味があるのかね？　書いている当人に、その人自身をわからせるがいい。彼こそがラーマなのだから。どうしてその彼が、ラーマ、ラーマと書くことに没頭しているのかね？　教えて欲しい――仮に、歴史上のラーマがとらえられたとしよう。彼は座らされ、愛するシーターを探しに出かける代わりに、弓矢を捨て、筆を持ってラーマ、ラーマと書きなさいと申し渡される。だとしたら、それは罪になるのかね、徳になるのかね？　歴史上のラーマ、紳士的な彼だったら同意しかねない、「この男は私に倣《なら》っている。もし私が書かなければ、彼は傷つくだろう」などと考えて。そこでラーマは座り込み、ラーマ、ラーマと書き続ける……それでは、あなたは彼の人生をぶち壊してしまっている。

あなたが書いているときも、やはりラーマが書いているのだ。その書いている人は、何者だろう？　その人を知ることだ。そのラーマ、ラーマと繰り返しているのは何者だろう？　どこから、この神の名の反復が生まれているのだろう？　その深みへと降りてゆきなさい。アシュタヴァクラは言う、そこであなたはラーマを見出すと。

第二の質問

愛するＯＳＨＯ
昨日あなたはおっしゃいました、自分のハートの感覚を、理性に支配させないようにと。ですが和尚、私にはあなたの講話が絶対的に論理的なのがわかります。それはつまり、マインドが理屈づけの満足感に養われているということなのでしょうか？　議論を餌にしたマインドが、ハートを支配するようになったり、感じる体験を抑圧してしまったりするのは、私にとって危険ではないでしょうか？　どうか私に道を示してください。

私が語っていることは確かに論理的だが、ただ論理的なだけではない――それ以上の何かだ。私は、あなたのために論理的に話している。そして、それ以上の何かは私のためにある。もし私が論理的に話さなかったら、あなたには理解できないだろう。そしてもし私がそれを、論理を超えているものについて言及しないとしたら、私はまったく話さないだろう。いったい何のために話すというのだろう？

私があなたに語り、話すときには、ふたりがそこにいる――あなたと私だ。そこには話し手と聴き手の両方がいる。

もし私の好きなようにしていいのなら、私は論理を超えて話すだろう。私は議論をすっかり落とす。だがそれでは、あなたは私のことを狂っていると思うだろう。それでは何ひとつ理解できない。たんなる意味のない雑音だと感じるだろう。

私が論理的に話すのは、あなたの論理的な思考の型に合わせるためだ。けれども、あなたがこれしか理解しないとしたら、あなたのここへの訪問は無意味になってしまう。

それはちょうど、薬を匙《さじ》に載せて、口のなかに流し込むようなものだ――私たちは、匙を流し込んだりはしない。論理という匙で、私は論理を超えたものを流し込んでいく。匙を飲み込んではいけない、さもないと厄介なことになる。匙を利用しなさい。匙の上の液体を飲み込むのだ。

論理は一本の匙であり、論理はひとつの介添えだ。なぜなら今のところ、あなたには論理を超えたものに耳を傾ける勇気が足りないからだ。あなたが論理を超えたものを聴きたいなら、鳥たちの歌声を聴くのと同じように、アシュタヴァクラの歌に耳を傾けることだ。それらは論理を超えている。

樹々を吹き抜ける風のそよめき、さらさらと道の上を吹き散らされる枯れ葉たち、水の流れる音、雲間に走る稲妻——それらはみな論理を超えている。アシュタヴァクラは八つの方角全部から、あらゆる方面から語りかけている！　しかし、あなたは何も理解しない。どれほどの間、この鳥たちのさえずりを聴いていられるだろう？　それは無意味だとあなたは言う。ちょっと聴く分にはかまわないが、このさえずりには何の意味もないと。

論理を超えたものは、ちょうど鳥たちのさえずりのようだ。それがあなたに届くように、私は論理の橋を架けている。その橋にすがりついて行き先を忘れてしまうとしたら、言葉をつかまえて、言葉によって運ばれていたものを忘れてしまうとしたら、あなたは自分の袋をダイヤモンドや宝石でいっぱいにできたはずの場所で、石ころを集めていることになる。


この友人は尋ねている、「あなたはおっしゃいました……ハートの感覚を理性に支配させないようにと」

その通りだ。理性で理解しつつ、ハートをその主人《マスター》としなさい。理性を奴隷にして、ハートを主人の玉座につかせなさい。その召使いは、あまりに長く玉座に座ってきた。あなたは理性のために生きているのではない、ハートのために生きているのだ。マインドから満足が生まれることがないのは、そのためだ。いかにすぐれた数学者になったところで、ハートが安らぐことがあるだろうか？　どんなに偉大な論理的思索家になったところで、充足感が生じることがあるだろうか？　どれほど経典を収集しようと、それがサマーディになるだろうか？　ハートは愛を求めている、ハートは祈りを求めている。そのハートの最終的な要求は、リマーディへのものだ——サマーディを連れてきて、サマーディを連れてきてと！　理性にできるのは、せいぜいサマーディの論理的な論拠、サマーディの理論をもたらすことくらいだ。だが、理論が何の役に立つだろう？

だれかがお腹を空かせて座っている。あなたは彼に料理の本を手渡して言う、「みんなここに書いてあるから、読んで楽しむといいよ！」。あまりにお腹が空いているものだから、彼はそれが何かの足しになるかと期待して読む。絶妙な味わいの食事にまつわる議論——調理法のレシピに、素材の準備あれこれ——だが、それがいったい何になる？　彼は尋ねる、「こんな料理の本が、いったい何の役に立つんだ？　俺には食べ物が要る」。空腹には食べ物が必要だ。渇きには水が必要だ。

のどが渇いている人に、書いて渡すこともできる……彼はのどが渇いており、あなたはH_2Oと、水の化学式を書きつける。彼はその紙を手に座り込む。だが、何か起こるだろうか？　それではまさに、ラーマラーマと繰り返しながら座っている人たちと変わりない。あらゆる真言《マントラ》は、H_2Oのようなものだ。確かに、水は酸素と水素の組み合わせで成り立っているが、紙に書いたH_2Oで渇きは癒せない。

論理で理解するがいい、だがハートとともに飲みなさい。論理を使うがいい、だがそれは実用的なものにすぎないと理解しておくことだ。それがすべてだと考えてはいけない。ハートを主人《マスター》としなさい。そして覚えておくことだ、理性を愛や祈り、献身や奉納、瞑想やサマーディに干渉させないこと。それがより助けになるようであるなら、それはいい。だから私は、論理を用いてあなたに語りかける——あなたの理性を説得し、納得させられるように。あなたがハートに向けて二歩ばかり踏み出すのを、納得させられるように。もしほんのわずかでも味わったら、あなたはその喜びに夢中になるだろう。そのときあなたは、理性について気を揉むのを自分から落とすだろう。本物の味わいが訪れるとき、だれが言葉などにかまうかね？

「ですが和尚、私にはあなたの講話が絶対的に論理的なのがわかります」

それらは論理的だ。私の努力全体は、あなたが私と一緒に歩む用意ができるよう、自分の語ることを論理的にすることにある。ひとたび納得したら、あなたは罠にかかっている。そうなると、抜け出す道はない。ひとたび納得したら、ひとたび私たちが手を取りあったら、不安はなくなる。ひとたびあなたが自分の手を私の手にゆだねたら、もう長いこと私の手から離れたままではいないだろう。まず私は手首をつかまえ、それからその腕、それから……あなたの負けだ！

だから私は、まず論理で接触する。それがあなたのいる場所だからだ。そこなら接触は可能だ――そこがあなたのいる場所だ。だから、無神論者たちも私のもとに訪れる。無神論者たちも、私を受け容れられる。私は無神論の言語で語っているから、無神論者たちは私と議論をすることがない。だがそれは罠であり、言語はひとつの誘惑だ。それはちょうど、釣りに出かけて餌を釣り針につけるようなものだ。それは餌だ。もし釣り針を避けたければ、餌を避けなくてはならない。いったんその餌が口に入ったら、それが釣り針だと気づくからだ。

論理は餌であり、超えたるものは釣り針だ。私はあなたを説得する――あなたに苦い薬を与えるために、私はその錠剤を砂糖でくるむ。人の状態は、ちょうど小さな子供のようだ。砂糖に喜び、苦い薬を飲み下す――あなたは毒でさえ飲み込める。だが、論理を超えたものがあなたの前に直に置かれたら、あなたは逃げ出すだろう、「いや、私のマインドには信じられません」と。だから私は、あなたの理性を説得したい。しかし、そこで立ち止まり、理性は納得したと思って家に帰ってしまうなら、あなたは要点を逃したということだ。それではまるで、薬から糖衣をはぎ取って食べ、薬を放り出してしまうようなものだ。

「マインドが、議論の楽しみに養われているのでしょうか？」

すべてはあなた次第だ。もしあなたが論理の他に何も聞かないなら、マインドが養われるだろう。だがその議論の合間に、ちょっと非論理的で反駁不能なものを、ほんの一滴ずつでも落とすのを許すなら、あなたの脳のなかのその滴が、ハートの革命を生み出すだろう。それはあなた次第だ。

論理的な議論しか耳にしない人たちもいる。彼らは、論理の外にあるものをすべて脇にどけてしまう。だとしたら、彼らは私に近づいていない。それでは、ここを訪れても訪れなくても同じことだ。やってきたときと寸分違わずに、彼らは家路に着く。彼らは自分たちの信念を強めていく。彼らは自分たちの考えに当てはまるものを、自分自身の理解に従って選び出した。自分たちの理解に当てはまるものを選び、当てはまらないものは捨ててしまう。あなたの理解に合わないものこそが、あなたの内側で変容の火花になる。あなたの理解に合うものは、現状のあなたを強めるばかりだ。あなたの病、あなたの恐れ、あなたの不安はより強まるだろう――あなたの自我《エゴ》は強まるだろう。

だから、ちょっとばかり巧みになることだ。だからジャナクはアシュタヴァクラに言う、「何という巧みさでしょう、私は即座にそれを見たのです！　何と私は器用なのでしょう、何という能力があることでしょう！」。その巧みさを思い起こしなさい。その力を思い起こしなさい。

それはあなた次第だ。ここで私が話すとき、話すことは私の責任だが、聴くことはあなたにかかっている。話した後、自分の言ったことは私の手の内にはなくなる。それは話したとたんに私の手を離れる――それは放たれた一本の矢だ。そして、どこにそれが着くか、どこでそれが的を射抜くかは、あなたにかかっている。あなたはそれに自らを射抜かせるだろうか、それとも自分自身を守るだろうか？　それは理性に着陸するのだろうか？――そうだとしたら、あなたはより大物の学者として、自分の論争の腕を磨き、より議論に巧みになって帰宅するだろう。だが、あなたは逃してしまった。それにハートを射抜かせるなら、あなたはより至福に満ち、感謝でいっぱいになるだろう。そのとき、至福の扉は開く。そのとき、恩寵の可能性は高まる。そのとき、あなたは少しばかり不死へと向かっている。あなたは最後の地へと、一歩を踏み出している。学者として帰ってはいけない。愛する者として帰りなさい。カビールは言う、

プレム――愛はふた文字半でできている
これを学ぶ者こそ　賢きかな

愛という文字を忘れてはいけない。

私の議論に耳を傾けるがいい、私の議論に説得されるがいい――ただし、ひとつの手段として。いつの日か、あなたが勇気をふるい、論理を超えたもののなかに跳び込むことこそが、その目的だ。論理という手段によって、私はあなたの理性が行けるぎりぎりまで、あなたを連れていく。すると境目に至り、境界に辿り着く。そこからの責任はあなたにある。あなたはその境界に立ち、見て取れる――あなたの過去とあなたの未来の両方を。そのときあなたは見る――後方には自分が通り抜けてきた理性があり、前方には可能性が開けているのを。未来はハートのものだ。

考えることで人生の真の豊かさを得た者は、今までひとりもいない。だがそれは、瞑想を通して、観照を通して、愛や祈り、献身の甘露《ジュース》を通して得ることができる。そのときには、あなたが不毛の砂漠に留まりたいとしても、それはあなたの手の内にある。それはあなた次第だ。あなたは自分自身の主《あるじ》だ。だが、ひとたび私が、あなたを緑あふれる美しい森が見え始める境目まで、峡谷や小道、雪を頂く峰々が見え始める境目まで連れて行ったら――ひとたびあなたにそれを見てもらったら、そこからはあなた次第だ。戻りたければ、戻ればいい。だがそのときには、戻るのは自分自身の選択だとわかっているだろう。そのとき、その責任はあなたにある。

だから私は、あなたの論理を連れていく――あなたが黄金の頂の最初の一瞥を得る地点まで、広がる大空を

はじめて目にする地点まで。するとその一瞥は、あなたにつきまとい始めるだろう。それがあなたの内側にちらつくだろう。そのとき、その呼び声は大きく大きくなるだろう。ゆっくり、ゆっくり、ポタリポタリと落ちていたものが、大きな流れとしてあふれ出すだろう。あなたは自分を救い出せないだろう。一度でもハートの小さな一瞥を得たら、理性はたんなるガラクタでしかないのだから。その一瞥以前には、このガラクタはダイヤモンドや宝石のように見える。


「議論を餌にしたマインドがハートを支配するようになったり、感じる体験を抑圧してしまったりするのは、私にとって危険ではないでしょうか？」

それは危険だ。気をつけなさい。もし望めば、道に横たわる石は障害物にもなりうるし、まさにその場で立ち止まってしまうこともありうる。そして望めば、その石はそれを登って越えていくための踏み段にもできる。それは、理屈好きのマインドを、あなたが障害物にするか踏み段にするかにかかっている。それを踏み段にする者たちは、大いなる旅へと乗り出している。それを障壁とする者たちは、ちっぽけな池のままだ。

無神論者は、ひとつの池だ。信頼する者は、海へと流れている川だ。無神論者は澱《よど》んでいる。流れを止められたとたんに、水は澱み始める。水は流れているときはきれいなままだ。だが、流れるためには海が必要だ。さもなければ、どうして水は流れるだろう？　流れるためには、神が必要とされる——さもなければ、それ以上に達成されるべきものはないし、それ以上になるべきものもない。何であれ、もう起こっていることで充分だ……。

覚えておきなさい、世界には二種類の人々がいて、世界は二種類に分けられる。ひとつのタイプは、外側のいかなるものにも満足しない者たちだ。私たちはこの家を持っているが、別の家が必要だ。これ位ならお金はある、でももっと必要だ。彼には彼女か妻がいるが、別のタイプの女性が必要だ。彼は外側の物事には決して満足しないが、内側には何の不満もない。内側の不満はなく、ただ外側の不満しかない者――これが世俗的な人だ。

それから二番目のタイプの人がいる。彼は、外側のものには何であれ満足しているが、内側には満足していない。彼の内には炎があかあかと燃え上がっている――神性なる不満足が。彼は絶えざる変遷のなかに、絶えざる変化のなかに、絶えざる変容のなかに生きる。

その巧みな理屈づけを、あなたの内なる革命、内なる変容の助けとしなさい――それを忘れないことだ。論理が一個の岩となり、あなたの変容を妨げるのであれば、論理を落とせばいい――変容を落としてはいけない。私が言っているのは、最終的な選択は、あなたの手の内にあるということだ。

人は理性よりも高く昇ることになっている
愛は行き先の心配を超えてゆくことになっている
わたしには旅立った場所さえわからなかったのに　ああ友よ
方角については何と言ったものか

理性は、それが行くべきところについて、何も知らない。理性が決してどこにも向かわないのはそのためだ。それは粉挽きを回す去勢牛のように、輪のなかを回り続ける。目隠しをされて、ぐるぐる回り続ける去勢牛を見たことがあるだろう。その目を覆う目隠しのせいで、彼は自分が進んでいるかのように感じる、どこかへ向かっているかのように、何かが起こっているかのように感じる。

自分がどれほど堂々巡りをしているか、あなたは気づいているだろうか？　同じ朝、同じ活動、同じ仕事、同じ夕方、同じ夜、そしてまた同じ朝、同じ夜。そんな風に人生は過ぎてゆき、あなたは粉挽きの去勢牛のように、ぐるぐると回り続ける。

あなたが理性のレベルから少しばかり上昇するとき、あなたは大空へと上昇し、大地を後にする。諸々の限界は落ち、無限なるものが始まる。束縛は落ち――解放の小さな一瞥を得る。

すると、ある瞬間が訪れる――まずあなたは理性からハートへと進む。そして、ハートよりも深く進む瞬間がやってくる。そのとき愛は、愛の対象から自由になる。そのとき帰依者は、対象としての神への愛から解放される。そのとき礼拝者は、礼拝から解き放たれる。

だから、まず論理とともに愛へと進み、それから愛とともに沈黙へと進みなさい。その大いなる沈黙こそが私たちの家だ。

あなたはマインドのなかにいる。あなたはハートのなかにいるべきだ。あなたをハートへと連れていくために、私は理性とともに始める。だが私は、ハートに辿り着いた人に対しても、腰を落ち着けるのを許さない。私は言う、進み続けなさい、進み続けなさいと。

その前のように　新しい各々の瞬間
よくある恋の歌
君の胸にこだましているもの――
一音一音に　それらを込めていく
そんな風に　それぞれの音に宿りながら
去りゆくその調べは　消えはしない

知られざるもの、未知なるものへ、新たな一歩を踏み出すことだ。慣れ親しんだものに、とらわれたままでいないように。

理性とは何を意味するか、考えたことはあるだろうか？——それは、あなたが知っていることのコレクションだ。それは何を意味するか？　それは、蓄積されたあなたの過去にすぎない。理性のなかには、あなたが聞いたり、読んだり、学んだり経験してきたことが、すべて蓄積されている。すでに起こったことが、すべて蓄積されている。起ころうとしていることについては、理性は何も知らない。理性は過去のものだ——終わって、死んでいる！　理性とは死せる灰だ。理性にとらわれているなら、あなたは過去の横道をさまよい続け、既知のなかを動き続ける。

動きはどれも未知に属している。既知のなかにはどんな動きもない。それは粉挽きの去勢牛のように、ただぐるぐると回っている。

ハートにいることは、未知なるもの、なじみのないもの、冒険を意味している。何が起こるか、だれにわかるだろう？　それが不確かなのは、それが知られたことは一度もないからだ。だから、どうして確かでありうるだろう？　地図はあなたの手元にない。それは未知なる旅路だ。そこには里程標や、道路に立って道を教えてくれる警官はいない。だが、未知へと旅する者は、光明へと旅している。

光明とは、世界でもっとも未知なる出来事《ハプニング》だ。それを知るときでさえ、やはり私たちは知ることがない。それはつねに未知のままだ。知り続けなさい、知り続けるがいい。それでも、それは知られぬままに残る。知れば知るほど、もっと知ることが残っていると、さらに感じる。その挑戦は、どんどん大きくなる。頂《いただき》に次ぐ頂が姿を現わし続ける。ひとつの頂に登っている間は、目標が達せられたように思うが、その頂上に辿り着くと、前方にはもっと多くの頂が現われる。ひとつの扉をくぐると、新たな扉が前に現われる。

だから私たちは、光明を終わりなき神秘と呼ぶ。神秘とは、知ってはいても、それでもなお知り得ぬものを意味する。だから私たちは、光明は理性によっては決して達成されないと言う。理性は、知り終えたものしか知ることができないからだ。光明は決して終わることがない。

だからマインドのせいで逃してはいけない。死んだ過去に縛られたままでいてはいけない。死んだ体を自分に括りつけてみれば、マインドとは何かがわかるだろう。死体を自分に縛りつけたら、動き回ることなどできない。その死体は腐敗し、朽ち果て、一個の重荷となっている。理性とは死体であり、ハートとは新芽だ——生命の新たな萌芽だ。そして、人はハートさえも越えていかねばならない。新たに一歩ずつさらに進みなさい。手に入るあらゆる可能性に対して、ハートを開いたままにして——歓迎しながら！

ハートの用意を調《ととの》えておきなさい。知られざるものが呼びかけるとき、ためらってはならない。見知らぬものが手招くとき、躊躇してはならない。不可知なるものが扉を叩くときには、恐れずそれとともに進みなさい。それが宗教的な人の特徴だ。

第三の質問

愛するＯＳＨＯ
私はあなたに額づきます！　数え切れない生のなかで、あなたが易々と与えてくれるほどのものを、達成できたことはありませんでした。どうか私を、あなたの弟子として受け容れてください！

もしもあなたが受け取ったなら、あなたは弟子になっている。

弟子になることは、私の受容に依存してはいない。弟子になることは、あなたの受容に依存している。弟子とは、学ぶ用意のある者という意味だ。弟子とは額づき、彼の乞食椀を満たす用意のある者のことだ。弟子とは謙虚に聴くことを切望する者、深く静かに観想し、瞑想することを切望する者のことだ。

あなたは弟子となっている。もしあなたがそれを取ったのなら、まさにその取ることによって、あなたは弟子となっている。

弟子としてあることは、私の同意には依存しない。私が受け容れるとしても、あなたがそれを取らないとしたら、私に何ができる？　私が受け容れないとしても、あなたが進み出て何とかしてそれを取るとしたら、私に何ができる？

弟子であるのはあなたの自由だ。それは他人からの施しではありえない。弟子としてあることはあなたの特権であり、あなたの尊厳だ。それを証明する証明書は、まったく必要ない。

だからエクラヴィヤは、マハーバーラタのなかで、師のドロナチャリヤが彼を拒んでも気に病むことなく、ひとりで森のなかにいられたのだ。師は強く拒んだが、弟子には用意があり、弟子になると言い張っていた。となると、師に何ができただろう？　ある日、師はその弟子が、彼を打ち負かしてしまったことに気づいた。エクラヴィヤは師を模した粘土の像をこしらえて、その面前で弓の修行をしていた。彼はそれに服従し、その足に触れていた。

エクラヴィヤが弓の名人になったと耳にしたドロナチャリヤは、見に行ってみた。彼は驚いた……ただ驚いただけではなく、彼は恐れた。彼が狼狽したのは、比べられたらアルジュナさえも青ざめるほどに、エクラヴィヤが技をきわめていたからだ。

ドロナチャリヤはたいした師ではなかったようだが、エクラヴィヤはじつに偉大な弟子だった。ドロナチャリヤはありふれた師だったにちがいない――じつに凡庸で、師と呼ばれるような代物ではなかったにちがいない。彼は巧みではあったろうし、熟達してはいたにちがいない。しかし、師としての資質はまったくなかった。最初に彼が拒んだのは、エクラヴィヤがスードラ、不可触賤民だったからだ。

これが師《マスター》たる者のすることだろうか？　師は、いまだにバラモンとスードラに違いを見ているのだろうか？　いや、彼は市場を意識した、商人だったにちがいない。クシャトリヤの戦士たちの師たるものが、どうしてスードラなどを受け容れられよう？　彼は、世間をとても気にしていたにちがいない。彼はこの社会の重鎮で、その制限の範疇で生きていたにちがいない。彼は心が狭かったにちがいない。ドロナチャリヤがエクラヴィヤを、おまえはスードラだと言って拒んだその日、その日にドロナチャリヤ自身がスードラとなったのだ！　何という愚かしさだろう！

だがエクラヴィヤはすばらしかった。師が拒んでもくよくよしなかった。ハートのなかで、エクラヴィヤは彼を自らの師として受け容れていた――事は終わっていた。師の拒絶でさえ、師に対する敬意を打ち砕きはしなかった。彼は類いまれな弟子だったにちがいない！

そして最大の不正は……エクラヴィヤの技が知れると、彼は有名になった。ドロナチャリヤは動揺した。彼は、自分の弟子アルジュナを世界に知らしめたかったからだ。エクラヴィヤもまた彼自身の弟子だったが、彼の承認はなかった。師は途方に暮れてしまった。彼が熱心に教え、あらゆる努力を注いできた者も、この男の前ではただ青ざめた――彼は、自分の手でドロナチャリヤの無骨な土像を造っただけなのに、その前で修行して、卓越した技を身につけてしまった。その当時、弟子は師に贈り物を捧げるのが慣例だった。ドロナチャリヤはエクラヴィヤに、彼の親指を切り落として自分に贈って欲しいと言った。

それはとても奇妙だ――ドロナチャリヤは、エクラヴィヤに教えを授ける用意はなかったのに、彼の師であることに対する贈り物を要求するつもりなのだ！　だが、エクラヴィヤは驚くべき弟子だったにちがいない。彼は自分が入門するのを拒んだ男に対して、贈り物を捧げることを断らなかった。エクラヴィヤのような弟子こそ、真の弟子だ。彼は即座に自分の親指を切り落とすと、それをドロナチャリヤに捧げた。ドロナチャリヤは右手の親指を要求していた――それは彼に親指を切り取らせるための、狡猾な政略だった。そうなったら、エクラヴィヤの弓は役に立たなくなる。

このドロナチャリヤは確かに残酷で、性根の腐った人物だったにちがいない。彼は師であるには程遠い。彼を人間と呼ぶことすら難しい。何と卑劣な芸当を演じたことか！　しかも、こんなに純真な弟子に対して……今なお、ヒンドゥー教徒たちはドロナチャリヤを師とみなし、彼を導師《グル》と呼び続けている。バラモンに生まれたからといって、その人が真のバラモンになるわけではない。

エクラヴィヤは真のバラモンだったが、ドロナチャリヤはただのスードラにすぎない。彼の精神構造《メンタリティ》は低劣だ。このバラモンたるエクラヴィヤは、自らの親指を切り落とし、少しもためらうことがなかった。彼はこう言うことすらなかった、「何をおっしゃっているのです？　私が教えを請うたとき、あなたはそれを授けるのを拒まれました。私はあなたから、何も学んではいないのですよ」。いや、たとえ物事全体が間違っていたとしても、それは彼のマインドに浮かびもしなかった。

彼は言った、「私はあなたから学んでまいりました。あなたが私を拒んだことで、何か違いが生まれるでしょうか？　私はこの技をあなたから学びました。あなたは拒み通されましたが、それでも私はあなたから学んだのです。ご覧ください、私はあなたの像をこしらえました。ですから私は、あなたに恩義があります。親指をご所望なのですね――たとえあなたが私の命をお求めでも、私はそれを捧げましょう」。彼は自分の親指を彼に捧げた。

弟子としてあることは、あなた次第だ。それは、だれかの承認や否認といった物事ではない。

あなたが自分は多くを受け取っていると感じるとしたら、それは起こっている。この感覚《フィーリング》を深めなさい。弟子である感覚を見失わなければ、あなたの成長は著しいだろう。あなたはどんどん受け取っていくだろう。弟子であることは、学びという術《アート》に他ならない。

第四の質問

愛するＯＳＨＯ
ワインというのは、苦くて胸焼けするそうです。でも、あなたのワインの味わいは、何かが違います。

だとしたら、あなたが親しんできたワインは本物のワインではない。ワインは苦くもなければ胸焼けもしないのだから。胸焼けして苦いのは偽物のワインで、本物のワインではない。これではじめて、あなたはワインの味わいを知ったわけだ。これ以上、偽物のワインに構うことはない。あなたは、はじめて居酒屋に足を踏み入れた。さあ、あなたのハートを器とし、そのハートの中身を飲み干すがいい。この飲むことが変容をもたらすのだから。このワインは忘却をもたらしはしない。このワインは想起をもたらすだろう。

真のワインは、あなたを無意識にするものだろうか？　このワインは、あなたに意識をもたらすものだ。このワインはあなたの目を覚ますだろう。このワインは、あなたとあなたの内側に隠れて座す者とを知り合わせるだろう。このワインは、あなたを『あなた』にするだろう。

外見上は、他の人からするとあなたは酔っ払っているように見えるかもしれない――気にすることはない。

たぶん外側の人々はあなたの歓喜《エクスタシー》を誤解し、それを狂気だと、あるいは無意識だと思うだろう。それらに構う必要はない。真の基準はあなたの内側にある。あなたの意識が育っているのなら、構うことはない。世間には、思いたいように思わせておけばいい。
このマザズの詩句を聴いてごらん。

わたしの言葉は救世主気取りだと
わたしは病気だと人は言う
よく見ておくれ　わたしはひとつの秘密
わたしは愛の作物を賛美する者
愛が　そして愛だけがわたしの世界
わたしは理性のいざこざから面《おもて》を背けた
ハーフィズやオマール・カイヤームのなかにあった悪
そう　わたしも少しは身に覚えがある
生とは何か？　アダムの原罪？——
これが生なら　わたしはひとりの罪人だ
わたしの言葉は救世主気取りだと
わたしは病気だと人は言う

人々はイエスのこともただの病気だと言ったし、じつに不承不承、救世主《メシア》と呼んだにすぎない。人々はソクラテスのことも気違い呼ばわりし、彼に毒を盛った。人々は、決してマンスールを知性的とは思わなかった。

さもなければ、なぜ彼を処刑したのだろう？　そして私は、あなたにアシュタヴァクラの物語を話してきた。彼のじつの父親が、怒りのあまり彼に呪いをかけた。身体が八箇所でねじ曲がってしまえと。

イエスは磔にされるまで、三十三年間地上にいた。ソクラテスは毒を盛られたとき、すでに年老いていた。マハヴィーラや仏陀には石が投げつけられた、ほんとうだ。でもアシュタヴァクラのことを考えてごらん。彼は生まれてすらいないのに、もう呪われていたのだ。彼はまだお腹のなかにいた。そして生涯ずっと不具だった。それに、他のだれかがそうしたのならまだしも――そうしたのはじつの父親だった。彼の人生の原因である人物が、怒ってしまったのだ。

光明の知らせ《メッセージ》は、人々に馴染まない。真理は人々を悩ませる。歓喜に満ちた《エクスタティック》人物は、人々を不安でいっぱいにする。もしあなたが不幸なら、だれも心配しない――ただ不幸でいるのを楽しめばいい。人々は言う、存分に苦しむんだ、何も害はないからと――これこそ、しかるべき姿だと。あなたが笑うと、人々は落ち着かなくなる。笑いは受け容れられない。人々は、あなたのことを狂っていると怪しむ。分別ある人が笑ったりするだろうか？　賢者が笑っているのを見たことがあるかね？　知的な人々が、踊ったり歌ったりしているのを見たことがあるかね？　知的な人物は深刻で、浮かぬ顔をしていて、物悲しげだ。私たちは彼らを偉大な聖者たちと、偉大なマハトマたちと呼ぶ。より病的な人物であればあるほど、より偉大な聖者になる。だれかが死体のように座っていて、病的で、貧しさにうちひしがれていると――何という苦行、何という放棄でしょう！　と人々は言うのだ。

私がある村に行ったとき、何人かがひとりの聖者を私に会わせようと連れてきた。彼らは言った、「彼はまさに奇跡的です。めったに食べませんし、ほとんど眠りません。彼はじつに静かで、ほんの少ししか喋りません。彼の苦行はあまりに強烈で、彼の顔は純金のようになっています」

彼らが彼を連れてくると私は言った、「どうして君たちは、この男を拷問してきたんだ？　彼は病気だ。彼の顔は黄金のようなんかじゃない。たんに飢えて渇いているだけだ——顔が黄色くなっているのは貧血だからだ。君たちは彼が宗教的だと思うのかい？　それに、どうやってしゃべれるというんだ？　しゃべる元気もないじゃないか。この男は少々愚かに見える。目には何の炎も、個性も、喜びもない。どうして、それがありうるだろう——彼はきちんと眠っていないし、適切に食べたり飲んだりしていないのだ。君たちが彼を崇拝しているだって？　彼は、自分の行為が崇拝されることに関心があるだけだ。君たちが拝むから、そうするんだ」

　しばらくの間拝むのを止めてみれば、百人のマハトマのうち九十九人までが消え去るのを目の当たりにするだろう——あなたが拝むのを止めた、まさにその日に消え去るのを。彼らがあらゆる類いの馬鹿げたことをするのは、あなたが拝むからだ。彼らは、あなたが彼らにさせたいことは何でもする。「髪の毛を一本一本引き抜け」と言えば、自分の髪の毛を引き抜く。「裸になれ」と言えば、全裸で立っている。「物を食べるな」と言えば、物を食べずにいる。ひとつだけ、あなたはお返しをしなくてはいけない……彼らを敬い、彼らの自我《エゴ》に力を与えるのだ。

　真の宗教は、つねに笑いの宗教だ。真の宗教は、いつも健やかで、満ち足りていて、生を肯定している。真の宗教は花々のようだ——そこにはどんな悲しみもない。人々は悲しみを平和だと思っている！　悲しみは平和ではない。平和は楽しげに歌う。平和はまさに脈打つ。平和とは大いなる酩酊だ。あなたの足はよろめき、歓喜があなたを取り巻く。あなたは大地の上を歩くにもかかわらず、大地を歩いてはいない。あなたは空中を進んでいる……あたかも自らの翼を広げ、飛び立とうとしているかのようだ。

　それはいいことだ——あなたが私のワインを味わったこと、本物のワインを味わったということは——もう他の居酒屋に行くこともないだろう。

　ただ、ひとつだけ渇きを感じるがいい——愛の渇きだ。ただひとつのこと、愛を焦がれるがいい。あなたの世界全体と、あなたの実存全体を愛で満たしなさい、それで充分だ。マインドを悩ませるのは終わりにして、愛の庇護のなかに降りてゆきなさい。

オマール・カイヤームは理解されてこなかった。彼は大変不当に扱われてきた。私はある日ムンバイで、ある酒場の看板に「オマール・カイヤーム」とあるのを見たことがある。彼はまったく不当な扱いを受けてきた。フィッツジェラルドは、彼の詩を英語に翻訳した際に大きな過ちを犯した。彼はオマール・カイヤームを理解していなかった。フィッツジェラルドにはわからなかった。オマール・カイヤームを理解するには、スーフィの陶酔《エクスタシー》、スーフィのサマーディの体験がいるからだ。

オマール・カイヤームはスーフィの神秘家だった。彼は、到達した数少ない人々のひとりだ。彼は仏陀やアシュタヴァクラ、クリシュナやツァラトゥストラと同じ範疇にいる。彼が語っているワインは、神性のワインだ。彼が語っている美は神性の美だ。だが、フィッツジェラルドはわかっていなかった。彼の西洋的なマインドのせいで、彼はワインを文字通りのワインだと思った。

彼はオマール・カイヤームの言葉を翻訳し、この翻訳はとても有名になった。その翻訳はとても美しい、その詩はとても美しい。確かに、フィッツジェラルドはすばらしい詩人だ。だが、彼にはわからなかった。スーフィたちの独特な性質は、彼の詩のなかで失われた。しかしながらオマール・カイヤームは、フィッツジェラルドを通して知られるようになった。

だからオマール・カイヤームに関して知られていることは、すべて間違っている。オマール・カイヤームは決してワインを飲まなかったし、酒場に行ったこともなかった。だが彼は確かに、他のあらゆるワインが色褪せるワインに酔っていた。彼は、私たちが寺院と呼び、神の寺院と呼ぶ酒場へと入っていった。

ハーフィズやオマール・カイヤームのなかにあった悪
そう　わたしもすこしは身に覚えがある

マザズ、これらの詩句を書いた者もまた、オマール・カイヤームを誤解した。彼もオマール・カイヤームは酔っ払いだったと考えた。マザズは飲みすぎで死んだ。あなたが言っている苦くて胸焼けするワイン、それを若い頃飲んでいたためにマザズは死んだ。彼は不遇の死を遂げた。

私の語るワインを、別なものと勘違いしないように。オマール・カイヤームにしたのと同じ間違いを、私に対してしないように。それはありうることだ。

私はあなたに言う――観照する意識とともに生を楽しみなさいと。でも、あなたはその『観照』を落としたい。あなたは『楽しみ』だけをつかまえる。生を楽しむがいい。だが、もし観照を留めずに楽しむとしたら、あなたは楽しまないだろう。真の楽しみは、あなたが観照者としてあるときにのみ存在する。ワインを飲むがいい。しかし、意識を失うとしたら、これは正しい飲み方ではない。飲んでいるときにあなたの意識が育っているなら、そのときにのみ、あなたは本物のワインを飲んでいる。サマーディより他にワインはない。

私の見るところ、アルコールの魅力は、内側にサマーディの魅力が育つまで続くだろう。人々は、本物のワインを手にするまで、まがい物のワインを飲み続けるだろう。本物の硬貨が手に入るまでは、偽物の硬貨が出回るだろう。世界中で、政府はワインの消費に歯止めをかけようとしているが、それは起こっていない。彼らは、ずっとそうしようとしてきた。宗教的な人々は、禁酒法の制定を政府に求めてきた。「アルコール消費は止めるべきだ」として、彼らは断食をし、あれこれと行動する。だが、禁酒法に成功した者はだれもいない。様々な名目のもと、異なったやり方で、人は酔いを生む物を探し続けている。

私の見るところ、それはいかなる政府の禁酒法の強制力をも超えている。だが、もしもサマーディというワインが広まり始めるなら、真のワインが地上に現われるなら、偽物は止まるだろう。もしも私たちが居酒屋の只中に寺院を建て、喜び、歌い、至福にあふれ、祝い始めるなら、そして誤ったものの代わりに健やかな原則によって生き、生を祝福とするなら――そのときアルコールは、自ずと消え去るだろう。

人はみじめだからワインを飲む。もしみじめさが減れば、ワインも減るだろう。人は、自分自身を忘れるためにアルコールを飲む。あまりにもたくさんの心配事が、問題が、苦悩があるからだ。それらを忘れなかったら、いったいどうしたらいいだろう？　もしも心配や、不幸せ、苦悩が減るとしたら、アルコール消費は減少するだろう。


そして私は、珍しいことが起こるのを見てきた。何度も大酒飲みたちがやってきて、私からサニヤスを授かった。彼らは間違ってつかまった。彼らは私のもとに来て思った、「この男は何も禁止しないな、飲めとか飲むなとか、あれこれ食べろとか食べるなとか――試してみても害はないか……」。彼らはとても幸せだった。

彼らは言う、「あなたのおっしゃることには、まったく賛成です。今までにそう言った人はいませんでしたよ」。だが、彼らの瞑想が深まり、サニヤスの色合いが深まると、彼らは酒場へ足を運ぶのを止める。別の酒場が彼らを呼び始める。

六ヶ月間の瞑想の後、大酒飲みたちのひとりが私に言った、「前は自分がみじめだから飲んでました、それで不幸を忘れてたんです。今、私は少し幸せで、もし飲んだら幸せを忘れてしまいます。今じゃそれが問題になっているんです――幸せを忘れたい人なんかいませんからね。あなたは何をしたんです？」

「今度は君が選びなさい」と私は言った。

彼は言った、「今飲んだら、私の瞑想はおかしくなってしまいます。そうでなければ、緩やかでゆったりした瞑想の流れが湧き、ほのかで爽やかなそよ風が内側に流れ続けています。ワインを飲んだら、その瞑想の流れが二日から四日間もかき乱されます。そうしてやっとのことでそれを戻せるんです。今やそれは、問題になってしまっています」

私は彼に語った、「さあ君は決めなくてはならない、今その選択は君の前にある。もし君が瞑想を落としたけれれば、瞑想を落としなさい。アルコールを落としたければ、アルコールを落とすことだ。それらは調和しないけれども、君が両方とも持っていたいのなら、両方試せばいい」

彼は言った、「もうそれは難しい。だって、流れている瞑想の甘露《ジュース》はじつに神聖で、私を非常な高みへと連れていくんですから。自分みたいな罪人にそんな体験が持てるなんて、思いもよらなかった！　このことはあなた以外にはだれにも話したことはありません。他のだれかに言ったら、彼らは私が酔っ払ってると、飲み過ぎたにちがいないと思いますからね。彼らは私に、酔いを醒ませと、しらふで話せと言うんです。もしも私が自分の内的な体験を喋ったら、彼らは私が飲みすぎたんだと思います。彼らはそれを信じません。私の妻だって、それを信じやしません。『たわ言ばっかり言ってないで。これは霊《スピリチュアル》的な問題なんかじゃないわ……あなたが飲みすぎたんじゃない』と彼女は言います。私は彼女に、丸一月というもの、一滴だって触れてないと言うんです」

「ですから、私が話せるのはあなたしかいません」とその大酒飲みは言った、「あなただけは、わかってくれます。そして、もう瞑想を落とすのは難しい」

肯定的な視点から生を見てごらん。もし幸せであり始めれば、あなたが自分のみじめさから握りしめていた物事は、おのずと落ちていくだろう。もし瞑想がやってきたら、ワインは落ちるだろう。瞑想がやってきたら、肉食は落ちるだろう。瞑想がやってきたら、ゆっくり、ゆっくり、ゆっくりと、性エネルギーはブラフマチャリヤへと変容されていくだろう。ただ、瞑想をやってこさせなさい。

私はあなたに言おう、瞑想というワインを飲むがいいと。

私はあなたに言おう、サマーディという酒場に入り、酒《ワイン》飲みたちの集いに加わるがいいと。


この幸せな一瞬《ひととき》に生きるのを　許してください

ちぎれた夢の毛布を縫い合わせるのを　許してください
こんな雨雲は　その影を二度と落とせないから
わたしに飲ませてください　盃でなかったら　あなたのその眸《ひとみ》から

このサットサングを飲み干すがいい……。

……盃でなかったら　あなたのその眸から

このサットサングを飲み干しなさい。このサットサングから酔っ払って帰りなさい。だが、この酔いのなかに、あなたの気づきが失われることのないように。歓喜にあふれなさい。だが、内なる気づきのランプを燃やすことだ。

こんな雨雲は　その影を二度と落とせないから
わたしに飲ませてください　盃でなかったら　あなたのその眸《ひとみ》から

第五の質問

愛するOSHO
信念と自己暗示は、同じひとつの事柄なのでしょうか？　信念と内なる本性、もしくは気づきの間には、どんな違いがあるのでしょうか？

ラーマクリシュナ・パラマハンサの母なるカーリーは、純粋に彼の信念、彼の投影であったのでしょうか？

それとも彼女にはそれ自身の実体があるのでしょうか？

超自然的存在との、あるいは神との対話はありえないのでしょうか？


信念と自己暗示は同じものだ。自己暗示とは、信念の科学的な呼び名だ。それらの間に違いはない。とはいえ、内なる本性と信念はとても異なる。内なる本性は、あらゆる信念が落とされたときに露わになるものだ。あらゆる思考とあらゆる信念がマインドから消え去ったとき、あなたは自らの内なる本性を体験する。その内なる本性は、信念からできているのではない。

あるとき、私の家にひとりのサニヤシンが客として来ていた。彼は朝晩唱えながら座っていたものだった、「アハム・ブラフマスミ――私は究極の実在だ。私は身体ではない、マインドではない、私は絶対なるものだ」

私はこれを二、三日聞いていた。私は言った、「もしあなたがそうなら、あなたはそうなんです。どうしてそれを何度もくり返すんですか？　もしあなたがそうでないとしたら、それをくり返してどうなるんです？」

それを何度も何度もくり返すことで、幻想が創られることはありうる。「私は絶対なるものだ」とくり返すことによって、その人には絶対なるものになったという幻想が起こりうる――だがこの幻想は、人の本性の内なる体験ではない。もしあなたが自分は絶対なるものだとわかっているなら、なぜそれをくり返すのだろう？　男の人が、路上で「私は男だ、私は男だ」とくり返していたら、だれもが何かがおかしいと感づく。人々は言うだろう、「止めなよ、どうかしたのかい！　どうして君はそれをくり返すんだ？　もしそれがほんとうなら、事は片付いてるじゃないか。そのことに何か疑いでもあるのかい？」

「私は究極の実在だ」というのは、くり返されるべきことだろうか？　それは一度かぎりの言明だ。それは、ただひとたび生まれた認識の言明だ。その後で、事は終わっている。それは真言《マントラ》ではない。真言《マントラ》は暗示にすぎない。『マントラ』という言葉の意味は、暗示なのだ。助言を与える人、暗示を与える人をマントリ——牧師と呼ぶのはこのためだ。真言《マントラ》とは、ひとつの暗示を何度もくり返すことだ。それを何度もくり返すことから、ひとつの印象がマインドに生み出される。そしてその印象のせいで、私たちは幻想を投影し始める。


「ラーマクリシュナ・パラマハンサの母なるカーリーは、純粋に彼の信念、彼の投影であったのでしょうか、それとも彼女にはそれ自身の実体があるのでしょうか？」

それは純粋な投影だった——たんなる彼の信念だった。どこにもカーリーはいないし、どんな聖マリアもいはしない。それらはみなマインドの投影であり、投影はすべて落とさねばならない。このため、ラーマクリシュナのカーリーの投影が落ちたとき、彼は最後の障壁が落ちたと言ったのだ。それは彼自身の投影だった。ラーマクリシュナが、彼の投影しているカーリーの首を切るために刀を振り上げたとき、血が出てきたと思うかね？　何も出てきはしなかった。その投影は偽りだったし、刀もまた偽りだった。互いにぶつかり合うふたつの偽りの物事、それ以外の何ものでもない。

「超自然的存在との、あるいは神との対話はありえないのでしょうか？」

ありえない！　あなたがどんな対話を持とうと、それはあなたの想像であるだろう。あなたが存在するかぎり神はなく、神がいるときはあなたがいないのだから——そこにどんな対話がありうるだろう？　対話にはふたりが必要だ。もしあなたと神が面と向き合って立てば、対話が可能だ。あなたがいるうちは、神はどこにいる？　そして神がいるとき、あなたはどこにいる？

カビールは言う、

愛の道はかくも狭くて
ふたりは歩けない

ふたりではその道は歩けない。ふたりは収まりきらない。残るのはただひとりだ。だとしたら、どうして対話がありうるだろう？　対話のためにはふたりが、最低ふたりが要求される。

だから、あなたが話しかけているのがだれであれ、それはあなたの想像だ。それは真の神性ではない。神性が起こるとき、対話は起こらない。起こるのはひとつの咆哮、ひとつの宣言だ。対話ではない……東洋の見者たちが『鳴らされざる音』と呼んできたものが起こる。ある響き《ハミング》の音が――だがその振動は、一体性のなかでのみ起こる。それはオーム（ＡＵＭ）の音の湧出だ。しかし、それは他者との会話ではない。他者との言葉のやり取りは、まったくなしに。それはオーム……

今までに、神を見た献身者はだれもいない。神が見られているうちは、献身者もそこにいる。だとしたら、それは依然として空想の幻影《ヴィジョン》だ。キリスト教徒がイエスに出会い、ジャイナ教徒がマハヴィーラに出会い、ヒンドゥー教徒がラーマに出会うのはこのためだ。イエスに出会っているヒンドゥー教徒など聞いたことがあるかね？――どういうわけか、はからずも路上でイエスに出会ったなどと？　彼らは決してイエスには出会わない。それは彼らの投影ではないのだ、どうして彼らがイエスに出会うだろう？　キリスト教徒が瞑想のなかに座っていると、仏陀が彼のもとに現われたなんて、聞いたことがあるかね？　それは決して起こらない。どうしてそれが起こりうるだろう？　信念によって植えられていない種が、どうしてその想像に入り込めるだろう？　あなたの信念が何であれ、それはあなたの想像によって成長する。

これがアシュタヴァクラの経文だ――あらゆる投影、あらゆる信念、あらゆる想像、あらゆる解釈、あらゆる修練と儀式から自由であれ。

修練と儀式はつねに束縛だ。あなたの内側にだれひとり残らないとき――献身者も、神も――そのとき、ある静けさが顕われる。その静けさのなかで、至福の雨が、日に夜に降りそそぐ。その瞬間に、どうして対話がありえよう、どうして討論がありえよう？　いや、あらゆる対話は想像のものでしかない。

詩人は言う、

ときには　夜がわたしを取り巻き
ときには　わたしが昼を召喚する
ときには　輝きがわたしを探し
ときには　わたしが光を放つ
どうしてわたしに　わかるだろう
いつ　それがわたしの実存の声なのか
そしていつ　それがわたしの 心《マインド》 の声なのか

私はあなたに言う、その認識は単純だと。何かが話されている間は、それは心《マインド》のお喋りだ。何かが見えている間は、心《マインド》が見えている。何ものも見られていないとき、何も話していないとき――そのとき残るものが無心《ノーマインド》、サマーディだ。体験がある間は、心《マインド》がある。だからその表現、『神の体験』というのは正しくない。体験とは、つねに心《マインド》のものだからだ。体験とは、つねに二元性の、ふたつのものだ。一元性だけが残るとき、どうして体験がありえよう？　だから『霊《スピリチュアル》的体験』という表現は正しくない。霊性《スピリチュアリティ》とは、あらゆる体験が終わる地点だ。あるいは、あなたはゲームを楽しみ続けられる。それはかくれんぼ、陽射しと影のゲームだ。遊びたければ、遊べばいい。それは楽しい想像の遊びだ。とても愛らしく、とてもみずみずしい――だがそれは想像の遊びだ。それを真実だと装ってはならない。真実は、そこに私がなく、あなたがないときにある。真実はそのふたつが去ったとき、二元性が去ったときにある。そのとき、残るのはひとつだけ、エク・オームカール・サットナム――そのオーム（ＡＵＭ）の音が真実だ。

最後の質問

ＯＳＨＯ！　数え切れぬほどの礼をあなたに！　聖なるアブー山で、あなたの祝福されし腕の庇護のもとにやってくることで、わたしは祝福されました。以来、どれだけわたしは失ったとか、どれだけわたしは得たかといった打算はありません。わたしの人生はひとつの感謝に、ひとつの祝福になっています。ひとつも質問が湧いてこないので、ひとつこしらえてみました。
今日、瞑想キャンプの最終日に、わたしのハートはあなたの言葉を幾つか聴きたくてうずうずしています。今日はどうか、花々をふたつばかり、わたしの乞食椀に落としてくださいませ。

ふたつ？　もっといこう！

ハリ・オーム・タット・サット！

●ＯＳＨＯについて

ＯＳＨＯは、彼の生き方とその教えが、あらゆる世代のあらゆる社会的地位にいる何百万もの人々に影響を及ぼしている、現代の神秘家です。彼は、ロンドンの「サンデー・タイムス」によって二十世紀を作った百人の一人として、また「サンデー・ミッドディ（インド紙）」では、ガンジーやネルー、仏陀と並んでインドの運命を変えた一人として評されています。

ＯＳＨＯは自らのワークについて、新たなる人類の誕生のための状況を創る手助けをしていると語ります。彼はしばしばこの新たなる人類を「ゾルバ・ザ・ブッダ」――ギリシャ人ゾルバの現実的な楽しみと、ゴータマ・ザ・ブッダの沈黙の静穏さの両方を享受できる存在として描き出します。ＯＳＨＯのワークのあらゆる側面を糸のように貫いて流れるものは、東洋の時を超えた英知と、西洋の科学と技術の最高の可能性を包含する展望《ヴィジョン》です。

彼はまた、現代生活の加速する歩調を踏まえた瞑想へのアプローチによる、内なる変容の科学への革命的な寄与によっても知られています。その独特《ユニーク》な「活動的瞑想法《アクティヴ・メディテーション》」は、最初に身心に蓄積された緊張《ストレス》を解放することで、考え事から自由な、リラックスした瞑想をより容易に経験できるよう意図されています。

ＯＳＨＯコミューン・インターナショナル、彼の教えが実践され得るオアシスとしてＯＳＨＯがインドに設立した瞑想リゾートは、世界中の百を超える国々から、年におよそ一万五千人もの訪問者たちを惹きつけ続けています。

ＯＳＨＯと彼のワークに関しての、またインド・プネーの瞑想リゾートへのツアーも含めたより詳しい情報については、インターネット上を訪れてみて下さい。(http://www.osho.com)

●瞑想リゾート／OSHOコミューン・インターナショナル

OSHOコミューン・インターナショナルの瞑想リゾートは、インド、ボンベイの南東百マイルほどに位置するプネーにあります。もとは王族《マハラジャ》たちや富裕な英国植民地主義者たちの避暑地として発展したプネーは、現在は多数の大学とハイテク産業を構え繁栄する近代都市です。

OSHOコミューンの施設は、コレガオンパークとして知られる三十二エーカー以上に及ぶ郊外の木立の中にあります。毎年百以上の国々から約一万五千人ほどの訪問者が、その滞在期間に応じて種類も豊富な最寄りのホテルやアパートの個室などの宿泊施設を見つけながらリゾートを訪問しています。

リゾートのプログラムはすべて、日々の生に喜びをもって関わり、沈黙と瞑想へとリラックスして入っていける、新たなる人類の質へのOSHOの展望《ヴィジョン》に基づいています。ほとんどのプログラムは近代的で空調設備の整った場所で行なわれ、個人セッションや様々なコース、ワークショップを含みます。スタッフの多くは、彼ら自身が各々の分野での世界的な指導者です。提供されているプログラムは、創造的芸術からホーリスティック・ヘルス・トリートメント、個の成長やセラピー、秘教的科学、スポーツや娯楽から、あらゆる世代の男女にとって重要な関係性の事柄や人生の変遷に対する〝禅〟的アプローチまで、すべてを網羅しています。個人的なものとグループでのセッションの両方が、日々の充実したOSHOの活動的瞑想法のスケジュールや、青々とした南国の庭園やプール、〝クラブ・メディテーション〟のコート設備といった、リラックスのための豊富な空間と共に、一年を通じて提供されています。

瞑想リゾート内の屋外カフェやレストランは、伝統的なインドの料理と各国の様々な料理の両方を、コミューンの有機農園で育った野菜でまかなっています。リゾートは専用の安全で、濾過された水の供給源を持っています。

OSHOコミューン・インターナショナルのリゾート訪問、または訪問に先立つプログラムの予約については(323)-563-6075(米国)へお電話頂くか、またはhttp://www.osho.comのインターネット・ウェブサイト上にある「プネー・インフォメーションセンター」にて、最寄りのセンターをお調べ下さい。

●より詳しい情報については：　HYPERLINK http://www.osho.com
異なる言語にて、ＯＳＨＯの瞑想や書籍や各種テープ、ＯＳＨＯコミューン・インターナショナルの瞑想リゾートのオンライン・ツアーや世界中のＯＳＨＯインフォメーションセンター、そしてＯＳＨＯの講話からの抜粋を掲載した、包括的なウェブサイトです。

●「新瞑想法入門」：発売／市民出版社（Meditation: The First and Last Freedom）
もし瞑想についてもっとお知りになりたい場合は、「新瞑想法入門」をご覧下さい。この本の中で、ＯＳＨＯは彼の活動的瞑想法や、人々のタイプに応じた多くの異なった技法について述べています。また彼は、あなたが瞑想を始めるにあたって出会うかもしれない、諸々の経験についての質問にも答えています。

この本は英語圏のどんな書店でもご注文頂けます。（北アメリカのSt. Martin's Pressや英国とその連邦諸国のGill & MacMillanから出版されています）また、他の多くの言語にも翻訳されています。

ご注文のためのご案内はhttp://www.osho.comをご覧になるか、日本語版は市民出版社まで（tel 03-3333-9384）お問い合わせ下さい。

エンライトメント

二〇〇三年七月五日　初版第一刷発行

講　話■OSHO
翻　訳■スワミ・アンタール・ソハン
照　校■スワミ・アナンド・プラヴァン
　　　　マ・アナンド・ムグダ
装　幀■スワミ・アドヴァイト・タブダール
発行者■マ・ギャン・パトラ
発行所■市民出版社
〒一六八—〇〇七一
東京都杉並区高井戸西二—十二—二〇
電　話〇三—三三三三—九三八四
FAX〇三—三三三四—七二八九
郵便振替口座：〇〇一七〇—四—七六三一〇五
e-mail：info@shimin.com
http://www.shimin.com
印刷所■日経印刷株式会社
Printed in Japan
ISBN4-88178-180-4 C0010 ¥2800E

日本各地の主なOSHO瞑想センター

OSHOに関する情報をさらに知りたい方、実際に瞑想を体験してみたい方は、お近くのOSHO瞑想センターにお問い合わせ下さい。
参考までに、各地の主なOSHO瞑想センターを記載しました。なお、活動内容は各センターによって異なりますので、詳しいことは直接お確かめ下さい。

＜東京＞

OSHOサクシン瞑想センター Tel & Fax 03-5382-4734
マ・ギャン・パトラ 〒167-0042 東京都杉並区西荻北1-7-19
e-mail osho@sakshin.com URL http://www.sakshin.com

OSHOジャパン瞑想センター Tel 03-3703-0498 Fax 03-3703-6693
マ・デヴァ・アヌパ 〒158-0081 東京都世田谷区深沢5-15-17

＜大阪、兵庫＞

OSHOナンディゴーシャインフォメーションセンター Tel & Fax 0669-74-6663
スワミ・アナンド・ビルー
〒537-0013 大阪府大阪市東成区大今里南1-2-15 J&Kマンション302

OSHOインスティテュート・フォー・トランスフォーメーション
マ・ジーヴァン・シャンティ、スワミ・サティヤム・アートマラーマ Tel & Fax 078-705-2807
〒655-0014 兵庫県神戸市垂水区大町2-6-B-143 e-mail j-shanti@titan.ocn.ne.jp

OSHOマイトリー瞑想センター Tel & Fax 0797-31-5192
スワミ・デヴァ・ヴィジェイ〒659-0082 兵庫県芦屋市山芦屋町18-8-502
e-mail ZVQ05763@nifty.ne.jp

OSHOターラ瞑想センター Tel 090-1226-2461
マ・アトモ・アティモダ 〒662-0017 兵庫県西宮市甲陽園西山町2-3-603

OSHOインスティテュート・フォー・セイクリッド・ムーヴメンツ・ジャパン
スワミ・アナンド・プラヴァン 〒662-0017 兵庫県西宮市甲陽園西山町2-3-603
Tel & Fax 0798-73-1143 URL http://member.nifty.ne.jp/MRG/

OSHOオーシャニック・インスティテュート Tel 0797-71-7630
スワミ・アナンド・ラーマ 〒665-0051 兵庫県宝塚市高司1-8-37-301
e-mail oceanic@pop01.odn.ne.jp

＜愛知＞

OSHO庵メディテーション・アシュラム　Tel & Fax 0565-63-2758
スワミ・サット・プレム　〒444-2400 愛知県東加茂郡足助町大字上国谷字柳ヶ入２番北
e-mail alto@he.mirai.ne.jp

OSHO瞑想センター　Tel & Fax 052-702-4128
マ・サンボーディ・ハリマ　〒465-0064　愛知県名古屋市名東区亀の井3-21-305
e-mail pradip@syd.odn.ne.jp

＜その他＞

OSHOチャンパインフォーメーションセンター　Tel & Fax 011-614-7398
マ・プレム・ウシャ　〒064-0958　北海道札幌市中央区宮の森一条7-1-10-703
e-mail zwt03663@nifty.ne.jp

OSHOインフォメーションセンター　Tel & Fax 0761-43-1523
スワミ・デヴァ・スッコ　〒923-0000　石川県小松市佐美町申227

OSHOインフォメーションセンター広島　Tel 082 842-5829
スワミ・ナロパ、マ・ブーティ　〒739-1742　広島県広島市安佐北区亀崎2-20-92-501
e-mail prembhuti@blue.ocn.ne.jp　URL http://now.ohah.net/goldenflower

OSHOウツサヴァ・インフォメーションセンター　Tel 0974-72-0511
マ・ニルグーノ　〒879-6213　大分県大野郡朝地町大字上尾塚136
e-mail light@jp.bigplanet.com　URL http://homepage1.nifty.com/UTSAVA

＜インド・プネー＞
OSHOコミューン・インターナショナル
Osho Commune International
17 Koregaon Park Pune 411001　(MS) INDIA
Tel 91-20-4019999　Fax 91-20-4019990
http://**www.osho.com**
E-Mail : osho-commune@osho.com

＜OSHO　講話録＞

そして花々が降りそそぐ—空の極み

生を愛しみ、生を肯定し、ごく普通の生活を楽しむ禅の導師たち。
彼らの教えなき教え、語られ得ぬ永遠の真実を、日常的なテーマを通してわかりやすく指し示す、11の逸話を語る講話集。
＜内容＞
●道とは　●寺の火事　●短気
●マインドにあらず覚者にあらず物質にあらず
●知ったかぶりの学生　他

■四六判並製　506頁　本体2500円（税別）　送料380円

朝の目覚めに贈る言葉—心に耳を澄ます朝の詩

朝、目覚めた時、毎日1節ずつ読むようにと選ばれた12ケ月の珠玉のメッセージ。生きることの根源的な意味と、自己を見つめ、1日の活力を与えられる覚者の言葉を、豊富な写真と共に読みやすく編集。姉妹書の「夜眠る前に贈る言葉」と合わせて読むことで、朝と夜の内容が、より補い合えることでしょう。
＜内容＞
●人生はバラの花壇　●愛は鳥—自由であることを愛する
●何をすることもなく静かに座る、春が訪れる…　他

■Ａ判変型上製　584頁　本体3480円（税別）　送料380円

夜眠る前に贈る言葉—魂に語りかける12ヶ月

眠る前の最後の思考は、朝目覚める時の最初の思考になる…特別に夜のために選ばれたOSHOの言葉の数々を、１日の終わりに毎日読めるよう、豊富な写真と共に読みやすく編集。日々を振り返り、生きることの意味や自己を見つめるのに、多くの指針がちりばめられています。
＜内容＞
●闇から光へのジャンプ　●瞑想は火
●あなたは空だ　●生を楽しみなさい　他

■Ａ判変型上製　568頁　本体3400円（税別）　送料380円

私の愛するインド—輝ける黄金の断章

「インドとは、真実に到達しようとする切望、渇きだ……」光明を得た神秘家たち、音楽のマスターたち、バガヴァット・ギータのような類まれな詩などの宝庫インド。真の人間性を探求する人々に、永遠への扉であるインドの魅惑に満ちたヴィジョンを、多面的に語る。
＜内容＞
●永遠なる夢　●覚醒の炎　●東洋の香り
●沈黙の詩—石の経文　他

■Ａ４判変型上製　264頁　本体2800円（税別）　送料380円

イーシャ・ウパニシャッド—存在の鼓動

インド古代の奥義書ウパニシャッドに関する講話の初邦訳。
OSHOリードのアブ山での瞑想キャンプ中に語られた初期ヒンディ講話。
「イーシャ・ウパニシャッドは瞑想してきた者たちの
最大の創造物のひとつだ」——OSHO
＜内容＞
●ゼロの道標　●自我の影　●本当の望み
●科学を超えて　●究極のジャンプ　●全ては奇跡だ　他

■四六判並製　472頁　本体2400円（税別）　送料380円

＜OSHO　講話録＞

隠された神秘—秘宝の在処

寺院や巡礼の聖地の科学や本来の意味、そして占星術の真の目的——神聖なるものとの調和への探求——など、いまや覆われてしまった古代からの秘儀や知識を説き明かし、究極の超意識への理解を喚起する貴重な書。
＜内容＞　●第三の眼の神秘学　●巡礼地の錬金術　●偶像の変容力
●占星術：一なる宇宙の科学　他
四六判上製　304頁　本体2600円（税別）　送料380円

ディヤン・スートラ—瞑想の道

真理とは何か？自分とは何か？身体、マインド、感情の浄化と本質、それをいかに日々の生活に調和させるか——といった、瞑想の土台となる道しるべ、そして全き空（くう）への実際的なアプローチを、段階的にわかりやすく指し示す。人類の根源的な問いへと導く生の探究者必読の書。
＜内容＞●瞑想の土台　●生の本質を見い出す　●意識の光
●身体と魂—科学と宗教　●一度に一歩　他
四六判上製　328頁　本体2600円（税別）　送料380円

新瞑想法入門—和尚の瞑想法集大成

禅、密教、ヨーガ、タントラ、スーフィなどの古来の瞑想法から、現代人のために編み出された和尚独自の方法まで、わかりやすく解説。技法の説明の他にも、瞑想の本質や原理が語られ、探求者からの質問にも的確な道を指し示す。
真理を求める人々必携の書。　（発行／瞑想社、発売／市民出版社）
＜内容＞　●瞑想とは何か　●初心者への提案
●覚醒のための強烈な技法　●師への質問　他
Ａ５判並製　520頁　本体3280円（税別）　送料380円

タントラの変容—愛の成長と瞑想の道

光明を得た女性と暮らしたタントリカ、サラハの経文を題材に語る瞑想と愛の道。恋人や夫婦の問題等、探求者からの質問の核を掘り下げ、個々人の内的成長の鍵を明確に語る。

「愛はエネルギーだ、エネルギーは動く。……それは瞑想となった、祈りとなった。それこそがタントラのアプローチだ——OSHO」

＜内容＞
●タントラの地図
●自由はより価値あるもの
●知性が瞑想だ
●四つの封印を打ち破る
●愛は影を作らない　他
四六判並製　480頁　本体2600円（税別）　送料380円

死のアート—ユダヤ神秘主義の講話

生を理解した者は、死を受け入れ、歓迎する。その人は一瞬一瞬に死んで、一瞬一瞬に蘇る—死と生の神秘を解き明かしながら、今ここにしかない生をいかに強烈に、トータルに生ききるかを余すところなく語る。

＜内容＞
●超越するものと一体になる
●残るのは知るものだけ
●生のあり方　他
四六判並製　416頁　本体2400円（税別）　送料380円

禅宣言—和尚最後の講話シリーズ

「自分がブッダであることを覚えておくように——サマサティ」

この言葉を最後に、OSHOはすべての講話の幕を降ろした。古い宗教が崩れ去る中、禅を全く新しい視点で捉え、人類の未来に向けた新しい地平を拓く。永遠に新鮮な真理である禅の真髄を、現代に蘇らすための宣言。

＜内容＞
●無—大海への消滅
●西欧人と禅
●マインドは思考、瞑想は生きている
●サマサティ—最期の言葉
■四六判　496頁　本体2880円（税別）　送料380円

OSHO講話集 OSHOダルシャン

ページをめくるごとにあふれるOSHOの香り……初めてOSHOを知る人にも
読みやすく編集された、豊富な写真も楽しめるカラーページ付の講話集。

各Ａ４変型／カラー付／定価：本体1456円（税別）〒310円

1. ●ヒンディー語講話
・偉大な神秘家・ラビア
・スーフィ：ハキーム・サナイ　他

2. ●七つの身体と七つのチャクラの神秘（前半）
・ボーディダルマ・偉大なる禅師
・瞑想—音と静寂　他

3. ●特集　知られざる神秘家たち
・七つの身体と七つのチャクラの神秘（後半）
・ミスティック・ローズ瞑想　他

4. ●特集　死と再誕生への旅
・チベットの死の瞑想「バルド」
・瞑想紹介—ノーマインド　他

5. ●特集　愛と創造性
・探求：スーフィズム
・ストップの技法　他

6. ●特集　自由—無限の空間への飛翔
・完全なる自由
・ダルシャン・ダイアリー　他

7. ●特集　禅—究極のパラドックス
・禅の火、禅の風—ブッダの目覚め
・ダイナミック瞑想　他

8. ●特集　愛と覚醒
・「音楽のピラミッド」
・クンダリーニ瞑想　他

9. ●特集　宗教とカルトの違い
・アムリットが真相を明かす
—ヒュー・ミルンの虚偽　他

10. ●特集　究極の哲学
・知恵の真髄「ウパニシャッド」
・夜眠る前に贈る珠玉の言葉集　他

11. ●特集　無—大いなる歓喜
・空なる水、空なる月—千代能
・ヒンディ講話／観照、幻影　他

12. ●特集　レットゴー—存在の流れのままに
・魂と自己—真の自由
（カリール・ジブラン「預言者」より）　他

13. ●特集　ブッダフィールド—天と地の架け橋
・仏陀は偉大な科学者だ
（ヒンディ講話）　他

14. ●特集　インナー・チャイルド
—家族・親・子ども
・ティーンエイジの革命　他

15. ●特集　瞑想と芸術
・アートとエンライトメント
・色の瞑想・音の瞑想　他

16. ●特集　夢と覚醒
・ユニヴァーサル・ドリーム—永遠《とわ》なる夢
・セラピーと夢　他

17. ●特集　無意識から超意識へ
・虹色の変容—成長の七段階
・ブッダたちの心理学　他

18. ●特集　光明と哲学
・ミニ悟りからサマーディへ
・永久の哲学—ピタゴラス　他

＜日本語同時通訳版OSHOビデオ講話＞

■覚者《ブッダ》たちの心理学
—無心（ノーマインド）の境地—

無意識から宇宙的超意識へのマインドの七段階について、又、ユング、ダーウィンの進化論、東洋の転生思想を話題に、無心の境地へ至るための道程を説き明かし、東洋における全く新しい次元の、覚者たちの心理学について語る。

VHS-90分　本体￥3,800

■自分自身を受け容れるとき　ハートはひとりでに開く
内なる成長の可能性を奪い去るものは何か？

「自分自身を深く受け容れたとき、人類の99%の惨めさは消え、ハートはひとりでに開き、愛が流れ出す」探求者による三つの質問を収録。

VHS-87分　本体¥3,800

■あなたの内なる真実
—人はなぜ、自分自身から逃避するのか—

自分には価値がない、という間違った条件づけのために、誰もが己れ自身を怖がり、直面するのを避けている。自らの尊厳に気づき、生の源泉を発見するという存在の錬金術的変容について、覚者OSHOが語る。

VHS-78分　本体￥3,800

■あなた自身の花をもたらしなさい
—あるがままの自分であること—

人類の歴史全体が、自分自身には価値がなく、自分以外の誰かになろうとするように理想を与えてきた。ただ、あるがままであること—そうしてはじめて成長する生が始まると語る。生への途方もなく革新的なアプローチを指し示す。

VHS-90分　本体￥3,800

■あるがままの自分を楽しむ
— 生とは途方もない受け入れだ—

「あなたは一体、誰と闘っているのか？」—自分が誰であろうと、どこにいようと、誰であろうと、自分の自然な姿を受け入れ、自らのありのままを祝い楽しむ術（すべ）を示す。

VHS-91分　本体￥3,800

■死と生の芸術《アート》
—自然に生き、自然に死ぬ—

「自然な死」とは何か？いかに生き、いかに死ぬか。死への恐怖、苦しみを乗り越え、喜びと祝祭、感謝と共に死にゆく芸術について語る。人生の究極の頂点である死——死は、生きてきたすべてを映し出す。

VHS-78分　本体￥3,800

■ザ・ライジング・ムーン
—初期和尚の軌跡—

1968年～75年までのOSHOの軌跡をまとめたドキュメンタリー。自ら瞑想を指導し、人々に直接語りかける姿を収めた貴重な未公開フィルム集。人類の意識を究極の高みへと導き続けた35年間の記念碑的ビデオ。

VHS-[illegible]分　本体¥[illegible]

■瞑想—まさに中心に在ること
—瞑想とは何か？—

「OSHO、瞑想とは何ですか？」探求者の質問に、瞑想の内奥について語る。

「…瞑想は、集中でも黙想でもない。あらゆる行為が消えて、ただ存在だけになった時—それこそ瞑想だ」

VHS-121分　本体￥3,864

■リラックスの秘訣
—あるがままに—

もし緊張を感じるとしたら、その原因は自分の内面にある競争心、比較することや、誤った生き方によるものであり、自分の外側に緊張はないと語る。
●同時収録「存在の聖なる鼓動」
VHS-60分　本体￥3,500

■仕事を愛する喜び
—認められることからの自由—

「人は認められるためではなく、その仕事を愛しているがゆえに仕事をすべきだ。満足感は仕事そのものの中にあるべきだ」。内なる感覚、愛に従い、他人がどう思うかなどに惑わされず、自分自身の仕事に生きることを説く、気づきへの道標。

VHS-90分　本体￥3,864

※これらのビデオはHi-Fiビデオデッキの音声切り替えスイッチにより、英語音声のみとしても、日本語同時通訳付きとしてもお楽しみ頂けます。
※ビデオ、ＣＤ等購入ご希望の方は市民出版社までお申し込み下さい。（価格は全て税別です）
郵便振替口座：市民出版社　00170-4-763105　※送料／ビデオテープ1本¥500・2本以上¥800
※日本語訳ビデオ、オーディオの総合カタログ（無料）ご希望の方は市民出版社まで御連絡下さい。

＜OSHO瞑想CD＞

※送料／CD１枚¥300・2枚¥430・3枚以上無料

ダイナミック瞑想

◆デューター

全5ステージ
60分

¥2,913（税別）

生命エネルギーの浄化をもたらすOSHOの瞑想法の中で最も代表的な技法。混沌とした呼吸、カタルシス、そしてフゥッ！というスーフィーの真言《マントラ》を自分の中にとどこおっているエネルギーが全く残ることのないところまで行なう。

クンダリーニ瞑想

◆デューター

全4ステージ
60分

¥2,913（税別）

未知なるエネルギーの上昇と内なる静寂、目醒めのメソッド。OSHOによって考案された瞑想の中でも、ダイナミックと並んで多くの人が取り組んでいる活動的瞑想法。通常は夕方、日没時に行なわれる。

ナタラジ瞑想

◆デューター

全3ステージ
65分

¥2,913（税別）

自我としての「あなた」が踊りのなかに溶け去るトータルなダンスの瞑想。第1ステージは目を閉じ、40分間とりつかれたように踊る。第2ステージは目を閉じたまま横たわり動かずにいる。最後の5分間、踊り楽しむ。

ナーダブラーマ瞑想

◆デューター

全3ステージ
60分

¥2,913（税別）

宇宙と調和して脈打つ、ヒーリング効果の高いハミングメディテーション。脳を活性化し、あらゆる神経繊維をきれいにし、癒しの効果をもたらすチベットの古い瞑想法の一つ。

チャクラ サウンド瞑想

◆カルネッシュ

全2ステージ
60分

¥2,913（税別）

7つのチャクラに目覚め、内なる静寂をもたらすサウンドのメソッド。各々のチャクラで音を感じ、チャクラのまさに中心でその音が振動するように声を出すことにより、チャクラにより敏感になっていく。

チャクラ ブリージング瞑想

◆カマール

全2ステージ
60分

¥2,913（税別）

7つのチャクラを活性化させる強力なブリージングメソッド。7つのチャクラに意識的になるためのテクニック。身体全体を使い、1つ1つのチャクラに深く速い呼吸をしていく。

「気づき」の瞑想法

全４ステージ
60分

¥2,913（税別）

インド五千年前の経典を元にした「タントラ秘法の書」より、112の瞑想法の中の一つ。リラックスしたヒーリング音楽と共に、自分自身の内なる気づきを喚起する瞑想法。リラクゼーションミュージックとしても最適。

グリシャンカール瞑想

◆デューター

全4ステージ
60分

¥2,913（税別）

呼吸を使って第三の目に働きかける、各15分４ステージの瞑想法。第一ステージで正しい呼吸が行われることで、血液の中に増加形成される二酸化炭素がまるでエベレスト山の山頂にいるかのごとく感じられる。

ワーリング瞑想

◆デューター

全2ステージ
60分

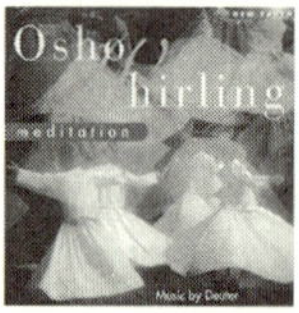

¥2,913（税別）

内なる存在が中心で全身が動く車輪になったかのように旋回し、徐々に速度を上げていく。体が自ずと倒れたらうつ伏せになり、大地に溶け込むのを感じる。旋回を通して内なる中心を見出し変容をもたらす瞑想法。

ノー ディメンション瞑想

◆シルス&シャストロ

全3ステージ
60分

¥2,913（税別）

グルジェフとスーフィのムーヴメントを発展させたセンタリングのメソッド。この瞑想は旋回《ワーリング》瞑想の準備となるだけでなく、センタリング《中心を定める》のための踊りでもある。3つのステージからなり、一連の動作と旋回、沈黙へと続く。

＜通信販売＞

OSHO禅タロット

―禅の超越ゲーム―

（日本語版解説書付）

¥2,800（+消費税¥140） 送料¥450

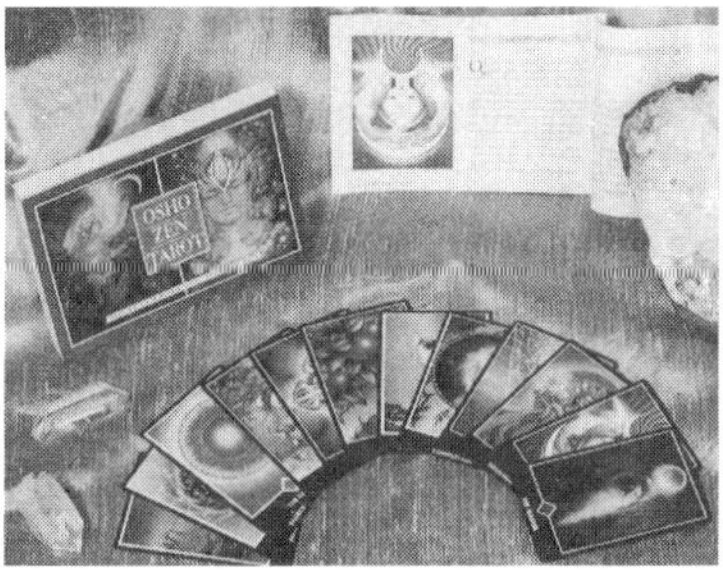

伝統的なタロットは、過去や未来を知りたいという思いを満たすためによく用いられます。このカードは、むしろ『今、ここ』への理解に焦点をあてた“禅の智慧”に基づいています。禅の智慧――外側の世界の出来事は、自分の思考と感情を反映しているに過ぎません。このタロットは私達の注意を外側からハートの奥底へと方向転換させ、内側で起こっている変化への明快な理解を助けてくれることでしょう。（79枚のカードをわかりやすく解説した冊子付き）

※通信販売で取り扱っております。

CD OSHO禅タロット

（タロットリーディングのための音楽）

¥2,622（+消費税¥131） 送料¥300

この軽やかで瞑想的な音楽CDは、和尚のセレブレーションミュージックの集大成であり、タロットのための雰囲気づくりに最適です。

※通信販売で取り扱っております。

グルジェフの2枚組CD＜通信販売＞

グルジェフとハートマン作曲のピアノ作品集

※グルジェフのCDシリーズは、通信販売のみです。

◎『真理の探求者たち』 演奏：セシル・リトル
（2枚組）¥3,500（+消費税¥175）
◎『聖典の朗読』 演奏：セシル・リトル
（2枚組）¥3,500（+消費税¥175）
◎『太陽の聖歌』 演奏：セシル・リトル
（2枚組）¥3,500（+消費税¥175）
《39シリーズ（第23番と第31番以外）の伴奏曲》
◎『ムーヴメンツのための音楽』
演奏：W・ドゥルマン（2枚組）¥4,500（+消費税¥225）
◎『ムーヴメンツ・39シリーズの音楽』
（2枚組）¥4,500（+消費税¥225）
グルジェフ最晩年の伴奏曲シリーズ 演奏：W・ドゥルマン

※送料　1組¥390　2組¥580　3組以上¥700
（代引ご希望の方は手数料¥300をお加え下さい）
※お問い合わせ、お申し込みは市民出版社まで
03-3333-9384

四六判並製　352頁
本体2300円（税別）
送料380円

覚醒の舞踏

―グルジェフ・ムーヴメンツ―

著／郷　尚文

覚醒の師グルジェフが、限られた弟子に伝えた東洋起源の舞踏の数々。踊り手と観客とを覚醒した意識状態に導き、宇宙と人間の動きの秘密を、動きの中で 呈示する。
長らく門外不出とされてきた舞踏の謎に迫る。

＜内　容＞
◆出会いと探求の始まり
◆動きと姿勢の宇宙的文脈
◆客観芸術と主観芸術　他

※「覚醒の舞踏」は全国書店で取り扱っております。
■発売／市民出版社

発売／㈱市民出版社　TEL. 03-3333-9384